普通高等院校创新创业教育规划教材

创业营销
理论与实务

赵凌云　孙　博　主　编
史斯年　曲艳秋　副主编

清华大学出版社
北　京

内 容 简 介

本书主要介绍了创业营销理论和创业营销基本方法，并选择典型案例进行分析，力图全面剖析创业市场营销的理论来源、实践现状和发展前景。本书共十二章，分别为创业营销管理的框架与思路、消费者需求洞察与创造、竞争对手分析、创业市场研究、创业营销环境分析、创业产品策略、品牌营销分析、创业价格策略、创业渠道管理、创业市场推广、创业市场细分、可持续创业营销。本书从实践出发，引用了大量案例，以深入浅出地介绍了创业营销过程中必备的理论，以期对创业者和营销管理者有所裨益。

本书可作为普通高等院校大学生创新创业课程的指导教材，也可作为MBA学生和创业者培训的指导书。

本书封面贴有清华大学出版社防伪标签，无标签者不得销售。
版权所有，侵权必究。举报：010-62782989，beiqinquan@tup.tsinghua.edu.cn。

图书在版编目(CIP)数据

创业营销理论与实务/赵凌云，孙博主编．—北京：清华大学出版社，2021.9（2024.1重印）
普通高等院校创新创业教育规划教材
ISBN 978-7-302-57955-7

Ⅰ.①创… Ⅱ.①赵… ②孙… Ⅲ.①企业管理—市场营销学—高等学校—教材 Ⅳ.①F274

中国版本图书馆CIP数据核字(2021)第064161号

责任编辑：王　定
封面设计：周晓亮
版式设计：孔祥峰
责任校对：马遥遥
责任印制：沈　露

出版发行：清华大学出版社
网　　址：https://www.tup.com.cn，https://www.wqxuetang.com
地　　址：北京清华大学学研大厦A座　　　邮　编：100084
社 总 机：010-83470000　　　　　　　　邮　购：010-62786544
投稿与读者服务：010-62776969，c-service@tup.tsinghua.edu.cn
质 量 反 馈：010-62772015，zhiliang@tup.tsinghua.edu.cn
印 装 者：三河市天利华印刷装订有限公司
经　　销：全国新华书店
开　　本：185mm×260mm　　　印　张：17　　　字　数：403千字
版　　次：2021年9月第1版　　　印　次：2024年1月第2次印刷
定　　价：58.00元

产品编号：089054-01

普通高等院校创新创业教育规划教材
山东高校就业创业研究院丛书编委会

丛书主编：吴　彬
丛书副主编：孙官耀　　张兆强　　冯兰东
丛书编委：李爱华　　赵凌云　　陶　亮　　贾德芳

本书编委会

主　　编：赵凌云　　孙　博
副 主 编：史斯年　　曲艳秋

前　言

近年来，创业活动已经成为世界各国、各地区经济发展和科技进步的重要推动力量，受到了政府、产业界和学术界前所未有的重视，激发创新创业精神的创业教育也备受人们关注。

2010年5月，教育部高等学校创业教育指导委员会成立并下发《关于大力推进高等学校创新创业教育和大学生自主创业工作的意见》，以推动、指导全国高校的创业教育事业。

1998年，全国首届"挑战杯"创业计划大赛的举办揭开了我国创业教育的序幕。2006年，全国青联与国际劳工组织在我国部分高校试点推行 KAB (know about business，了解企业)项目，我国创业教育得到了初步发展。自此，许多学校开始进行创业教育的积极探索和努力实践。

近年来，山东建筑大学根据社会需求和人才培养的要求，积极开展大学生创业教育，深化创业教育的探索与实践，取得了较好的效果。随着创业教育的深化，现阶段适用的创业教育模式应当创业素养和技术特长并重，既注重课堂学习又注重实践训练的教育，力求培养能胜任创新创业活动所需要的知识、技能和特质管理的复合型人才。因此，各高校应不断完善创业教育系列课程，不断丰富和改革创业教育理论与实训的授课内容。

在"大众创业、万众创新"时代，新点子、新产品、新构思层出不穷，对于新的创业项目来说，决定其成败的关键与其说是技术，毋宁说是营销。对初创公司来说，营销和推广的目的是让更多的人了解公司的产品和服务，从而提高产品的销售量和品牌知名度。以往的创业研究虽然涉及范围很广，但是创业营销一直没有形成独立的理论体系。本书力求做到理论与实践相结合，学习与训练相结合，既有理论的阐述，又辅助一些案例对其佐证，有助于加深大学生对本书内容的理解和掌握，为大学生创业者提供一些理论方面的指导和实践方面的启迪。

很多人认为，营销只包括一系列销售及广告活动，事实上，在企业内，营销工作的开展应远远早于产品批量生产。营销开始于对市场的研究与分析，决定怎样才能生产最适用的产品，怎样开发该产品的销售市场；营销的作用还延续到产品售后，衡量消费者购买产品的满意度，以及企业应如何继续改进提供给消费者的产品。

互联网时代，创业者不但要与本地企业竞争，还要与跨国企业、跨领域企业竞争，每一个创业者必须用营销思想来识别与评价所面对的机遇，从中选择能够为企业带来更大效益的机会。

实践证明，创业成功之路难以复制，这不是因为铺路所需要的水泥和沙子不一样，而是因为修路的人不同。希望大学生在学习的过程中，不仅看到"水泥"和"沙子"，更要体会到修路人的智慧、勇气与精神。

本书编写人员有多年"市场营销""创业营销管理"课程教学经验，实地考察过大量创业企业，并研读了大量创业营销前沿理论。本书着眼于提高课堂教学效果，为教师的教与学生的学提供简明的理论要点和鲜活的案例素材。

教学课件

本书第一章、第五~八章由孙博编写，第二~四章、第九~十二章由赵凌云编写，史斯年、曲艳秋为本书提供了大量的素材和案例，以及来自企业的指导性意见。本书免费提供教学课件，读者可扫二维码下载。

鉴于时代的快速发展，创业营销方面的理论与方法也在不断完善，而且受作者水平所限，书中难免存在不足之处，敬请广大读者批评指正。

编　者

2021 年 3 月

目 录

第一章 创业营销管理的框架与思路 ……… 1
第一节 创业营销概述 ……… 3
一、创业营销的概念 ……… 3
二、创业营销的适用范围 ……… 4
第二节 创业营销的构成要素 ……… 5
一、先动性 ……… 5
二、机会导向 ……… 5
三、创新性 ……… 6
四、风险评估 ……… 6
五、资源利用 ……… 6
六、顾客关系管理 ……… 6
七、价值创造 ……… 7
第三节 传统营销与创业营销的对比 ……… 7
第四节 创业营销的内容和阶段 ……… 9
一、创业营销的内容 ……… 9
二、创业营销的阶段 ……… 9
本章小结 ……… 10
思考题 ……… 11

第二章 消费者需求洞察与创造 ……… 15
第一节 创造需求 ……… 16
第二节 消费者购买的心理过程 ……… 19
一、认识过程 ……… 20
二、思维与情感过程 ……… 24
三、意志过程 ……… 25
第三节 消费者购买行为分析 ……… 26
一、消费者的类型 ……… 26
二、影响消费者购买行为的因素 ……… 27
三、网络对消费者生活的影响 ……… 27
四、影响消费者网上购物需求的
　　基本动机 ……… 28
本章小结 ……… 29
思考题 ……… 29

第三章 竞争对手分析 ……… 32
第一节 独特的竞争力和可持续的
　　　　竞争优势 ……… 34
一、确定竞争对手 ……… 34
二、竞争对手分析 ……… 35
三、竞争对手分析的流程 ……… 37
第二节 竞争环境分析 ……… 39
一、竞争环境分析概述 ……… 39
二、竞争环境分析的内容 ……… 40
第三节 竞争战略分析 ……… 42
一、竞争战略概述 ……… 42
二、基本竞争战略 ……… 42
三、辅助竞争战略 ……… 43
第四节 传统的竞争情报分析方法 ……… 44
一、SWOT 分析法 ……… 44
二、内容分析法 ……… 47
三、专家分析法 ……… 49
四、PEST 分析法 ……… 51

五、定标比超法……54
　　六、其他竞争情报分析方法……58
第五节　网络环境中竞争情报分析方法……61
　　一、网络环境中企业竞争情报分析原则……61
　　二、网络内容分析法……61
　　三、网络专利竞争情报分析法……62
　　四、网络信息挖掘分析法……62
本章小结……63
思考题……64

第四章　创业市场研究……65
第一节　营销调研在企业的应用……67
　　一、正向市场调研……68
　　二、逆向市场调研……70
第二节　创业营销调研的原则和方法……71
　　一、创业营销调研的原则……71
　　二、创业营销调研的方法……72
第三节　新产品营销调研……73
　　一、与类似产品进行比较……74
　　二、调查访问……74
　　三、新产品的使用检验和市场检验……75
第四节　创业市场调研报告……78
　　一、市场调研计划书……78
　　二、市场调查问卷……82
　　三、市场调查报告……84
　　四、市场预测报告……86
本章小结……87
思考题……87

第五章　创业营销环境分析……90
第一节　创业营销环境概述……91
　　一、创业营销的宏观环境……91
　　二、创业营销的微观环境……91
第二节　创业营销环境分析……92
　　一、宏观环境分析……92
　　二、微观环境分析……94
　　三、创业营销环境的分析方法……94
第三节　创业营销机会……95
　　一、创业营销机会的定义……95
　　二、创业营销机会的来源……95
　　三、创业营销机会的创造、发现和识别……97
　　四、创业营销机会的根本是价值创新……97
第四节　创业机会的发现与评估……98
　　一、创业机会的发现……98
　　二、市场评估准则……99
　　三、效益评估准则……100
　　四、创业者应该考虑的具体条件……100
　　五、研究市场动向……100
本章小结……101
思考题……102

第六章　创业产品策略……104
第一节　产品层次与产品分类……105
　　一、产品层次……105
　　二、产品分类……107
第二节　产品决策……109
　　一、单产品决策……109
　　二、产品线决策……112
第三节　产品生命周期……115
　　一、典型的产品生命周期……115
　　二、产品种类、产品形式和产品生命周期……116
　　三、产品生命周期各阶段的营销策略……117

第四节 服务营销策略 ……………… 120
　一、服务的重要性 ………………… 120
　二、服务的定义和分类 …………… 122
　三、服务的特性 …………………… 123
　四、服务营销与管理 ……………… 124
第五节 新产品开发战略 …………… 126
　一、"新"的定义 ………………… 126
　二、新产品失败 …………………… 128
第六节 新产品的开发过程 ………… 128
　一、发现产品机会 ………………… 129
　二、明确产品机会 ………………… 132
　三、发展产品机会 ………………… 134
本章小结 ……………………………… 136
思考题 ………………………………… 136

第七章 品牌营销分析 ……………… 139
第一节 品牌发展战略 ……………… 140
　一、品牌的定义 …………………… 141
　二、品牌的作用 …………………… 141
　三、品牌化的范围 ………………… 142
第二节 品牌资产 …………………… 143
　一、品牌资产的概念 ……………… 143
　二、品牌资产的驱动因素 ………… 144
　三、品牌资产的管理 ……………… 149
第三节 品牌定位 …………………… 151
　一、品牌定位的概念 ……………… 151
　二、品牌定位策略 ………………… 151
本章小结 ……………………………… 152
思考题 ………………………………… 153

第八章 创业价格策略 ……………… 156
第一节 理解定价 …………………… 158
　一、来自互联网的定价机制的变化 … 158
　二、多变的定价环境 ……………… 159
第二节 消费者心理和定价 ………… 160

　一、参考价格 ……………………… 160
　二、价格—质量推断 ……………… 161
　三、价格尾数 ……………………… 161
第三节 定价的程序 ………………… 161
　一、选择定价目标 ………………… 162
　二、分析需求 ……………………… 164
　三、估算成本 ……………………… 165
　四、分析竞争者状况 ……………… 166
　五、选择定价方法 ………………… 166
第四节 定价策略 …………………… 170
　一、地理定价策略 ………………… 170
　二、折扣定价策略 ………………… 171
　三、心理定价策略 ………………… 172
第五节 价格调整策略 ……………… 174
　一、价格调整的原因 ……………… 174
　二、价格调整中的顾客反应 ……… 175
　三、价格调整的竞争反应 ………… 175
第六节 创业企业的产品定价 ……… 176
本章小结 ……………………………… 178
思考题 ………………………………… 179

第九章 创业渠道管理 ……………… 181
第一节 营销渠道 …………………… 182
　一、营销渠道的定义 ……………… 182
　二、营销渠道的结构 ……………… 183
　三、营销渠道的功能 ……………… 184
　四、营销渠道的绩效 ……………… 184
第二节 分销渠道 …………………… 185
　一、分销渠道的职能 ……………… 186
　二、分销渠道的类型 ……………… 188
第三节 营销渠道决策 ……………… 190
　一、渠道系统 ……………………… 190
　二、渠道的设计及管理 …………… 192
　三、零售商和批发商的管理 ……… 198

第四节　价值链与价值网 …………203
本章小结 ……………………………205
思考题 ………………………………206

第十章　创业市场推广 …………208
第一节　创业市场推广的内容 …………209
一、推广的时间 ……………………209
二、推广的商品 ……………………210
三、推广的主题 ……………………210
四、促销方式 ………………………210
五、促销预算 ………………………211
第二节　广告策划 …………………211
一、广告策划的基本概念 …………211
二、广告策划的基本内容 …………212
第三节　公共关系策划 ……………213
一、公共关系的目标 ………………213
二、公共关系策划的类型 …………214
三、公共关系的策划技巧 …………214
四、危机公关 ………………………215
第四节　知识营销 …………………216
一、知识营销的内涵 ………………216
二、知识营销的内容 ………………217
三、知识营销的策划方法 …………218
第五节　关系营销 …………………221
一、关系营销策划中市场关系的处理 ……………………………222
二、关系营销策划的原则 …………223
三、关系营销策划的主要内容 ……223
第六节　社交网络对创业企业的影响力与作用 ……………………224
一、社交网络对个体的价值 ………224
二、社交网络对企业的价值 ………225
三、植入式广告的类型 ……………226

本章小结 ……………………………227
思考题 ………………………………227

第十一章　创业市场细分 …………229
第一节　市场细分 …………………231
一、市场细分概述 …………………231
二、市场细分的方法 ………………233
三、市场细分的步骤 ………………236
第二节　选定目标市场 ……………238
一、目标市场定位 …………………238
二、市场营销策略 …………………240
第三节　目标市场内顾客的价值观 …………………………242
一、顾客感知价值 …………………243
二、消费者价值观 …………………244
本章小结 ……………………………245
思考题 ………………………………245

第十二章　可持续创业营销 ………246
第一节　创业者对商业模式的战略选择 ……………………247
一、商业模式的发展 ………………248
二、创业者对商业模式的决策 ……249
第二节　可持续竞争优势 …………251
一、可持续竞争优势的维度 ………251
二、可持续竞争优势的测量 ………252
第三节　创业营销道德 ……………253
一、评价创业营销道德的理论 ……254
二、创业营销活动中的失范问题 …254
本章小结 ……………………………256
思考题 ………………………………256

参考文献 …………………………258

第一章
创业营销管理的框架与思路

学习要点

1. 创业营销的概念；
2. 创业营销的价值；
3. 传统营销与创业营销的比较；
4. 消费者做出购买决策的过程；
5. 创业营销要素组合。

导入案例

蔚来汽车：从产品到服务创新

传统汽车公司本质上是 B2B 公司，它把汽车批发给经销商(4S 店)获取利润，再用返点等商务政策与 4S 店合作，4S 店负责与消费者的直接接触。

蔚来的营销策略是亲自服务车主。它不建 4S 店，而是在城市中心的物业开设展厅推销品牌。它鼓励车主通过 App 预约蔚来的服务专员上门取送车，代替车主完成所有用车服务，包括充换电、买保险、维修、保养、机场泊车、代驾、洗车、违章缴费等。蔚来把充换电以外的服务打包成一个服务套餐，每年 1.38 万元(创始版为 1.48 万元)。

蔚来自己试图充当一个"接口"，承诺包办消费者几乎所有用车服务，具体的服务由合作方提供。而蔚来服务运营副总裁王正霖曾经拜访的 4S 店，就是蔚来规划的合作方。蔚来把维修保养业务外包给了它们。

"一切都是关于信任的问题。如果你信任这家公司，那你就不用关心滤芯等问题，把车交给我就行。"王正霖对《第一财经周刊》的记者说。

这是汽车行业从未出现过的服务模式。它的好处显而易见，帮用户节省大量的时间，提供更好的体验，但落地的风险也不少，汽车公司必须自己准备庞大的团队，并建立足够稳定的合作关系，以支撑服务体系。

尽管没有先例可循，但对蔚来而言，这很可能是这个全新品牌需要仰仗的"护城河"。蔚来 ES8 上市之后，并没有像特斯拉 Model S 当年问世时那样给市场带来"横空出世"的印象。与其他汽车公司相比，蔚来的车本身有亮点，但缺陷也多。交付之后，它的实际续航里程、车载操作系统、配置细节等就遇到了褒贬不一的评价。换句话说，蔚来没法单靠车本身说服消费者。

在蔚来目前接近 1 万人的员工队伍中，服务体系的人数已占了 4 成。基于蔚来已经公布的两款车型，它把自己的产品放在"高端车"这一市场阵营。要争取到更多的高端车用户，完善的服务体系就是蔚来这家电动车创业公司区别于其他品牌的最大特征。而在接下来的时间里，它也将因此经受巨大考验。

2016 年，《第一财经周刊》第一次报道蔚来汽车时，就将"时间焦虑"列为这家创业公司的核心特征。为了在汽车巨头大规模投放电动车之前抢先获得市场认可，蔚来花重金塑造高端的品牌形象，在很短的时间内就招募了近万人，建立起汽车公司的完整业务框架。2018 年 9 月，蔚来在纳斯达克上市，招股书显示，它在上市前的 3 年花掉了 109 亿元。

即使战略没有问题，要让细节运转起来也不容易。

王正霖的团队在争取 4S 店合作伙伴时，原本颇有信心，因为中国的汽车维修保养资源供过于求，不少 4S 店的维修工位经常空闲，接到其他品牌的生意是一个不错的创收机会。然而，大多数 4S 店态度冷淡。蔚来曾与所有大型经销商集团讨论过整体合作，但都被拒绝，毕竟当时蔚来还是一家一辆车都没卖出去的公司。4S 店有理由怀疑它是否真能带来维修和保养订单。那位撕掉王正霖名片的经理，恐怕就抱有这样的怀疑。

最后，蔚来的服务团队只能一家一家去沟通，目前在全国已经找到了 46 家 4S 店愿意与之合作。它们大都属于区域型经销商集团，投资人更开放，乐于把闲置的产能交给蔚来这样的公司试试看。如果这辆 5 座 SUV 不被消费者接受，蔚来现在为服务体系所做的努力都将白费，蔚来也将面临危机。

(资料来源：肖文杰. 归根结底，蔚来是一家汽车公司[J]. 第一财经，2019 (10)：26-32.)

2014 年 9 月夏季达沃斯论坛上，李克强总理提出鼓励 "大众创业、万众创新"，之后全国掀起了一股自主创业的浪潮。各行业、各领域涌现出越来越多的成功的创业企业。然而，很多创业项目看上去很美好，实施过程中却面临诸多问题。

从国内外的创业情况来看，绝大多数的创业企业后来都黯然退场。以美国为例，*Fast Company* 杂志的文章《为什么很多风险投资支持的公司失败了》指出，风投支持的创业公司中，有 75%的公司最终都失败了。Statistic Brain 通过对各产业创业失败率的研究得出，所有美国本土公司 5 年后的失败率超过 50%，10 年后的失败率超过 70%。Statistic Brain 把失败的原因归纳为 7 点，其中缺乏营销、运营和财务业务的专业知识是重要的一点。沃顿商学院 Leonard M. Lodish 说过："创业公司成功或失败的原因通常是市场而非技术。"创业营销与技术、运营是创业企业的三驾马车，是创业企业生存与发展的关键。对于创业企业，找准价值主张，定好营销战略才能在市场中站稳脚跟。

"我卖什么？""卖给谁？""他们为什么买？"创业者对于这三个简单问题的回答将揭示

企业对于客户独特的价值主张，决定企业是否能够获得成功。

价值主张是企业产品或服务所能提供给客户的其他东西的内在价值承诺，是客户在购买产品或服务时可以期待的收益表现方式。简单地说，就是客户出资购买的东西。价值通常由三个方面组成：性能(如丰富的功能)、价格(如低价位)和产品(如个性化服务)。

价值倾向是相对的，例如，有的公司关注价位，有的公司关注产品和服务的可靠性。比如，苹果手机的价位比其他品牌高很多，但是产品的性能和可靠性更强。对于 IT 产品的购买者来说，产品的性能和可靠性是最重要的，苹果品牌的价值也在于此。对于很多通信网络使用者来说，价位是他们关心的最主要问题，他们会因为显著降价而放弃对产品可靠性的关注。因此，对于创业企业来说，关键的问题是确定营销对象，据此找出自己独特的价值主张。

什么是创业营销？创意营销包括哪些细节？创业营销和传统营销的区别是什么？这是本章要阐述的重点内容。

第一节　创业营销概述

有关创业营销的研究起源于西方，Gerald Hills 在 1982 年召开的首次关于创业与营销的学术会议上提出了融合"创业"与"营销"两个概念的"创业营销"一词，掀开了学术界对于创业营销研究的序幕，标志着学术界对营销与创业的研究的开始。

一、创业营销的概念

虽然历经近 40 年的探究，但是到目前为止，学术界对于创业营销的定义还未达成一致意见。Duus(1997)将创业营销定义为：创业营销是一种能够通过创业活动而挖掘、满足顾客未来潜在需求的能力。Morris 等(2002)学者将创业导向、机会管理、资源管理结合起来定义创业营销，认为创业营销能够通过应用资源撬动、风险管理和价值创造等创新的方法和手段，率先识别并合理利用机会，获得且保留具有高价值的顾客。Shaw(2004)提出，创业营销是一种在社会企业环境中出现的营销主题，它由机会识别、创业努力、创业组织文化和网络结合而成。目前最具代表性的是 Hills 等(2010)对创业营销的定义：创意营销是一种着力于机会追寻，利用各种网络关系，促进企业成长，并创造顾客价值的导向、理念和行为的过程。创业营销就是对未经计划的、非线性的、理想化的创业企业营销活动所进行的理论总结。

综上所述，结合美国营销协会(AMA)和相关学者的研究，本书将创业营销定义为：创业营销是创业者为突破资源束缚，通过创新、风险承担和超前行动，主动识别、评价和利用机会，以获取可保留的有价值客户的组织职能或过程。

创业是不拘泥于当前的资源约束，主动寻求机会进行价值创造的行为过程。市场营销是在创造、沟通、传播和交换产品的过程中，为顾客、客户、合作伙伴以及整个社会带来价值的一系列活动、过程和体系，是为顾客创造价值，建立牢固的顾客关系，从而获得回报的过程。从字面意义上看，创业营销是营销学与创业学交互融合的结果，必须继承两者的共同追求——价值创造。

二、创业营销的适用范围

根据创业营销的定义,创业营销不仅适用于创业企业,也适用于二次创业企业。越来越多的研究显示,成功的企业都非常注重创业活动,这类企业在新进入一些领域开拓市场时,也需要进行内部创业、创业营销等活动。

创业企业的创立和发展一般建立在创新的基础之上,遵循创新的模式和特点。麦肯锡全球研究院采用"原型"分析模式,通过对国内30多个行业企业的创新活动研究,提出了创业企业的四大基本类型:效率驱动型、客户中心型、工程技术型和科学研究型。国内的创业企业正在从"汲取创新"(即二次创新)创业,转向"领导创新"创业,据此,我们可以将国内创业企业分成以下三大类。

(一) 效率驱动型创业企业

效率驱动型创业企业一般通过改进行业内外及企业内部现有业务流程来降低成本、缩短生产时间、提高产品质量,即通过对现有生产流程的梳理、完善和改进,在质量、成本、速度、服务等效率评价指标上取得新的突破。效率驱动型创业企业的建立源于生产知识、规模和先进技术的应用,主要集中在资本和劳动力密集型行业,比如国内以顺丰快递为龙头的快递行业。近年来在国内市场上大火的世界三大快时尚企业之一——日本优衣库的成功也得益于企业对于商品策划、面料开发、生产加工、物流销售等环节的全程掌控。

(二) 客户中心型创业企业

客户中心型创业企业一般通过产品、服务或业务模式的进步来解决消费者的问题。客户中心型创业企业的建立主要来源于其深刻的消费者洞察,找出消费者未被满足的需求,有针对性地开发新的产品、服务与业务模式,然后依据市场反馈不断进行修改和更新。以滴滴、美团、共享单车、盒马鲜生等为代表的新零售企业均是客户中心型创业企业的典型代表。

(三) 技术创新型创业企业

技术创新型创业企业一般与学术研究人员合作,通过研究成果的商业转化或自主研发专利技术获取商业价值。技术创新型创业企业多集中在互联网、生物、医药、电子等行业。

市场导向的战略计划是指在组织目标、技能、资源和各种变化的市场机会之间建立与保持一种可行的适应性的管理过程。战略计划的目标就是开发并不断调整企业的业务与产品,以期获得目标利润和发展空间。

可见,创业营销由于融合了创业思维和营销理论、方法,不仅适用于初创型企业,也适用于那些预备在市场投入新产品、新服务的成长型企业,同样适用于需要转型的成熟企业。营销者不受当前资源限制、基于机会视角主动寻求新手段为目标客户创造价值的活动都属于创业营销的范畴。

据不完全统计,2016年,腾讯、阿里巴巴、百度等公司投资的创业企业的数量分别为75家、37家、22家;2017年,分别为113家、45家、39家。从投资轮次来看,涵盖了初创期、发展期和成熟期的公司；从投资领域来看，涉及人工智能、企业服务、汽车交通、文化娱乐、金融、实体零售等。事实上，通过股权投资的方式进入新业务领域，不仅发生在 BAT(B 代表百度，A 代表阿里巴巴，T 代表腾讯)三家公司中，很多大企业都从事过这类活动。

由此，为获取大企业、大机构的资源支持，创业者们纷纷对自己的创业行为做了相应调整。创业者们经常进行路演、参加创业圈子活动，或"兜售愿景"，或推介项目，以说服人才(智力资源拥有者)加入创业团队，说服投资者(物质资源拥有者)投入资金，说服政府(政策资源配置者)给予财政、金融等政策支持，等等。

因此，作为创业学与营销学两门学科的交叉学科——创业营销，应该既致力于创业产品(或新产品)市场开发的理论阐释与实践探索，又注重以创业项目推介为主要活动内容的创业项目营销的理论解释。

第二节 创业营销的构成要素

创业营销包含先动性、机会导向、创新性、风险评估、资源利用、顾客关系管理和价值创造 7 个构成要素，下面详细探讨每一个要素。

一、先动性

企业面临的外部环境是不确定的，因此企业不能只是被动地响应或适应。传统的营销通过评估现有及可预期的环境，改变营销组合来创造价值。而创业营销要求的是引领顾客和市场，重新定义产业实践，确定新的市场定位，快速开发恰当的营销方法，先发制人地关注顾客的差异性需求，强调有目标地采取行动，从而影响环境。为了主动抓住机会，营销者应通过降低不确定性、减少企业对环境的依赖来重新定义环境，把营销变量作为创造变化和适应变化的手段。机会稍纵即逝，创业活动必须突出速度，率先采取措施，满足顾客的未来需求。

二、机会导向

创业精神的核心是认知和探索机会，机会代表未被识别的市场需求，或者是未得到利用或未被充分利用的资源和能力，是潜在的、持续的利润来源。倘若能识别、挖掘当前顾客所能表达的需求以外的机会范畴，就可以规避现有市场的限制。

营销者既要主动探索和发现机会，增强营销活动的创造性，又要重视对现有资源的有效利用，加强对营销活动的有效管理，这样才能创造市场。对机会的认知和寻求是创新的基本面，也是创业营销的核心维度。环境分析有助于管理者看清发展趋势，但要想识别出被忽视或不完善的市场，则需要营销者具备带有创新性质的洞察力，通过扩展视野、增加机敏性来开发由产品或顾客主宰的市场。

三、创新性

创新性包括企业运营中的技术创新、组织创新、制度创新和管理创新。树立创新思想是创业营销重要的哲学观,创新需要不断重新定义产品和市场环境,组建创新团队,创造性地开发新产品和服务。在进行创业营销时,过程创新从未间断,管理者持续关注细分市场、定价、品牌管理、包装、客户沟通与关系管理、信用、物流及服务水平等方面,力争有所创新。持续创新就是在内外环境的作用下产生的新创意,进而转化为新的产品、服务、过程、技术、活动或想法。在这个过程中,创业营销部门发挥着极大的整合作用,除了管理创新组合外,还包括机会识别、创意产生、技术支持和资源利用,帮助企业实现创新型增长。

四、风险评估

无论是在资源分配的过程中,还是在产品、服务或市场的选择过程中,企业的运营都存在着风险。在创业过程中,需要采取一定的措施以识别风险因素,进而减少或分散风险,这要求营销者不断减小环境的不确定性,并进行灵活的资源管理,如与其他企业合作项目或共同开发项目、创新市场测试、分阶段推出产品、联合主要客户、建立战略联盟、外包关键营销活动、资源支持与绩效挂钩等,所以创业营销者也是风险管理者。

五、资源利用

资源利用就是以最少的投入获得最大的产出。创业营销者应不受当前资源的限制,通过各种途径实现对资源的利用,包括将过去的资源延伸利用、挖掘被他人忽视的资源用途、利用他人或其他企业的资源实现自身利益、将一种资源补充至其他资源中以创造更高的组合价值、以某种资源换取另一种资源等。所以,创业营销者应具备创造性的资源利用能力,能够识别出未被最佳利用的资源,并懂得如何以非常规的方式使用资源,如易货贸易、借款、出租、租赁、分享、回收再利用、订约和外包等活动。

六、顾客关系管理

首先,创业营销强调营销活动要与顾客资产、内在关系和情感维系相关联,它通过评估顾客终身价值和顾客资产来指导企业制定客户投资及客户定制服务等方面的决策。而通过亲近顾客,可了解不断变化的客户情况,创造动态的客户需求。其次,关系营销关注的是现有关系的管理,而创业营销则集中于通过探索创新营销新手段来建立新关系,或应用现有关系来开创新市场。亲近顾客维度强调与企业的主要客户确立内在联系,即与客户建立共生关系。此外,创业营销活动融合了信念、激情、热忱和信仰,反映企业对目标和信念的深层感知,在一定程度上改变着企业,如提高企业发掘新事物的直觉、鉴别力和洞察力,而不是单纯地进行理性决策。

七、价值创造

价值创造是实现交易和建立关系的前提，创业营销聚焦于创新型的价值创造，营销者的任务是发现未经开发的客户价值，建立独一无二的资源组合，最终实现价值创造。在动态发展的市场中，价值不断被重新定义，这就要求营销者必须以不同于其他竞争对手的眼光理解顾客的需求，创建基于价值的顾客关系，利用每个营销组合元素，不断开发新的顾客价值来源，从全局出发挖掘新的价值来源。

第三节 传统营销与创业营销的对比

传统营销关注的是界定和满足顾客的需求，核心观念是假定存在大量未得到满足的需求，为确保企业的长期发展，企业应为满足这些需求来配置企业资源。其原则是要发现未经开发的细分市场。按照 Nilson 的观点，传统营销具有四方面的特征：①反应性，而非超前性；②反应缓慢；③鼓励基于商业理性和经验的创造；④追求市场成长，而不是在停滞不前的市场上保护现有份额。

创业营销是营销概念在创新、风险承担、超前行动等方面的总括，它体现了机会导向观，要求营销者不仅要对沟通活动做出反应，而且要经常为顾客发现新的价值来源，并为企业发现新市场。

Stokes D.通过对创业者与小企业主行为的研究，提出创业营销不同于传统营销的四个方面：①创业营销的市场驱动力来自创新导向，而非顾客导向；②创业营销的目标市场来自顾客自下而上的自我选择与推荐，而非传统营销的自上而下的 STP，即市场细分、目标市场、定位过程；③创业营销的营销方法更多地采用互动营销，而不是 4P 或 7P 组合；④创业营销市场信息收集通过非正式网络，而不是正式情报系统，等等。

传统营销与创业营销的区别还体现在以下几个方面。

(1) 在组织架构上，传统营销的工作一般由企业中的一个职能部门来执行，且由具有良好营销教育或实践背景的专业人士完成；而创业营销从一开始就是由最核心、最高层的企业创始团队进行筹谋，人员的专业背景较为复杂。

(2) 传统营销更注重较短周期内局部市场范围内的市场营销指标，强调灵活多变的营销策略，承担营销组合的协调者、品牌建立者的角色；而创业营销制定的是较长时期内企业的营销战略逻辑，强调营销战略的整体性、指导性、长期性、竞争性和稳定性，承担内外变革的代理者、细分市场的创造者等角色。

(3) 在营销对象上，传统营销一般是将企业的某一业务或单一产品作为主要的营销对象，关注点在于促进交易和控制市场；而创业营销实际是对企业整体业务体系的谋划和构想，更关注通过价值创造来获得持续的竞争优势。

(4) 在面对的市场环境中，传统营销的市场环境成熟而稳定，企业很熟悉；而创业营销面对的市场具有高度不确定性，风险极大。

(5) 在营销预算上，传统营销的营销预算一般由企业上一周期的销售总额决定，预算额度稳定并有一定的保障；而创业营销一般会面临资金短缺的窘迫局面。

传统营销与创业营销在组织架构、基本前提、倾向性等方面的对比如表1-1所示。

表1-1 传统营销与创业营销的对比

比较项目	传统营销	创业营销
组织架构	市场营销部门，良好的专业背景	由最高创业领导层筹谋，人员专业背景复杂
基本前提	促进交易和控制市场	通过价值创造来获得持续的竞争优势
倾向性	客观、冷静	富有激情，执着，勇于创新
环境	既有的相对稳定的市场	高动态水平下可以预想的新兴细分市场
全局性	较短周期内局部市场范围内的市场营销指标，强调灵活多变的营销策略	较长时期内企业的营销战略逻辑，强调营销战略的整体性、指导性、长期性、竞争性和稳定性
营销者角色	营销组合的协调者、品牌建立者	内外变革的代理者、细分市场的创造者
市场路径	通过渐进性创新来接近当前市场，具有反应性、适应性	通过动态性创新来引导顾客，具有超前性
顾客需求	能清晰地表达、设想和描述	不能清晰地表达、发现和识别
风险观点	使营销风险最小化	营销是理性承担风险的工具，强调减轻、预防和分担风险
资源管理	有效利用现有资源和稀缺智力	撬动和创造性地利用其他资源，以较少的资源做更多的事，不囿于当前的资源约束
新产品/服务开发	营销支持研发和其他技术部门的新产品/服务开发活动	营销是创新的温床，顾客是合作生产者
顾客角色	智力和反馈的外部源泉	积极参与企业的营销决策过程、产品定义、价格、分销和沟通

(资料来源：Morris、Schindehutte 和 LaForge(2002))

创业营销要求努力引导顾客，而不是被动地跟随或做出反应。为达到这些目的，Jaworski、Kohli、Sahay 及 Morris 等指出，除了坚持市场导向外，创业营销还必须重视创业导向，关注创新、风险承担和超前行动。从根本上说，创业营销是一种机会驱动和机会搜索型思考及行动方式。它把有关创业行为的想象力、愿景、智慧、创意等整合到营销的概念中，并将之运用到全新的营销活动中，包括市场研究、细分以及营销组合管理等。创业营销整合了营销和创业两方面的要素，是市场导向和创业导向的融合与协同。

创业营销意在为营销者提供更有针对性、更有效的新的营销手段，它并不排斥传统营销的基本原理及手段。所以，创业营销与传统营销所采用的许多营销手段是相同的，很难用简单的二分法加以区分。为了突出创业营销的创新性、冒险性和前瞻性，通过对营销在创业中或创业在营销中的作用进行考察，对传统营销与创业营销进行了区分。

需要强调的是，创业营销最重要的目标是解决创业企业的生存问题，帮助创业者敏锐地捕捉到市场机会，采取营销行动，主宰企业的命运。

第四节 创业营销的内容和阶段

一、创业营销的内容

在创业企业的营销管理活动中,既存在一般意义上围绕创业产品的传统营销,也存在为解决创业初期创业项目资源缺乏问题而出现的创业项目推介营销,两者的侧重点各有不同(见表1-2)。前者解决的是创业产品的价值定位和向谁营销、如何营销等问题;后者是将创业项目作为营销对象,使用各种方法向创业项目所缺乏的资源的拥有者阐明创业项目价值、获取投资等的营销活动。

表1-2 创业企业的营销活动

对比项目	创业产品(或新产品)市场开发	创业项目推介
谁做营销	从社会上聘用的业务员等营销人员	以创业者为中心的创业团队
向谁营销	以顾客为中心的社会组织和社会大众,表现为各类顾客、客户、消费者等	以资源拥有者为中心的社会组织和社会大众,主要包括投资者、合伙人、政府机构等组织和个人
营销什么	产品或服务	由创业创意、创业精神、创业团队、商业计划和创新创业成果等要素构成的创业项目
如何营销	4P、STP、CRM 等营销形式	运用营销思维和杠杆效应,开展创业项目的包装、路演、推介等
营销目标	促使顾客接受其产品或服务,并为之付费	获得创业项目生存与发展所必需的各种资源,通俗地说,即融资、融智、融资源

二、创业营销的阶段

成功的创业营销一般需要经历四个阶段——创意营销阶段、商业计划营销阶段、产品潜力营销阶段与企业潜力营销阶段。有些学者将上述四个阶段总结为创业营销三部曲。

(一) 创业项目孵化

创业项目孵化是指给创业创意、创业项目的开展提供一个良好的条件,让它开始运作并成长为一个能够正常运营的企业。从孵化主体来看,创业孵化分为"借力孵化"和"自我孵化"。当前盛行的创业孵化器多数属于以平台、基地形式存在的"借力孵化",主要为初始创业者提供经营场地、政策指导、资金申请、产品成型、技术鉴定等多类创业服务。当然,创业者在获取外部资源前后,可以主动地"自我孵化",尽快推出产品原型,把创意产业化,创建实体公司。显然,创业项目孵化出的成果越多,质量越高,创业营销的效果就会越好,能撬动的资源也就越多。

(二) 创业项目包装

项目的实施成功与否，除其他条件外，首要的一点就是所包装的项目是否具有足够的吸引力吸引人力资本的加盟和资金资本的投入等。项目包装可以是实物形式，也可以是文字形式。项目包装的文字形式多样，可以是项目推荐书、可行性研究报告、项目策划书和商业计划书，也可以创业故事等形式表现。根据创业项目的构成来分，创业项目包装包括创业者包装、创业项目的产品包装、创业项目的商业模式包装等内容。当然，项目包装不是"脱实向虚"，而是把"好用"的东西改造得"既好看又好用"。项目包装还必须遵循"谦虚式夸张"的原则，既要根据"现实"，又要高于"现实"，还要回归"现实"，同时要满足科学性、规范性等要求。

(三) 创业项目推介

项目推介是创业项目面向投资者、面向市场、面向社会的一个重要环节，是指创业者、创业企业通过某些平台，采取某些推介方式，向投资者、政府等组织或个人展示创业项目的先进性、可行性，吸引其他人力资本加盟创业团队，以获取投资资金、政府政策等的支持。创业项目推介平台主要包括投融资洽谈会、政府或行业组织的项目推介会、创业项目咨询孵化机构、各类机构组织的创业比赛、"私董会"，以及在线网络推介平台等。当前，创业项目推介的主要形式是项目路演。创业项目路演与推介的一大益处是将资源拥有者引入创业项目早期评价活动中，避免创业者个人因对市场的错误判断而产生的创业风险。

本 章 小 结

创业营销是创业者为突破资源束缚，通过创新、风险承担和超前行动，主动识别、评价和利用机会，以获取可保留的有价值客户的组织职能或过程。创业是不拘泥于当前的资源约束，寻求机会进行价值创造的行为过程。

创业营销由于融合了创业思维和营销理论、方法，不仅适用于初创型企业，也适用于那些预备在市场投入新产品、新服务的成长型企业，同样适用于需要转型的成熟企业。营销者不受当前资源限制、基于机会视角主动寻求新手段为目标客户创造价值的活动都属于创业营销的范畴。

创业营销有先动性、机会导向、创新性、风险评估、资源利用、顾客关系管理和价值创造7个构成要素。

创业营销整合了营销和创业两方面的要素，是市场导向和创业导向的融合与协同。创业营销意在为营销者提供更有针对性、更有效的新的营销手段，它并不排斥传统营销的基本原理及手段。所以，创业营销与传统营销所采用的许多营销手段是相同的，很难用简单的二分法加以区分。需要强调的是，创业营销最重要的目标是解决创业企业的生存问题，帮助创业者敏锐地捕捉到市场机会，采取营销行动，主宰企业的命运。

成功的创业营销一般需要经历四个阶段：创意营销阶段、商业计划营销阶段、产品潜力营销阶段与企业潜力营销阶段。

思 考 题

一、简答题

1. 创业者如何发现自己的价值主张?
2. 创业营销和传统营销有何区别和联系?
3. 成功创业营销的过程是什么?
4. 成功创业营销的要素是什么?
5. 成功创业的目标是什么?如何实现成功创业的目标?

二、案例分析

收废纸的大生意

对于再生资源回收公司闲豆回收的创始人方浩来说,2017年是很幸运的一年,他的公司在本年第二季度终于开始盈利了。

简单来说,闲豆回收(以下简称闲豆)的主要业务就是收废纸。这是一门不小的生意,仅北京市每年的规模就在100亿元以上。很少有人知道,65%的造纸原料不是木浆,而是废纸。不过,这门生意也很容易受到大环境的影响。在国内,有超过一半的废纸是从国外进口的。2016年,国家禁止进口没有经过拣选的"洋垃圾",而在国外,要把废纸分类拣选,增加的成本可能远大于废纸的卖价,这相当于堵住了进口废纸的来源。国内废纸价格水涨船高,2017年9月,废纸到厂均价攀升到每吨2960元,而2016年同期价格仅为每吨1240元。

创业两年,靠着这些看着不起眼的废纸箱,闲豆在北京已经有1000多家中大型企业客户及商户,月营收超过千万元。2016年,闲豆获得由同渡资本领投、浅石创投跟投的数千万元A轮融资,2017年10月又获得由麦星投资领投,金砖资本、同渡资本、低碳产业基金跟投的1亿元B轮融资。

2015年,方浩结束了自己10年坐办公室的工作,打算创业。一次偶然的机会,他听到做旧家电回收的朋友抱怨行业的不规范。朋友的公司每天能回收、处理1000台家电,但最多只有500台左右的货源,原因很简单:他对接的都是私人小回收作坊,能否拿到货全凭和老板的关系,有时还得看老板当天的心情。

这让方浩看到了传统再生资源回收行业小、散、乱的痛点,也意识到这一看似不起眼的行业存在再造的机会。方浩仔细梳理了各类回收对象,他要找的是流量容易获取、频次高、毛利高、可复制的品类。排除了废旧钢铁、家电、数码产品后,他把目光锁定在随处可见的包装纸箱。"包装箱是生产型和消费型企业都会使用的,无论是(北京)五环外的大型家具厂、制造工厂还是小区底商都会使用纸箱,这是个比较广的品类。"方浩这样认为。

两年后,废纸价格飙升,这算是对方浩准确直觉的奖励。创业之初,他其实是十足的外行,连究竟该到哪里去收到足够的货都没有概念。他从雍和宫劳务市场招了几个退伍兵,开始了地推,在传媒大学一带跑小区和沿街商铺。

经过短短的一周,他发现,底层小商铺、超市这样的客户(即B端),其价值远远高于个人(即

C端）。与家里零敲碎打的几个纸箱相比，B端用户供货稳定、数量集中，每天或隔天都会积攒很多纸板、纸箱，客单价几乎是C端的几十倍。而且，及时处理这些占地的物件是每家商店的刚需。"进小区很麻烦，保安还要收钱，成本高不说，也很难起量。"方浩说。他打消了挨家挨户做生意的念头，把力量集中到B端。

方浩决定避开当时最火爆的O2O概念，老老实实做线下商户的生意：一类是沿街商户，如便利店、餐厅、药店、烟酒店、超市、水果店等；另一类是大型商户，如写字楼、酒店、连锁超市。

纸箱回收这个需要卖力气的传统行业，切入市场不需要用烧钱的营销办法，只要实实在在解决客户的问题，靠口碑传播，也能很快打开局面。

方浩的第一个大客户连锁水果超市果多美曾经深受纸箱的困扰。它在北京二环内的店铺寸土寸金，根本没有存放纸箱的空间，每天凌晨两点钟开始上水果，所有纸箱堆在门口，政府要求五点前必须都收走，否则就会被罚款。"所以企业一般找到固定的回收员后，不会换其他的，因为迁移成本很高，相比消费端用户，企业端客户有依赖心，这样也容易形成壁垒。"方浩说。

闲豆当时的地推人员只谈下了果多美一家店铺，但其上级偶然巡店时，了解到闲豆，直接就让闲豆把果多美北京40多家门店的纸箱回收业务承包了。"现在果多美只要一开新店就会找到我们。"闲豆回收的联合创始人靳伟说。

所以，方浩一开始并没有大规模砸钱补贴。回收员骑着车，穿着闲豆的工服一路经过商铺，就会有店主招呼他们合作，一般都能满载而归。

其实，北京的回收市场上，除了方浩创立的闲豆，还有其他几家以不同路径切入的竞争者，只是方浩选择了一条看上去最笨重的道路：从回收团队、物流、仓储到最后打包，全产业链自营。

在当时以"轻"和"快"制胜的风潮中，方浩似乎在逆流而行。但他想得很清楚，回收行业存在小、散、乱，缺乏标准化管理等问题，如果不整合，最多小打小闹，实际无法再造这个行业。"再生回收是个服务差、效率低的行业，都是个体户在里面做。只有自建，才是可控的，才有优化的空间。"方浩强调。

传统的废纸回收起码有三个中间环节，个人上门收货后卖到城里的废品收购站，再由收购站老板卖到一般设在城外的回收中心，回收中心送到打包厂分拣打包，废纸的最终用户造纸厂则通过遍布各地的"黄牛"从打包厂手里买废纸。

这显然是一条过于冗长的链条，而且几乎所有的环节都是个体户或夫妻店，甚至没有营业执照，以至于养活了一批专门靠开发票挣钱的"黄牛"公司。这个行业太缺乏一批规模化的企业来整合资源、再造全部流程了。麦星投资的执行总监李鑫认为："自营的好处在于，每个环节都由自己把握，所以有提升的可能性。"

"这个工作中的苦和累不是一般人能想象到的，我们早上四点跟着去收纸，到了村里，刚刚下了雨，条件也很艰苦。"李鑫回忆。所以，方浩最初招募回收人员时，找的多是退伍军人，他们更能吃苦，也更能做到令行禁止，后来扩充到有快递或外卖经验的员工，不会招募那些传统做回收的个体户。"说到底，我们就是要自己培训，把人员标准化，回收个体户已经有生意做了，缺乏被改造的欲望。"方浩说。

闲豆对回收行业的再造是从一点一滴开始的。比如，回收员直接与货和钱打交道，而且多属个人单独操作，光靠个人素质很难防范其中的作弊行为，可能会出现钱货不对，甚至私自倒货。闲豆靠标准化的流程，每一步都足够精细，并且靠移动互联网技术设计尽量完善的监督机制。在回收员使用的 App 里面加入了 GPS 定位功能，手机的定位和货车的定位对应，实现"人车一体"，过秤无须回收员确认而是让客户确认，货款一律通过线上转账。"必须把 SOP(标准作业程序)设计到位，重奖重罚，每一个操作节点都设置好，这样才能防止有人从中钻空子。"方浩说。

在一些细节上，方浩甚至希望与传统回收行业有明显的区别。"我们(员工)不能留胡子，不能说方言，必须穿工服。"方浩强调。

闲豆的物流和仓储建设花了最多功夫，重资产的投入前期扩张慢，但能够筑起足够深和宽的"城墙"。回收行业物流建设最大的问题就是如何让单车回收效率最大化，也就是让车辆能以最短的距离，跑最多户商家，拉更多的货。"纸品的消费几乎跟着社会消费品走，资源非常分散。再生资源回收行业里难的不是处理，难的是怎么收回来。要把分散变成相对集中是非常难的。"李鑫说。

京东、菜鸟的物流属于"正向物流"，满车出门，空车回来。但回收业是"逆向物流"，空车出门，满车回来。一辆车究竟能服务多少客户很难预先判断，虽然用户会预报大概的数量，但这些数据经常出入很大。有时回收员计划收 10 家货，结果到第 5 家就装满车了，只能先回公司。其他用户没有等到人，自然会投诉。而且，有时还会有突发情况，比如用户会忽然拿出竖式纸箱，它拆出来所占的空间与横式纸箱大不一样，有经验的回收员可能会见缝插针装上车，新手就只有再跑一趟。

方浩和他的创业团队没有一个人做过物流，在白跑了很多冤枉路，收到很多抱怨后，靳伟带领团队开发了一套信息系统整合物流体系，根据商户的历史数据计算出每个商户大概每天会产生的纸板量，做一个初步的统计。整个链条运作起来后，这个系统能实时调整。回收员上门过秤后，重量能自动换算成体积，并且计算出接下来还需要跑几户商家才能凑够一车货，路线也会相应做调整。"第一部分是预判性的，比如计算明天大概有多少货，第二部分是动态判断，如果需要 8 点到第一家，但路上遇到堵车，就会派单给其他人。这个业务太特殊了，目前已有的业务流程都不能复用。"靳伟说。

随着闲豆的客户数量变多，物流也越来越复杂。果多美运送草莓的塑料筐也在闲豆的回收业务范围，但这种物品的空间摆放形式和纸板完全不同，而且它的业务量会根据季节发生变化，草莓季塑料筐可能堆积成山，其他时间基本上就销声匿迹了，这也得考虑在内。

靠着一点点试错，花了整整一年的时间，方浩和团队终于将顺了整个物流过程。但他们仍然没有看到盈利的希望，原因很简单，虽然前端回收和物流掌握在自己手中，但利润大头——打包和售卖的环节，他们并没有介入。

当时闲豆的货只卖给打包厂，也被它们坑过不少次。方浩经常会遇到过磅不准的情况，但成吨的纸板已经卸在地上，重新换地方成本太高，除了吃哑巴亏，方浩也无计可施。"当时我们实际上就是在给打包厂打工。"方浩回忆。这让方浩坚定了要自己做打包站的想法。那时闲豆已经有了一定规模，方浩干起了苦力活：自建打包站。

他到北京五环外四处找仓库，还跑到别人的打包站观察别人用的什么机器。"如果想在传统行业实现自营,每个链条都必须亲自参与。"方浩说。

闲豆第一个仓储及打包地点的选择费了一番功夫,最后选在了通州,因为这里离纸箱回收量最大的朝阳区最近,而且靠近公路,可以直接上高速到造纸厂密集的山东。方浩亲自去挑选打包机,又盯着厂家安装,每个环节都不敢有懈怠。现在,闲豆已经在通州、昌平和顺义建立了3个大型打包厂,每个厂的面积近1万平方米。这也提高了物流的效率,货车不需要再穿城而过。

传统夫妻店靠人情联系,防止工作人员造假,闲豆回收靠自己的信息管理系统控制打包厂各生产环节,整个系统都尽可能自动化,避免了人为造假的因素。

靳伟设计的这套系统中,所有称重的信息都通过电子秤直接反馈到后台,负责称重的司磅不能手动修改。而且他们在磅秤的四角都加了监控设备,防止有人往纸板里放铁块一类的重物。"必须用技术手段防止工人乱开价或者称重注水的情况。"靳伟说。

有了自己的打包厂,闲豆开始介入最后一个环节:对造纸厂的直接销售。这之前,造纸厂都习惯从各地"黄牛"手里买废纸,不会直接和没有规模的私人打包厂打交道。一开始,闲豆也只能通过"黄牛"卖货,但这种私人买卖可以说没有任何保证,有几次"黄牛"把他们的货卖了之后,直接失联,货款也打了水漂。

打包厂建起来两三个月后,有了一定的规模,造纸厂才注意到他们。"一开始货量只有30吨,没有造纸厂会理你,货量到500吨,就有了议价权。"方浩回忆。其实,造纸厂从自身利益考虑,也希望有正规的企业来整合中间链条。造纸厂从"黄牛"手中拿到的货参差不齐,经常会收到掺水和混杂各种垃圾的纸块。"我们要做的就是把控品质,并且让整个流程透明化。"方浩表示。为此,为了减少打包厂很难避免的扬尘,又不弄湿废纸,闲豆安装了雾化喷淋系统。成品废纸按照A、B、C等级分类,打好包的废纸配备标识牌、条形码,让每一包成品废纸都是一个标品。

闲豆现在虽然每天能够有500吨的产量,但方浩也承认,这个行业还是过于分散,闲豆一年3亿元的销售额也只占北京市场很小的一部分。方浩接下来想做的是一个SaaS供应商,将自己的信息系统卖给打包站。并且,方浩希望建起一个平台,做正规的"黄牛",对接小型打包厂和造纸厂,砍掉中间商。

闲豆的创业可以总结为:重新整合废纸回收产业链,利用互联网技术提升效率,让回收流程精细化和标准化,进而依靠可复制性实现规模化。

(资料来源:袁斯来. 收废纸的大生意[J]. 第一财经周刊(总第479期),2017(11): 42-64.)

思考:

1. 闲豆所在行业原来的弊端在哪里?
2. 闲豆的创业属于哪种类型的创业?该企业的价值和盈利体现在哪里?
3. 闲豆面对的挑战有哪些?他们是怎样处理的?
4. 闲豆的客户是谁?竞争对手是谁?
5. 闲豆在创业过程中运用了哪些高科技技术?作用是什么?
6. 结合你所在的城市和地区,调研该行业目前的经营状况,评估是否可以进行类似的创业项目。

第二章
消费者需求洞察与创造

学习要点

1. 创造需求对创业成功的重要性；
2. 消费者购买行为分析的基本内容；
3. 消费者购买行为的模式、类型及影响因素；
4. 消费者购买决策的过程。

导入案例

基于 SIVA 理论视角的西西弗书店转型

随着数字化阅读与网络书店的兴起，实体书店的发展受到巨大冲击。面对诸多困境，贵州西西弗书店从过去的单一图书售卖转为文创产品+餐饮等复合经营模式，实现转型升级，破壳新生，在实体书店闭店大潮中逆势发展，持续盈利。2013—2018 年，西西弗书店先后在重庆、成都、深圳、南宁、杭州等地开店 206 家。截至 2019 年 5 月，西西弗书店在全国各大城市开设实体书店超过 210 家，并拥有活跃会员 400 多万，辐射大半个中国。唐•舒尔茨教授认为，在供大于求、信息纷繁的营销环境中，消费者会通过更恰当、更便捷的途径寻找他们所需要的商品，还会主动探寻任何能够成功解决他们难题的方案，搜集能指引他们找到最佳解决方案的相关信息。在这种情境下，消费者将转变为需求信息的发布者，而且在传递需求信息的过程中不断寻找、修正并最终确定能满足自己需求的解决方案。

SIVA(solutions、information、value、access，解决方案、信息、价值、途径)营销理论认为，为消费者提供满足需求的解决方案是营销活动的基础与起点，实体书店应转变营销思维，在充分探索消费者潜在与现实需求的基础上，为消费者提供可行性高的解决方案。为了把握并满足客户对图书的高品质、差异化需求，西西弗书店对图书进行横向优选，确保客户黏度。西西弗书店专业购书团队在数以万计的图书中精选出不到 10%的优质图书，利用自主研发的商品流控系统及完善的单品运营管理系统时刻监控市场变化，将具有不同品质与销售属性的图书精准定位到最佳销售点，并实时变换图书品类以适应市场需求，以保持读者的新鲜感。

(1) 深度挖掘信息传播媒介功效，扩大信息覆盖面。西西弗书店以本地消费者喜爱的方式举办新书发布会、读书讲座、知识竞赛、文化沙龙等阅读推广活动，通过特色书展、文化创意展等形式与消费者互动，并充分利用竞猜、征文、红包、抽奖、转发等传播机制传播活动信息。

(2) 提高读者让渡价值，实现购买活动增值。消费者在消费过程中总是期望以最低的成本换取更多的利益，西西弗书店在图书价格难以下调的情况下，努力使顾客让渡价值最大化，以实现购买活动增值。英伦式的装修风格，暗红色墙面与柔和的暖黄色灯光相呼应，营造一种温馨、安宁的氛围，打造独特的文化仪式感，塑造沉浸式阅读场景，提高读者的阅读体验，充斥着浓郁文化气息的阅读场景能拉近读者与书的情感，让人沉浸在知识的海洋中。西西弗书店以读者的消费触点为导向构建沉浸式体验场景，以提高读者的阅读体验。

(3) 线上线下联动，做文化的推送者。SIVA 营销理论中，途径越便捷、越安全，就越能获得消费者的青睐。西西弗书店不再一味等待读者上门，而是主动追逐客流，顺应销售渠道多元化的发展趋势，采用线上线下同步经营的营销模式，为消费者提供便捷的购物途径，使其乐意获取解决方案。

(资料来源：王芳, 周盈. 基于 SIVA 视角的西西弗书店营销策略探究[J]. 出版广角, 2020(3): 88-90.)

企业所面临的市场环境复杂多变，按部就班地发展会导致企业丧失占领市场的先机，最终企业可能被市场淘汰。因此，现代创业企业应该悉心研究消费者的潜在需求，挖掘潜在市场，以创新产品来创造需求，引导消费，不断开发新市场，使企业在激烈的市场竞争中得到稳定、持续的发展。

营销的目标是使目标顾客的需要与欲望得到满足和满意。所谓消费者行为研究，是指研究个人、集团和组织究竟是怎样选择、购买、使用和处置物品、服务、创意或经验的，以满足他们的需要和愿望。

认识消费者行为和消费者需求极不容易，消费者对自己的需求和欲望往往言行不一，他们往往不会暴露自己的内心世界，且对环境的反应容易在最后一刻发生变化。而营销者必须研究目标消费者的欲望、知觉、偏好及购买行为，并创造消费者自己未知的需求。

第一节　创造需求

需求是指在某一时期内和一定市场上按照某一价格愿意并且能够购买的该商品或劳务的数量。传统营销强调了解并顺应消费者的需求，创业营销强调创造需求。"现代营销学之父"菲利普·科特勒认为，"优秀的企业满足需求，杰出的企业创造需求"。创造需求就是市场主体采取各种经营的手段，包括物流、营销等手段，使人们的潜在需求被激发并最终得到满足。消费需求的创造和加强需要一个过程，创业者为提高创业成功率，应主动创造需求，更快、更好地满足消费者的潜在需求。事实上，消费需求具有多样性、伸缩性、层次性及可诱导性等特点,创业者应着眼于未来的消费需求,了解购买行为的一般规律,洞察市场潜在需求,主动创造需求。

拓展阅读2-1

技术可以被复制,但创新的能力无法替代

房价与工资的比例日益扩大,为提供自助仓储服务的CBD迷你仓找到了机会。2014年8月,由Alan和Kevin出资的,第一家传统意义上的CBD迷你仓在北京国贸正式开业。和其他同行企业类似,CBD迷你仓也拥有这些行业标配:24小时摄像头监控、ADT银行防盗系统、专人看管、控温控湿、定期除虫、免费保险等。

在提供满足行业标准的储存空间之余,CBD迷你仓还希望为私人储存这个行业的发展做出贡献。2015年8月21日,全球首创的智能CBD迷你仓在北京十里河正式亮相。除了提供基础的自助仓储服务,智能CBD迷你仓还提供在线选仓、定仓、支付、自助存取以及微信开锁、异地授权等服务,只要关注微信服务号"CBD迷你仓"即可实现。如果用户不想自助存储,可以使用另外一款上门存储O2O产品——储物乐App,根据自己存储的时间和空间需求在App上下单,工作人员会带着特制储物箱上门取物。Alan说,CBD迷你仓与Asia Tiger(上海虎头搬家公司)、蚂蚁搬家等搬家公司以及一些快递公司都有合作。

Kevin介绍,传统意义上的迷你仓都配有门禁卡、钥匙等,而迷你仓的使用频次很低,很多时候客户会在无意中把门禁卡或钥匙弄丢了,还要交几百块钱约客服补办,这是很不值得的,而且手续很烦琐。可能以前补办开仓的手续要30分钟,采用无人化技术以后,通过微信,将整个流程优化到只要5分钟。

Alan说,不管是在国内还是在国外,包括美国的迷你仓行业老大Public Storage,目前同行业企业的技术水平就是通过互联网做推广和宣传,也可以通过微信下订单,他们是第一家把整个流程打通、真正利用互联网来改造以及提升用户体验的公司。

不过在Alan和Kevin看来,技术永远都会被复制,但他们团队的核心竞争力——创新的意识和能力,是无法替代的。2015年,CBD迷你仓便民存储项目荣获由全经联颁发的"中国房地产创新项目"奖,储物乐被世界O2O博览会提名为"最具投资价值"奖。2017年,储物乐获得了北京朝阳区政府国际人才中心"凤凰计划"的优秀初创企业赞助。至今,CBD迷你仓在北京、上海、广州、深圳已经开了38家网点,总储存体积逾3万立方米,获得逾1.4亿元总投资。

(资料来源:http://www.cbdmnc.com)

消费心理变化的原因是多方面的,既有经济的因素,也有政治和社会大环境的因素。其中,经济条件的变化是引起消费者的消费认知改变的根本因素。如果没有经济的持续增长,消费者的消费心理不会发生巨大的变化。遵循市场规律、充分认识消费者需求始终是生产者、经营者、销售者需要学习的东西。

消费者的消费心理和消费行为的变化并非无迹可循。一是人们的消费更加理性化，只愿意买自己喜欢的商品；二是网络尤其是移动互联网，对人们的消费行为所产生的影响越来越大，冲击了传统的购物方式；三是人们更加喜欢个性化的体验，希望有多样化的选择。在移动互联网时代，在商业模式创新和消费者体验方面，中国走在了世界的前列。很多手机应用者没有经过计算机时代，就直接跨到了多屏时代。

一般消费者都具有三个最基本的消费心理：自我认同心理，即求实心理；他人认同心理，即攀比、炫耀、求面子的心理；占便宜心理，或者追求物美价廉的心理。其他一些心理也在很大程度上影响着消费者的购买行为，如好奇心理、求美心理、求速心理等。

为适应移动互联网的发展和消费者消费心理的变化，营销人员和经营者必须做出如下改变。

(1) 理性分析消费者的购物行为。营销人员应认真研究、理性分析不同消费群体的特有心理，了解他们的特殊需求，从中找到在某方面具有替代性的象征事物，然后通过别具特色的设计赋予产品某种气氛、情感、趣味、思想等，凭借感性的力量去打动他们。

(2) 提供超过消费者预期的满意度。消费者的首次购买往往抱有很高的期望值，当他们决定做出自己的消费行为时，会显得非常挑剔。要赢得新消费者的信任，就必须让他们满意，甚至提供超过他们期望的产品或服务。

(3) 发展网络购物和网络营销。目前，大量的消费者首选网络购物，传统销售渠道与网络销售渠道逐渐合为一体，形成了多销售渠道融合的新零售模式，即线上与线下一体的 O2O 模式。

(4) 发展移动购物和移动营销。年轻人乐意用手机管理银行账户、在网上购物并与朋友分享购物的喜悦。一个满意的顾客会影响一个朋友，一个不满意的顾客会影响很多人，在互联网上，普通消费者的影响力之大超乎想象。

拓展阅读2-2

博西家电如何赢得消费者的信赖

在国内家电市场，母婴家电市场虽然尚属于传统家电市场的全新细分市场，整体处于萌芽状态，但随着母婴经济的迅速崛起，母婴家电市场已然爆发出惊人的增长潜力。博西家电作为高端家电市场的领导者之一，致力于为消费者带来品质出众、设计精湛的产品和便捷的使用体验，全方位满足消费者的需求。母婴家电市场潜力大，参与者众多。但是，目前各大家电企业对母婴家电产品的探索仍处于起步阶段，可以说，整个市场处于"野蛮式"成长阶段。不过，由于受众群体是非常敏感的孕妇、婴幼儿，市场要求十分严苛，宽进严出是当前母婴家电市场的发展特色。面对这样的市场，家电企业该如何赢得消费者的信赖呢？

"坚持以消费者为中心，规划产品不是单纯从产品类型出发，而是从消费者需求出发，基于消费者的需求打造产品。"博西家电认为，随着人们生活品质的提升，消费者对产品品质的要求越来越高。消费者在注重产品功能性的同时，更加重视产品的设计细节、使用体验和技术含量，推动整个家电行业逐渐向高端化方向发展。到目前为止，博西家电旗下95%的博世洗衣机、100%的博世洗干一体机和干衣机均带有除菌相关功能；旗下50%的西门子洗衣机都带有除菌功能，60%的洗干一体机带有热风除菌功能，100%的干衣机带有除菌烘干功能；其他产品也都可以通过防过敏的功能来实现健康洗净效果。博西家电进入中国小家电市场是根据中国消费者的需求结合自身优势来打造产品线的。

(资料来源：张丽. 博西家电：坚持以消费者需求为导向创新，深度布局"健康除菌"母婴家电[J]. 家用电器，2020(07)：22-23.)

第二节 消费者购买的心理过程

一般来说，消费者的行为模式可以表述为"刺激—反应"模式。具有一定潜在需要的购买者是受到企业的营销活动刺激和各种外部环境因素的影响而产生购买行动的，而不同特征的购买者对于外界的各种刺激和影响又会基于其特定的内在因素和决策方式做出不同的反应，从而形成不同的购买意向和购买行为，这就是购买行为的一般规律。为创造需求，创业者首先需要研究消费者行为的规律，具体表现为以下7个方面，即通常所说的"5W2H"。

(1) 为何购买(why)，即确定购买原因。

(2) 购买什么(what)，即购买哪类产品，包括产品的名称、款式、规格、品牌和价格等。

(3) 购买多少(how many)，即购买的数量及购买频率。

(4) 购买时间(when)，即有些产品的购买行为具有一定的季节性，如冬天买皮外套、取暖器，夏季买空调等，或表现出一定的时间规律。例如，美国的圣诞节、感恩节、万圣节，我国的春节、国庆节、中秋节等节假日期间，人们习惯购买各种食品、鲜花和礼品等。

(5) 购买地点(where)，即消费者往往要考虑距离远近，交通是否方便，商品是否齐全，价格是否合理，服务是否周到等多种因素才会决定在何处购买。

(6) 购买者(who)，即由谁(可以是个人，也可以是组织)来购买。

(7) 购买方式(how)，即购买方式决策。例如，选择现场购买，还是邮购、预购或代购等方式；是支付现金、开支票，还是分期付款等。

消费者对推销人员及其推销的产品，从认识到购买，一般要经过一个复杂的心理活动过程，有一定的规律性。消费者的心理活动过程可分为三个子过程：认识过程、思维与情感过程、意志过程；这三个子过程又可细分为7个具体的阶段：认识阶段、知识阶段、评定阶段、信任阶段、决策阶段、行动阶段与体验阶段，如图2-1所示。

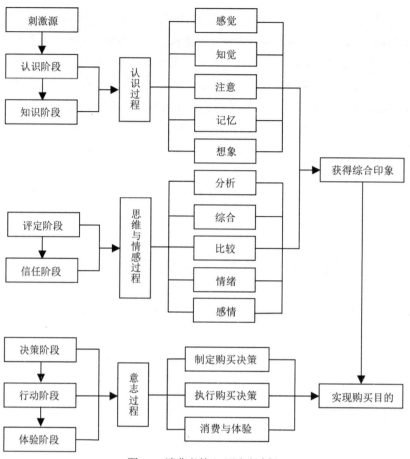

图2-1 消费者的心理活动过程

一、认识过程

消费者购买产品是从认识产品开始的。认识过程主要解决两个问题：第一，认识和明确自己的需求所在；第二，寻找可以满足这种需求的基本途径和方法。自我意识对消费者心理有重要影响。在消费者做出购买决策、购买商品、享受商品价值、做出自我评价的过程中，自我意识的作用表现得尤为突出。人们消费商品，最直接的目的是满足自己的需要，消费商品的效果要由消费者本人的体验和评价来实现，自我意识正是在消费者的体验过程中发挥重要的作用。消费者购买的认识过程一般包括感觉、知觉、注意、记忆和想象等基本的心理活动与过程。

(一) 感觉

消费者对推销的认识过程是从感觉开始的。感觉就是消费者感官直接接受推销人员及其产品等刺激源刺激所引起的最初反应。它是消费者一切心理活动的基础和出发点。

消费者对推销人员及其推销品的感觉有以下几个特点。

(1) 感觉是对事物的简单认识，是对事物个别属性的反映。推销人员要从消费者的心理认识这一初级阶段出发，在推销介绍时先从产品的基本常识与外观开始，在适当的时机再引导消费者从整体属性上认识产品,并力求引起对方的注意。

(2) 引起消费者的感觉,需要一定强度的刺激。企业宣传的力度和频率、推销人员的访问次数、推销宣传的语言沟通方式和非语言沟通方式等,都必须达到足够的刺激强度,才能引起消费者对企业、推销人员、产品的感觉。

(3) 消费者的感觉是会改变的。消费者对推销人员及其推销品等的认识,会因条件的变化而变化。因此,创造良好的推销环境和条件来扭转或弱化消费者的不良感觉,是企业和推销人员应当掌握的基本推销策略和技巧。

(二) 知觉

知觉是消费者在对推销人员及其推销品进行多次、反复感觉的基础上,消费者的功能性器官对由感觉器官形成的感觉进行综合性概括后所形成的认识。消费者对推销人员及其推销品的知觉有以下几个特点。

(1) 整体性。知觉是消费者对产品整体属性的认识,这就需要消费者调动全部感觉器官系统,如消费者在购买食品的过程中,要看,观察其外观与色泽;要闻,体验其味;要摸,体验其硬度、新鲜度;要尝,体验其口感;要问,感知其营养功能等。

(2) 选择性。选择是把认识对象从背景中分离出来的过程。消费者带着既定的目标选择产品时,如果某种产品成为符合预期目标的刺激物被感知得比较清楚,就成为知觉的对象;而其他刺激物则被感知得比较模糊,成为知觉的背景。因此,在推销的开始阶段,如何排除干扰,使本企业的产品成为消费者的知觉对象,就成为推销人员要解决的重要问题。

(3) 理解性。知觉总是在过去的知识、经验的基础上进行的,是用以前所获得的有关知识和经验来理解与解释知觉对象。推销过程中,推销人员应尽可能充分地了解和掌握消费者的知识结构、知识水平及经验,恰当地引导、帮助消费者理解产品的整体属性及其带给消费者的各种利益。

(4) 恒常性。在知觉条件发生变化时,消费者对企业或产品的整体属性的认识仍然能够保持相对不变。持续不断的推销,其目的就在于强化消费者知觉的恒常性,如提高企业知名度、强化品牌意识,使消费者知觉到的企业及产品形象稳定地保留在消费者的头脑中。

(三) 注意

注意是消费者的心理活动对一定对象的指向和集中,是消费者通过对事物的选择,使意识集中于一定的客体的认识阶段。消费者对推销人员及其推销品的注意主要有以下 3 个特点。

(1) 有限性。消费者面对众多的事物,其注意的范围是有限的,如何将消费者的注意力集中到本企业的产品和服务上,是企业和推销人员需要考虑的问题。

(2) 主次性。消费者在同时注意几个客体时,注意力并不是平均分配,而是有主次之分。

(3) 可转移性。消费者的注意力会因环境、条件的变化而产生主动或被动的转移。

任何一次消费心理发生的基础都来自消费者的愿望,消费者在内心体会到消费的需要、购买的兴趣等,为了满足消费的需要,在心理上要做出相应的准备,如认知商品信息、了解商品特性、对商品形成一定程度的好感等,是消费者消费商品的基础。

拓展阅读2-3

车友论坛的热帖

下面以一位消费者购买国产运动型多功能车(SUV)为例，通过他购买汽车的过程，反映消费者复杂的心理过程。

汽车的外观、内饰都是一流的，我们全家人都一眼看中了。电动折叠、胎压监测(虽然是简易的)、ESC、6气囊、双电动座椅、座椅加热，都是卖点。前后独立悬挂，215/17大轮胎，后悬挂有些硬，过烂路时还是有感觉的，不过绝对在可承受的范围内，过烂路比一般轿车强很多倍。该汽车保有量大，维护保养便宜、方便。汽车品牌的前身是国有大品牌，老军工企业，上市时间长，已经经历了时间的检验和用户的挑剔，应该错不了。本人就是喜欢这种沉稳、大气，尤其原创度高的品牌，对于那种严重抄袭、剽窃行为是持坚决抵制态度的。

汽车的大嘴造型绝对霸气，和我这种身材是绝配，单论外形，国产车里无出其右。汽车的内饰做工中等偏上，但也基本达到同价位合资车水平，较有豪华感，美中不足的是中控硬塑料感较强，除中控外，其他手能碰到的物体材质都是软的。红色缝线比较有运动感且上档次。车内和后备厢储物格偏少。一些小部位都有车标，这点我很喜欢。新车气味太大，虽然现在已买回近50天了，但打开车门时还是感觉刺鼻，会咳嗽一阵。4S店展厅的车没啥气味，那是因为开着窗的时间长。

本人身高180cm，100kg，前后排腿部空间、头部空间均毫无压力。车身宽度足够后座坐3个大人，挤4个瘦点的人也没有问题。排量1.5T，自重1.5T，再加上我100kg的体重，在市区，根本不可能大油门激烈驾驶，动力足够用了。起步稍"肉"，高速行驶中三档后绝对跟得上。纯市区行驶的油耗大概是12L/100km，但表显8.6，应该不太准，相信以后会有所下降。

再说一下4S店的赠品。后视镜样式的前后双摄像头行车记录仪成像效果很好，就是夹在原厂后视镜上太长了，导致驾驶座席和副驾驶座的遮阳板都没法放下来，简直不如不装。

卖家联系的施工店服务也很好，贴膜也很满意，贴完后还打电话询问服务怎么样，贴得好不好，非常满意的一次购物，必须给店家一个赞！想买的朋友千万不要犹豫，绝对不会让你失望！性价比较高，这个价格，这么丰富的配置，这么整的底盘，完爆其他品牌。

(资料来源：王成慧. 企业微营销经典案例集[M]. 北京：经济管理出版社，2016.)

在该案例中，涉及多个与消费者心理有关的概念。第一，品牌认知。消费者本人及全家对该品牌的印象是一见钟情式的品牌认知，看一眼就喜欢了。第二，产品知识。这位消费者对小汽车的电动折叠、胎压监测、ESC、6气囊、双电动座椅、前后独立悬挂、215/17大轮胎等产品知识，以及过烂路比一般轿车强的性能，十分了解。第三，产品性能。前后空间、头部空间让人满意，车身宽度足够后座坐3个大人。第四，风险认知。该品牌汽车保有量大，维护、保养便宜方便，是做出购买决策、减少使用风险的重要依据。第五，品牌保护意识。该消费者十分尊重高原创度的国产品牌，对于严重抄袭、剽窃的行为持坚决抵制的态度。第六，品牌缺憾。新车气味太大，买回家近50天了，打开车门时还是感觉刺鼻。第七，操作技能。在市区驾驶，动力足够用，高速行驶时三档之后动力绝对跟得上。第八，服务评价。对于卖家的赠品不太满意，后视镜不如不装。第九，服务体验。对店家的施工服务评价很好，认为膜贴得很满意，贴完后还打电话跟踪服务质量。第十，品牌推荐。这名消费者十分乐意向其他人推荐这个品牌。

(四) 记忆

记忆是指保持在大脑里的过去事物的印象。从整体上讲，记忆是一个识记、保持、回忆或再认的过程。在推销活动中，消费者通过看、听、接触推销人员及商品，通过参与推销活动来识记，并把识记过程中形成的内容作为经验储存在大脑中。消费者在接触推销人员及其推销品时，往往在头脑中把与该推销人员或推销品有关的内容重现进行比较，即回忆。当消费者在看到曾见过的推销人员或推销品时，将它们识别出来，确认接触过或见过，这就是再认。在推销活动中，加强消费者的记忆是非常重要的，因为推销活动不可能一次成功，也不可能与所有消费者只做一次交易，消费者的记忆有助于推销的成功，能有效降低下次推销的成本。

记忆主要有如下几个特点。

(1) 选择性与差别性。在记忆阶段，消费者是以自己的标准、经验、能力与经历形成的各种依据对推销信息加以选择后再进行记忆的。由于不同消费者选择推销信息的标准不同，因此，对同一推销信息的记忆是不同的，这就是记忆的差别性。但是普遍认为，消费者会把推销人员给自己的最深刻的、最突出的认识加以记忆，认识越深刻，记忆就越牢固，越不会随时间的推移而淡化。

(2) 消费者的印象与再现。印象就是推销人员及其产品或企业文化形象留在消费者心目中的总体概括与形象。当消费者感到需要或一旦出现某种提示物后，消费者就会把头脑中的印象与眼前的需要或提示物联系起来，从而为购买提供决策信息。如果消费者对推销的印象是好的，则决定购买的可能性就要大些；反之，将给推销带来不利的影响。因此，留给消费者一个良好的印象，是一个成功的推销人员必须做到的。

(3) 消费者的记忆与印象受较多因素影响。

① 首因效应。首因是指产品或推销人员给消费者留下的第一印象，第一印象对消费者的认识所产生的影响为首因效应。第一印象在消费者对推销的记忆过程中具有不可逆转的作用，影响了消费者对推销认识的全过程。

② 近因效应。近因是指消费者在时间上最靠近，认识上最深刻、最容易记忆的印象。由于近因是在消费者的记忆时间里距离现在最短的、最新鲜的印象，不易淡忘，因此对消费者的认识有较大影响。近因往往是产品留给消费者的最后记忆。

③ 刻板效应。刻板效应是指由于消费者认识的惯性作用，使已经形成的印象在一般情况下不易改变地、相对固定地保留在消费者的记忆中，并由此而产生的影响。没有较强力度的外界刺激，是很难改变消费者已经形成的印象的。

④ 光晕效应。光晕效应是指消费者在认识过程中，会按照某种逻辑思维对推销人员进行印象推理。名人效应、多数人效应等都是光晕效应的特例。要想给消费者留下好的、难忘的印象，就必须研究消费者的逻辑推理原则与思维习惯，并在营销中加以应用。

(五) 想象

想象是指消费者对已经拥有的主要推销特征进行加工改造，从而创造新形象的过程。因此，想象具有超前性。产品的广告和介绍不能替代消费者的想象，但却可以创造各种条件去引导消费者的想象，调动消费者的想象力。消费者为满足生产或生活方面的某种需求，就会产生各种欲望并演变为对具体产品的追求，营销策划有助于消费者通过想象创造一个美好的新形象。

> **拓展阅读2-4**
>
> **网络直播：消费场景触发的购物**
>
> 直播带给电商平台的颠覆性变革体现在去中心化的场景体验。传统卖家是在平台另外一端的人，他与消费者的沟通和交流也仅限于文字方式的询问，消费者对产品信息的了解也只能来源于卖家处理之后的图片、文字、视频，导致消费者并不了解产品的真实面貌。当电商与直播结合之后，主播的出现就轻而易举地解决了这个问题。在直播的时段内，主播自然而然地担任"一对多的导购员"角色，这个导购员在不知不觉中构建了一种购物消费场景。在这个场景中，产品质量和消费者之间的信息不对称被打破，主播一旦开启直播，商品属性和主播的言行就都暴露在消费者面前，拉近了消费者与商品之间的距离。主播在推广商品的同时能及时答疑解惑，在直播过程中还能以趣味的形式与消费者互动，促进更多的感性消费。
>
> 比如，消费者可以将自身需求即时发送给主播，主播在直播间里试穿消费者选中的衣物。消费者通过自身尺码与主播尺码的比较，观察试衣效果，对产品信息有更形象的感知，并进而做出消费与否的判断。
>
> (资料来源：赖黎捷，陈晨. 移动视频时代购物节目的消费场景建构[J]. 中国广播电视学刊，2019(05): 31-33.)

二、思维与情感过程

通过认识过程，消费者掌握了大量的感性材料，对产品的外部整体形象有了初步了解，这时消费者将会对产品由表象认识向思维认识过渡，进入购买活动的思维与情感过程。

(一) 思维过程

思维是在感知的基础上，对产品本质特征的间接的、概括的反映。思维过程主要有以下两大特点。

(1) 间接性。思维是通过事物相互影响所产生的结果，或以其他事物为中介认识客观事物。进入思维过程后，消费者就要分析、综合、比较、判断、推理，凭借知识和经验，并征询其他已经购买产品的消费者的意见，从多种事物的联系中更加深刻地理解和把握整个购买行为的本质特征。

(2) 概括性。消费者的思维过程往往是由具体的产品开始，经过概括上升为抽象概念；从产品的特殊性认识开始，再经过概括上升到一般性(普遍性)，再从抽象和一般回到具体的产品中。企业和推销人员要让消费者在自然状态中接受营销推广的观点,并使消费者自己做出结论。

消费者在购买产品时,总是要经过思维过程才能做出购买决策,只是在购买某些产品时,思维过程比较简单;而在购买另外一些产品时,思维过程比较复杂。一般而言,购买日用消费品的思维过程比较简单,购买耐用消费品的思维过程就比较复杂,而购买工业品的思维过程是最复杂的。

(二)情感过程

情感是消费者对某种产品或某个企业的态度的一种反映,这种态度会在顾客的购买行为中或明或暗地表现出来。消费者对某种产品的态度是以该种产品是否满足自己的需要为中心和依据的,只有那种与消费者需要相关的产品,才会引起消费者的情感反映。

情感一般分为情绪和感情两种类型。情绪是由特定的条件引起的,随条件的变化而变化,是短暂而不稳定的情感。消费者情绪的变化主要取决于需要的满足程度。销售人员要积极地创造条件,克服消费者的紧张心理和排斥情绪,稳定和强化消费者的良好情绪。

感情是消费者社会性的需要,是与消费者的思想意识紧密联系的一种内心体验,如亲切感、信任感、优越感。与情绪相比,感情具有较大的稳定性和深刻性。企业和销售人员应当注意培养消费者三方面的感情:首先是对服务人员的信任感和亲切感;其次是对产品的偏爱感和忠诚感;最后是对企业的信任感。如果是推广品牌,还要培养并稳固消费者购买和使用该产品的自豪感与优越感。

拓展阅读2-5

职业女性消费的意义

当今时代的职业女性消费者经济独立,拥有较强的消费能力,同时年龄和教育背景会影响职业女性消费者的时尚选择侧重点,而品牌的选择范围与收入成正比,女性消费者开始有能力选择能够表现她们独特个性的产品。女性消费者的消费行为反映出来的消费心理为追逐潮流、从众心理、个性表达、自我关注、信息敏感,时尚消费已经逐渐成为女性消费者的一种生活方式。

(资料来源:王思雨,宁俊. 北京职业女性的时尚消费特征[J]. 纺织学报,2019,40(04):171-175.)

三、意志过程

意志过程,是指消费者确定目标,并调节其行动,以实现预定目标的心理过程。意志过程具有明确的目的性和行为调节性,因此,意志过程可分为制定购买决策与执行购买决策两个阶段。

(一)制定购买决策

消费者购买决策的制定过程包括购买动机的冲突及取舍、购买目的的确定、购买方式的选择,以及购买计划的制订。在消费者购买决策过程中,选择最适宜的购买目标是关键,消费者在选择购买目标时,一般遵循需求满足最大化、需求与支付能力相平衡和利益最大化三大原则。

(二) 执行购买决策

执行购买决策是意志过程的关键,消费者不但要为购买付出较大的智力和体力,还要克服购买过程中的各种困难与障碍,处理在决策阶段没有预料到的新情况和新问题。

消费者的购买心理过程是认识过程、思维与情感过程、意志过程的统一。

第三节 消费者购买行为分析

消费者购买行为即消费者受各种需求动机的影响所做出的购买决定。消费者购买行为的形成过程十分复杂,它不是一个孤立的行为,而是受社会、经济、心理等一系列相关因素影响的连续行为。

消费者的购买行为主要包括四个方面:

(1) 消费者何时购买。很多消费者的购买习惯是有时间规律的,主要表现在季节性上。

(2) 消费者在何处购买,主要取决于商品的性能与价格,以及商品销售网点是否方便消费者等。例如,人们多在信誉较高的大型商场购买贵重商品。

(3) 消费者怎样购买。有的消费者注重商品价值,有的消费者注重实效,还有的消费者注重商品的品牌和式样,消费者在购买过程中往往根据自己的喜好做出不同的选择。

(4) 由谁做出购买的决策。家庭购买的参与者包括决定者、执行者和使用者。

在营销活动中,企业只有对消费者心理和行为进行深入研究,掌握消费者购买行为发生的规律,生产迎合消费者需要的产品,才能制定相应的市场策略,为产品占有市场份额创造条件,实现营销目标,促进企业发展。

一、消费者的类型

由于消费者的个体性格和购买心理状况的不同,可将消费者按购买行为划分以下几种类型。

(1) 习惯型。此类消费者由于对某种商品或某家商店的信赖、偏爱而产生经常、反复的购买。由于经常购买和使用,他们对这些商品十分熟悉,体验较深,再次购买时往往不再花费时间进行比较,注意力稳定、集中。

(2) 理智型,也称慎重型。此类消费者在每次购买前要对所购的商品进行较为仔细的研究和比较,购买感情色彩较少,头脑冷静,行为慎重,主观性较强,不轻易相信广告、宣传、承诺、促销方式以及售货员的介绍,主要考虑商品质量、款式等。

(3) 经济型,也称价格型。此类消费者选购商品多从经济角度考虑,对"大甩卖""清仓""血本销售"等低价促销最感兴趣,善于发现别人不易发现的价格差异。

(4) 冲动型。此类消费者的心理反应敏捷,容易受产品外部质量和广告宣传的影响,以直观感觉为主,新产品、时尚产品对其吸引力较大,一般能较快地做出购买的决策。

(5) 疑虑型。此类消费者一般性格内向，善于观察细小事物，行动谨慎、迟缓，体验深而疑心大。他们选购产品从不冒失、仓促地做出决定，在听取销售人员介绍和检查产品时，也往往小心谨慎且疑虑重重；他们挑选产品时动作缓慢，费时较多，购买商品时三思而后行，购买后还会疑心上当受骗。

(6) 不定型。此类消费者多属于新购买者。他们由于缺乏经验，购买心理不稳定，因而没有一定的主见，没有固定的偏好，一般是随便购买或顺便购买。对于此类消费者，只要销售人员态度热情，服务好，善于介绍，就比较容易被说服而迅速做出购买决策。

二、影响消费者购买行为的因素

在宏观上，消费者购买行为是指消费者为心理需求、评价决策、实际购买、产品使用、购后评价以及处置消费品所采取的一系列活动，也包括对这些行动起决定作用的自我决策过程，是消费者取得包括消费收入在内的一系列复杂的过程的总称。而在微观层面，消费者购买行为就是消费者个人为满足个人需求和欲望进行的实际购买消费产品的购买行为，包括以交易或交换为基础的消费者行为。消费者购买行为受到消费心理变化、消费品种类、消费时间以及市场环境等因素的影响。随着互联网和新媒体的发展，消费者在接触产品信息的渠道上变得更宽，消费者购买行为的特点和影响因素逐渐多元化，与周围整体环境也有着更多的联系。当前的经济和社会环境对消费者心理产生了很大的影响，其购买行为也由单一变得多样化和复杂化。因此，在研究消费者购买行为的过程中需要考虑更多的因素。

文化、社会、个人和心理等因素对消费者个人的购买决策过程影响显著。

(1) 文化因素包括文化、亚文化和社会阶层，这些因素均对消费者购买决策发挥着极大的影响力。

(2) 社会因素是指消费者与影响群体之间的相互作用，消费者购买决策会受到家庭、所属群体、社会角色和地位的影响。

(3) 个人因素包括性别、年龄和生命周期的阶段、职业、经济地位、生活方式、个性或自我概念等。这些影响消费者购买行为的个人因素对每个人的影响都是不同的，并且对消费者需求的产品和服务类型有着重要的影响。

(4) 心理因素包括感觉、动机、学习、信仰和态度，这些因素决定了消费者对环境的认知以及消费者自身与环境之间的相互作用，并且影响着消费者的最终决定。

一个出色的创业营销者应该经常研究这些因素，以确保本企业营销活动的创新性和有效性。在上述所有因素中，创业者需要特别关注消费者的态度。态度很难改变，营销者应将自己的产品和消费者的现有态度相吻合，而不是试图改变，否则可能产生出乎预料的后果。

三、网络对消费者生活的影响

网络信息已经成为人们首要的发布和获取信息的渠道。网络信息渠道与传统的电视、报纸、营业环境等信息渠道融合，而且与人际交往的信息路径融合。

网络对消费者的影响主要表现在如下几个方面。

(1) 影响消费者的决策路径。传统的消费者决策路径是综合亲朋好友、家人传媒、营业环境等各类信息形成购买决策。网络平台几乎颠覆了传统的消费者决策路径，消费者在网络平台上直接对比各品牌的信息，按照感兴趣的指标对各品牌特性进行排名，比较各品牌的使用体验，查询其他用户的网上评价，在浏览网页的过程中形成预购方案。消费者可在网络平台上保存并随时更新、更换预购方案，决策之后完成网上支付、物流系统送货上门、消费者在网上发布自己的消费体验等，这一决策路径与传统的消费者决策路径完全不同。

(2) 影响消费者的购物体验。购物体验可以不依赖现实的购物商场，而是在虚拟的网络环境中形成购物体验，通过网络上的购物平台比较商品的特点，了解其他消费者的评价。购物前的体验多半是虚拟的，主要是网络平台上的多媒体信息的呈现。随着虚拟现实技术的快速发展，网络平台上的虚拟购物环境与真实的购物环境逐步接近，甚至虚拟环境中的购物体验开始超越真实环境的购物体验，如娱乐、旅游等消费。网络购物体验与传统购物体验的不同之处还表现在消费群体之间的互动关系上，传统的购物体验尤其是消费过程的体验主要在亲朋好友之间分享，而网络平台上的消费体验分享已经跨越时间、空间、人群的界限，可以公开地向任何消费群体分享，并在分享过程中得到他人的评论与反馈，得到消费之后的满足感或成就感。同时，分享过程中的各类评价也会无限制地向其他消费者或厂家扩散，进一步影响其他消费者的购买决策，影响商家对该品牌的管理。

(3) 意见领袖起着消费指导作用。在消费领域，传统意义上的意见领袖对消费者主要起示范作用，不太可能一一指导消费者的行为，因为技术原因，这种示范的成本很高。而在网络平台上，意见领袖借助信息技术可以跨越时空指导消费者的行为，技术成本很低。在一些专业网站的论坛中，意见领袖周围云集了一些高度忠诚的用户，这些意见领袖对消费需求津津乐道，对产品了如指掌，对品牌缺陷心知肚明，乐于交流、乐于评论，他们的行为不仅对其他消费者起着明显的示范作用，也对消费者选购品牌、使用商品具有重要的指导意义。

(4) 影响消费者的生活方式。网络平台与大数据技术改变了许多消费者的生活方式。消费者们结伴逛商场的现象减少了，浏览同一个网络平台或者在同一论坛上发帖的机会增多了；开车、骑车从商场搬运商品的现象减少了，在家、在办公室坐等快递员送货上门的现象增多了；消费者团购时，由与熟悉的亲朋好友组团购买，转变成与不熟悉的人通过网络一起团购；"粉丝"支持明星的方式，由参加现场活动转移到了在微信群中；消费者维权的手段，由通过传统媒体升级成通过网络发帖、社区转发等。网络与大数据技术已经改变了消费者的生活方式。

四、影响消费者网上购物需求的基本动机

(1) 光顾动机。消费者会因为经常浏览某些网站而对这些网站具有一定的信任与偏好，从而对这些网站的链接、广告所包含的商品产生购买动机。这类消费者通常是这些网站的忠实关注者，一旦这些网站推销满足自己需要的产品，他们就会选择购买并且推荐给周边的朋友让他们一起购买。

(2) 求新动机。网上购物的消费者大多是35岁以下的年轻人，接受过大专以上教育的消费者占75%以上，他们对于自己的分析和筛选能力有自信，能快速进行搜索和比较，从而在购物

平台中找到自己需要的产品。对于网上购物这种事物，他们认为是一种新奇的时尚潮流并且会主动追随这种时尚潮流，从中获到新鲜感、刺激感和优越感。

(3) 求廉动机。互联网自身具有免费性，网上购物的流通环节较少，以及代购店及拍卖商城的出现，导致购物平台出售的商品比实体商店出售的商品要便宜很多，这会促使更多的消费者选择通过网上购物来满足本身的购物需求。同时，网上商城商品比较的便利性也极大地满足了消费者"货比三家"的谨慎购物心态。

(4) 求方便动机。消费者如果采取传统的方式购物通常需要经过一系列复杂的过程，这一过程消耗消费者巨大的时间和精力，同时交通的问题进一步浪费了消费者的时间。网上购物则大大减少了这一系列活动的时间，便捷的搜索方式便于消费者进行商品对比，为消费者提供了许多便利。对于想要找到便捷的消费方式、缩短选择过程的消费者来说，网上购物是最优的消费方式之一。

当然，如此看重网络平台和大数据技术的意义并不意味着对传统经营方式、传统研究方法的替代或扬弃。对于服饰品牌专卖店、餐饮店、小汽车专卖店、旅游服务、休闲服务、保健服务等领域，传统的经营方式仍然是不可或缺的，消费者只有在现场才能感受到品牌的质感、体会服务的亲切感、享受人与人直接交流的乐趣。

本 章 小 结

创业营销强调创造需求。创造需求就是市场主体采取物流、营销等经营手段，使人们的潜在需求得到激发，最终得到满足。消费意愿的加强需要一个催生的过程，在传统的消费意愿适应市场的理念下，这个过程需要花费很长时间，可能会阻碍消费意愿的加强。创业者为提高创业成功率，应主动创造需求，更快、更好地满足消费者的潜在需求。

不同特征的购买者对于外界的各种刺激和影响又会基于其特定的内在因素和决策方式做出不同的反应，从而形成不同的购买意向和购买行为。这就是购买行为的一般规律。为创造需求，营销人员需首先研究消费者行为的规律，可归纳为7个方面，即通常所说的"5W2H"。

文化、社会、个人和心理等因素对消费者个人的购买决策过程影响显著。

网络对消费者的影响主要表现在四个方面：一是影响消费者的决策路径；二是影响消费者的购物体验；三是意见领袖起着消费指导作用；四是影响消费者的生活方式。

思 考 题

一、简答题

1. 创业者在创造需求时主要考虑哪些因素？
2. 创业者如何研究消费者行为的规律？
3. 创业者如何利用网络对消费者的影响？

二、案例分析

无锡老字号餐饮企业OTO模式转型发展重新定位

在当前餐饮市场越来越大的环境下，很多老字号餐饮企业经营业绩持续下滑，有七成以上经营不善，甚至出现倒闭或品牌转卖。曾几何时，作为中国民族工商业发祥地的无锡，拥有60多家老字号餐饮企业，时至今日，只剩下30家左右。

（一）老字号餐饮企业经营面临的问题

(1) 客源定位单一。老字号餐饮企业凭借悠久的文化历史，利用人们对过去的情怀，吸引中老年食客。

(2) 经营保守，产品与经营模式缺乏创新。大部分老字号餐饮企业经营因循守旧，如菜品过于油腻、过于甜，服务人手多且管理混乱，可以机器规模化加工工序的仍依靠手工，点菜叫号等。

(3) 信息化程度滞后，很少有企业进行信息化建设与更新。

(4) 品牌渠道建设陈旧，销售能力较弱。老字号餐饮企业的品牌渠道运营方式多采用传统的实体店销售，在品牌扩张上则少有建树。

(5) 管理人才缺乏。老字号餐饮企业从开业之初至今至少经历六十余年，从技术员工到管理人员甚至到把握企业宏观决策的企业家都更替了一代又一代，很多老字号企业由于家族世袭、经营权转让、经营理念落后等原因，在人才方面出现了断层。

(6) 客户服务水平不高。点餐服务、迎客服务、环境氛围布置、上菜服务、清洁服务以及其他一些细致入微的人性化服务在服务效率与质量上，老字号餐饮企业不占优势，甚至处于下风。

(7) 品牌核心价值观弱化，品牌影响力下降。

（二）老字号餐饮企业 OTO 模式优化策略

(1) 重视新产品的研发，实施不同的产品策略，在条件允许的情况下针对消费者餐饮消费的需求变化开发新产品，提高原料质量，定期举办一些新品的试吃活动，让老字号更加年轻化、更接地气。

(2) 品牌重新定位，树立新品牌形象。老字号餐饮企业除了开拓线下市场外，还应借助互联网线上效应来扩大自己的品牌影响力。通过各种线上平台的品牌宣传，唤醒消费者对老字号的文化认同，产生强烈的文化共鸣。

(3) 拓宽品牌分销渠道，扩大品牌影响力。增加线下直营店的数量，增强消费者的体验感。线上开辟互联网销售渠道，除了挂靠美团、大众点评、饿了么等知名餐饮平台开展销售，还在淘宝、京东等知名线上平台上开设老字号店铺，专门设计移动端的 App 简化消费过程，同时借助微信公众号、抖音、微博等网上传播媒介开展广告推广，在给消费者带来便利的同时，拓宽品牌分销渠道。

(4) 加强信息系统建设。线上订餐信息、客户咨询、餐饮企业下单信息、采购信息、存货信息、企业优化、企业反馈等数据流向顾客与网络平台信息系统。

(5) 完善在线订餐支付服务。通过官网或第三方互联网餐饮平台推出各类在线订餐服务，通过在线平台了解客户订餐信息，提前准备食材，按照电子订单提前结账。整个流程的资金、信息合理化流动。

(6) 增加品牌在线营销投入。增加线上广告投入成本，在自建网站及各知名第三方网络平台上推送品牌信息、新品发布与促销信息，借助互联网推广品牌影响力，通过增加企业线上流量来提高企业线下人气。

(资料来源：沈伟. 无锡老字号餐饮企业OTO模式优化策略[J]. 合作经济与科技, 2020(07): 68-69.)

思考：

1. 总结OTO模式的特点及优势。

2. 结合传统行业企业的运行模式，分析企业创新中存在的问题，并进行相关影响因素的分析。

3. 老字号餐饮企业如何迎合和创造消费者的需求？

第三章
竞争对手分析

学习要点

1. 竞争对手分析方法；
2. 关键竞争对手分析方法；
3. 竞争情报分析方法；
4. 竞争优势分析方法。

导入案例

面向老年市场的智能可穿戴设备产业竞争情报分析

没有竞争对手的竞争不是真正的竞争。当今企业所处的竞争环境瞬息万变，新的竞争对手不断进入，行业内整合不断加剧，行业间壁垒减少，跨界竞争也不断涌现。在这样充满竞争的市场环境中，谁能及时把握竞争对手的动态，谁就在竞争中掌握了主动，因此对竞争对手做分析就十分重要。

我国现阶段处于一个老龄化问题严峻的社会，如何利用现代信息技术介入与老年群体相关的养老、医疗和健康领域，满足老年群体的日常生活、健康管理、医疗监测和情感交流等需求是社会各界关注的问题。智能可穿戴设备的产业链涉及多个细分环节与企业，按照产业分工与功能的不同划分为六大环节，包括上游的硬件供应、技术支撑环节，中游的终端制造、软件开发环节，下游的产品销售、养老服务环节。为了提升企业在养老市场中的竞争力，本文将基于产业链外部情报和产业链内部情报对面向老年人的智能可穿戴设备产业进行竞争情报分析。

1. 产业链外部情报分析

在我国，养老领域的发展情况与我国政治、经济、社会和技术等宏观环境息息相关。

政治： 智慧养老产业已经得到了国家的重视。2019年，国务院办公厅发布《关于推进养老服务发展的意见》，强调持续推动智慧健康养老产业的发展，拓展信息技术在养老领域的应用，制定智慧健康养老产品及服务推广目录。

经济：根据国家统计局公布的国民经济数据，2019年上半年，全国居民人均可支配收入为15 294元，同比增长了8.8%，增速比第一季度高0.1个百分点。在我国居民收入水平不断提高的背景下，老年人的消费水平与意愿也在不断加强。

社会：根据2019年2月28日国家统计局发布的2018年国民经济和社会发展统计公报，截至2018年年底，全国60周岁及以上人口数量为2.49亿，占总人口的17.9%，其中65周岁及以上的老人达1.67亿，占比11.9%。人口老龄化不断加重的同时，我国逐渐进入慢性病的高发期。老年人的慢性病发病率极高，医疗服务需求日益增长，养老负担日益加重。

技术：从技术支撑环节来看，面向老年人的智能可穿戴设备产业链上的共性技术发展迅速。通过引入大规模天线、超密集组网、全频谱接入和高频毫米波等关键技术，以5G为代表的通信技术革新取得了突破性成果。

2. 产业链内部情报分析

产业技术：在产业链上游，面向老年人可穿戴设备产业的核心技术发展仍是全产业链发展的难点。虽然智能可穿戴设备的硬件技术也在不断革新并逐渐成熟，传感器、芯片等元件都趋于低功耗、高性能和微型化，且部分器件开始投入规模化生产，降低了产业门槛，但为了给老年人提供良好的医疗健康服务，传感器类器件对精准度、敏感度和安全性等提出了更高的要求，研发和采购成本较高。

供需信息：目前我国智能可穿戴设备终端具备多样化的形态，不同形态的设备根据其特点可以为用户提供有针对性的服务，但老年群体的智能可穿戴设备提供的服务还较少。同时，面向老年人的智能可穿戴设备产业的供需结构不匹配。从软件开发环节来看，对老年群体心率、血压、血氧等生理参数进行监测，记录、分析老年用户日常生理数据并对异常数据做出健康预警，为制定个性化的医疗健康服务决策提供了依据。情感交流类软件通过亲情通话、一键呼叫、情感社区等功能，满足老年用户渴望与子女、亲人和朋友之间进行社交互动的需求。提供GPS定位、日程提醒、紧急呼救等功能的生活服务类软件，可以对老年人的日常生活提供全方面的管理和照料，并缓解子女照顾老人生活的压力。老年人群的认知与学习障碍也对软件服务的简便化、智能化提出了更高的要求。

市场信息：国民消费水平的升级和养老需求的加剧对产业发展提出了更高的要求，网络的普及和技术的快速发展为产业注入了新动力，这些都为智能可穿戴设备产业在我国老年市场的发展提供了广阔的空间与机遇。

综上所述，从智能可穿戴设备产业的外部环境来看，智能可穿戴设备产业在养老领域的发展具有较大的社会基础、市场潜力和产业竞争优势。为了充分发挥智能可穿戴设备产业在养老领域的竞争优势，进一步提升其在养老市场的产业竞争力，需要从多元角度搜集和利用产业竞争情报，优化面向养老服务的智能可穿戴设备产业链。产业竞争情报应当全面关注产业链外部政治、社会、经济和技术环境的发展现状与趋势，产业链内部各个环节横向的竞争与合作要素、纵向的流动与联通信息，充分利用各方竞争情报，推动产业链的技术创新、资源利用和服务增值，从而提升智能可穿戴设备在养老领域的产业竞争力，推动智慧养老服务体系的完善。

（资料来源：吴琼，陈思，朱庆华. 产业链视角下我国老年智能可穿戴设备产业竞争情报分析[J]. 情报理论与实践，2020，05(06): 38-44.）

随着我国市场经济体制的日趋完善、科学技术的高速发展及全球经济的一体化，企业间的竞争日趋激烈。企业要想在全球市场中占有一席之地并获得快速发展，首先必须确认自己的竞争对手，及时、准确地掌握竞争对手的商业信息，并依据其做出正确的经营决策。企业间的竞争在某种意义上说就是信息的竞争，只有充分掌握竞争对手的情报才能做到知己知彼、百战百胜。本章首先讨论了竞争对手的识别方法，在此基础上立足企业竞争实际，全面论述竞争对手情报的基本内容、收集竞争对手情报的渠道和方法，以及如何充分利用竞争对手情报等内容。

第一节　独特的竞争力和可持续的竞争优势

企业的竞争对手主要是指在与本企业有共同或相近的目标市场，且与本企业有利益冲突，对本企业构成一定威胁的组织或个人。竞争对手的研究内容包括三大部分：确定竞争对手、竞争对手分析、竞争对手分析的流程。

一、确定竞争对手

(一) 竞争对手的类型

竞争对手包括现实的竞争对手和潜在的竞争对手，现实的竞争对手又分为直接竞争对手和间接竞争对手。直接竞争对手是指本行业的企业，或与本企业的相关度较大的企业，或与本企业形成直接竞争关系的企业。间接竞争对手有两种：一种是指与本企业相关联的行业中的企业，或生产类似产品的企业，或对本企业构成威胁的企业；另一种是指与本企业不属于同一行业，目前并不与本企业构成竞争关系，但是随着企业竞争环境和形势的变化，未来可能成为本企业的竞争对手的企业。

拓展阅读3-1

美团遇见滴滴，竞争促进出行服务

企业的繁荣对市场发展的作用举足轻重，各行各业基本都有龙头企业，随着互联网技术的发展，依托互联网平台而衍生的新型产业越来越多。例如，滴滴出行和美团外卖两大互联网公司打起了跨界竞争"战役"，滴滴冲击外卖版图，而美团推出出行服务。滴滴的出行服务业务于2012年推出，在2013年下半年出现爆发。2018年，由于美团、高德、携程等公司的进入，网约车市场再次面临多头竞争的局面，补贴、价格战重回视野。只有供应增加时，明显的竞争才会发生。美团打车第一个上线的城市是南京，南京也是美团打车与滴滴开打价格战的第一个城市。2018年3月，媒体曝光，由于网约车的冲击，南京市有3000辆巡游出租车闲置，而南京市巡游出租车的总量只有1.4万辆。网约车进入人们的视野，在一定程度上解决了大城市打车难与贵的问题，这是竞争带来的好处，乘客可以享受更好的出行服务。此轮竞争始于2018年，先是美团进入出行市场，高德宣布进入顺风车领域，紧接着携程获得网约车牌照。不过，由于网约车的法律地位以及地方交通管理部门的管理方式与网约车发展形势不匹配，因此，后来的网约车市场渐趋沉寂。

(资料来源：祝乃娟. 网约车 2.0 时代的竞争应围绕用户体验展开[N]. 21 世纪经济报道，2018-4-20.)

(二) 确定竞争对手的方法

(1) 视觉地图法。用图表的方式确定与本企业或本企业产品最为相似的竞争对手。这是一种半定量的方法，该方法用来回答两个问题：企业的竞争对手是谁？它们处于什么样的地位？以体育用品行业为例。假设某地市有 6 家体育用品厂家，通过市场调查给这 6 家厂商生产的体育用品打分，设置两个评价指标，分值为 1～7 分，将打分结果植入坐标图。如果两个品牌的得分不同，它们之间就会出现距离。

视觉空间的距离越近，彼此的竞争就越激烈。如果两个品牌的得分不同，它们之间就会出现距离。

(2) 企业直接指定法。企业直接指定法就是企业根据产品形式、行业、品牌和消费愿望，划分出不同类型的市场竞争，然后依据经验在同类型的市场竞争中直接指定自己的竞争对手。由于企业经营者对本行业的企业有一定的了解，因此知道哪些是最主要的竞争对手，或者能够基于某一因素来确定最相关的竞争对手。值得注意的是，这种方法只能帮助企业确定最直接和最主要的竞争对手而忽略相关行业的潜在竞争对手。

(3) 价值网分析法。直接指定法适用于直接竞争对手的确定，潜在的竞争对手则可以用价值网分析法确定，潜在的竞争对手可能来源于供应商、中间商、消费者、替代者和互补者 5 个方面。价值网分析法是指将上述 5 个方面的潜在竞争对手组成一个价值网的二维空间，并利用该价值网确定竞争对手的方法。在价值网二维空间中，市场参与者之间是一种相互依赖的关系，本企业被放置在价值网中心，纵轴方向是与企业有交易的参与者，如供应商、中间商和消费者，横轴方向是与本企业有相互作用但并不交易的参与者，如替代者和互补者。因而，企业在进行对手跟踪时不能只局限于考虑直接竞争对手，还要考虑在商业活动中遇到的各种关系，把与本企业相关的市场参与者都纳入广泛的跟踪体系中。一旦监测到新的行业动向，就要结合价值网对现有市场关系及各相关方进行分析，从中获知各种关系的变更，并做相应的关系增删，以便对各类竞争对手的变化迅速做出反应。

二、竞争对手分析

著名的竞争战略专家波特在 1980 年出版的《竞争战略》中提出了竞争对手分析模型(见图 3-1)，从企业的现行战略、未来目标、竞争实力和自我假设四个方面分析竞争对手的行为与反应模式。

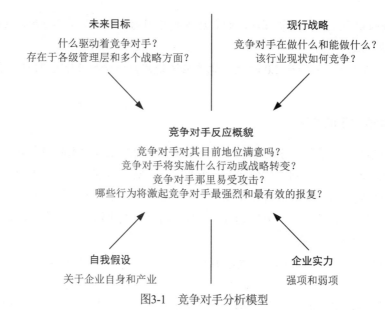

图3-1 竞争对手分析模型

(一) 竞争对手未来目标的分析

每一个企业都有自己的目标,企业常见的目标有赢利目标、销售增长目标、市场份额增长目标、分散风险目标、创新目标、未来战略目标等。竞争对手的目标决定着竞争对手的行为,影响着竞争对手的心理,通过竞争对手目标的分析可预测竞争对手的行为,预测竞争对手对外部变化的反应模式,有助于解释竞争对手所采取的行动的必然性。

(二) 竞争对手自我假设的分析

竞争对手自我假设是指竞争对手对自己的假设和竞争对手对本行业及行业内其他企业的假设,包括竞争者对自己企业的一些看法,以及对本行业与行业内其他企业的看法和认识。竞争对手自我假设有两种:一种是对自己的假设,包括假设自己为产业领袖、低成本生产者、最具创新能力的企业等;另一种是对自己的产业和产业中的其他企业的假设,包括对产业发展趋势、产品需求变化等的看法。竞争对手自我假设分析的方法可以通过分析竞争对手管理者过去的成功和失败来获得。经常成功的企业,其假设一般是正确的,如果经常出现失误,其假设则一般不正确。如果通过分析发现了竞争对手的错误假设,便可能发现本企业发展的契机。

(三) 竞争对手现行战略的分析

竞争情报是为企业竞争战略服务的,战略是为企业未来做出的安排,而这一战略显然要受到竞争对手未来战略的制约,所以必须了解竞争对手的未来战略。基于任何企业都是将现行战略和竞争意图作为未来发展战略的基础的认识,企业只要了解了竞争对手的现行战略和竞争意图,就可以推断出他将来可能做什么。竞争对手可能采用的基本战略有三种:一是低成本战略,企业的目标是在产业中保持成本领先,低成本的竞争对手可能比其他对手的价格低而仍然保持良好的利润;二是差异化战略,企业选择生产独特的产品或提供独特的服务,以获得更好的价格或在特定的细分市场占有较高的市场份额;三是集中化战略,一个企业将其产品或服务限制在特定的买主或地区市场。

(四) 竞争对手实力的分析

竞争对手的实力直接决定竞争对手采取何种战略行动和对所处环境或产业中发生的事件的反应能力。对竞争对手的实力进行客观评价是竞争对手分析的重要内容，因为企业实力将决定其对战略行动做出反应的可能性、时间选择、性质和强度。竞争对手实力分析主要包括：①市场竞争能力的分析，主要了解竞争对手是如何选择目标市场和满足客户需求的；②人力资源状况的分析，这是体现竞争对手实力的关键因素，如人力资源总体情况、人力资源结构状况、人力资源管理制度状况等；③研究开发能力的分析，竞争对手的产品研究和开发能力应该与产品生命周期阶段相适应，特别要关注主要竞争对手是否在重新设计产品以减少成本，是否在开发新的替代品等；④财务状况的分析，其核心是有关竞争对手负债能力的分析、营运能力的分析和赢利能力的分析；⑤生产制造能力的分析，可根据成本、质量和可靠性等变量来评价竞争对手所设计的制造过程的有效性；⑥采购水平的分析，外网货物在总成本中占有很大的比例或供应商非常强大时，分析竞争对手的购买方式十分重要；⑦企业文化的分析，对竞争对手的企业文化进行研究和分析有助于了解竞争对手的思维方式和基本准则，从而有助于预测竞争对手未来的发展方向。

三、竞争对手分析的流程

(一) 辨识并确认竞争对手

辨识并确认竞争对手是进行竞争对手分析的第一步，对竞争对手的辨识并确认是指通过收集相关信息来判断行业内的竞争对手和潜在竞争对手。如果竞争对手范围过大，就会使环境监测成本过高；如果范围过小，则可能无法应付来自未监测到的竞争对手企业的攻击。

(二) 识别并判断竞争对手的目标

竞争对手的目标决定着竞争对手的行动。通过对竞争对手目标的分析，预测竞争对手对其目前市场地位和财务状况是否满意，预测竞争对手对战略变化的可能反应，从而帮助企业制定既能达到目标又不引起竞争对手强烈反应的竞争战略。

竞争对手的未来目标广泛存在于企业各级管理层和营销战略方面，重点体现在企业的获利能力、市场占有率、技术领先和服务领先等方面。例如，一个以市场占有率为目标的企业会更加关注销售额增长稳定的竞争对手，而以技术领先为目标的企业则更加关注不断推出新产品的竞争对手。

竞争对手目标的信息存在于竞争对手的生产经营历史和竞争对手管理层的背景中。竞争对手生产经营的历史主要体现在经营业绩、新产品推荐、营销技巧创新、服务特色等方面的出众表现，以及成功或失败的经历、财务状况、市场占有率、股份的变化等。竞争对手的管理层的背景主要体现在高层领导者的职业背景、市场领导者在个人经历中所采取的或不曾采取的各类战略、高层管理者曾经历过的重大事件、高层管理者在公开的信息传播场合表达的对行业或公司等方面的认识。

(三) 确认并判断竞争对手的战略

通过对竞争对手现行战略的分析，企业可以了解竞争对手现在在做什么和将来能够做什么。在分析竞争对手未来目标的基础上，进一步了解竞争对手当前如何参与竞争，从而决定企业自己的具体行动。竞争对手的战略取决于竞争对手在竞争目标市场中的位置，围绕竞争对手是否具有一个持续一致的战略发展方向，是否长期集中于降低成本、长期致力于产品及服务差异化，或是否通过市场开发、产品开发来保持战略的一致性等问题开展信息的收集，进行深入的分析和研究，确认竞争对手的战略。

(四) 评估竞争对手的强势和弱点

评估竞争对手的强势与弱点是判断竞争对手的战略能力或竞争力的基础，也是知己知彼、参与市场竞争的必要准备。竞争对手的实力取决于其拥有的资源和对资源的利用与控制。企业的资源主要是指实物资源、人力资源、财务资源及无形资源等。相对来讲，收集竞争对手的资源及利用控制能力方面的信息比较困难，一般只能通过公开的信息资源或对消费者进行直接调查两条途径进行。对竞争对手的优势和弱点进行评估，可在竞争者目标及战略识别的基础上，根据获得的信息，结合行业进行比较分析，洞察信息的变化趋势，预测竞争对手实力的变化情况，并结合本企业进行比较分析，洞察信息的变化趋势，找出竞争对手可以学习和赶超的地方，发现竞争对手可以被利用的弱点。

(五) 预测竞争对手的反应模式

竞争对手的反应模式取决于竞争对手对其目前地位的满意程度。对目前满意的竞争对手往往对行业或外部环境的变化反应迟钝，不热衷于争取更好的业绩，不愿去冒险开发新产品，一般会采取保守的反应模式。而对当前不满或竞争意识强烈的竞争对手，当其竞争目标或主要目标市场遭受威胁时会产生强烈的反应。在搜集信息的基础上，围绕竞争对手哪里容易受攻击，哪些行为将激起竞争对手最有效的报复等进行信息分析，可以帮助企业制定正确的决策，围绕竞争对手将有什么行动或战略转移进行有关的情报分析，可以判断对当前地位不满意的竞争对手的市场活动。影响竞争对手反应的原因比较复杂，除上述原因外，还包括实力对比、企业领导水平及营销经验等。

(六) 选择要攻击和回避的竞争对手

对竞争对手的信息进行分析后，企业即可选择要攻击或回避的对象。当外部环境和行业环境将要发生变化时，找出那些可能会继续实施原有战略的竞争对手，攻击其准备不足、热情不足或竞争者最不擅长的细分市场或市场战略，使其处于目标模糊或自相矛盾的状态中。如果竞争对手可能对发起的进攻进行报复，则企业的战略要点就是选择最佳战场与竞争者作战，而对那些可能实施强烈报复、市场反应比较敏感的竞争对手做适当回避。

第二节 竞争环境分析

创业企业要生存和发展就必须与其所处的环境建立一种相适的关系,以获取各种物质和信息来满足自身需要,因此环境是企业需要时刻注意的关键要素。外部竞争环境充斥着大量和企业息息相关的信息,企业对外部环境的扫描是企业获得信息和分析信息的基础,是企业制定战略决策的基础准备工作,是动态能力不可或缺的一部分。

竞争是商品经济的普遍规律,是促进经济和社会发展的重要因素。平等的竞争环境能促进生产者改进技术,提高产品质量,加强经营管理,提高劳动生产率,实现资源的合理配置,能促进各种人才的成长,优化社会结构。竞争环境可以分为国内竞争环境和国际竞争环境。随着世界经济一体化趋势的发展,国际竞争日趋激烈,不仅表现在产品竞争上,而且突出表现在技术和人才竞争上。目前,国际竞争受到了许多人为限制,各国针对竞争环境的变化,不断采取新的竞争战略。竞争环境中对产业的平均利润率和对产业中企业的战略有直接影响的因素,包括产业内现有企业、供应商、购买者、潜在进入者、替代物品和互补品等。经济全球化带给世界各国的冲击,使得企业环境分析的重要性越来越突出,只有科学、全面地分析竞争环境信息,才有可能使企业做出与环境相匹配的科学战略规划以及发展定位,从而产生较好的绩效。

一、竞争环境分析概述

(一) 竞争环境的含义

竞争环境是指与企业经营活动有着直接的、间接的现实关系和潜在关系的各种力量和相互关系的总和。广义的竞争环境是指企业的自然环境、社会环境以及企业内部条件的总和,即外部环境和内部环境的总和。狭义的竞争环境是指企业所处的自然环境和社会环境,即外部环境,此处仅研究狭义的竞争环境。

(二) 竞争环境的特征

(1) 客观性:企业竞争环境是不以人的意志为转移的,企业无法改变环境,只能设法适应环境,企业对环境的影响十分有限。

(2) 系统性:组成企业竞争环境的各种因素在时间维度上表现为过去、现在和未来,在空间维度上表现为地区、国内、国外,在层次维度上表现为一般环境和作业环境,各个元素之间互相推动、相互制约。

(3) 不确定性:企业竞争环境中的各个元素都有可能对企业产生影响,但每个元素对企业的影响程度不尽相同,同一元素对不同企业的影响程度也不同,不同元素之间互相影响,而且各元素的结构也在不断发生变化,竞争环境的不确定性导致它难以被长期、准确地预测。因此企业需要对竞争环境不间断地进行跟踪和监视,以保证企业决策的正确性。

(三) 竞争环境分析的流程

(1) 确定竞争环境因素。确定竞争环境因素时要清楚哪些因素会对企业产生影响,哪些不会产生影响;哪些影响大一些,哪些影响小一些;哪些是直接影响,哪些是间接影响等。

(2) 判断竞争环境的性质。影响企业的环境因素不仅多,而且彼此之间互相关联、互相影响,具有复杂性;这些因素还会随着时间的推移而变化,具有不稳定性。根据复杂性和稳定性的不同,可将竞争环境分为四种不同的类型,通常采用组合矩阵分析法来确定竞争环境的类型。

(3) 分析竞争环境对本企业的影响。主要从三个方面着手:一是对企业生存和发展有利的因素,即机会;二是对企业运营发展不利的因素,即威胁;三是对企业运营发展没有影响的因素,可视为中性因素,企业必须善于利用机会,化解威胁。

(4) 把握本企业的竞争地位。在一个竞争环境中,本企业处于何种地位,有哪些优势、哪些弱势,都必须十分清楚。

(5) 综合运用竞争环境分析的结果。通过分析竞争环境,掌握企业内部优势(strengths)、劣势(weaknesses)和外部机会(opportunities)、威胁(threats)等要素,就可以综合运用这些要素进行SWOT分析,规划和制定本企业的竞争战略。

二、竞争环境分析的内容

(一) 一般社会环境分析

企业的一般社会环境包括人口因素、经济因素、技术因素、政治因素和社会文化因素。

人口因素包括人口的数量、地理分布、密度、迁移趋势、年龄分布、出生率、离婚率、教育水平及种族、民族和宗教结构。

经济因素主要包括总购买力、居民收入、物价、储蓄等经济因素。

技术因素是对人类生活最具影响力的因素,很多科学技术在出现时都被视为具有创造性的破坏力量。

政治因素对企业的市场营销决策有很大的影响,包括能影响和约束社会组织与个人的法律、政府机构和权威组织等,以及国家对企业的各种约束法令、国家执法机构的变动和公众利益团体的崛起。

社会文化因素指人们都在一个特定的社会环境中成长,这个特定的社会环境塑造了人们的基本信仰、价值观和道德规范,因而社会文化因素是影响消费行为的重要因素。

(二) 市场环境分析

市场环境分析包括两层含义:基于了解市场的市场分析和基于目标市场的市场分析。

基于了解市场是指企业对准备进入,或者已经进入但基于了解该市场而进行市场容量、市场潜量、市场销售、市场地位、市场机会、市场需求和市场结构的分析。这一分析有助于企业选择目标市场。

基于目标市场是指企业对准备进入,或者已经进入但准备重新定位的市场进行分析,通常是对该市场进行细分,然后在细分的市场中选择目标市场,最后对本企业产品或服务进行市场定位,即通常所说的市场细分、市场选择和市场定位。

(三) 行业环境分析

企业所在行业的环境分析包含的内容有很多，但一般只选择行业集中度、行业内产品与服务的差别、行业壁垒、行业信息化程度和行业结构等指标。

(1) 行业集中度(concentration ratio)分析：行业集中度是指行业生产经营集中的程度，通常用该行业中几个最大的、主要的企业所拥有的生产量、销售额、资产额或职工数占整个行业的比重来表示。

集中度的计算公式如下：

$$CR_n = \frac{\sum(x_i)n}{\sum(x_i)N}$$

式中，CR_n 为 x 行业市场前 n 位企业的集中度；x_i 为 x 行业内第 i 位企业的生产量、销售额或资产额等；N 为 x 行业的企业总数。集中度反映了一个行业的垄断程度，集中度越高，行业垄断程度越大，新企业要进入这个行业的困难和风险也就越大。

(2) 行业内产品与服务差别分析：由于竞争最终体现在产品和服务的竞争上，所以企业必须对拟进入的行业或已经进入的行业内的产品状况有清楚的了解，将本组织拟投放的产品和服务，与行业内已有的产品和服务，在结构、质量、规格、款式、功能、性能、商标、标准、科技含量、功能整合等方面进行比较，寻找差异。差异有多大，能不能进一步扩大差异，直接关系到企业最后是否选择差别化战略，这对于新进入的企业是一个困难的选择。

(3) 行业壁垒分析：行业壁垒是客观存在的，企业必须对拟进入的行业或已经进入的行业的行业壁垒情况有清楚的分析。通常情况下，能够形成行业壁垒的因素主要有规模经济效应、产品和服务的差别化、销售渠道的控制、专有技术、最佳原材料控制、政府政策。

通过行业壁垒分析，已经处在行业内的企业可以有效地利用和建立行业壁垒，这是最好的战略。对于准备进入新行业的企业来说，行业壁垒分析可以为其制定战略提供依据。

(4) 行业信息化程度分析：企业必须对拟进入的行业或已经进入的行业的企业信息化情况有清楚的了解和分析。例如，本行业应用现代信息技术的程度如何，总体处于信息化的什么阶段，本企业的信息化程度与行业水平的差距有多大，继续发展会有哪些障碍，如何克服这些障碍，需要多大的人力、财力、物力和时间的投入，企业能否承担等。

(5) 行业结构分析：企业所处的行业是企业生存的微观环境，企业必须对本行业的特性和结构有明确的了解。分析一个行业的基本结构可以从 5 个方面着手：新进入者的威胁、替代品的威胁、买方(用户)讨价还价的能力、卖方(供应商)讨价还价的能力、现有企业的相对竞争地位。

(四) 自然环境分析

(1) 分析企业的生产、运营与自然环境是否吻合。当企业准备在某一地理位置办厂、生产和经营时，必须考虑当地的自然环境对企业的运营有没有影响。

(2) 分析企业的生产会不会给自然环境带来污染。当前各种类型的环境保护法条例和环境标准的实施，对企业来说既是机遇又是挑战。

第三节 竞争战略分析

竞争战略是关于企业向何处发展的选择，是企业基于自身的实际情况、竞争环境、竞争对手现状及竞争行为所制定的企业经营理念，是企业在竞争中为取得竞争优势所进行的谋划。

一、竞争战略概述

竞争战略的核心问题是企业如何凭借实力进入某区域、某产业和某市场，并确定自己的竞争目标与方针，以指导企业在竞争中取胜。企业竞争战略管理过程是企业高层管理者在特定环境中充分利用自身优势，抓住外部发展机遇，避免外部威胁，有效地制定、实施和评价企业战略与战术，实现企业竞争目标的动态过程。

基于信息搜集与情报分析，企业竞争战略管理过程包括制定战略、实施战略和评价战略三个主要环节。

(1) 制定战略。制定战略包括确定企业任务，分析企业外部机遇与威胁，分析企业内部优势与弱点，建立长期目标，制定可供选择的战略，并选择特定的战略。

(2) 实施战略。实施战略是战略管理的行动阶段，该阶段是保证所制定的战略能够有效实施的重要环节。已经制定的战略无论有多好，但如果未能有效实施，便不会有任何实际作用。

(3) 评价战略。评价战略是战略管理的最后阶段。在动态环境中，战略评价十分重要，因为今天的成功并不能保证明天的成功。由于外部环境及企业内部因素处于一个持续变化的过程中，所有战略都将面临不断的调整与修正，管理者需要及时了解战略管理的哪一个环节出现了问题。战略评价活动主要包括重新审视外部与内部因素、度量业绩和采取纠正措施。

企业竞争战略可分为两类：基本竞争战略和辅助竞争战略。

二、基本竞争战略

基本竞争战略包括成本领先战略、差别化战略和集中化战略。

(1) 成本领先战略。采用成本领先战略的目的是使企业成为产业内成本最低的生产厂家。从产品形成的一般过程和特点来看，成本能否领先主要依赖 3 个方面：一是能否获得相对低廉的资源供给；二是能否以相对低廉的价格生产出质量稳定的产品，这与生产工艺、生产规模和生产组织等有直接关系；三是能否以相对低廉的价格储运或向不同的区域市场分配产品，这取决于运输方式、运载能力、营销网络能力及仓储技术水平等。

(2) 差别化战略。差别化战略是指企业向消费者提供的产品和服务在行业范围内独具特色，这种特色可以给产品带来额外的加价。采用差别化战略的目的是使企业在买方认为极有价值的某些领域，做得比其他企业高明，且独一无二。差别化战略要求企业不断探索能使其价格溢价大于附加成本的差异化生产、经营方式。同时，企业也不能忽视对成本的控制，实现与竞争对手相等或近似的成本，如果成本太高，价格溢价会被抵消，从而失去竞争优势。

(3) 集中化战略。集中化战略是指企业将目标集中在特定的消费者群体或某一特定市场区域内，即在行业里很小的竞争范围内建立独特的竞争优势。与前面两种战略不同，集中化战略不是以全行业范围作为目标，而是围绕一个特定的目标范围开展经营和服务。在集中化战略下，企业寻求其目标市场上的成本优势；而在差别化战略下，企业则追求其目标市场的差异化优势。

三、辅助竞争战略

辅助竞争优势包括多样化战略、并购战略、重组战略、国际化战略和合作战略。

(1) 多样化战略。多样化战略是指企业寻求在不同产业中发展的产业组合战略，是企业的重要战略之一。多样化是一种常见的企业经营形态，逐渐被越来越多的企业采用。多样化战略不仅仅是指一种目标或计划，实施多样化的企业必须考虑进入的多样化行业、业务单元在企业资源或能力利用上的关联性，以及收益与风险。

(2) 并购战略。并购是合并与收购的简称，目前已成为企业成长战略的重要方式之一，并购的目的是企业能从这种行为中获得经济价值、增强企业实力。并购主要分为横向并购、纵向并购和关联并购。

(3) 重组战略。重组战略包括企业的业务重组和财务重组，具体实现方式包括减小规模、缩小范围和杠杆收购。重组与并购是一个相对的概念，指的是企业在一系列业务或财务结构上所做出的变革，大多数重组是缩小规模和剥离某些业务。重组的基本动机是整顿经营业绩不佳的业务或对过度多样化进行清理。

(4) 国际化战略。国际化战略是指企业将自己的产品销往国内市场以外的其他国家的市场，其基本目的是获得潜在的、新的市场机会。通过国际化的多样化发展，企业可以延长一种产品的周期。此外，低廉的原材料、低成本劳动力资源都是吸引许多企业制定或选择国际化战略的传统因素。采用国际化战略，企业还可以扩大市场规模，获得收回大型投资的机会；通过地域的选择，国际化战略还可以给企业带来地域优势，如特定地域中的低廉劳动力、原材料、自然资源、供应商和消费者资源等。

(5) 合作战略。合作战略是指企业与其他企业建立合作关系，使两者所具有的独特资源和能力相结合，并创造一种竞争对手难以了解和模仿的核心能力，从而获得竞争优势。

拓展阅读3-2

吉利的低成本创新战略

1997 年，吉利以民营企业的身份进入汽车制造行业，采用的价格策略虽然以成本为导向，但并不局限于传统的成本导向定价方法，而是先寻找顾客可接受的价格，以便能有效拉动需求，然后确定销售量以估计单位成本和相应的利润，以此来制定合理的、具有吸引力的价格。

(1) 吉利在新车型、新技术的开发和配件的配套协作上，采取全球资源"技术共享，为我所用"的策略，省下了汽车制作过程中花费最高的开发费用。

(2) 控制投资、优化组合资源给吉利带来成本优势，吉利不开发配套体系，而是广泛利用大厂的过剩资源。国家定点的轿车行业配套企业生产能力普遍过剩，于是吉利通过招投标，与国内400多家配套企业建立了协作关系。零部件能通用的就通用，不能通用的，就请它们为吉利开发，节省开发成本，而且，这些厂家生产技术相对成熟，能够保证质量。吉利付款及时并采取现金交易，使其获得了优惠的价格。

(3) 吉利成立了专门机构，对外协厂进行质量监督，初步建立了"三大一小一外"的采购平台。"三大"指一汽、东风、上汽三大集团配套的零部件企业，"一小"指浙江省内的配套企业，"一外"指国际化采购，比如采用韩国、日本的机械加工件等。吉利不随便增加不经济的固定投资，减少沉没成本的投入，充分利用外部更高效率的资源，最大限度地减轻了成本负担。

(4) 用捆绑式销售法，在全国各地以区域经营的形式，由经销商买断产品，企业只同经销商发生支付关系，而不直接同客户发生营销关系，这样也节约了营销成本。

(5) 吉利对市场进行了细分，以不同的产品和分销渠道满足不同价值标准的消费者。在制定"全国市场最低价位"这一定价策略时，吉利仔细考虑了这些问题：消费者愿意支付多少价格？产品在消费者看来值多少钱？怎样才能提高产品的经济价值？如何创造差异？如何通过更有效的途径让消费者相信产品是真的物美价廉？

(6) 吉利将本企业产品定位为中低端消费者突破购买障碍进行初次购车的过渡车型，有效地向这部分目标消费者传达了产品的价值信息：过渡车型、价格全国最低、外形好、物美价廉、满足您以车代步的愿望。

(资料来源：李博旭. B汽车集团低成本战略研究[D]. 北京林业大学，2019.)

第四节　传统的竞争情报分析方法

传统的竞争情报分析方法有SWOT分析法、内容分析法、专家分析法、PEST分析法、定标比超法等，本节将对这些分析方法的特点、功能以及应用步骤进行详细介绍。

一、SWOT分析法

(一) SWOT分析法概述

所谓SWOT分析，就是将与研究对象密切关联的内部优势(strengths)因素、劣势(weaknesses)因素和外部机会(opportunities)因素、威胁(threats)因素进行调查、分析，并依照一定的次序将这些因素按矩阵形式罗列起来，然后运用系统分析的研究方法对相互匹配的各因素进行分析和研究，从中得出一系列相应的结论。通过SWOT分析，可以帮助企业把资源和行动聚集在自己的强项和机会最多的地方，并让企业的战略变得更加明确。

SWOT分析最初由肯·安德鲁斯于1971年提出，安德鲁斯系统阐述了企业的资源和能力与外部环境相适应的战略理论，指出企业可以利用自身优势去开拓机会，克服不足并应对威胁，安德鲁斯提出的SWOT分析模型要求企业对以下四个问题进行探讨：①企业想要拥有什么资源和能力？②企业应关注什么？③企业面临什么机会？④企业如何与其他股东共享目标？对这四个问题的探讨，即对企业内部的优势、企业内部的劣势、企业外部的机会、企业外部的威胁的把握。

企业内部的优势和劣势是相对于竞争对手而言的，一般反映在企业的资金、技术设备、职工素质、产品、市场、管理技能等方面。判断企业内部的优势和劣势一般有两项标准：一是单项的优势和劣势。例如，企业资金雄厚，则在资金上占优势；市场占有率低，则在市场上占劣势。二是综合的优势和劣势。为了评估企业的综合优势和劣势，应选定一些重要因素加以评价、打分，然后根据其重要程度加权确定。

企业外部的机会是指外部环境中对企业有利的因素，如政府的支持、高新技术的利用、良好的购买者和供应者的关系等。企业外部的威胁是指外部环境中对企业不利的因素，如竞争对手的出现、市场增长率缓慢、购买者和供应者讨价还价的能力增强、技术老化等，这些都是影响企业当前竞争地位或未来竞争地位的主要障碍。

SWOT分析的指导思想就是在全面把握企业内部优势和劣势与外部的机会和威胁的基础上，制定符合企业未来发展的战略，以发挥优势，克服不足，利用机会，化解威胁。

SWOT分析是企业竞争情报分析的重要手段。企业高层管理人员根据企业的使命和目标，通过SWOT分析法分析企业经营的外部环境，以确定存在的机会和威胁，评估自身的内部条件，认清企业的优势和劣势。在此基础上，企业要制定相应的战略，实施战略计划。

(二) SWOT分析步骤

SWOT分析围绕SWOT矩阵的建立而展开，在分析矩阵中列举各种与分析对象相关的内部或外部因素。

1. 调研企业影响因素

企业内部的优势和劣势分析主要着眼于企业自身的实力及其与竞争对手的比较，而企业外部的机会和威胁分析则将注意力放在外部环境的变化及其对企业的可能影响上。在分析时，应把所有的内部因素(优势和劣势)集中在一起，然后基于外部的机会和威胁对这些因素进行评估。

所谓机会，是指任何现在或将来可以被企业利用的事件或状况。机会包括某种趋势、某个变化或某一被忽视的需求等，这些机会因素可以引发消费者对产品或服务的需求，可以被企业用来提升其竞争地位。

所谓威胁，是指现在或将来可能削弱企业竞争能力的事物。威胁可以来自贸易壁垒、贸易限制或其他能够损害企业利益的事件或趋势。

随着经济、社会、科技的迅速发展，世界经济全球化、一体化过程加快，消费需求逐渐变得多样化，企业所处的环境更加开放和动荡。这种变化几乎对所有企业都产生了深刻的影响。正因为如此，环境分析成为一种日益重要的企业职能。环境发展趋势分为两大类：一类为环境威胁，另一类为环境机会。环境威胁指的是由环境中的不利的发展趋势所带来的挑战，如果不采取果断的战略行为，这种不利趋势将削弱企业的竞争地位。环境机会就是对企业行为富有吸引力的领域，在这一领域中，该企业将拥有竞争优势。

2. SWOT矩阵构建及分析

根据轻重缓急或影响程度，将上述各种因素排列于SWOT矩阵中。在此过程中，要优先排列那些对组织机构的发展有直接、重要、大量、迫切、久远影响的因素，而把那些间接、次要、少许、不急、短暂的影响因素排在后面或省略。将结果在SWOT分析图上进行定位。

在"发挥优势因素，克服劣势因素；利用机会因素，化解威胁因素；立足当前，着眼未来"思想的指导下，运用系统分析的综合分析方法，将矩阵中的各种因素相互匹配，加以分析，得出一系列可选对策。

(1) SO对策。SO对策着重考虑优势因素和机会因素，目的在于力求使这两者的有利影响都趋于最大，所以又叫最大与最大对策。这类对策试图充分发挥企业内部的资源优势，并充分利用外部环境中存在的机会。实施该对策应注重两方面：一是找到最佳资源组合来获取竞争优势；二是强化配置来拓展已有的竞争优势。

(2) ST对策。ST对策着重考虑优势因素和威胁因素，力求使前者的有利影响趋于最大而后者的不利影响趋于最小，所以又叫最大与最小对策。实施该对策应注重两方面：一是进行资源重组，力求使威胁转化为机会；二是在已有优势资源上采取防守策略，以便企业在其他战略重点领域进行发展。

(3) WO对策。WO对策着重考虑劣势因素和机会因素，力求使前者的不利影响趋于最小而后者的有利影响趋于最大，所以又叫最小与最大对策。实施该对策的结果一般有两种：一是加强投资，将劣势转化为利用机会所需的优势；二是把机会让给其他竞争对手。

(4) WT对策。WT对策着重考虑劣势因素和威胁因素，力求使两者的不利影响都趋于最小，所以又叫最小与最小对策。此类对策所针对的战略问题对于对策相关者来说是最难处理的，因为对这类问题，决策人员必须考虑如何弥补本企业的劣势条件，如何避开或减轻威胁因素的影响。在企业经营过程中，危急境遇是难以避免的，此时的决策者有两种选择：要么迎难而上，采取积极的进攻战略；要么进行战略转移，毅然放弃某些经营项目。

以上几种对策不应机械地分割开来，而应综合运用，但在不同时期，可根据各种因素的重要性，着重应用某一种或某几种对策。

3. 成功应用SWOT分析法的简单规则

(1) 进行SWOT分析的时候必须对企业的优势与劣势有客观的认识。
(2) 进行SWOT分析的时候必须区分企业的现状与前景。
(3) 进行SWOT分析的时候必须考虑全面。
(4) 进行SWOT分析的时候必须与竞争对手进行比较。
(5) 保持SWOT分析法的简洁化，避免复杂化与过度分析。
(6) SWOT分析法因人而异。

一旦使用SWOT分析法确定了关键问题，也就确定了市场营销的目标。SWOT分析法可与PEST分析法、波特五力分析法等一起使用。SWOT分析法易学易用，操作方便。

4. SWOT分析的局限性

与很多其他的战略模型一样，SWOT分析带有时代的局限性。以前的企业可能比较关注成本、质量，现在的企业可能更强调组织流程。SWOT分析法没有考虑到企业改变现状的主动性，实际中，企业可以通过寻找新的资源创造企业所需要的优势，从而实现过去无法达成的战略目标。在运用 SWOT 分析法的过程中，企业或许会碰到一些问题，这些问题就决定了 SWOT 分析法的适应性。因为 SWOT 分析法可以运用在许多场合，所以它必须具有适应性。

拓展阅读3-3

华为公司竞争力分析

1988 年，华为公司成立于深圳，是一家民营通信设备制造企业，致力于成为全球领先的电信解决方案供应商，被英国《经济学家》周刊誉为"中国的硅谷"。

华为实施全球化经营战略和以客户为中心的竞争战略，客户需求是华为发展的原动力。为了在中高端市场站稳脚跟，华为于 2015 年推出旗舰产品 P8 和 P8 MAX。基于对消费者的洞察，华为推出的新产品从两面出击，一面杀入 5000 元以上的市场，直指苹果；另一面推出 nova 手机，针对 OPPO、vivo。从 2015 年到 2016 年，华为针对 OPPO、vivo 进行了一系列布局，包括建设线下渠道、有针对性地推出 nova 手机新产品线。从目标用户群体、渠道和营销模式、产品定价，乃至品牌名称，nova 都有和 OPPO、vivo "大战"一场的态势。但 Mate 9 Pro 出现后，情况似乎有些不一样了。华为从原来的一线作战变成两线作战，既"攻"OPPO、vivo，也"打"苹果。

(资料来源：李枸蓉. 基于 STP 战略和 4Ps 策略的企业市场营销战略分析——以华为公司为例[J]. 企业改革与管理，2018，335(18): 49+66.)

二、内容分析法

(一) 内容分析法的概念

内容分析法是一种以各种文献为主要研究对象的研究方法。早期的内容分析法源于社会科学领域借用自然科学研究的方法，进行历史文献内容的量化分析。第二次世界大战后，新闻传播学、政治学、图书馆学、社会学等领域的专家学者与军事情报机构一起，在多个学科领域对内容分析法进行了研究，使其应用范围大为拓展。内容分析法是一种对传播内容进行客观、系统和定量地描述的研究方法，其实质是对传播内容所含信息量及其变化的分析，即由表征的、有意义的词句推断出准确意义的过程。内容分析的过程是层层推理的过程。

(二) 内容分析法的特征

内容分析法主要有以下三个方面的特征。

(1) 量化的分析。内容分析法通过编码等技术手段将非量化的文献信息内容，如词、概念、符号、主题、句子、段落等转化为定量的数据，这种数据揭示现象和文献内容的内在关系，精确地描述传播内容。

(2) 较为客观的研究方法。内容分析法是一种规范的方法，它要求研究者根据预先设定的计划，采取一定的规则，按照步骤进行，研究者的主观态度不太容易影响分析的结果。

(3) 系统的分析。内容分析法具有一定的整体功能。首先要求制定总的研究目标，其次还要求不能只采用支持假设的样本资料，资料要经得起时间的考验。

(三) 内容分析法的优势

内容分析法具有明显的优势。

(1) 结构化研究。内容分析法目标明确，对分析过程高度控制，所有的参与者按照事先安排的方法、程序来操作。结构化的最大优点是结果便于量化与统计分析，便于用计算机模拟与处理相关数据。结构化研究对研究者素质要求不高，所有参与研究者掌握相关操作技术、知识和分析方法即可。

(2) 非接触性研究。非接触性研究比接触性研究的效率高，主要是因为内容分析不以人为对象而以事物为对象，研究者与被研究事物之间没有任何互动，被研究的事物也不会对研究者做出反应，而且被研究的事物往往先于研究者的研究行为而存在，不会因为研究者对它进行内容分析而发生改变。

(3) 定量分析与定性分析结合。内容分析法把定量分析与定性分析较完美地结合起来，这是它最根本的优点。这种拟定量研究以定性研究为前提，找出能反映文献内容的一定本质方面的计数的量的特征，并将它转化为定量的数据。内容分析的定量描述只不过是把定性分析已经确定的关系性质转化成数学语言，达到对文献内容所反映现象的更深刻、更精确、更全面的认识，得出科学、完整、符合事实的结论，获得难以从一般定性分析中找到的联系和规律。

(4) 揭示文献的隐性内容。采用内容分析法，可以从公开资料中萃取秘密情报，尤其适用于军事、政治和商业竞争。首先，内容分析可以揭示文献内容的本质，查明几年来某专题的客观事实和变化趋势，追溯学术发展的轨迹，描述学术发展的历程，依据标准鉴别文献内容的优劣，分析信息源的特征。其次，内容分析可以揭示宣传的技巧、策略，衡量文献内容的可读性，鉴定教科书的内容，发现作者的个人风格，分辨不同时期的文献体裁的类型特征，反映个人与团体的态度、兴趣和文化类型，获取政治、军事和经济情报。最后，内容分析可以揭示大众关注的焦点、趋势和政策等。

(5) 比较经济的分析方法。内容分析是以现有文献资料为检验对象，大部分工作在室内进行，因此减少了经费开支。

(四) 内容分析法的应用

内容分析法主要应用于以下方面。

1. 竞争环境情报分析

市场环境对企业的战略和策略的制定都有着重要的影响，因而获取环境信息的情报也成为企业竞争情报活动的重要内容。内容分析方法在这一领域主要应用于以下几方面。

(1) 宏观市场环境研究。宏观市场环境的信息大量分布于各种文献中，企业情报人员可以从这些文献中分析出对本企业有影响的宏观市场环境情报，还可以利用大众传播媒介分析企业的外部环境。

(2) 中观市场环境研究。记录中观竞争环境状态的文献有各种行业杂志、产业研究报告及行业协会的其他出版物等。这些文献一般具有连续性，可以作为内容分析的样本，用来研究企业所处行业目前的竞争状况、技术环境及其动态变化。

(3) 微观和内部市场环境研究。采用内容分析法，可从企业与其上下游企业的交易及合作的历史记录、网络上的相关站点中挖掘出信用、机会、威胁等知识，也可从企业内部交流的各种信息中分析内部运转状况、文化氛围、价值取向等事实情况。

2. 竞争对手能力分析

竞争对手能力是波特五力竞争模型反映的重要内容之一，也是竞争对手分析的重要内容，是对对手企业竞争力研究的基础。

(1) 技术现状及研发能力分析。可用做技术研发内容分析的企业记录有专利文献、产品资料、技术贸易记录、研发人员文档及技术档案等。对专利进行内容分析可以了解竞争对手的关键技术领域、新技术开发覆盖面、技术水平的变化及最新进展、准备开发的新市场等；对产品资料进行内容分析可以了解竞争对手产品的技术水平；对技术贸易记录、研发人员文档和技术档案等进行内容分析可以了解竞争对手的自主开发能力及其变化。

(2) 营销能力分析。竞争对手在市场营销活动中必然要向市场发送大量的信息，通过对这些信息的系统、客观的分析，可以了解对手企业的营销能力。

(3) 生产运作状况评估。企业的生产规模、质量控制水平和自动化、数字化水平等可以反映企业的生产运作能力。在企业的生产运作过程中，会产生大量的记录文档，对这些文档进行内容分析可以获知一些情报。

三、专家分析法

专家分析法，又称专家调查法，是根据专家调查或专家凭借知识和经验，直接或经过简单推算，对信息进行综合分析和研究，寻求该信息的情报价值的分析方法。专家分析法的种类很多，下面介绍头脑风暴法和德尔菲法。

(一) 头脑风暴法

头脑风暴法是一种以会议的形式进行情报分析的方法。它通过与会者的共同努力来寻求特定问题的解决方案，是当今世界最负盛名的竞争情报预测方法之一。头脑风暴法的操作要点如下。

(1) 与会人员一般是 5～10 人，由会议召集者精心选择。与会者最好具有不同的背景，包括不同的经验、工作阅历、知识结构等。与会者的职业或工作不必与将要讨论的问题相关，也不必与组织内对将讨论的问题的态度倾向相关，但是应对头脑风暴法的基本原则比较熟悉。要注意避免那些唯我独尊或摇摆不定的与会人员。

(2) 会议进行过程中实行暂缓评价的原则。会议上，与会者之间不争论、不评价、不反驳，允许"怪"论。会议主持者要创造一种轻松、愉快的会议气氛，融洽与会者之间的关系，使与会者思想高度自由，没有丝毫拘束和顾虑，想到什么就说什么，不求系统，也不求全面。与会者在听到别人提出的观点或方案之后，自己又即兴产生了新的想法也可以马上提出来，以求互相启发、互相补充，尽可能地提出新方案。

(3) 会议进行过程中，主持者不发表意见。会议主持者，特别是高级领导者，不要发表意见，以免影响会议的自由气氛，从而误导会议讨论方向，抑制与会者提出新的想法；应该不怀偏见地倾听，在倾听中吸取决策所需要的新情报信息。

头脑风暴法在创造具有价值的新观念、新建议方面十分有效，有时会出现很有意义的思想火花。但是，头脑风暴法也有缺点。首先，选择有代表性的专家组比较困难，如果与会者中有大家熟悉的学者、权威、领导，会影响某些人思路的发挥和意见的发表，影响会议气氛的创造和会议的最终效果；其次，由于是即兴发挥，加上表达能力的限制，所以逻辑性不强，意见不全面，其中往往掺杂着猜想或推测成分，因而需要对会上收集到的意见和方案做好后续的研究、论证工作；最后，如果会议主持者不善于主持会议，或者会议虽然讨论得很好，但未能及时、准确地捕捉相关重要信息，也难以获得有效的结果。

(二) 德尔菲法

德尔菲法是指领导小组就某个问题向专家发出征询意见的调查表、匿名函，征询各位专家的看法，然后由领导小组汇总各位专家的意见，整理成一个新的调查表，再发给各位专家征询意见，反复多次，按照最后收集、集中的意见做出最终结论。

德尔菲法是对专家个人预测法和专家会议预测法的改造和审核，并逐步取代了这两种通过专家进行的定性预测法。专家个人预测法容易受专家个人的经历、知识面、时间和实际占有资料的限制，有片面性和较大的误差。专家会议预测法虽然弥补了个人预测的不足，但容易受会议气氛和权威的误导，或不愿公开表示修正自己的意见，或没有足够的时间和资料佐证自己的发言。

采用德尔菲法，可以对预测期间提出的各种课题的重要性，课题范围内各种事件发生的可能性和发生时间，各种科技决策、技术装备、课题任务等之间的相互关系和相对重要性，以及为达到某一目标需要采取的重大措施和这些措施完成的可能性进行评价。

德尔菲法特别适用于缺少信息资料和历史数据，又较多地受社会、政治、人为因素影响的预测课题，其操作要点如下。

(1) 成立德尔菲法领导小组，参加人员应该包括相关的企业管理者和工作人员。领导小组的主要任务有：拟定情报分析课题，编制调查表，选择参与的专家，寄发和回收调查表，对每次回收的意见进行汇总和整理，分析和处理专家意见，最后撰写情报分析报告。

(2) 选择参加情报分析的专家。专家人数以20~50人为宜，人数过少，没有代表性，影响分析的结果；人数太多，难以组织，工作量大，尤其是难以综合回收的意见。

(3) 根据情报分析的任务拟定调查表。调查表是获取专家意见的主要手段，也是分析问题的基础和依据。调查表的质量直接关系情报分析的结果。

(4) 向专家匿名发函征询。德尔菲法的匿名发函征询一般分四轮进行。

第一轮，发给专家的调查表只提出需要解决的问题，请专家自由发表意见。回收调查表之后，针对收回的调查表上的内容，归并同类事件，排除冗余事件，保留次要事件，形成第二轮调查表。

第二轮，请专家对第一轮调查表汇总之后列出的事件做出选择和评价，并阐明理由，提出意见。回收调查表后再进行汇总统计。

第三轮，将第二轮汇总的结果再发给专家，请专家对第二轮调查表汇总的事件再次做出选择和评价，并充分阐明理由。特别是少数持不同意见的专家，要请他们详细陈述意见。

第四轮，在第三轮汇总的基础上请专家进行第四次回答。

实际操作并不一定都要经过四轮，主要是看返回的意见是否趋于一致，如第三轮已经基本一致，则完成三轮调查就可以结束；如果第四轮调查结果中，意见分歧还比较大，则还要进行第五轮，直到意见一致为止。

(5) 对专家意见的最后处理。德尔菲法领导小组对最后一轮汇总回收的调查表进行分析、处理，以获得最后的分析结果，并撰写预测报告。

四、PEST分析法

PEST 分析法是一种常用的竞争情报宏观环境分析方法，通常是对政治(political)、经济(economic)、社会文化(sociocultural)和技术(technological)这四类要素进行分析，从总体上对行业或企业所处的宏观环境进行把握。PEST 分析的内容如下。

(一) 政治环境

政治环境包括一个国家的社会制度，执政党的性质，政府的方针、政策、法令等。不同的国家有着不同的社会性质，不同的社会制度对组织活动有着不同的限制和要求。即使社会制度不变的同一个国家，在不同时期，由于执政党的不同，其政府的方针特点、政策倾向、对组织活动的态度和影响也是不断变化的。

重要的政治环境变量有执政党性质，政治体制，经济体制，政府的管制，税法的改变，各种政治行动委员会，专利数量，环境保护法，产业政策，投资政策，国防开支水平，政府补贴水平，反垄断法规，与重要大国、地的区关系，对政府进行抗议活动的数量、严重性及地点，民众参与政治的意愿等。

(二) 经济环境

经济环境主要包括宏观和微观两个方面。宏观经济环境主要指一个国家的人口数量及其增长趋势，国民收入、国民生产总值及其变化情况，以及这些指标所反映的国民经济发展水平和发展速度。微观经济环境主要指企业所在地区或所服务地区的消费者的收入水平、消费偏好、储蓄情况、就业程度等。

需要重点关注的关键经济环境变量有 GDP 及其增长率、该国向工业经济的转变程度、贷款的可得性、可支配收入水平、居民消费(储蓄)倾向、利率、通货膨胀率、规模经济、政府预算赤字、消费模式、失业趋势、劳动生产率水平、汇率、证券市场状况、外国经济状况、进出口因素、不同地区和消费群体间的收入差别、价格波动、货币与财政政策。

(三) 社会文化环境

社会文化环境包括一个国家或地区的居民受教育程度和文化水平、宗教信仰、风俗习惯、审美观点、价值观念等。受教育程度和文化水平会影响居民的需求层次；宗教信仰和风俗习惯会禁止或抵制某些活动的进行；审美观点则会影响人们对组织活动内容、活动方式及活动成果的态度；价值观念会影响居民对组织目标、组织活动及组织存在本身的认可。

关键的社会文化环境因素有妇女生育率，人口结构比例，性别比例，特殊利益集团数量，结婚率，离婚率，人口出生率，死亡率，人口移进移出率，社会保障计划，人口预期寿命，人均收入，生活方式，平均可支配收入，对政府的信任度，对政府的态度，对工作的态度，购买习惯，对道德的关切，储蓄倾向，性别角色，投资倾向，种族平等状况，节育措施状况，平均受教育状况，对退休的态度，对质量的态度，对闲暇的态度，对服务的态度，对别国人的态度，污染控制，对能源的利用情况，社会活动项目，社会责任，对职业的态度，对权威的态度，城市、城镇和农村的人口变化，宗教信仰状况。

(四) 技术环境

进行技术环境分析时，除了要考察与企业所处领域的活动直接相关的技术手段的发展变化外，还应及时了解：①国家对科技开发的投资和支持重点；②该领域技术发展动态和研究开发费用总额；③技术转移和技术商品化的速度；④专利及其保护情况等。

拓展阅读3-4

中国信息技术与信息服务业国际竞争力多维分析

近年来，我国的信息产业已逐渐发展壮大，成为经济支柱产业，产业规模位居世界第二。信息技术已经应用于政府、银行、电信、制造及零售等各行各业中，电子商务、移动支付、共享经济发展迅速，电子政务、智能交通、智慧医疗、智慧城市等各项智能化信息服务成为未来发展的重点方向。但是，宽带网络覆盖率不高、连通性受限及收费过高等问题的存在，限制了人们更好地使用网络，自主研发与创新能力较弱，核心技术受制于人成为影响信息技术发展的主要因素。加强基础设施建设，提高信息产业核心技术的自主研发能力，扩大软件及信息服务的国际市场占有率，做大做强中国信息产业，是我国的信息技术与信息服务的发展目标。

数字化经济正在影响世界各国经济活动，多方面比较分析我国与美国、英国、德国、日本、韩国等国的信息技术与信息服务业发展特点与发展经验，找出我国在各方面的差距与不足，确定各因素的变化对电子信息行业发展战略管理过程的影响，有助于制定适合我国实际情况的信息技术与信息服务业发展战略。

(1) 经济环境比较。经济环境指标包括人均国民生产总值指数、市场发展规模指数、外商投资净流入占国内生产总值的比重指数等。

(2) 科技环境比较。信息技术作为引领经济发展、带动科技进步的新兴技术驱动型产业，与传统以生产要素为主的产业不同，其发展更依赖科技投入与人才培养。教育是培养人才的主要渠道，人才是发展科技的中坚力量，对于教育的重视，即提高科技水平的基础。科技环境指标包括高等院校入学率指数、研发人员强度指数、科研机构质量指数、研发支出占国内生产总值的百分比指数等。

(3) 人文环境比较。人文环境指标包括全球繁荣指数、人类发展指数、社会进步指数、政府责任监管指数和就业人口比率六个指标。其中，就业人口比率中国排名第一；政府责任监管指数中国仅次于德国，位居第二位。

(4) 技术创新力比较。技术创新力指标包括全球创新指数、商业成熟度指数、最先进知识技能指数、常住人员申请专利数指数、高科技产品出口百分比指数。

(5) 基础设施建设比较。基础设施建设指标包括安全的互联网服务器指数，家庭网络共享比率指数，固定电话线使用率指数，运输、存储与通信年度平均增长率指数，网络就绪指数。

(6) 信息技术与信息服务业发展比较。信息技术与信息服务业发展指标包括计算机通信等(劳务出口 BOP 百分比)指数，计算机通信等(劳务进口 BOP 百分比)指数，电信、计算机和信息服务出口指数，电信、计算机和信息服务进口指数，服务业占 GDP 百分比指数。

(7) 信息和通信技术使用比较。信息和通信技术使用指标包括互联网用户占总人口的百分比指数、每百人中使用互联网人数指数、每百人使用移动宽带人数指数、每百人使用移动电话人数指数、通信技术的使用与效率指数。

通过对 2012—2016 年美、英、德、日、韩五国进行上述多维竞争信息分析可以看出，美国凭借其强大的经济实力与科技实力，一直走在科技发展的前沿，是世界上信息技术与信息服务业最发达的国家之一，信息服务总体规模约占全球总数的三分之一，拥有完整的信息服务业产业体系，核心技术处于全球领先地位。美国的经济优势使得科技研发项目获得巨额的资金支持；雄厚的教育资源和优越的国内环境不仅为本国培养人才，还吸引他国人才去美服务；跨国公司的强势积累资本，源源不断地为母公司提供资金，再将这笔资金投入产品研发赚取更加高额的利润，良性的投资循环发展促使信息技术不断发展。

作为服务导向型经济体，英国服务业已经占其 GDP 的 70%，而其中约 70%来自信息技术服务。英国很早就意识到信息通信技术对于支撑创新、提高竞争力的重要作用，智能产品、智能组件成品、智能服务带动了英国工业的飞速发展。英国拥有成熟的 ICT 基础设施，信息通信技术采用人数名列前茅；电子商务高度成熟，世界排名第三，拥有近 4100 万的线上购物者；超高的学术氛围、高科技人才的含有量；以伦敦为首的全球金融中心。这些都促进了英国信息技术的快速发展，给英国带来了很好的经济效益和社会效益。

德国拥有欧洲最大的信息与通信技术市场，其充满活力的中小企业不仅是信息与通信技术行业的创新驱动力和广泛的客户基础，而且也支撑着"德国制造"的商业标签始终作为创新科技、卓越品质和专业知识的代名词。优秀的劳动力资源、尖端的基础设施、适度的工资成本增长率、欧洲最高的劳动生产率以及具有竞争力的税负制度，吸引越来越多的国际企业扎根德国。更重要的是，德国将工业生产与信息技术做到了完美的结合，已成为新一代工业生产技术的供应国和主导市场，新的智能生产装备和新的技术手段推动德国的机器人、制造装备、IT 技术、控制技术、信息技术等核心产业的变革，推动德国工业 4.0 的发展进程。

日本信息技术经济近几年增速平缓，高科技领域研发人员总数仅次于美国，但从业人员比例为世界第一，日本 IT 人才方面的优势是其信息技术国际竞争力的重要保障。日本近年来的经济发展趋缓，为了促进经济发展，日本政府计划增加外商直接投资项目，投资主要方向以跨境电子商务、第四次工业革命等信息技术与信息服务类发展为主体，通过吸引外资与引进高级人才和技术，促进区域经济振兴，带动国家经济竞争力提高。

韩国在信息技术领域的排名优势得益于网络基础设施的完善、互联网的应用普及、人才培养方式的多样化，以及政府对于发展信息技术的大力支持。韩国的互联网基础设施、网速与网络普及率居全球第一位，基本可以实现城市内免费无线网络全覆盖。韩国的高等院校入学率远远高于其他国家，平均入学率高达95.3%，大力发展非营利性私立高校，私立高校成为推动韩国高等教育普及化的主要力量。韩国政府及企业对于研发的支持和投入力度高于其他国家，使韩国电子芯片类产品具有强劲的国际竞争力。

(资料来源：张少杰，张雷. 中国信息技术与信息服务业国际竞争力多维分析[J]. 情报科学，2018，36(06)：118-125.)

五、定标比超法

定标比超(benchmarking)，也称为基准调查、基准管理、标高超越、立杆比超等，定标比超法目前已被许多企业接受，并逐渐风靡全世界。在日益激烈的市场竞争环境中，越来越多的企业意识到定标比超对于企业生存和发展的重大意义，可以提高产品质量和生产效率，提高企业管理水平和客户的满意度，从而赢得和保持企业竞争优势。一方面，企业的定标比超活动为企业战胜竞争对手、赢得竞争优势提供了战略和战术上的指导，从而促进了企业的发展；另一方面，定标比超的良好作用使得越来越多的企业更加重视定标比超工作。正是这种良性循环，使得定标比超分析成为竞争情报分析领域的重要工具，是目前使用最多的竞争情报分析方法之一。

(一) 定标比超法的作用

定标比超分析的目的可以是制定企业的战略、生产目标、营销目标和管理目标，定标比超分析的对象可以是企业管理业务、机器设备条件、生产制造流程、产品与服务内容等。定标比超分析的目的与对象不同，所发挥的具体作用也会有所不同，但是，总体来看，所有定标比超分析都具有如下功能。

(1) 发现并设定管理目标。定标比超分析有一套完整、规范的操作程序，管理和研究人员可以按照规程要求进行有序的操作，在比照分析过程中发现本企业管理工作应努力的方向，整理出改革的思想和方案。这样得出的管理目标有完备的分析依据，因而往往具有较好的可行性。

(2) 企业文化建设。当定标比超工作被纳入企业正常的管理工作流程之后，可以调动和组织更多的企业员工(尤其是高级管理人员)关注本企业与其他企业的比较和分析。这样做可以把竞争情报方法有机地融入企业的各个部门、各个过程，也有助于企业员工打破封闭、狭隘的思想观念，开阔视野，在企业中形成思想开放、重视情报的企业文化，为企业取得竞争优势奠定坚实的企业文化基础。

(3) 制订并监督实施企业行动计划。定标比超分析工作围绕放大企业关键成功因素的作用和价值来进行，要达到此目的，必须制订并贯彻切实可行的企业行动计划。因此，制订并监督实施计划是定标比超分析的有机内容，制订计划任务的存在使分析工作的目的明确，对计划实施的监督使分析工作可以根据实际情报的变化随时进行调整，同时也能保证行动计划按照预想落到实处，真正达到分析研究的目的。

(二) 定标比超的类型

1. 按照定标比超的重点分类

根据定标比超的重点，定标比超可以分为产品定标比超、过程定标比超、管理定标比超、战略定标比超四种。其实，这种划分也是从开展定标比超的不同层次出发的。

(1) 产品定标比超。如果定标比超的重点是产品，则以竞争对手或相关企业的某种产品作为基准，然后进行分解、测绘、研究，找出本企业所不具备的优点。通过这种对产品的反求工程，不仅可以对其他企业的产品进行仿制或在本企业原有产品的基础上加以改进，还可以估算竞争对手的成本，与自己的产品进行比较，进而确定不同设计方案的优点和不足。产品定标比超法是采用最早、应用最广泛的定标比超法。

(2) 过程定标比超。通过对某一过程的比较，发现领先企业赖以取得优秀绩效的关键因素，如在某个领域内独特的运行过程、管理方法和诀窍等，并进行学习模仿、改进融合，使企业在该领域赶上或超过竞争对手。

(3) 管理定标比超。通过对领先企业的管理系统、管理绩效进行对比和衡量，发现它们成功的关键因素，进而学习、赶超它们。这种定标比超的重点不局限于过程或职能，而是整个的管理工作。比如，对全公司的薪酬制度进行定标比超，它涉及如何成功地对不同层次、各个部门的员工进行奖罚的问题。

(4) 战略定标比超。战略定标比超比较的是本企业与基准企业的战略意图，分析、确定成功的关键战略要素以及战略管理的成功经验，为企业高层管理者正确制定和实施战略提供服务。

2. 按照定标比超的对象分类

根据定标比超的对象，定标比超可以分为以下四种。

(1) 内部定标比超，是基于组织内部的绩效评估活动，其目的是找出组织内部的最佳作业典范，其流程是从组织内部开始。内部定标比超在所有类型的定标比超中速度最快、成本最低，通常可以在 6 个月之内完成。

(2) 竞争定标比超，是指直接竞争组织之间的绩效评估和比较活动。竞争定标比超的对象可以是直接竞争对手的产品、服务、工作流程、管理模式、战略计划等，其目的是找出竞争对手的优势和特长，发现本企业与竞争对手之间的差距并努力缩小这种差距。

(3) 功能定标比超，又称跨行业定标比超，是指具有相同或类似运作环节的不同企业间的定标比超，通常涉及某个功能领域的特定企业活动。功能定标比超是一种典型的非竞争性定标比超，本企业与定标比超对象之间没有直接的利害冲突，容易争取到对方的配合。

(4) 通用定标比超，是指对来自不同行业、执行不同功能的业务流程进行评估和比较的活动。通用定标比超在所有类型的定标比超中收效最明显，但实施困难也最大。

(三) 定标比超的一般步骤

20世纪70年代末以来，定标比超已经被国内外众多企业采纳，并成为一种重要的竞争情报分析工具。因此，很多企业都在长期的定标比超活动中摸索和积累了丰富的经验。通过对各种方法进行分析和归纳揭示，可以看出它们都包含以下步骤。

1. 了解自身的情况，确定定标比超的内容

定标比超是一个将自身的情况和本组织内部的最佳部门、竞争对手或者行业内外的最佳组织进行比较，并向它们学习，吸收它们的成功经验和做法的过程。因此，定标比超的前提是了解企业自身的情况，确定需要改进和能够改进的产品、服务、过程或者战略。显然，如果不能透彻地了解组织自身的情况，就无法确定定标比超的内容。事实上，几乎所有的环节都可以进行定标比超，而有的企业，尤其是中小企业，需要改进的地方太多，企业本身又没有足够的人员、资金和时间对所有的薄弱环节进行定标比超，所以，要想取得理想的定标比超效果，确定定标比超的内容就非常重要。

一般来说，要选择那些对企业效益至关重要的环节进行定标比超。不同的企业，由于其性质不同，影响企业效益的关键环节也有所不同。例如，影响制造行业企业效益的首要环节是产品质量，而影响服务行业企业效益的首要环节则是客户满意度等。因此，一个组织需要根据自身的实际情况选择定标比超的内容。选择定标比超的内容时，可以从以下几个方面进行考虑。

(1) 在成本中占最高份额的方面，不管它是固定的还是可变的；
(2) 明显地影响质量、成本等重要因素的方面；
(3) 对商业有重要战略意义的方面；
(4) 在市场中进行差别化竞争起重要作用的方面；
(5) 代表或支持企业的重要成功因素的方面；
(6) 对改进有最重要作用的方面；
(7) 在满足商业资源和管理方式要求的情况下，可以被改进的方面。

2. 选择定标比超的对象

任何定标比超项目都有一个定标比超的对象。由于定标比超最终是要向这个对象学习，争取赶上并超过这个对象，所以对象的选择就不可掉以轻心。选择合适的定标比超对象，有时不但可以降低定标比超过程的困难程度，还可以强化定标比超的效果。

通常来说，定标比超的对象可以分为以下几大类。

(1) 企业内部。很显然，对本企业内部的某个部门进行定标比超比较简单，搜集各种数据的阻力比较小，而且内部定标比超比较节省时间和成本。但是，内部定标比超的缺点是，企业不能跳出本企业的视野，定标比超的内容也局限在操作层和管理层，而很少涉及战略层。因此，企业内部定标比超在很多时候不能够满足企业发展的需要。

(2) 竞争对手。竞争对手一般可以分为以下几类：一是直接竞争对手。例如，对于福特公司来说，其直接竞争对手就是美国通用汽车、德国宝马汽车、日本本田汽车等。二是平行竞争对手，这些企业的业务和本企业的业务基本相同，但它们并不和本企业构成直接竞争关系。比

如，对于北京的 A 超市来说，上海的 B 超市就是其平行竞争对手。三是潜在竞争对手，即目前还没有构成竞争威胁，但是将来可能成为竞争对手的企业。

通过对竞争对手的定标比超，可以获取大量的竞争对手数据，了解竞争对手的产品、服务、管理模式和战略，从而可以详细地了解竞争对手的情况。企业可以在此基础上学习竞争对手的长处，吸取竞争对手的经验，从而尽可能地少走弯路。而且，由于竞争对手与自身企业在某种程度上有一定的相似性，定标比超所得的结果在实施上比较容易，有的方法甚至可以几乎不加改变地予以采纳。可以说，竞争对手的定标比超对于企业战胜对手、赢得领先地位是非常有效的。在确定竞争对手的时候，通常可以从以下几个方面入手：平均产品价格、报价领先时间、产品线宽度、产品特征、消费者倾向、市场渗透力、客户满意度、产品质量。

(3) 行业内部。如果定标比超的对象是行业内的非竞争对手，那么就可以避免内部定标比超视野狭窄的局限，也可以减少竞争对手定标比超的数据不易搜集等困难。由于企业与定标比超的对象处于同一个行业，所以通过行业协会等可以较方便地获取一些信息。但是，因为本企业和定标比超对象之间存在差异，在定标比超结果的转化和实施上也许会存在一些困难。

(4) 行业外部。行业外部一流组织的定标比超完全跳出了行业的限制，而把目标瞄准了某个一流的管理方法或处理过程，这有助于企业开阔思路，实现创新，也可以给企业带来飞跃性发展的机会。但是，进行跨行业的定标比超时，由于行业差异，所以通过定标比超发现对本企业有用的情报比较困难。而且，即使通过行业外部的定标比超有了有价值的发现，由于这种结果的应用有时会改变本企业的整个模式，所以，与企业外部一流组织定标比超带来的有价值的发现在结果实施阶段也存在一系列的困难。

可以通过以下途径确定一流企业：①文献，如一些公开出版的杂志、报纸等；②各种专门介绍最佳组织的信息源，如全面质量管理中心等；③互联网资源，如 The Benchmarking Exchange(TBE) 的网址为 www.benchmarking.com，国际定标比超交流中心(IBC)的网址为 www.apqc.org；④会议、培训课程等过程中获取的信息；⑤有组织地参加定标比超活动；⑥与专业教育、科研机构合作。

无论选择哪一类的定标比超对象，都存在一定的局限性，因此，一个组织在进行定标比超时，应该根据组织自身的情况选择恰当的对象。

3. 收集数据并进行分析

收集数据是定标比超的重要环节，收集数据是进行数据分析的基础。

(1) 确定收集哪方面的数据。信息社会，人们往往不是苦于没有信息，而是苦于无法甄别有用的信息。定标比超研究也一样，要想在众多的数据中识别有用的信息，就必须在收集数据前确定要收集的是哪些方面的信息，这些信息的内容应具体到什么程度，是定性的还是定量的，等等。

(2) 确定信息源。有了明确而有效的信息源，数据的收集才可能既快速又有效。通常情况下，企业可以从以下几个渠道收集信息。

- 本企业内部信息源，包括业务档案、统计数据、与外单位的业务交流、企业内部专家、通过员工的各种社会关系等。

- 企业外部公开信息源，主要是指相关的公开出版物，包括文献、期刊、报纸、各种数据库、工商企业名录、产品样本与手册、行业协会的报道、报告、政府文件、分析报告、研讨会、培训班等。
- 企业外部非公开信息源，包括竞争对手、行业观察者(如咨询人员、行业专家等)、行业参与者(如供应商、消费者、广告机构等)。关于竞争对手数据的收集，企业也可以采用一些巧妙的方法，如密切关注竞争对手重要人员的活动等。

收集完数据之后，应该以合理的格式、易于处理的方式进行保存，这是对数据进行分析的前提。数据分析之前，还需要对数据的有效性、准确性进行鉴别，这样才能够保证分析结果的正确性。

数据分析需要根据定标比超的目标有的放矢地进行。在整个数据分析过程中，需要定标比超结果的应用者参与，也需要专业人士的指导和协助。数据分析的结果在大家的参与下被充分交流和不断地改进，最终找出与定标比超对象之间的差距及原因。

4. 确定行动目标

找出差距之后，接下来就应该根据本企业现阶段的具体情况，包括企业文化因素、资金因素、技术因素、人员因素等，形成可以操作的方案，有针对性地确定行动。在这个阶段，企业需要将定标比超的结果以及行动计划清楚地告知组织内的各个管理层，并让员工有充分的时间对它进行评价，从而得到有关的反馈和建议，最终得到大家的认可，以减少定标比超结果实施的阻力。

5. 实施计划及评价

定标比超的最终目的是发现不足，努力改进，赶上并超过竞争对手或借鉴其他行业的成功经验，获得最大的进步。因此，如果没有将定标比超的结果实施或者实施不利，则以上种种努力都将毫无意义。可以说，以上各个步骤的最终目的是定标比超结果的成功实施。

企业或组织在采用定标比超分析法的同时，应该辅以 SWOT 分析法等其他竞争情报分析方法，不断地从这些方法中吸收有价值情报，来指导定标比超分析的过程。当然，在定标比超分析过程中发现的有用情报、可行的结果，也应该反过来为其他竞争情报分析方法所利用。只有将各种竞争情报分析方法有机地结合起来，尽量各取其长，规避缺陷和不足，互相借鉴经验和成果，才可能更好地开展企业的工作。

六、其他竞争情报分析方法

识别环境中有吸引力的机会是一回事，拥有在机会中成功所必需的竞争能力又是另一回事。每个企业都要定期检查自己的优势与劣势，企业或企业外的咨询机构都可利用"企业管理检核表"检查管理、营销、财务、制造和组织能力，其中每一要素都要按照特强、稍强、中等、稍弱或特弱划分等级。

第三章 竞争对手分析

当两个企业处在同一市场或者它们都有能力向同一消费者群体提供产品和服务时,如果其中一个企业有更高的盈利率或盈利潜力,那么,我们就认为这个企业比另外一个企业更具有竞争优势。换句话说,所谓竞争优势,是指一个企业超越其竞争对手的能力,这种能力有助于实现企业的主要目标——盈利。但竞争优势并不一定完全体现在较高的盈利率上,因为有时企业更希望增加市场份额,或者多奖励管理人员或雇员。

竞争优势可以指消费者眼中一个企业或其产品有别于其竞争对手的任何具有优越性的东西,可以是产品线的宽度,产品的大小、质量、可靠性、适用性、风格和形象,以及服务的及时性、态度的热情程度等。虽然竞争优势实际上指的是一个企业比其竞争对手有较强的综合优势,但是明确企业究竟在哪一个方面具有优势更有意义,因为只有这样,才可以扬长避短,或者以实击虚。

由于企业是一个整体,而且竞争优势来源十分广泛,所以在进行优劣势分析时必须在整条价值链的每个环节上,将企业与竞争对手做详细的对比,如产品是否新颖,制造工艺是否复杂,销售渠道是否畅通,以及价格是否具有竞争性等。一个企业在某一方面或某几个方面的优势正是该行业企业应具备的关键成功要素,则该企业的综合竞争优势就强一些。需要指出的是,衡量一个企业及其产品是否具有竞争优势,应站在现有潜在用户的角度上,而不是站在企业的角度上。

企业在维持竞争优势的过程中,必须深刻认识自身的资源和能力,采取适当的措施。因为一个企业一旦在某一方面具有了竞争优势,势必会引起竞争对手的注意。一般地说,企业经过一段时期的努力后,会建立起某种竞争优势,然后就处于维持这种竞争优势的态势中,竞争对手逐渐做出反应;而后,如果竞争对手接近该企业的优势所在,或采取其他更为有力的策略,就会使这种优势受到削弱。

企业竞争优势的持续时间主要有三个关键的影响因素:建立这种优势的时间、能够获得的优势、竞争对手做出有力反应需要的时间。如果企业分析清楚了这三个因素,就可明确自己在建立和维持竞争优势中的地位。

显然,企业不应去纠正自己的所有劣势,也不应对自己的优势视而不见,而应研究自己究竟是只局限在已拥有的优势中,还是去获取和发展一些优势以找到更好的机会。有时,企业发展慢并非因为其各部门缺乏优势,而是因为它们不能很好地协调、配合。例如,有一家大型电子公司,工程师们轻视推销员,视其为"不懂技术的工程师";而推销员则瞧不起服务部门的人员,视其为"不会做生意的推销员"。因此,评估内部各部门的工作关系是一项非常重要的内部审计工作。

波士顿咨询公司提出,能获胜的企业是取得企业内部优势的企业,而取得内部优势不仅仅是指抓住企业核心能力。每个企业都必须管好某些基本程序,如新产品开发、原材料采购、对订单的销售引导、对客户订单的现金实现、消费者问题的解决时间等。每一个程序都创造价值,都需要内部部门协同工作。虽然每个部门都可以拥有一个核心能力,但如何管理这些核心能力仍是一个挑战。

调查企业内部因素可通过发放有关企业资源与能力的调查问卷来进行,而对企业外部因素的调研除了通过在企业内部进行直接的问卷访谈之外,还要采用其他规范的竞争情报分析方法，如 STEEP 方法和波特五力模型等。STEEP 方法的本质是从社会(social)、技术(technological)、经济(economic)、生态(ecological)、政治(political)这五个方面去研究和分析企业在宏观环境调查的时空范围内所受的环境影响，发现其中的变化，分析其变化趋势与本企业生产经营之间的关系，形成对企业所处宏观环境的完整认识。

STEEP 方法中的社会因素主要指企业所处社会的特征，包括人口、文化、教育、风俗、信仰、生活方式和迁移情况等。社会因素变化虽然缓慢，但其影响往往深远。STEEP 方法中的技术因素主要指科学技术在产品与创新中的发展，包括对有关产品、服务、设备和流程的新探索。技术因素的变化会体现在企业生产流程的任一阶段，也会体现在企业管理内容的方方面面。STEEP 方法中的经济因素主要指整个社会中资源的分配和使用情况，包括收支平衡、就业率、汇率、利率、通货膨胀率、信贷有效性、财政货币政策、赤字、消费模式和可支配收入水平等。经济因素的变化对企业战略的影响是宏观因素中最为直接的。STEEP 方法中的生态因素包括全球气候、可持续发展、产品生命周期、废旧物品回收、污染和生物技术发展等诸多与现代企业发展密切相关的环境问题。STEEP 方法中的政治因素包括政治和法律的诸多内容，因为政府作为公共政策的制定者，既是消费者，也是生产者，法律法规的制定和实施会直接影响市场上企业的竞争格局。

进行行业分析时，目前最常用的是迈克尔•波特提出的五力模型(见图 3-2)，五力模型被用来分析行业内对潜在利润会产生重要影响的、主要的经济和技术因素(作用力)，该模型亦被看作对 SWOT 分析法的极好补充。波特认为，企业战略是架设在企业外部宏观环境和内部资源、能力之间的桥梁，而对潜在利润的认识或追求是搭建这座桥梁的动因。对特定行业内的企业来说，潜在利润取决于潜在进入者的威胁、供应商的议价能力、购买者的议价能力、替代产品或服务的威胁、业内对手的竞争五种力的共同作用。

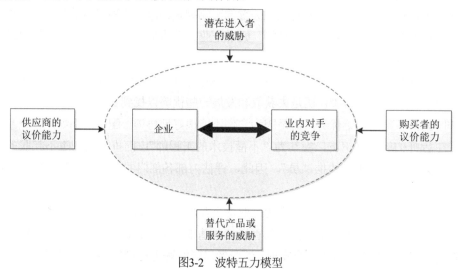

图3-2 波特五力模型

通过波特五力模型，可以综合各种因素，了解企业所在行业的竞争情况，判断行业吸引力，认识企业的运营环境。

第五节　网络环境中竞争情报分析方法

网络作为庞大的电子资源库,饱含丰富的有关市场、竞争、政策、技术等方面的多元信息。随着网络技术的迅速发展,网络竞争情报资源的开发和研究备受重视,网络竞争情报分析在企业竞争中发挥着越来越重要的作用。

一、网络环境中企业竞争情报分析原则

网络信息资源是一种数字化资源,与传统文献相比有较大的区别,因此,网络环境中企业竞争情报的分析工作也呈现出不同的特点,分析时应遵循下列原则。

(1) 准确性原则。在收集信息的过程中,需要注意判断信息的准确性。信息的准确性可以从情报来源及信息本身这两个方面予以判断。只有经过多方面、多次证实的信息才可以被采用。

(2) 完整性原则。一般网上检索工具中,常见的是主题指南和搜索引擎。理想的检索工具能在目录式主题分类结构下实现全文检索,这样搜索得到的信息具有完整性,才能使分析更全面。

(3) 时效性原则。网上的信息具有高度的动态性,不仅各种信息处于不断生产、更新、淘汰的状态,而且任何网站都有可能在短时间内建立、更新、更换地址或消失,因此网上的信息瞬息万变。网络环境中企业的竞争情报分析工作应该做到时时更新,保证竞争信息的时效性。要做到这一点,可使用竞争环境订制跟踪服务,可以帮助企业根据指定的竞争对手或某一特定事件做更加全面、深入的跟踪和分析。通过随时的跟踪、即时的信息预警、专项调查等方式,企业可以更加及时、全面和准确地了解竞争对手或事件。

(4) 规范性原则。互联网上的信息质量参差不齐,信息分布也是分散、无序、不规范的,为了将互联网上的信息变得相对集中、有控制、有序和规范,就需要建立完善的企业竞争情报管理体系。一方面,建立企业内部的信息使用和保密规章制度;另一方面,对企业在网络上发布的信息进行严格管理和控制,防止经济、技术情报外泄。

(5) 共享性原则。现在很多企业对竞争情报单纯采用定性分析法,对竞争情报的挖掘深度十分有限,不利于信息资源的共享和利用。要将竞争情报分析结果与企业内外有关部门及时共享,就要提高企业竞争情报分析结果的利用率。一方面,企业要建立完善的情报分析系统和畅通的信息渠道,并聘请专业人员从事竞争情报分析工作;另一方面,对竞争情报采用定量分析和定性分析相结合的分析方法,同时使分析的结果得到充分的共享和利用。

二、网络内容分析法

网络内容分析按分析要素的不同,可以分为词频分析、网页分析、网站分析和结构单元分析;按媒体形式的不同,可以分为文本分析、图像分析、声音分析和视频分析等;按网络信息活动主题的不同,可以分为网络信息发布和传播者分析、网络信息碎片分析两类。网络内容分析的数据搜集技术包括搜索引擎、Web 服务器日志和 Cookie 技术、网络调查法;数据分析技

术包括数据挖掘和联机分析处理等。

网络内容分析法的主要功能是描述网络传播的信息，推论网络传播主体的意向和倾向，描述传播内容的变化趋势，比较、鉴别、评价网络信息资源、网络传播效果研究。网络内容分析法在企业竞争情报研究中的应用主要包括对竞争环境、竞争对手和竞争策略的分析。

网络内容分析法应用于企业竞争情报分析具有一定的困难，主要体现在：网络信息数量大而且增长迅猛、更新迅速，要选择有代表性的有效样本进行内容分析存在困难；标准的内容分析法或结构化内容分析法需要制定内容分析框架，不适用于形式多样、结构无序、内容混杂的网络信息环境，演绎式的内容分析框架无法保证能够全面、准确地揭示网络信息的内容特征；网络内容分析存在人力、计算机软硬件设施等资源需求大的困难；网络信息动态性强，更新迅速，不能保证其具有连续性，对这样的信息取样进行内容分析，无法保证能够得到科学的结论；网络信息来源广泛、复杂，常常有许多没有经过质量控制的竞争对手信息，因此甄别信息的真伪比较困难。

三、网络专利竞争情报分析法

网络专利竞争情报分析方法是在专利检索的基础上，研究多角度、多方式的专利情报分析方法。专利被应用的量的大小在某种程度上也决定了该专利的利用价值，因而通过对专利引文数据库的检索，可发现被引用量大的有价值的专利，找到引用相同专利的竞争对手企业。通过定期检索可及时跟踪他人引用该专利的情况，获取有力的竞争情报信息。

(1) 网络专利信息的获取。互联网提供了一种前所未有的利用专利进行竞争情报分析的崭新手段。世界上几乎所有的专利数据库都可在互联网上查到，任何人在任何时间都可以以较低成本在互联网上自由地检索并分析专利情报。

(2) 对专利文献中信息的监视。通过监视和分析竞争对手专利文献中的法律数据，掌握竞争对手所拥有的专利产品和技术专利权的现状。

(3) 分析竞争对手已授权的专利信息。一方面，分析竞争对手已授权专利的技术内容，判断其是否在本企业已有专利技术基础上进行改进，或是以本企业已有专利为其组成部分，由此可以向竞争对手推销或转让自己的专利。另一方面，分析竞争对手已授权专利的要求范围，找出其漏洞，从而申请新的专利，进而占领市场，包括：①对竞争对手拥有的全部专利进行定期统计和分析；②对本行业专利状况进行定期统计和分析；③密切监视竞争对手专利申请动向；④专利数据的挖掘和分析。

四、网络信息挖掘分析法

网络信息挖掘是数据挖掘技术在网络信息处理中的应用。网络信息挖掘技术运用了人工智能、模式识别、神经网络等领域的各种技术，在大量训练样本的基础上得到数据对象间的内在特征，并以此为依据进行有目的的信息获取。网络信息挖掘是为了揭示文档中隐含的知识。网络信息挖掘包括：①网络内容挖掘，即从网络的内容中发现有用信息的过程，是一种多媒体数据挖掘形式；②网络结构挖掘，即挖掘网页潜在的链接结构模式，通过分析一个网页链接及其被链接数量和对象来建立网页自身的链接结构模式;③网络记录挖掘,指通过挖掘网页日志记录来发现用户访问网页的模式。网页日志提供了丰富的网页动态信息,对研究分析用户行为具有十分重要的意义。随着互联网在企业中应用的不断深入,可从网上挖掘的企业信息越来越多,涉及的内容也越来越广泛。利用网页挖掘技术中的关联、序列、聚类等方法,可以从大量完整、彼此关系不明确的敏感性信息中找出隐含的和事先未知的有用信息,揭示数据内在的复杂性。

(1) 充分获取和利用网络有关信息。不仅能从网页的大量数据中发现信息,而且还能发现权威站点和有重要价值的隐含信息,并且能够监视和预测用户的访问习惯、购买行为,能够发现消费者购买模式的变化趋势。

(2) 挖掘用户网页访问模式。通过分析和探究网页日志记录中的规律,可以识别电子商务的潜在客户。

(3) 网络信息挖掘在反竞争情报子系统中的应用。系统可以充分利用网络挖掘技术,通过运用分析访问者的 IP 地址、客户端所属域、信息访问路径等网络监控技术、统计敏感信息访问率等方法实现对竞争对手的防范,以达到识别竞争对手、保护企业敏感信息的目的。

(4) 对竞争对手信息的挖掘。竞争对手识别是对竞争对手各方面信息汇聚、分析和研究的结果,具有复杂性和多变性的特点。与一般的信息分析和评估相比,竞争对手信息分析和评估的难度要大得多。结合行业竞争特点,恰当地选择竞争对手信息分析和评估方法是十分必要的。

(5) 网络专利数据挖掘。网络专利数据挖掘是指通过对大量专利数据进行分析,挖掘出现有专利模式以及找出专利数据库中各相关记录之间的内在关系,发掘出专利发展的趋势和轨迹。

本 章 小 结

竞争环境是指与企业经营活动有着直接的、间接的现实关系和潜在关系的各种力量和相互关系的总和。通过竞争环境分析,掌握企业内部优势、劣势和外部机会、威胁等要素,就可以综合运用这些要素进行 SWOT 分析,规划和制定本企业的竞争战略。

竞争战略的核心问题是企业如何凭借实力进入某区域、某产业和某市场,并在其中确定自己的竞争目标与方针,以指导企业在竞争中取胜。企业竞争战略管理是企业高层管理者在特定环境中充分利用自身优势,抓住外部发展机遇,避免外部威胁,有效地制定、实施和评价企业战略与战术,实现企业竞争目标的动态过程。基于信息搜集与情报分析,企业竞争战略管理过程包括战略制定、战略实施和战略评价三个主要环节。

传统的竞争情报分析方法有 SWOT 分析法、内容分析法、专家分析法、PEST 分析法等。

随着网络技术的迅速发展,网络竞争情报资源的开发和研究备受重视,网络竞争情报分析在企业竞争中发挥着越来越重要的作用。

思 考 题

一、简答题

1. 创业者如何判断主要竞争对手？
2. 创业者如何进行竞争环境分析？
3. 创业者如何进行竞争战略分析？
4. 传统的竞争情报分析方法有哪些？
5. 创业者如何进行竞争情报分析？

二、案例分析

面向中小微创业企业的产业竞争情报分析

王某，大学毕业后一直在风电行业从事风电设备营销、售后服务、运营维护工作，近两年，王某辞职后，与另外几名志同道合的年轻伙伴共同成立了一家公司，开始创业。他们创业选择的技术是电力电子技术中的脉冲电源技术。由于是初创企业，本着少花钱多办事的原则，王某自己尝试收集相关的信息，但收集到的不相关信息居多，自己最想了解的信息不知怎样才能获得。

处于初创期的创业型科技企业，研发形成产品是第一要务，缺乏明确的竞争对手，对产业链总体了解不够，对市场缺乏系统、全面的了解等是该类企业的共同特点，反映在产业竞争情报需求上则表现为对技术竞争情报需求较强，对市场和产业链的竞争情报现实需求较弱，当完成产品开发任务后对市场和产业链的竞争情报需求将明显增强。因此，为中小微创业企业提供产业竞争情报分析的要点主要有以下几个方面。

(1) 要准确识别需求。完全了解用户的个性化需求是竞争情报分析的前提和关键点。一般来说，创业型科技企业必然产生产业竞争情报需求，但创业型科技企业未必能向外部竞争情报服务人员准确表达其需求。了解创业型科技企业的竞争情报需求是体现专业知识和技能的关键。

(2) 要框定合理的工作范围。企业用户的情报需求一般涉及范围较广，每一项具体的需求服务都关乎一定的工作量。因此，框定合理的工作范围就显得特别重要。

(3) 要根据实际情况设计信息收集方案，覆盖所有的可用信息源，体现全面的特色。此外，还要对每篇文献信息进行研读，确保每条遴选后的信息都与用户高度相关，具有较高的专业性和参考价值。

(4) 要提供高质量的分析报告。一是可以提供有较高参考价值的商业报告信息；二是在完成信息检索、遴选、收集的基础上，按照竞争情报思路提供一份信息分析报告，重点突出国内脉冲电源技术应用于环保产业中需要关注的机构，如济南能华、江西金达莱、星火环境、凌志环保、清大国华、国联科环等，提供精准的竞争情报产品与服务。

(资料来源：陈峰，杨宇田. 面向中小微企业开展产业竞争情报服务的实践[J]. 中国科技资源导刊，2019，51(01).)

思考：请按照竞争情报理论方法，在聚焦产业竞争情报、不开展人际交流调研、主要提供产业研究报告类资料的约定下，完成产业竞争情报服务工作，并写出分析过程。

第四章
创业市场研究

学习要点

1. 创业调研的重要性;
2. 创业市场调研方法;
3. 创业营销调研的原则;
4. 低成本、高效率的调研方法。

导入案例

中国企业投资开发尼泊尔电力市场调研

为响应国家"一带一路"倡议,中国众多能源企业一直在积极寻找东南亚海外清洁能源项目,然而投资海外电力市场面临诸多风险和挑战。以下为尼泊尔电力市场调研。

(1) 尼泊尔电力系统现状与负荷预测。

尼泊尔电力系统主要由尼泊尔电力局(NEA)负责运营和管理,尼泊尔电力局除自身规划和开发建设运营电厂外,还通过购电协议购入私人电力运营商的电力,并负责与印度等国的电力交易。尼泊尔电网建设滞后,电网输送电的电压等级低,配电网覆盖范围不足,大部分农村地区还用不上电。

根据 NEA 2014 财政年度报告,2014 财年最大负荷需求为 1201MW,实际可提供电力供应为 791MW,其中,水电 652.8MW,火电 22MW,进口 116.2MW,电力缺口 410MW。尼泊尔近 10 年最大负荷年均增长率为 8.9%,实际供电量年均增长率为 6.4%,主要用电结构为居民用电占 44%,工业用电占 36%,电力供需矛盾非常突出,供电可靠性低,不利于电网的安全、稳定运行。NEA 预测方案中,GDP 年均增长率采用的数据是 2014—2025 年为 4.5%,2025—2030 年为 5.3%。

(2) 尼泊尔电力市场空间分析。

到2025年，考虑电网容量及实际实施进程，推荐以NEA 2014财年报告中的规划电源为主，规划新增装机7988 MW，其中1994 MW电力为印度公司在尼建设供给印度的电力，5994 MW为供给国内的电力。规划水平年2025年，设计枯水年按NEA规划新增供给国内的电源装机5994 MW预测分析，即使系统不考虑备用，也仅基本达到电力供需平衡；若系统考虑备用率25%，最大电力缺口约为593 MW。

(3) 尼泊尔电力投资环境分析。

尼泊尔将水电开发列为国家第一经济建设目标，鼓励外资参与尼泊尔水电资源开发。同时，在亚行、印度、美国、中国等国家与国际金融组织的积极援助和支持下，尼泊尔电力市场的投资开发环境日益改善。各方投资加速，促使尼泊尔成为一个正在全面启动的水电开发市场。中国、印度等国启动尼泊尔国家东西交通走廊与主要跨境公路的援助建设。基础设施的提升也在本质上改善了尼泊尔水电资源的开发条件。

(4) 投资开发尼泊尔电力市场方面的建议。

尼泊尔电力市场开发潜力巨大，且处于大规模开发的前期，尼泊尔电力市场是南亚电力市场的重要门户。加强尼泊尔及南亚水电市场的研究，将为双方在该区域市场开发的战略定位提供决策依据。更好地服务国家"一带一路"倡议，充分利用投资开发尼泊尔市场的机会进行优质水电资源的储备，把握开拓南亚电力市场的优势先机，介入尼泊尔乃至南亚地区电力市场，将为中国企业塑造行业品牌，建立人文基础，搭建人才培养平台，实现国际化跨越式发展创造有利条件。

(资料来源：周亚森. 中国企业投资开发尼泊尔电力市场的调研分析[J]. 中国能源, 2020(4): 34-36.)

营销调研的主要作用是向营销管理者提供进行企业营销决策所必需的信息，因此，营销调研的基本作用与企业的基本营销决策内容联系在一起，具体表现在帮助企业识别和确定市场营销的机会和问题，产生、改进和评价营销活动，监控营销绩效，增进对营销过程的理解等方面。创业者和管理者会做出许多营销决策，例如，在新产品开发过程中，会进行产品属性定位、目标市场选择、定价、营销沟通和渠道策略等决策，每一项决策背后都有若干选项。如果没有市场调研，许多决策只能由创业者靠猜测做出，这样很多决策最终都是错误的，如价格过高、目标消费者选择错误、媒体选择失误，将导致大量广告费被白白浪费等。

有时候，创业者能够迅速做出反应，在错误的决策中吸取教训并做出适时调整，但更多的情况是创业者没有机会反思错误就破产倒闭了。许多大公司通常设有专职部门负责进行市场调研工作，而处于创业阶段的企业通常难以效仿它们的做法。一般情况下，创业企业既没有专职的市调人员，也没有独立的市场部门，更请不起专业的市场调研公司，而市场调研工作又不能不做，否则，就不了解客户和竞争的情况。为此，创业者必须承担起市场调研的职责，了解调研的基本过程和方法，创造性地设计调研方案，具体执行工作可由创业者自己承担，也可由销售人员、一般员工、经销商或代理商来完成。

第一节　营销调研在企业的应用

营销调研是企业为了实现营销管理和做出营销决策而对有关信息进行系统的收集、分析和报告的过程,其功能是通过信息把营销者与消费者、客户和公众联结起来,营销者借助这些信息可发现和确定营销的机会和问题,改善、评估和监督营销活动,并加深对市场营销过程的认识。营销调研包括以下步骤:①确定问题及调研目标。确定问题即找出企业目前经营中面临的问题。调研目标指调研所要达到的目的。一般来说,一个调研项目可能有三种目标:一是探索性调研,回答"是什么"的问题;二是描述性调研,回答"何时"或"如何"的问题;三是因果关系调研,回答"为什么"的问题。②制订收集信息的调研计划。首先要明确所需要的信息,然后确定如何有效地收集这些信息,最后提交书面的调研计划。收集信息的方法有两种:一是通过案头调研收集二手资料,二是通过实地调研收集原始资料。③实施调研计划,主要包括收集信息和分析信息。收集信息的工作可由企业内部的营销调研人员完成。

营销调研在工商企业领域的应用可分为五个方面:市场分析、销售分析与研究、市场营销策略研究、不同市场环境特点的研究、其他方面。其中的大部分内容都在本书中做了不同程度的讨论。

(1) 市场分析。市场分析的内容包括对市场大小和增长速度的分析,对市场潜力的测定,对影响市场大小的因素(在特定时期、特定环境下)的分析,对市场的细分,对单个市场片区大小的测定,对影响不同市场片区购买动机及购买行为的因素的分析等。市场分析是企业经营决策的基础。

(2) 销售分析与研究。销售分析的内容包括影响销售的因素的分析、产品销售趋势的分析、产品的市场占有率分析等。销售研究的内容则包括产品销售量的预测、竞争者的销售情况分析、销售计划的制订等。

(3) 市场营销策略研究。市场营销策略研究的内容包括对市场营销组合策略中的产品策略、定价策略、广告策略、渠道策略进行的研究。产品策略研究的内容包括市场需求的调查、新产品构想的产生以及检验、产品的市场检验等。在这里,新产品构想应包括实质产品、形式产品以及扩增产品部分的内容。定价策略研究的内容主要包括研究产品价格与销售量的关系,以及产品价格与产品的特性组合的关系。广告策略研究的内容包括广告的主题思想以及广告词的确定、广告媒体的选择,以及广告效果的测定。渠道策略研究的内容则包括渠道形式的选择、经销商的评价与选择,以及对目前已采用的销售渠道的评价。

(4) 不同市场环境特点的研究。在不同的市场环境下,营销调研的特点有所差别。这里的不同市场环境主要指消费品市场与工业产品市场相比较,以及国际市场与国内市场相比较而言。不同市场环境特点研究的内容通常包括消费者研究、工业营销调研及国际营销调研。

(5) 其他方面。营销调研的其他内容还包括企业的信用调查,以及对企业兼并及联营的前景的评估等。例如,金融企业了解贷款申请者的背景,申请贷款的意向、偏好、偿还能力。又如,我国企业之间的兼并和联营已越来越多地用于巩固企业的实力或使企业经营多样化。在这些情况下,对企业的评估是关键的工作,营销调研将为这些评估提供客观的依据。

一、正向市场调研

有效的市场营销方案是建立在对市场环境,特别是对市场需求的深入了解的基础之上。市场研究的目的之一就是在形成或修改营销方案之前就明确存在的问题和机会。

正向市场调研的过程如下。

(一) 发起

不管市场研究的目标多简单,都会有一个严谨的逻辑过程。创业者应依照这个过程进行市场研究,以保证研究结果的有效性和可靠性,也可在时间和约束下实施创新或创造。首先,创业者须具体思考与制定决策相关的几个问题,这是发起市场调研的起点。创业者在解决这些问题时没有固定的模式,也难以轻而易举地找到答案。

(1) 企业应该追求这个机会吗?
(2) 它的潜在收入有多少?
(3) 企业在市场中的最佳定位是什么?
(4) 与竞争者使用同一媒体做广告是否有意义?
(5) 初期的营销投入所针对的目标受众是谁?
(6) 产品应该卖多少钱,产品定价是否依赖目标客户?
(7) 通过自己还是他人建立销售渠道?

其次,由于管理问题通常涉及多个决策选项,创业者应根据这些选项提出相关的研究目标,即"要测量什么",如市场规模、客户的想法、购买者行为等营销问题。明确测量的内容有助于剔除一些无关问题或者无关信息的干扰,保证最终得到真实的结论,确保研究质量。

最后,列出一些简单的假设,揭示研究的主旨。此外,还需明确研究目标和研究问题所需要的具体信息,通常是与目标客户细分有关的信息,如人口统计变量、行为倾向等。

(二) 数据分析

创业者应做好二手数据的搜集和分析工作。二手数据来源包括互联网、各种专业报刊、政府报告、贸易组织的研究、营销学者的研究及公司内部的文件等,若能从中获取有用信息,能为公司节省很多费用。若二手数据不能满足要求,应着手收集一手数据。一手数据是调研人员在处理具体的研究问题时产生的。一手数据需要科学的研究设计和严谨的研究过程,也需要一些权衡和取舍,如采用焦点小组还是实施一个全国性的抽样调查,采取实验的方法还是实地观察消费者的购买行为,问卷设计是面面俱到还是突出重点,选取何种统计方法,这些都需要提前设计好。数据分析往往是在假设的约束下进行的,需要计算均值、百分比并分析变量之间的关系。创业者可使用计算机以及廉价的统计软件包,以比较低的成本完成数据分析。

(三) 策略形成

市场研究的结果是得到一些统计数据,其可靠程度取决于两大方面:一是数据的来源,采访者和被访者的诚信以及样本的大小决定了数据的可信度;二是统计的方法和置信区间的选择。无论是定量分析还是定性分析都蕴含着许多不确定因素，在利用调研结果进行管理决策时需要决策者从中领悟和取舍，综合考虑多种因素，做出正确的决策。

在分析了可能存在的机会和问题后，重心就要转移到相应的市场营销策略的制定上。市场营销策略的形成是制定一系列决策的过程，而这些决策的制定常常要基于营销调研获得的大量信息。

(1) 市场定位决策。
- 应当服务于哪些细分市场？
- 对于所选择的市场片，产品应具备哪些重要特点？
- 在目标顾客心目中，产品应如何定位？

(2) 产品决策。
- 产品的式样、质量、功能、材料如何确定？
- 什么样的包装和规格最受消费者欢迎？
- 应当提供哪些销售服务？
- 产品是否需要使用品牌？如果需要，应使用什么品牌？

(3) 销售渠道决策。
- 应当选择什么样的经销商？
- 应使用一个还是多个销售渠道？

(4) 广告与促销决策。
- 如何使广告更具诱惑力？
- 采用什么促销策略以及如何安排？
- 预算是多少？
- 如何组织销售队伍？
- 使用什么样的销售人员？
- 销售人员的激励措施是什么？

(5) 价格决策。
- 怎样为产品定价？
- 面对竞争者的价格策略，应采取什么对策？
- 如何对产品的价格进行调整？

根据营销调研提供的相关信息，企业可以有针对性地做出正确决策。

(四) 控制营销活动

在决定推出一个新营销策略或执行一个新营销方案后，要制定各方面的目标，确定预算和时间安排。在这个阶段，营销调研的重心转移到了回答下面的问题。

(1) 活动的各个部分是否达到了它的目的？
- 实际销售额与销售目标有何差异？
- 在哪些地区或方面的销售不令人满意？为什么？
- 广告的目的是否达到？

- 销售渠道的目标是否达到？
- 零售商是否在继续销售公司的产品？

(2) 营销活动是否该继续、停止、修正或扩大？

- 消费者对产品满意吗？
- 产品的功能与特色是否应该改进？
- 广告预算是否需要调整？
- 价格是否合适？

要使营销调研在本阶段有效，有必要对营销方案的所有部分规定其特定的、可测量的目标，比如各地区的销售额、各渠道的销售额、广告目标(多少人知道该产品)，而营销调研的作用就是提供信息来检验这些目标是否达到，并判断结果不令人满意或超过预测目标的原因。由于企业经营活动的连续性，市场营销过程中的三个环节常常是相互重叠的。因此，营销调研是企业经营决策的制定、执行与控制过程中不可缺少的工作之一。

二、逆向市场调研

在现实中，很多调研结论很难帮助企业做出正确的决策。为改善调研效果，创业者应采用逆向市场调研方法。逆向市场调研是和正向市场调研相反的调研过程。

(一) 发起

逆向市场调研发起时，需要明确管理决策，明确信息输入能主导的决策选项，准备含有类别信息的抽样表和短期报告用以制定管理决策，对填好的抽样表和短期报告做必要的分析，明确询问的问题是什么，确定需要回答的问题是否已回答。

(二) 数据分析

接下来要进行抽样设计，实施研究设计，进行数据分析。

(三) 管理决策

正向市场调研和逆向市场调研的区别表现在：正向市场调研常常借助专业的调研公司和公司的营销研究部门来完成，调查样本量大，主要通过设计问卷来有意识地思考一系列的问题。这类研究常常是机械的或非人为的，很多时候，研究者既要考虑产品或服务特点，还要考虑定量分析中所选择的数学统计方法。逆向市场调研亦称为创业营销调研，是在低成本和低复杂程度的条件下提出的。由于每个创业问题都会涉及新的研究设计，所以逆向市场调研经常会提供更丰富的见解，也不存在单一的研究范式。逆向市场调研认为消费者是感性的，他们的情感本能地影响着他们的行为，真正的挑战是要创造性地进入消费者无意识的头脑中，以洞察消费者如何形成对产品或服务的想法或偏好。为此，可创造性地采取直接观察或间接技术了解消费者的购买行为，下面是几种主要方法。

(1) 直观图。根据消费者的直觉和对产品的评价尺度(或方面)将现有产品分布在一个图上，从这个图上可以看出什么类别的新产品可以填补某些空白。

(2) 社会和环境趋势的分析。例如，人们喜爱某些自然食物(或绿色食品)的趋势可能表明，食品加工企业可以多发展一些绿色食品。

(3) 效用结构分析。让消费者辨明他们希望从产品得到的效用以及他们认为现有产品在特定应用时能产生这些效用的程度。企业通过对调查结果的分析就能发现，消费者所寻求的但目前产品不能提供的效用或益处。

(4) 对产品使用过程的分析。请产品使用者记录他们在使用产品时的一些活动。例如，某家用清洁剂的制造商请家庭妇女记录自己在厨房里做清洁时所使用产品的名称、用量、所清洁的物品(桌面、地板、水池)、一天中做清洁的时间、涉及的问题、使用的过程等。分析这些记录能帮助制造商理解与清洁工作有关的但没有解决的问题。

(5) 消费者小组讨论。请消费者小组讨论产品使用过程中以及与产品有关的各种问题，比如，请一些相关企业办公室经理讨论他们使用各种办公设备的情况及面临的问题。

第二节 创业营销调研的原则和方法

国内市场调研常用的办法是，雇用一批大学生或长期从事调研工作的员工，拿着表格、小礼品向目标人群征集结果。最近几年，很多企业也采用网络征集的方式收集资料，用来指导营销和战略布局。

创业企业做市场调研是否有必要？有，但是方法非常重要，市场调研必须对市场有帮助，如果调研质量不高，出现虚假的反馈，使企业基于错误的数据做决策，结果自然是错上加错。

一、创业营销调研的原则

创业企业的市场调研活动涉及市场营销管理的整个过程，收集的数据和信息可以反映营销过程中的很多问题。创业营销调研的原则如下。

(1) 灵活地思考和行动。研究者可以把自己想象成一个游击战士，为解决某一特定问题，机动、灵活地运用多种方法，尽量少花钱，多办事，充分利用各种信息来源，独辟蹊径获取重要信息。特别要巧妙利用周围环境和已知商业模式，识别消费者抱怨、购买模式和消费趋势。

(2) 借力。销售人员是冲锋在第一线的"战士"，他们最了解"敌情"，也是最需要了解"敌情"的人。借助销售人员进行营销调研，一方面可以节省公司人力、物力和财力，起到事半功倍的效果；另一方面可以督促销售人员加深对市场的了解。经销商或代理商在做好本地市场这一基本目标方面与企业完全一致，在这一前提下，企业可以策划、指导经销商或代理商做好本地区的市场调研工作，包括本地区基本状况、消费者状况、竞争品牌状况调查，以及当地媒介状况、当地政府和民间活动调查等。同时，企业可以抓住机会，巧妙借力，做好在当地的广告、促销活动，这样不仅解决了调研的一大难题，也有助于巩固双方的合作关系。

(3) 捕捉无意识瞬间。消费者的感情和直觉是不容易识别和破译的，需要研究者通过间接的提问，捕捉消费者无意识的发言、措辞和非语言沟通，这是引起消费者情感的因素，一些重要信息可能隐藏其中。

(4) 全员持续调研。创业公司应把调研看作一个连续的活动，时时处处收集资料，学习并获得更多的信息，了解消费者和他们的需求。为了更快地搜集信息，创业公司的每一个员工都应把自己看成一个市场调研者，都有责任观察潜在消费者面临的问题及消费者之间的任何细微差别，了解消费者满意和不满意的地方，建立员工时刻记录和跟踪消费者的管理制度。例如，公司每天会接到许多客户电话，要求了解产品信息或订购产品，这便是调研的大好时机，做好记录可形成一手数据，这些数据可能隐藏着消费者未满足的需求。

(5) 创造性地使用各种调研技术。拥有调研技术的创业者才会赢得调研的主动。创业者可以创造性地运用各种新旧调研技术，例如，一些跟踪软件可以检查消费者在公司站点的行为特点、停留时间等；一些设备可监控进入商场的人们对零售商所采取的奖励措施的反应；可以采用一些视觉跟踪方法了解人们在各种刺激下视觉注意和心理的反应，可利用神经科学工具(如脑电图、核磁共振成像等技术)来洞察消费者的心理过程。此外，创业者还应了解数据库的相关技术，建立消费者数据库，利用软件包管理现有和潜在客户，使其成为市场调研的重要储备资源。

二、创业营销调研的方法

营销调研主要是围绕企业营销活动展开的，低成本、高效率的调研方法主要有以下几种。

(1) 亲身观察消费者行为。观察方法可以有很多种形式，例如可以突然对受访者进行直接询问和观察，也可以从侧面进行间接观察。

(2) 网络调研。网络调研是企业普遍应用的调查方法。创业者可逐字逐句地设计调查的问题，形成网上调查问卷。被访者登录指定网站，在指定的日期内完成调查。企业将受访者的数据导入电子表格，就可以利用一些统计软件进行分析，并得出调查结论。网络调研成本低、时间短且比较灵活，可以适时进行互动。同时，网络调研可以在线展示图像，能够实现较高的调查响应率，并识别不同客户群的反应类型。

(3) 焦点小组法。焦点小组法是一种灵活性很强且能有效洞察消费者需求的调查方法，是指把消费者聚集到一个小组，每组 6～10 人，对要调研的问题进行 50 分钟的讨论。参与者可以畅所欲言，可以随意谈论对某一产品或服务的情感、信任、感知和经验。因此，该小组产生的一些想法、意见等宝贵的信息能够为有效决策提供参考。

(4) 对话领先用户。创业者为发现市场机会，可通过界定一批新的领先用户和突破式创新，把领先用户引入企业的创新轨道和过程，从中摄取有用的信息，发现新的机会窗口，以避免错失良机。

(5) 滚雪球法。滚雪球法是一个复杂、耗时但效果较好的调研方法，该方法可明确那些拥有相关经验和需求的客户，这些客户通常是一个个组织。明确企业之间重大购买决策中的关键人物时，常采用此法。首先进行初步的电话沟通和访问，明确目标组织内能够对购买决策产生重要影响的 4 个人，然后与这 4 个人进行联系和交往，让每个人再推介 4 个对购买决策有影响的人。这样循环往复地滚动下去，这个群体的人会迅速增长。随后，统计两三个常被提到的名字，在多数情况下，这些人就变成了营销的重点。

(6) 垃圾检验法。垃圾检验法在市场调查中被广泛应用。例如，一家公司要评估一个局部市场不同软饮料的市场份额,则可以通过对公园中丢弃的饮料瓶子进行计数来识别市场的领导者。

(7) 博客调查。博客中的内容包括文本、针对一些议题的讨论、图片、视频等。所有人都可以在博客上发表自己的观点、信息,也可在博客上互动。海量的博客信息可能是有价值的情报资源,从中可捕获客户的想法、需求和行为要素,通过简单分析可确定一些重要的研究命题。此外,通过博客来观察人们之间的沟通与反馈,由此产生的洞察力有助于设计相应的营销活动。

(8) 探索其他人类学调查方法。人类学研究通常在实地捕捉人们对外在条件的反应和行为,这些条件通常是多方面的、具体的,是一系列因素共同作用的结果。例如,通过乘飞机来感受其他乘客的行为;通过扮演"神秘消费者",观察零售环境中客户对产品或服务的行为和反应;通过一次性成像技术记录消费者对产品和服务的反应,据此进行产品和广告设计。

第三节 新产品营销调研

从某种角度来看,新产品是指企业对其市场和技术不熟悉的产品,因此新产品的开发也给企业带来了很多不确定性,而进行新产品营销调研的目的就是减少新产品开发给企业运营带来的风险。

新产品的开发必须针对市场。顾客需要什么样的产品是新产品研究之初必须回答的问题。但顾客的需求常常是以所面临的问题、所寻求的效用或对目前产品某些方面不满意的形式出现的,因此新产品研究之初的工作是了解市场的需求,从中选择对企业来讲最有潜力的市场机会并形成开发新产品的构想。

如果存在一些没有解决的市场需求,就要对这些需求进行过滤,以发现最有市场潜力的需求。对这些需求可以从下面几个方面进行评价:这个需求是否重要?这个需求是否经常或普遍存在?这个需求的满足方案是否存在?然后得出每个需求的评分总和,从中选出总分最高的需求,并寻求满足该需求的方案,即新产品构想。

选择企业打算满足的市场需求后,就要构思新产品方案。首先,要列出满足该市场需求需求的产品应具有的一系列产品特性。在这里,产品特性应包括产品的三个层次:一是实质产品部分,即实现产品基本功能和效用的部分;二是形式产品部分,包括产品式样、包装、质量水平、产品形象等;三是扩增产品部分,即产品所附带的服务,如售前服务、售后服务、培训、技术指导、维修、按时交货等。新产品所应具有的特性可以通过顾客小组讨论或专家讨论而获得。

其次,研究产品的各种特性对潜在顾客的重要程度,如研究顾客所期望的产品的功能、效用等,可以请被调查者回答他购买某类产品时最影响自己的偏好或购买行为的产品特性,并请被调查者对产品的数个特性的重要程度进行排列,从而发现哪些是最重要的产品特性,哪些是次要的产品特性等。

最后,将上面的研究结果转化为有意义的技术术语、产品性能参数、设计特征、使用功能标准以及制造加工工艺过程等,由营销调研人员与企业工程设计人员共同讨论,形成新产品构思的多种备选方案。当然,有一些新产品构思并不是从使用者那里得来的,也不是通过需求鉴别得到的。某个技术上的突破可能引起新产品构思,竞争者新产品的上市也可能激发企业产生一些新产品构思,因此对环境变化、技术发展和竞争势态的系统分析都可能引发新产品构思。产品使用者也可能直接提供一些产品构思,比如很多企业经常从用户那里收到意见或建议,而营销调研的另一个作用就是整理和分析从用户那里收集到的意见或建议,从而让企业改进产品或推出新产品。

并非有了新产品构想就可以开始新产品的试制工作,企业还需对新产品构想进行评价和改进。营销调研的作用就是决定新产品构想是否应当进一步发展,并且指出这些构想如何才能得到改进和进一步定义。营销调研所要研究的问题包括:①产品构想本身是否有缺陷?②这个产品构想所形成的产品将会吸引哪部分市场?③该产品构想是否有得到进一步改进或发展的可能?④如何对该构想做进一步的改进?

新产品的营销调研方法有以下几种。

一、与类似产品进行比较

与类似产品进行比较这一方法是通过了解顾客对与新产品构想类似的现有产品的反应来判断新产品未来的市场前景。比如,通过类似产品的销售量、竞争情况、市场特征、销售渠道等情况判断由该产品构想所形成的产品在市场上可能的表现。因此,如果能找出几个类似产品并了解这些产品在市场上的表现,就能在某种程度上了解新产品潜在的成功可能性以及应如何对新产品构想进行改进。

二、调查访问

对新产品构想的调研大多采用调查访问的方法,即告诉潜在顾客这些新产品构想并从他们那里得到调查意见。在使用这种方法进行新产品构想的调研时,调查者可以考虑以下几个方面的问题。

(一) 如何向被调查者提出新产品构想

调查中,让被调查者获知新产品构想的方式会影响被调查者的反应,比如,在提出某个产品名称时,如果有口头描述或图片的帮助,效果会与没有这些帮助时大不一样。因此,在向被调查者提出新产品构想时,要考虑以下几个方面:①与产品有关的情感方面的因素;②产品构想发展成具体产品后所具有的独创功能;③通常使用的与新产品有关的术语;④产品很可能使用的名称、包装、价格等。通常,新产品构想的提出要有对象和地点,如在被调查者的办公室、住所、工厂或在一些中心地点(如百货商场、购物中心)等。

(二) 应该让哪些人知道新产品构想

被调查者通常应当是那些属于目标市场的人,即潜在的顾客。由于新产品构想调研的目的是判断是否存在一个可能的市场,因此应当避免把未来产品的潜在顾客排斥在外。被调查者除了应包括使用者外,也需要包括那些会影响购买决策的人。如果潜在的顾客对新产品构想不熟悉,被调查者则应当是有关方面的专家而不是潜在的使用者。

(三) 与什么做比较

通常,针对市场上存在的某个问题或市场需求,相应的产品构想可能有多种方案,这些方案一般应当在同一次调查访问中得到对比。例如,针对某种家庭用垃圾处理系统有4种新产品构想:①连桶一起扔掉的小型垃圾桶;②较大的垃圾容器,可以容纳两个星期的垃圾;③放在厨房里的垃圾容器;④可以移动的多用垃圾容器。将这4种产品构想方案进行对比,就可选出较优的方案或综合4种方案后提炼出一种综合方案。把新产品构想的几种方案放在同一调查中进行对比不仅效果明显,而且也易于产生丰富和较有用的信息。多个产品构想方案的对比更容易激发人们的思维,从而得到更多有价值的评论。因此,一般来讲,相对评价比绝对评价要可靠得多。

(四) 问什么问题

用调查访问法对新产品构想进行调研的核心是设计好适当的问卷或调查提纲,以便从被调查者那里获得调研所需的信息。对新产品构想进行调研时,应当对顾客的态度、兴趣、购买意向进行测量。比如,在测量购买意向时可使用下面的选项:绝对会买、很可能会买、不一定会买、很可能不会买、绝对不会买。在这里,要注意以下两点:①被调查者可能会因对新产品的好感而对他将来购买的可能性做夸张的回答,因此在对调查结果进行分析时要考虑到这一点;②要了解潜在的顾客实际购买的可能性以及这些人的市场片区。研究者对某些市场片区的顾客的回答也不宜过于乐观,因为他们可能是企业现有产品的顾客或是一群难以接触到的人。

除了对新产品构想进行总的调研外,通常还要了解一些判断性的信息,比如对新产品的了解程度、人们想象的新产品的特点与存在的优点和缺点、可能使用新产品的情形、可能使用新产品的频率、新产品会替代什么样的产品等。调研新产品构想的主要目的是帮助调查者对产品进行改进,以确定产品如何定位并对市场营销方案的某些方面(如定价、销售渠道等)提出建议。对新产品构想的调研应该可以发现新产品构想的一些明显缺陷,并指出该产品构想是否有必要进一步改进或如何改进。可见,产品构想调研并不仅仅为了了解某个方案正确与否。新产品构想的调研对耐用消费品和工业产品来说特别重要,因为这类产品在开发过程中很少得到市场检验,如果等到市场检验后再决定不生产这类产品就很不划算了。

三、新产品的使用检验和市场检验

新产品试制出来后,正式批量生产、全面投入市场之前,需对试制产品进行评价和检验,以了解市场反应,判断产品是否需要做进一步的改进和发展,同时也对产品的营销方案进行检验和改进。

(一) 新产品的使用检验

新产品的使用检验是把产品交给使用者,在一定时间后获得使用者对产品的反应,其中包括他们可能购买产品的意向。研究者可以从一些销售区域(如百货商场)或在住所、办公楼进行个人访问时找到产品的试用对象,当然,试用者也可以是企业的老主顾。据此,企业可以更确切地判断被调查者是否喜欢产品或是否有意购买产品,这样不仅可以了解顾客对产品的初始兴趣和试用量,还可以判断产品是否会被接受以及重复购买情况。

对于顾客经常购买的产品或使用的公共服务项目，不但要询问被调查者对产品的看法和购买意向，还要给他们实际购买产品的机会。有时可提供多次这样的机会，以判断将来顾客对产品的使用量和是否会产生购买行为。

对新产品进行使用检验时，要考虑以下几个问题。

(1) 给试用者的指导应当明确，否则会引起误解或无法得到试用者的配合。试用者在拿到产品后有可能不会使用产品而提不出任何意见或提出不利意见。

(2) 给试用者免费的样品并要求他们参加产品评价，可能会扭曲他们对产品的印象。

(3) 即使试用者多次拥有购买试验产品的机会，在商店里面对新产品和竞争者的产品时，他们的购买决定也会很不一样。

(4) 顾客接受新产品需要较长时间，如果顾客重复购买的信息收集得不够全面，则判断产品是否被顾客接受的时间就会更长。

(5) 试用者对购买意向的回答可能有些浮夸，比如在给某些人提供了产品样品并在一定时间后了解他们的购买意向时，40%的人可能回答"很可能会买"或"绝对会买"，但事实上可能只有其中25%的人确实去购买了。产品经过使用检验后，调查者要估计试用过该产品的顾客再购买这种产品的比率，以便估计产品最终投放市场时的销售量。

(二) 新产品的市场检验

新产品的市场检验是指把新产品投放到小型市场上进行试销，同时对产品及其营销方案进行检验，又称市场测试。

要真实地评价某一新产品及其市场营销计划，最好的方法是将营销计划在经过仔细选择的一个(或几个)小型市场(如典型城市)里开始实施。市场检验的第一个作用是试运行营销计划，可以在一定程度上反映产品的实物运输、搬运、储存和货架放置寿命等问题。市场检验的第二个作用是预测营销计划实施到整个市场中的结果。尽管市场检验的确能预测营销计划的一些真实结果，但由于方法上的问题也会使预测结果出现偏差。

模拟市场试验是指让产品在一个或几个城市进行销售，以便预测在全国销售的情况。模拟市场试验设计包括以下几个方面的内容。

(1) 选择试验城市。选择试验城市时要注意这些城市应具备如下几大特点。

- 代表性。理想地讲，所选择的城市要在影响试验结果的因素方面具有代表性，比如产品使用量、态度、人口等。如果这些因素对销售量的影响是已知的，那么营销计划应加以调整。比如，有些城市使用地下水(硬水)而有些城市使用湖水或河水作为自来水水源，这种差别就会影响洗涤用品的使用效果。
- 可得到的资料。对每个参加试验的商店进行库存和货架检查，得到的信息对评价试验结果是非常有用的，这些信息一般来自销售库存变化、货架布置以及商店内促销活动的资料。因此，要尽量选择零售商愿意合作的城市作为试验城市。
- 媒介的控制和费用。应尽量避免媒介信息的外漏，媒介信息外漏到附近城市会造成浪费并且使费用增加。同样，来自附近城市的信息也会影响市场试验结果。
- 产品的流动。实施营销计划时，产品最好不要流向周围其他地区。

与选择试验城市有关的另一个问题是选择多少个试验城市为宜。有的规则认为在同一年里应在 3 个以上城市里进行试验,也有的规则认为要选择全国城市的 20%进行试验。采用后者时,主要考虑产品在各城市的市场占有率及销售量的变化,因此仅从几个城市的试验结果来推及全国市场的销售情况是不准确的。

(2) 市场试验的实施与控制。模拟市场试验需要考虑的另一个因素是如何控制营销计划的实施,以使它能反映在全国实施时的情形。当然,全国性的广告费用计划可能不易分解到每个城市。

值得注意的是,试验本身可能会增加营销计划的有效性。比如,销售员可能更积极地获取销售渠道;零售商可能会更积极地合作,而这些在正常情况下是少有的。因此,花费在市场试验上的人力、财力和其他资源都要控制在一定范围内。

同时也要考虑竞争者的问题。在极端情况下,竞争者会故意提供他们产品的免费样品并采取相应的促销活动(如降价销售等)以扭曲市场试验的结果。因此,要估计竞争者会采取什么行动以及这些行动会在多大程度上影响试验结果。即使竞争者没有在试验城市采取任何行动,也要估计一旦产品推向全国市场后,竞争者可能采取的行动以及对产品销售的相应影响。

(3) 时间安排。通常营销计划的实施应持续大约一年,即使产品已经推向全国市场,试验市场也应继续存在下去,以检验环境变化带来的影响。使试验市场维持较长时间的原因有以下几个:第一,季节性的影响往往要经过很长时间才能观察到。第二,试验开始阶段的结果不一定与营销计划进行较长时间后的结果相似,人们常称的疲劳现象需要较长时间才能观察到,比如新口味的零食可能在开始阶段受欢迎,但经过一段时间以后消费者开始对这种零食失去兴趣。又如,销售人员的努力和零售商的合作程度也可能随时间而减退。第三,有必要等到竞争者及其他市场因素有所改变以后再观察它们对试验的影响。

(4) 测量指标。进行市场试验的重要工作之一是对试验结果进行测量与评价,因此要制定测量指标。一个基本的测量指标是基于货运和仓库提货单的销售量,但有一个问题就是库存的变化不一定真实地反映市场试验结果。而商店的实际销售数据不受库存变化的影响,能反映实物分配、货架位置、店内推销活动等信息,这些信息对评价营销项目及解释销售量很有帮助。

其他测量指标(如产品品牌知晓度、试购和重复购买比率等)都可直接从消费者那里获得(通过调查或顾客小组访问)。消费者对品牌的了解和态度也可用作评价营销计划以及解释销售量的依据,可以从消费者那里了解的信息还包括购买该产品的次数、对产品是否满意、是否已经或计划再买等。

(5) 市场试验的费用。在进行市场试验的成本与效益分析时,需要较准确地判断市场试验的费用。很多费用项目与使用的市场(如城市)个数、大小、分散度有关。主要的费用项目有:①实施营销计划的费用(包括包装、展出、促销等方面的费用)。营销计划的实施费用或许不能由市场试验所获收入完全弥补。②为评价营销计划的效果所付的费用(如顾客调查费用)。③当营销计划被证明不成功而退出市场的费用。

也有不与市场试验直接有关的费用:①计划、管理市场试验和分析资料的费用;②市场试验数据的保密费用,这些数据如果泄露可能给企业带来损失。由于市场试验会将新产品信息暴露给竞争者,竞争者也会对试验结果进行测量,如果试验结果比较乐观,竞争者可能会率先在全国范围内推出该产品,而且可能采用更好的市场营销策略,从而给本企业带来巨大的损失。

第四节 创业市场调研报告

营销调研的根本目的是获取足够的营销调研资料,为制定正确的市场营销决策提供依据。从营销调研的过程可知,在收集与使用营销调研资料之间,必然有一个营销调研资料的加工处理环节,将收集到的资料统一化、系统化、实用化,从而方便使用,即形成营销调研报告。与创业营销调研有关的报告包括市场调研计划书、市场调查问卷、市场调查报告及市场预测报告。

一、市场调研计划书

市场调研计划书是企业为顺利开展市场调研活动而设计的计划类文书。

(一) 市场调研计划书的特点

市场调研计划书是计划对市场的总体情况,或对某一侧面、某一问题进行调查与研究的说明,因而有着不同于其他计划书的特点。

(1) 针对性。调研计划书必须明确调研的目的,调研必须围绕主题开展,或是为了解决某一问题,或是为了说明某一问题,应做到有的放矢。

(2) 时效性。市场调研必须掌握准确、及时、系统的信息资料,以便对市场变化做出快速反应,并对未来状况加以分析,使决策跟上市场形势的发展变化,发挥调研计划的作用。因此,市场调研计划书必须具有时效性。

(3) 新颖性。市场调研计划书应紧紧抓住市场活动的新动向、新问题,提出新观点,形成新结论,以便正确指导企业市场经营活动。

(二) 市场调研计划书的内容

(1) 摘要。摘要是对整个报告书的一个简短小结,应简明、清晰,提供帮助理解报告基本内容的充分信息。

(2) 调研目的。调研目的说明该项目的背景、要研究的问题和备选的各种可能决策、该调研结果可能带来的社会效益或经济效益,或是在理论研究方面的重大意义。

(3) 调研内容和范围。调研内容和范围说明调研的主要内容,规定所需获取的信息,列出主要的调查问答题和有关的理论假设,明确调查的范围和对象。

(4) 市场调研步骤。

① 确定市场调研目标。在调研之前,先根据企业所面临的市场现状和亟待解决的问题确定市场调研的目标和范围。

② 确定所需的信息或资料。根据已确定的目标和范围收集与之密切相关的资料,没有必要面面俱到。

③ 确定资料收集方法。根据所需资料的性质选择合适的资料收集方法。

④ 收集现成资料。为了有效地利用企业内外现有的资料和信息,首先应该利用室内调研

方法，集中收集与既定目标有关的信息，包括企业内部经营资料、各级政府统计数据、行业调查报告和学术研究成果等。

⑤ 设计调查方案。根据既定目标的要求，采用实地调查方法，以获取有针对性的市场情报。

⑥ 组织实地调查。对调研人员进行训练，加强对调查活动的规划和监控，针对调查中出现的问题及时调整和补救。

⑦ 统计分析结果。对获得的信息和资料进行进一步统计分析，提出相应的建议和对策是市场调研的根本目的。

⑧ 准备研究报告。市场调研的最后阶段是根据比较、分析和预测的结果写出书面调研报告。

(5) 调研方针与方法。用简洁的文字表达调研方针，说明所采用的研究方法的重要特征，内容包括：与其他方法相比，本调研采用方法的长处和局限性；将要采取的抽样方案的主要内容和步骤；样本量的大小和可能达到的精度；采取的质量控制方法；数据收集的方法和调查的方式；问卷的形式及设计方面的相关考虑、数据处理和分析的方法等。细节可写在附录中。

(6) 调研进度和经费预算。详细地列出完成每一步骤所需的时间以及起始日期。计划要稍稍留有余地，但也不能把时间拖得太长。详细地列出每一项活动费用，实事求是地给出每项活动的预算和总预算。

(7) 附录。

① 调研项目负责人及主要参加者的名单。说明每个人的专业特长以及在该项目中的主要分工。课题组成员的水平和经历对获得项目的批准有时是很有帮助的。

② 方案的技术说明及细节说明。

③ 问卷设计中的有关技术说明。

④ 数据处理方法、所用软件等方面的说明。

撰写市场调研计划书是市场调研工作中十分重要的一步，它确保将管理决策部门的问题转换成能够提供相关的、及时的而且是准确信息的调查研究项目，并且项目的费用并不高于所得信息的价值。

拓展阅读4-1

XX地区啤酒市场调研计划书

(一) 调研背景

目前，××地区啤酒市场群雄争霸，领导品牌尚未形成，××地区的啤酒品牌认知明显不如其他产品，市场占有率不高，外埠产品占有较大比重，因而清楚地了解啤酒市场和消费者的需求，是啤酒行业在竞争中取胜、得以生存发展的关键。

创业者拟成立×××啤酒公司，引进英国某啤酒公司产品，成为××地区代理商。为了进一步开拓市场和确定下一步的发展方向，×××啤酒公司将进行一系列的战略性市场调研。此次调研的重点是进一步了解××地区啤酒市场的构成以及××地区啤酒消费者的消费习惯，在此基础上识别市场机会，为公司品牌的发展提供方向。

(二) 调研内容

通过消费者市场调查，了解消费者对啤酒的认知、态度及消费习惯，进行市场细分、消费者细分。

1. ××地区啤酒市场概况
◇ 目标消费者数量及特征。
◇ 市场规模(数量及金额)。
◇ 品牌知名度及认知途径。
◇ 品牌市场占有率(数量及金额)。

2. ××地区消费者对啤酒的饮用习惯
◇ 饮用动机。
◇ 饮用频率。
◇ 饮用量。
◇ 饮用场所。

3. 了解××地区消费者对啤酒的购买习惯
◇ 购买动机。
◇ 购买频率。
◇ 购买量。
◇ 主要购买品牌及原因
◇ 购买场所。
◇ 购买时考虑的因素。

4. 消费者对××啤酒产品的看法
◇ 企业知名度与企业形象。
◇ 对企业产品的认知情况。
◇ 对某一品牌的形象评价。

(三) 调研方法

1. 抽样设计
◇ 目标总体：××地区啤酒消费者。
◇ 调查范围：××、××、××、××、××、××、××共×个城市。
◇ 调查对象：年龄在××～××岁的上述调查范围内的常住家庭人口。

2. 抽样方法
采用分层多阶段概率与规模成比例系统抽样。

3. 样本规模
依各城市人口规模，参考统计误差要求，测算各城市样本量，具体如下表所示。

城市	样本量/个	城市	样本量/个
××	××	××	××
××	××	××	××
××	××	××	××

4. 推断要求与抽样地域分类

各城市均独立推断，以获得对各城市啤酒市场的全面了解，并在此基础上分析××地区啤酒市场情况。

从有关统计资料取得各城市城区及其各居委会去年人口数，以计算各类地区内样本分配及规模估计值。

5. 数据搜集方法

入户调查。

6. 质量监控

第一，根据调研内容，事先设计好调查问卷，由经过专门培训的访问员手持问卷，对随机抽样的被访者进行一对一面访。

第二，所有访问员均经过项目试访，在督导确认其对问卷正确理解并掌握访问技巧后才开始正式访问。

第三，访问员将严格按照问卷中的发问方式逐字读出问题，不带任何自发的解释及提示，以防产生误导。

第四，对于每个访问员所交回的问卷，督导均会进行一审及二审，并抽取一定比例的问卷做回访复核，以保证问卷的真实性及可信度。

7. 报告形式

◇ 口头报告。

◇ ××地区啤酒市场消费者行为研究报告。

(四) 时间进度

内容	进度
方案及问卷设计	××个工作日
培训及抽样	××个工作日
调查、回访、审核	××个工作日
数据处理	××个工作日
分析与报告	××个工作日
合计	××个工作日

(五) 所需费用

内容	费用
访问调查	××元
编码录入	××元
问卷印刷费	××元
分析报告打印费	××元
合计	××元

（六）付款条件

客户于计划书确定后××日内支付所需费用的××%，其余则在递交有关调研报告××日内付清。

（资料来源：緱婷，鲍洪杰，刘泽文. 市场分析与创业机会识别[M]. 北京：经济管理出版社，2017.）

二、市场调查问卷

市场调查问卷也称市场调查表，是市场调研人员对调查对象做访问调查时用以记录调查对象的态度和意愿的书面形式，是企业为了确定经营目标、经营方针等重大决策所采用的调研方式，是由一系列问题、调查项目、备选答案及说明组成的，以向调查者收集资料的一种工具。

（一）调查问卷的写作格式

不同的调查问卷在具体的结构、题型、措辞、版式等设计上会有所不同，但在结构上一般都由开头部分、甄别部分、提问部分、背景部分、结尾部分构成。

(1) 开头部分。开头部分一般包括问卷的标题、问候语、填写说明、编号等，根据问卷设计要求的不同可以有所变化。

(2) 甄别部分。甄别部分主要包括为了保证抽取的调查对象全部为符合调查要求的样本而设计的一组问题，也可称为筛选部分。甄别的目的是确保调查对象合格，提高调查结果的准确性。

(3) 提问部分。提问部分是调查问卷的核心内容，由调查用的问题和备选答案组成，问题和备选答案的用词及排列顺序须反复设计、调整，最好进行预调查，目的在于保证每道问题的准确性和可行性。提问部分可采用封闭式问卷和开放式问卷两种方式，题型一般有3种：问答题、单项选择题、多项选择题。

(4) 背景部分。背景部分一般放在问卷的最后，主要涉及调查对象的个人资料、家庭资料及工作单位资料，具体包括调查对象的年龄、性别、婚姻状况、家庭人数、收入、职业、受教育程度等。

(5) 结尾部分。结尾部分用于记录被调查者的意见、感受或记录调查情况，也可以是感谢语以及其他补充说明。

（二）调查问卷的写作注意要点

(1) 问题定义准确。一个问题应该代表一个主题，只有一种解释，不会产生歧义，可以参考以下几点规则。

① 问题中尽量明确什么人、什么时间、什么地点、做什么、为什么做、如何做六要素。

② 避免使用含糊的形容词、副词，特别是在描述时间、数量、频率、价格等情况的时候，像"有时""经常""偶尔""很少""很多""相当多""几乎"这样的词，不同的人有不同的理解，因此应用定量描述代替这些词，以做到统一标准。

③ 避免问题中含有隐藏的选择和选择结果，应使隐藏的选择及其结果明晰化。无论是是非式问题还是选择式问题，都是在几个备选选项中做出选择，因此必须使被调查者清楚所有的备选选项及其结果，否则不能全面地收集信息。

(2) 问题形式妥当。问题的形式多种多样，大体可分为开放式、是非式、选择式、排序式、评分式、联想式等。问题形式的选择具有相当的艺术性，应使被调查者愿意，并且用最小的努力就能提供客观、真实的答案。不恰当的问题形式会导致被调查者不愿意或不能够提供调查者希望得到的信息。选择问题形式时应注意以下几点。

① 避免问题中包含过多的计算。
② 避免包含窘迫性问题。
③ 避免出现诱导性倾向。
④ 避免单纯依靠被调查者的记忆回答问题。

(3) 问题顺序正确。问题顺序的安排有一定的规律可循，正确的排序应该合乎问题的逻辑，前后连贯，先易后难，避免因顺序安排不当而导致对被调查者的访问中止。进行问题顺序安排时可参考以下几点。

① 基本信息位于最前。
② 分类信息居中。
③ 鉴别性信息放在最后。
④ 先易后难。
⑤ 总括性问题先于特定性问题。

(4) 问题取舍合理。问题的数量必须合理，应该既能保证收集到全面的资料，又尽量保持问卷的简短，同时也尽力使问卷整体连贯、和谐、生动，能调动被调查者的积极性。问题的取舍原则如下。

① 按调查主题组织问题。首先要明确调查的主题，避免为节省费用而附带调查主题之外的问题。
② 当问卷的调查主题较为敏感时，可以设置一些轻松的开放式问题，请被调查者畅述自己的看法，以调动被调查者的积极性。在各类信息的连接处，可以设置一些过渡性问题，使被调查者的思维顺畅。
③ 为节省调查时间，保证被调查者符合调查对象的标准，可以在问卷开头设置一个过滤性问题，检查被调查者是否合格。

(5) 问题排版、装订整齐。问卷的排版、装订也是问卷设计的重要内容。排版应做到简洁明快、便于阅读，装订应整齐，便于携带、保存。问卷的排版、装订原则如下。

① 避免为节省用纸而挤压卷面空间，如多项选择题的选项应采用竖排形式，竖排虽占用一定的空间，但能使卷面简洁，便于阅读和理解。
② 同一个问题应排在同一页上，避免翻页对照的麻烦或漏题。
③ 问卷的问题按内容可分为几个部分，每部分贯以标题，这样可以使整个问卷更为清楚，也便于下一阶段整理与统计数据。
④ 调查问卷用纸尽量精良。问卷超过一定的页数，应双面打印并装订成小册，配上封面，

而不应简单地用订书钉订在一起，这样既节省用纸，还便于携带和保存，更可以使问卷显得专业，使被调查者以更认真的态度对待调查。

拓展阅读4-2

消费者调查问卷

（一）调研背景

某创业者准备开办一家餐馆并提供网上订餐服务，为了解消费者需求，设计了一份调查问卷，在餐馆周边及网络上发放。

（二）问卷内容

请按照调查问卷的提问顺序和填写提示逐一填答，以免漏答。提交问卷后，您将获得一份就餐优惠券。

1. 您的年龄为？
□20岁及以下　　□21～35岁　　□36～55岁　　□56岁及以上
2. 您每月在餐厅就餐大约花费多少？
□200元以下　　□200～500元　　□500～1000元　　□1000元以上
3. 您吃饭的时候经常预订餐厅吗？
□经常　　□偶尔　　□不会
4. 您最喜欢通过什么方式选择餐厅？
□朋友推荐　　□网络口碑推荐　　□餐厅宣传单　　□餐厅外观
5. 如果朋友通过邮件、即时信息、短信等方式推荐餐厅，您是否愿意接受？
□愿意　　□不愿意
6. 您通过以下哪种方式了解和预订餐厅？
□大众点评　　□美团　　□其他（　　）
7. 您是否愿意选择有优惠券的餐馆就餐？
□愿意　　□不愿意
8. 您有网上订餐经历吗？
□有　　□没有
9. 如果在网上订餐，您会担心什么？
□真实性可靠性　　□质量　　□配送时间　　□其他（　　）

试评论该调查问卷的哪些内容可以进一步完善。

三、市场调查报告

市场调查报告是根据市场调查研究活动及调查成果写出的有情况、有分析的书面报告。市场调查报告有利于企业提高决策的科学性，生产适销对路的产品，制定有效的广告策略，提高竞争能力。通过市场调查报告，企业可以对有关市场营销的资料进行系统的收集、记录和分析，了解现实市场与潜在市场并得出结论。

(一) 市场调查报告的写作格式

(1) 导言。导言包括以下几个部分。

① 扉页。扉页包括3项内容：一是调查报告的标题(报告的题目)；二是调查人员的姓名或报告撰写人员的姓名及所属单位；三是完成和呈交报告的日期。标题可分3种：公文式、文章式和复合式。

② 目录。如果调查报告的内容、页数较多，为了方便读者阅读，应当给调查报告设计目录。目录就是报告中各章节内容的索引，其篇幅不宜超过1页。

③ 概要。概要是对调查报告基本情况的概括，是对原始资料的收集、评价、得出结论及提出建议的全过程的归纳，常按照市场调查工作的顺序撰写，主要内容包括调查目的、调查对象、调查内容和调查研究的方法。

④ 导语(引言)。导语通常包括本次调查工作的原因、调查范围、对调查问题的拟定、要达到的目标、收集资料的基本方法、调查所依据的假设、对有关方面的致谢、对相关历史背景的简要描述。导语的目的是引起读者兴趣、引导读者深入阅读。

(2) 正文。正文一般分前言、主体、结尾3部分。

① 前言，有以下3种写法。

第一种：写明调查的起因或目的、时间、地点、对象或范围、经过与方法，以及人员组成等情况，引出中心问题或基本结论。

第二种：写明调查对象的历史背景、大致发展过程、现实状况、主要成绩、突出问题等基本情况，进而提出中心问题或主要观点。

第三种：开门见山，直接概括调查的结果，如肯定做法、指出问题、提示影响、说明中心内容等。

前言应起到画龙点睛的作用，要精练概括、直切主题。

② 主体。主体是调查报告最重要的部分，这部分详述调查研究的基本情况、做法、经验，以及从调查研究所得材料中得出的各种具体认识、观点和基本结论。

③ 结尾。结尾主要包括调查报告的作者署名和写作日期等内容。

写给有关单位、部门做决策参照的调查报告通常在尾部落款；向社会公开发表的调查报告一般在标题之下、正文之前的正中位置署名。

(二) 市场调查报告的写作要点

(1) 做好充分的准备工作。市场调查开始前，应该对有关现状和资料进行初步分析，找出问题，明确调查课题的关键点和范围，以选择最主要的调查目标；制订细致的市场调查方案或调查提纲，确定市场调查的目的、内容、范围、对象、方法、时间、步骤、人员、经费及问卷的设计等，并对调查方案的可行性进行分析，使准备工作科学、周密、可行。

(2) 针对性强，突出重点。要根据调查的课题对市场供求情况、产品情况、消费者情况、本企业经营销售情况、市场竞争情况、政策与法规情况等内容进行选择或侧重。

(3) 深入分析，写好结论。市场调查报告不能停留在商情事实的陈述上，一定要用经济理论对调查资料进行深入的分析和研究，分析本质、分析联系、分析规律，从事实中得出理论性的结论，结论要准确。

四、市场预测报告

市场预测报告是依据已掌握的有关市场的信息和资料，通过科学的方法进行分析和研究，从而预测未来发展趋势的一种预见性报告。市场预测报告在市场调查的基础上综合调查的材料，用科学的方法估计和预测未来市场的趋势，从而为有关部门和企业提供信息，以改善经营管理，促使产销对路，提高经济效益。市场预测报告实际上是调查报告的一种特殊形式，也是应用写作的文体之一。

(一) 市场预测报告的特点

科学的市场预测报告应当具备以下特点。

(1) 准确的预见性。市场预测报告的最大特点是对事物未来发展方向和特点的事前预测，这就要求市场预测建立在充分的调查研究基础上，运用有关的经济学理论和方法正确地分析、研究有关的数据资料，做出准确预测。

(2) 科学性。市场预测通过对经济现象的历史和现状的分析，掌握客观经济现象发展现状与内在联系，揭示发展规律，并推测未来的发展趋势。市场预测不能仅凭借实践经验来进行，更要采用科学的方法对客观现象加以分析和研究，因此必须在占有详尽的资料的基础上经过严密的推理和科学的运算，得出准确结论，保证预测结果的科学性和精确度，切忌主观盲目。

(3) 时效性。市场预测报告的目的是为企业做出产品或业务市场发展决策提供依据，因此必须及时对一切相关信息做出分析和预测，并且及时将预测结果传递给有关部门，使企业及时、准确地把握市场的现状和未来的发展趋势，在竞争中掌握主动。

(二) 市场预测报告的写作格式

市场预测报告的写作格式与市场调查报告类似，由标题、前言、正文和结尾组成。

(1) 标题。市场预测报告的标题一般由预测、预测展望、组成标题构成，标题要简明、醒目。

(2) 前言。前言应以简短扼要的文字说明预测的主旨或概括介绍全文的主要内容，也可以提前说明预测的结果，以引起读者的注意。

(3) 正文。市场预测报告的正文是市场预测报告的主体部分，一般包括现状、预测、建议3个部分。

① 现状部分。从收集到的材料中选择有代表性的资料、数据来说明经济活动的历史和现状，为进行预测提供依据。

② 预测部分。利用资料、数据进行科学的定性分析和定量分析，从而预测经济活动的趋势和规律，是市场预测报告的重点所在。这个部分应该在调查研究或科学实验所取得的资料、数据的基础上进行认真分析、研究，再经过判断、推理，从中找出发展或变化的规律。

③ 建议部分。为适应经济活动未来的发展变化，为领导决策提供有价值的、值得参考的建议，是写市场预测报告的目的，因此，这个部分必须根据分析的结果提出切合实际的具体建议。

④ 结尾。结尾应归纳预测结论、提出展望，也可以照应前言或重申观点，以加深认识。

(三) 市场预测报告的注意事项

为了使市场预测在企业经营中发挥更好的作用，需强调以下 3 点注意事项。

(1) 及时。市场预测报告是为企业决策服务的，它应在决策之前完成，如果错过了时机，就失去了价值或造成不可弥补的损失。

(2) 准确。市场在不断变化，预测要完全准确是不可能的，要尽量做到相对准确。要做到相对准确，就必须认真对待每一个预测程序。

(3) 经常。影响市场的因素在不断变化，原来准确的预测也可能由于影响因素的变化而变得不符合实际，所以市场预测要根据新的情况、新的信息来更新，要经常进行更正。经常预测也是使预测准确的必要办法。

本 章 小 结

营销调研的主要作用是向营销管理者提供进行企业营销决策所必需的信息。营销调研在工商企业领域的应用可分为 5 个方面：市场分析、销售分析与研究、对市场营销策略的研究、对不同市场环境特点的研究，以及其他方面。

有效的市场营销方案是建立在对市场环境，特别是对市场需求的深入了解基础之上的。市场环境分析的目的之一就是在形成或修改营销方案之前就辨明存在的问题和机会。

新产品是企业对其市场和技术不熟悉的产品，因此新产品的开发也会给企业带来很多不确定性，而进行新产品营销调研的目的就是减少新产品开发给企业带来的风险。

思 考 题

一、简答题

1. 营销调研对创业者的作用是什么？
2. 创业者如何进行正向市场调研？
3. 创业者如何进行负向市场调研？
4. 创业营销调研的原则是什么？
5. 创业者如何低成本高效率地调研？
6. 创业者如何对新产品进行营销调研？

二、案例分析

瑞幸咖啡调查方案的设计与实施

1. 调查背景

为探究瑞幸咖啡营销模式的创新性,我们进行了消费者对瑞幸咖啡的认知情况的问卷调查,对所得数据进行分析,并根据 4P 理论对瑞幸咖啡的营销模式进行总结。

2. 调查内容

此次调查,对于消费者,我们采取问卷调查模式;对于店员,我们采取访谈的方式。

基于 4P 营销理论,针对价格、产品、渠道、营销这四个维度设计了相关的问题,以获取消费者对这一维度的认知情况。我们的调查数据有三大类型:消费者的基本信息、体验过的用户对瑞幸咖啡的认知、未体验过的用户对瑞幸咖啡的认知。对于消费者的基本信息,选取了性别、年龄、职业、对咖啡的需求、咖啡品牌偏好以及对瑞幸咖啡的认知程度等内容;针对体验过的用户,选取了对产品的评价、对服务的评价、对体验的评价等内容;对于未体验过的用户,选择了解消费者对瑞幸咖啡认知情况来反映瑞幸咖啡的营销手段的影响力度。

在正式发放问卷之前,我们首先进行了预调查,在小范围内发放问卷,发现了问卷中存在的一些问题,且受访者群体与理想有偏差。在进行正式问卷发放时,为保证受访对象为合肥市全体消费者,我们选择了在合肥市开有瑞幸咖啡店面的大型购物广场进行了 4 次问卷的发放,并采取了偶遇发放以保证调查结果的随机性。本次问卷调查共发放问卷 240 份、回收问卷 225 份,其中有效问卷 216 份,回收率 93.75%,有效率 90.00%。

调查问卷涵盖消费者的基本信息以及对咖啡和瑞幸品牌的口味消费体验、价格、外卖的认知度,调查结果显示,在对瑞幸咖啡产生购买行为的消费人群中,有 32.4% 的消费者被瑞幸咖啡的低廉价格所吸引,有 23.7% 的消费者被瑞幸咖啡的质量所吸引,有 5% 的消费者被瑞幸咖啡的代言人所吸引,有 13.7% 的消费者被瑞幸咖啡的经营模式所吸引,有 24.5% 的消费者喜欢瑞幸咖啡的购买模式。并且,在瑞幸咖啡产品没有优惠的情况下,所有购买过的消费者中,有 29% 的消费者将不会再购买,有 25% 的人会按原价购买,有 19% 的人会充值 "钱包" 获得优惠,有 27% 的人会寻求好友帮助,获得优惠券。

调查结果显示,瑞幸咖啡已经将一批顾客转变成忠实 "粉丝",并且 "粉丝" 中有 87% 的人会推荐给别人购买,没有成为 "粉丝" 的人中也有 79.2% 的人会推荐给别人购买。在成为瑞幸咖啡的 "粉丝" 并且推荐别人购买瑞幸咖啡的消费者中,有 26.8% 的人推荐的原因是购买方便且便捷;有 29.6% 的人推荐原因是价格低廉;有 7.1% 的人推荐原因是品牌代言是 "爱豆";有 25.4% 的人推荐原因是咖啡质量好;有 11.3% 的人推荐原因是能与好友分享优惠。

通过对问卷调查数据的分析,我们认为相较传统营销模式,瑞幸咖啡的营销模式的创新性体现在以下方面。

(1) 结合新技术手段:开发自己的小程序或 App,尽可能地将消费者的购买方式从线下转移到线上,这样不仅更方便管理,提升效率,优化消费者的购买体验,也可以获取所有消费者的行为数据,以便更加科学和准确地展开决策。

(2) 门店小而广：在门店的选址问题上，可以摒弃传统店面"大而优"的思维，转而选择"小而广"的布局，搭建自己的"半小时圈"，在节省租金的同时，也可以得到快速扩张，提升知名度。

(3) 细化市场定位，避免与巨头的直接交锋：在确定自己的市场定位时，要参照行业巨头的定位，尽量获取不同的目标人群、不同的产品定位、不同的门店布局，避免与巨头的直接竞争。

(4) 依靠巨头为自己造势：在为自己的产品推广宣传时，可以打出"超越某品牌""打败某产品"等旗号，让自己与大牌联系起来，分流大牌的知名度，实现为自己造势的目的。

(5) 广告投放精确且高效：传统广告针对性不强且昂贵，可以采用朋友圈、社交媒体等互联网途径，以及小区广告牌、电梯间等途径针对目标用户群体投放广告，精确且高效。

(资料来源：王天硕，杨明，等. 基于消费者认知调查的瑞幸咖啡营销模式创新性分析[J]. 价值工程，2020(07)：59-61.)

思考：讨论瑞幸咖啡调研的过程。

如果你得到一笔20万元的政府扶持资金，商业计划书请多位专家看过，都指出项目比较弱的环节是市场调研。可是小创业团队发掘市场需求完全依靠商业直觉，没有钱找调研机构做报告，只好罗列一些宏观数据，但问题迟早还是要暴露出来的，你将如何应对？请做出一份市场调研计划书，包括但不限于以下内容：

(1) 市场调查内容；
(2) 市场调查方法；
(3) 市场调查的过程设计；
(4) 分析调查数据可能存在的虚假性及形成原因；
(5) 分析如何更好地洞察消费者的真实需求。

第五章
创业营销环境分析

学习要点

1. 影响创业营销的宏观环境及微观环境因素;
2. 运用SWOT模型进行环境分析;
3. 环境变化对营销机会产生的影响;
4. 创业营销机会的来源与途径;
5. 从环境变化中洞察创业营销机会。

导入案例

美团卖菜

因为2020年突如其来的新冠肺炎疫情,美团公司财报里从未明确披露过运营数据的新业务——美团买菜,意外迎来了内部项目考核的拐点。

连续两个月,美团公司与餐饮、酒店相关的到店业务近乎停摆,然而几乎同时,美团买菜却相对成为公司最幸福和忙碌的部门——北京、上海和深圳3座试点城市的一百多个站点,每天都在为迅速翻倍的订单而超负荷营业。疫情之前,上海的美团买菜的拉新留存率是50%,疫情期间能达到80%,最忙的时候,单一站点每天接单量可以达到600~800单。这样的销售业绩直接影响公司的扩张决策。

美团买菜是美团于2018年秋天对外提出的"Food+平台"战略的实验项目,也是为数不多的公司自营业务。它于2019年1月率先落地上海,一年内布局了20多个站点,原本预计2020年新增50家,然而因为疫情带来的火爆商机,预计扩张的速度会有大幅度的增长。

"做小平台永远无法打赢大平台,但是做垂直平台还是有生存机会。"这是美团CEO王兴几年前就表达过的心声。美团一直用自营方式探索生鲜零售模式。定位于国内最大的本地生活服务电商,美团力图围绕消费者端和餐饮企业端,把食材服务做出一定规模,使其成为公司新的增长点。然而近几年来,美团已经因为投资回报率低于公司预期而淘汰了试水于三四线城市的"小象生鲜"和"掌鱼生鲜"项目。

突如其来的疫情把城市居民困于家中，买菜做饭这个刚需促成了生鲜电商培养用户习惯的绝佳机会。美团买菜选择"线上下单+前置仓"模式，覆盖周围2~3公里社区居民对生鲜、日杂的购买和即时配送需要。在2019年上线之初，美团买菜就可以提供1500个左右的商品SKU(stock keeping unit，库存量单位)，覆盖生鲜、肉蛋、酒水、速食、粮油。招聘骑手方面，美团买菜给出的待遇是每单7元，高于竞争对手的每单4元。另外除了每单补贴，美团抛出的更大卖点是配送服务——承诺做到"最快30分钟内送到，且可以预约时间"。

恒隆集团及恒隆地产董事长陈启宗先生认为：2020年的这场疫情绝对不是"黑天鹅"事件，而是大概每5年就会在全球发生一次的"灰犀牛"事件。大约10年前，杜克大学医学院的教授已经写文章提醒，快速城镇化、基础建设跟不上，全球就会成为细菌、病毒的温床，加上越来越方便的交通以及越来越活跃的社交网络，这样的危机每几年就会出现一次。面对不断变化的环境，企业要提早设计应对防范的措施，也要抓住诞生于其中的新机遇。

(资料来源：邓舒夏，王一越，刘婷婷. 美团卖菜[J]. 第一财经，2020(4)：92-98)

企业面临的市场环境复杂多变，长期的需求疲软和不断出现的"黑天鹅""灰犀牛"事件会使无准备的企业不断丧失市场，最终可能被市场淘汰。创业企业的营销活动既受到自身资源条件的束缚，也受到企业所处环境的制约。关注并研究创业企业营销环境的变化，把握变化的发展进程及趋势，识别由于环境变动而带来的机会和风险，把握创业机会，是创业成功的必要条件。

第一节 创业营销环境概述

任何一个成功的创业项目，其后续的发展状况都与相应的市场环境有关。创业项目创造价值的持续性在很大程度上取决于市场需求。一个项目最初创造的价值被投入市场并得到认可，将会激励企业创造更多的价值，并推动企业的持续发展。创业者应洞察环境的微妙变化，创新、创造、发现和识别营销机会，为此需要系统地了解营销环境。

一、创业营销的宏观环境

宏观环境会对创业营销活动产生间接影响，许多创业者因洞察到宏观环境某些因素的微妙变化，所以取得创业营销的巨大成功。影响创业营销的6种宏观环境因素为人口统计因素、经济环境因素、自然环境因素、科学技术环境因素、政治法律环境因素、文化环境因素。

二、创业营销的微观环境

微观环境为创业营销提供直接的机会，创业营销微观环境的主要参与者如下。

(1) 公司。成功的创业者都是一流的营销人员，创业者通过创建新公司吸引更多的营销人才一起创业，创建有效的创业营销团队，从而更好地整合各种营销资源。

(2) 供应商。原料、材料、燃料、机械设备、技术、信息、资金和劳务等资源的可靠性、价格变动趋势和质量水平是创业公司进行创业营销时面临的重大挑战。创业者应采用创新而有效的商业模式，与供应商建立一种共同创业、利益共享的长期关系，从而创造性地整合各种资源。

(3) 营销中介。主要包括：①经销商，包括批发商和零售商；②物流公司，主要提供包装、运输、仓储、装卸、搬运、库存控制和订单处理服务；③营销服务机构，包括营销调研机构、广告代理商、媒体和营销咨询机构等；④金融中介机构，包括银行、保险公司、信托投资公司和其他从财务上支持交易的机构。营销中介可提高创业营销的效率、专业性和有效性，但通常情况下，创业公司难以获得这些机构的支持，因此，创业者应与营销中介建立创新型的关系，如吸纳这些机构的主要负责人进入创业团队。

(4) 消费者。彼得·德鲁克认为，企业唯一有价值的目标就是创造消费者。创业者要进行有效的营销，就必须认真研究消费者市场。消费者市场依不同标准和特点可划分成多种类别，主要包括消费者市场、生产者市场、转卖者市场、政府市场和国际市场等。

(5) 竞争者。创业者不管选择何种市场，都会面对形形色色的竞争对手。在充满竞争的市场中，除来自本行业的竞争外，还有代用品生产者、潜在加入者、原材料供应者和购买者等多种力量。要想获得创业营销的成功，创业者必须能够提供比其竞争对手更大的消费者价值让消费者满意。

(6) 公众，包括融资公众、媒体公众、政府公众、社团公众、社区公众、一般公众、内部公众等7类。许多创业者针对银行、投资公司进行大量营销活动，以吸引投资，解决创业初期资金紧张的问题。

第二节　创业营销环境分析

一、宏观环境分析

(一) 政治因素

政治因素是指对组织经营活动具有实际与潜在影响的政治力量和有关的法律、法规等因素，包括企业和政府之间的关系、环境保护法、外交状况、产业政策、专利法、政府财政支出、政府换届、政府预算、政府其他法规。当政治制度与体制、政府对组织所经营业务的态度发生变化时，或政府颁布了对企业经营具有约束力的法律、法规时，企业的经营战略必须随之做出调整。法律环境主要包括政府制定的对企业经营具有约束力的法律、法规，如反不正当竞争法、税法、环境保护法及外贸法规等，政治、法律环境实际上是和经济环境密不可分的一组因素。处于竞争中的企业必须仔细研究政府与商业有关的政策和思路，如研究国家的税法、反垄断法以及取消某些管制的趋势，同时了解与企业相关的国际贸易规则、知识产权法规、劳动保护和社会保障法规等。这些相关的法律和政策能够影响各个行业企业的运作和利润。

我国稳定的政治环境和"大众创业、万众创新"的时代背景，给创业者提供了很好的环境保障。

(二) 经济因素

经济因素是指一个国家的经济制度、经济结构、产业布局、资源状况、经济发展水平以及未来的经济走势等。影响经济环境的关键要素包括国内生产总值(GDP)的变化趋势、利率水平、通货膨胀程度及趋势、失业率、居民可支配收入水平、汇率水平、能源供给成本、市场机制的完善程度、市场需求状况等。由于企业是处于宏观大环境中的微观个体，经济环境会决定和影响其自身战略的制定。经济全球化还带来了国家之间经济上的相互依赖，因此，企业在各种战略的决策过程中还需要关注、搜索、监测、预测和评估本国以外其他国家的经济状况。

对于一个创业项目来说，经济因素是一个决定企业可以走多远的影响因素，包括经济形态、可支配收入水平、利率规模经济、消费模式、政府预算赤字、劳动生产率水平、股票市场趋势、地区之间的收入和消费习惯差别、劳动力及资本输出、财政政策、贷款的难易程度、居民的消费倾向、通货膨胀率、货币市场模式、国民生产总值变化趋势、就业状况、汇率、价格变动、税率、货币政策等。

(三) 社会因素

社会因素是指组织所在社会中成员的民族特征、文化传统、价值观念、宗教信仰、教育水平以及风俗习惯等，具体包括人口规模、年龄结构、种族结构、收入分布、消费结构和水平、人口流动性等。其中，人口规模直接影响国家或地区市场的容量，年龄结构则决定了消费品的种类及推广方式。

每一个社会都有其核心价值观，且具有高度的持续性。价值观和文化传统是历史的积淀，通过家族繁衍和社会教育而传播延续，因此具有一定的稳定性，而一些次价值观则是比较容易改变的。每种文化都由许多亚文化组成，有共同的语言、共同的价值观念体系及共同的生活经验或生活环境的人组成一个群体，不同的群体有不同的社会态度、爱好和行为，从而表现出不同的市场需求和不同的消费行为。

不同的国家之间有人文的差异，不同的民族之间也是如此。我国有众多民族，各民族之间存在较大的人文差异，如藏族的生活方式与藏传佛教的宗教色彩联系紧密，牛是藏族的吉祥动物，所以在西藏地区的汽车市场上，丰田越野车占据绝对的市场份额，其原因是丰田车的标识形似牛头，广受藏族人民的欢迎。可见，文化对于战略的影响是巨大的。

社会因素是一个项目存在和发展的文化基础，其中企业或行业的特殊利益集团、对政府的信任程度、对退休的态度、社会责任感、对经商的态度、对售后服务的态度、生活方式、公众道德观念、对环境污染的态度、收入差距、购买习惯、对休闲的态度等，都会影响企业的战略制定。

(四) 自然因素

自然环境是指企业业务涉及地区市场的地理、气候、资源、生态等环境。不同地区的企业所处的自然环境不同，对企业战略也会有一定程度的影响。我国是一个幅员辽阔的国家，自然环境对企业的影响尤为明显，例如同一种产品在我国广东地区的市场营销战略和在西藏等西北高寒地区就有较大的差距，但很多时候这一点常常会被忽略。

(五) 技术因素

技术因素不仅包括那些引起革命性变化的发明，还包括与企业生产有关的新技术、新工艺、新材料的出现和发展趋势及应用前景。在过去的半个世纪里，最迅速的变化就发生在技术领域，微软、惠普、通用电气等高技术公司的崛起改变着人类的生活方式。同样，技术领先的医院、大学等非营利性组织，也比没有采用先进技术的同类组织具有更强的竞争力。

以上因素并不会单一存在，而是相互影响和相互联系的，我们可以采用PEST分析法来了解这些因素的关系。

二、微观环境分析

微观环境对企业的发展前景有着重要的作用和不可忽略的影响，下面对此进行具体的分析。

(1) 市场需求。在商品经济市场中，市场需求包括现实需求和潜在需求。现实需求是指顾客有支付能力的需求；潜在需求是指处于潜伏状态的、由于某些原因不能马上实现的需求。现实需求决定企业目前的市场销量；潜在需求则决定企业未来的市场销量。

(2) 竞争环境。竞争环境包括竞争规模、竞争对手实力与数目、竞争激烈化程度等。竞争包括同行竞争、替代产品行业竞争、购买者竞争、供应者竞争等，可以用波特五力模型来对其进行分析和表述。

(3) 资源环境。资源是指企业从事生产经营活动应投入的所有资源，包括人、财、物、技术、信息等。资源环境包括各种资源开发利用的状况、资源的供应状况、资源的发展变化情况等。另外，来自政府和社团的直接相关的政策、法律法规、要求等，也对行业及企业有直接的约束和影响。

以上三个因素并非单一地对某项目产生影响，而是相互联系的。

市场分析可以帮助企业解决重大的经营决策问题，比如，通过市场分析，企业可以知道自身在某个市场有无经营机会，或者能否扩大另一个市场的市场份额。市场分析也可以帮助企业的销售经理在一些较小的问题上做出决定，例如，公司是否应该立即对价格进行适当的调整，以适应顾客在节日期间的消费行为；公司是否应该增加营业推广所发放的奖品，以加强促销工作的力度。对于一个新兴的投资项目来说，对市场进行分析是必不可少的。在这一过程中，创业者必须对市场的各个方面进行分析，以确定最佳的投资策略。

三、创业营销环境的分析方法

(1) SWOT分析。SWOT分析法实际上是对企业内部、外部环境进行综合和概括的一种方法。其中，优势和劣势分析主要着眼于企业自身的实力及与竞争对手的比较，而机会和威胁分析将注意力放在外部环境的变化及对企业的可能影响上。

(2) 产业环境的五力分析。创业者进入一个新的产业，需对该产业的竞争者、新进者、替代者、购买者的议价能力、供应商的议价能力等五种力量进行分析，以明确该行业的竞争状况和营销机会。

(3) 外部创业环境的不确定性分析。当前，受全球化和技术变革速度加快的影响，创业者面临越来越动态、多变、复杂的营销环境，需采取多种方法来分析营销环境的不确定性。根据环境的复杂程度、稳定程度形成四种环境状况，如表 5-1 所示。

表5-1　外部创业环境的不确定性分析

环境的复杂程度	环境的稳定程度	
	环境稳定	环境不稳定
环境简单	不确定性程度低	不确定性程度中至高
环境复杂	不确定性程度低至中	不确定性程度低至中

① 环境简单、稳定：不确定性程度低，宜采取传统环境分析方法，如面粉加工企业。

② 环境简单、不稳定：不确定性程度中至高，宜采取传统与创新环境分析方法，如时装公司、玩具公司。

③ 环境复杂、稳定：不确定性程度低至中，宜采取传统与创新环境分析方法，如保险公司、银行。

④ 环境复杂、不稳定：不确定性程度低至中，宜采取创新环境分析方法，如电讯公司、航空公司。

第三节　创业营销机会

一、创业营销机会的定义

创业营销机会有几种不同的定义方式，分别介绍如下。

(1) 创业营销机会是指可以为购买者或使用者创造或增加价值的产品或服务，它具有吸引力、持久性和适时性。

(2) 创业营销机会是指可以引入新产品、新服务、新原材料和新组织方式，并能以高于成本价出售的情况。

(3) 创业营销机会是一种新的"目的-手段"关系，它能为经济活动引入新产品、新服务、新原材料、新市场或新组织方式。

(4) 创业营销机会主要是指具有较强吸引力的、较为持久的有利于创业的商业机会，创业者可以据此为客户提供有价值的产品或服务，并同时使创业者自身获益。

综上所述，我们可以得出较为全面的定义：创业营销机会是指在市场经济条件下，社会的经济活动过程中形成和产生的一种有利于企业经营成功的因素，是一种带有偶然性并能被经营者认识和利用的契机。

二、创业营销机会的来源

对于创业营销机会的来源，理论界尚未形成权威共识，不同学者有不同的看法。

(1) 管理学大师德鲁克指出,"能使现有资源的财富生产潜力发生改变的任何事物都足以构成创新"。他认为创业营销机会来源于市场,从更广泛的意义上讲,创业营销机会来源于环境,通常来源于变化所带来的市场空白点。具体来讲,创业营销机会的来源有以下几种形式。

① 突发事件(无法预料):例如,2020年突然爆发的新冠肺炎疫情给美团买菜等创业项目带来了巨大商机。

② 与预期不一致的变化,如股市的变化。

③ 基本程序需要的创新和发明。例如由于互联网的便利性,照相行业的修图环节从原有的流程中独立出来,出现了许多修图公司。

④ 由于原材料短缺造成的行业改变或者由于管制而引起的行业市场结构改变,如中国的房地产行业。

⑤ 由于人口统计特征的变化而带来的市场变化,例如家庭规模缩小、独生子女家庭等因素导致老年人外出旅游的机会增多等。

⑥ 人们对事物认知、心理或意义的改变,例如人们对健康和食品安全问题越来越重视,使得对绿色食品的需求也发生了变化。

⑦ 由于科学技术的进步而带来的变化,例如激光可以用于眼科手术、移植手术及钻石的切割上。

⑧ 沟通方式的变化,如QQ聊天工具使用量的大幅增加孕育着新的广告和电子商务机会。

(2) 政治经济学家约瑟夫·熊彼特认为,创业营销机会的来源包括以下几种。

① 创造新产品或者服务。

② 对现有产品或服务的品质或者等级进行明显的改善。

③ 引入新的生产工艺。

④ 打开新市场。

⑤ 创造或获取供应的新来源。

⑥ 产业内组织的形态发生变化。

创业机会来源于环境的变化及其他各种各样的因素,其根源在于事物的变化。

(一) 环境变化

变化是永恒的,创业营销环境中的任何一个要素发生变化都孕育着新的营销机会。近年来,消费者的选择越来越多,产品被快速模仿,生命周期缩短,这一切都使市场变得前所未有的复杂。技术变化促进了虚拟网络的发展,缩小了时空的限制,加快了变化的速度。全球化淡化了区域、边界、行业等概念,为创业者开发新的市场、提出新的价值主张创造机会,导致原有的行业领导者的地位受到威胁。今天是竞争者,明天就可能变成合作者;今天还在盈利,明天就可能亏损;今天还是市场上的主要竞争者,明天就可能被淘汰。例如,柯达错过了大好时机,被一些率先进行数字变革的新竞争者抢占了部分市场。环境变化带来威胁的同时,也带来了新的机会,这是理解创业营销的关键。胜利属于那些能够看见机会并且能够通过创新抓住机会的人。由于消费者的权利越来越广泛,某种程度上企业家不得不放弃对营销的控制权,这为新的创业者提供了无限的商机,Facebook的流行就是全新的、反映社会网络化趋势的一个例子。新技术力量的发展,使得创业营销不再是一个企业的选择,而是一个必然的趋势。

(二) 创造性破坏

创业者是一个通过开发和创造不确定性来打破经济均衡的革新者。创业营销活动总是和创造性破坏联系在一起。创业营销活动包括:引进新的运营过程或者新的生产方法、新产品或服务,开发现有产品或服务的新用途;开发新市场;使用新的原材料或中间产品;开创新的销售渠道,如戴尔靠直销大获成功;采用全新的定价策略或促销方式,如"征途"免费游戏最大的特点是不再根据玩家的在线时间收费,而是从计时收费转为向特殊道具和服务收费。环境的变化从根本上重塑了市场的混合、聚合、杂交及演进。当新的挑战开启一片新的市场时,一种新的营销方法也需要随之而来。企业逐渐意识到,即使自己不主动淘汰过时的产品,竞争者也会将其淘汰。索尼创始人盛田昭夫曾经说过:"我们不是服务于市场,我们是在创造市场。"这就要求企业积极寻找、开创新市场,甚至改变整个行业,企业在这一过程中需应对三方面的挑战:①预测变化并快速做出反应;②具有开发新市场的核心竞争力;③更快地学习、更好地创新,以探索新的市场领域。

三、创业营销机会的创造、发现和识别

创造是在识别和发现之前更具普遍性的方法。不可预料的市场存在大量的可能性,依靠个人发现新奇事物的天赋和不懈的努力,遵循多试和风险可承担原则即可创造机会;发现机会是在未来无法预测而环境已发生变化的情况下,通过仔细、积极地寻找被忽略的因素而得以实现;识别机会是运用现有知识,采用逻辑的、理性的推理过程,使方法和目的之间能够更好地匹配,以创新的方式组合起来。

在创业的路上如何识别创业机会是创业者首先要解决的问题。创业机会包括以下几类。

(1) 现有市场机会和潜在市场机会。现有市场机会是市场机会中明显未被满足的市场需求,这种机会往往发现者多,进入者也多,竞争势必激烈。潜在市场机会是隐藏在现有需求背后的、未被满足的市场需求,不易被发现,这种机会识别难度大,往往蕴藏着极大的商机。

(2) 行业市场机会与边缘市场机会。行业市场机会是指在某个行业内的市场机会,其发现和识别的难度系数较小,但竞争激烈,成功的概率低。边缘市场机会是在不同行业的交叉或结合部分出现的市场机会,处于行业与行业之间的真空地带,一般难以发现,需要丰富的想象力和大胆的开拓精神,一旦开发,成功的概率也较高。

(3) 目前市场机会与未来市场机会。目前市场机会是指在目前环境中出现的机会,未来市场机会是通过市场研究和分析,预测将在未来某一时期内出现的市场机会。若创业者提前预测到某种机会将会出现,就可以在这种市场机会到来前早做准备,从而获得领先优势。

四、创业营销机会的根本是价值创新

创业营销就是通过识别和开发机会去创造新价值,创业者必须在市场机会的真正吸引力还不明晰之前就实现价值创造。只提供价值而没有创新,则只能增加收益;只有创新而没有价值

创业营销理论与实务

创造,则过于理想化或者导致消费者并不愿意为此支付相应的价格。只有价值和创新都具备时才是价值创新,才能产生巨大的飞跃。

价值创新是为了比竞争对手更好地满足消费者的需求或解决消费者的问题。营销者应避免只提供附加价值,而要创造突破性价值,如针对市场空隙创造全新的市场,以在现有行业中开辟一片新市场,这就要求营销者对身边显而易见的事情重新进行思考,重新定义需求,重新构思价值主张,重新整合销售渠道,重新定位竞争者,重新整合行业,不断构思产品各种可能的用途。

第四节　创业机会的发现与评估

投资创业要善于抓住好的机会,把握住了每个稍纵即逝的投资创业机会,就等于成功了一半。所有的创业行为都来自创业者看到了绝佳的创业机会,创业者应该在创业前先以比较客观的方式对创业机会进行评估。

一、创业机会的发现

发现创业机会的方法有很多,具体表现在以下几个方面。

(1) 变化就是机会。环境的变化会给各行各业带来良机,人们通过这些变化会发现新的前景。环境的变化包括产业结构的变化,科技进步,通信革新,政府放松管制,经济信息化、服务化,价值观与生活形态变化,人口结构变化等。

(2) 从传统行业中把握机会。随着科技的发展,高科技已成为这些年较热门的话题,但创业机会并不只属于高科技行业。运输、金融、保健、饮食、流通等传统行业也有机会,关键在于开发。

(3) 集中盯住某些顾客的需求就会有机会。机会不能从全部顾客的需求中去找,因为共同需求容易被别人提前发现,基本上已很难再找到突破口。实际上,每个人的需求都是有差异的,如果时常关注某些人的日常生活和工作,就会从中发现机会。因此,在寻找机会时,应习惯对顾客做分类,认真研究各类人员的需求特点,机会自然会显现。

(4) 着眼于那些大家"苦恼的事"和"困扰的事"。因为是苦恼或是困扰,人们总是迫切希望得到解决,如果能提供解决的办法,实际上就找到了创业的机会。

(5) 选择创业机会。一般而言,较好的创业机会多有 5 个特点:前五年中,市场需求会稳步快速增长;创业者能够获得利用该机会所需的关键资源;创业者不会被锁定在"刚性的创业路径"上,而是可以中途调整创业的"技术路径";创业者有可能创造新的市场需求;特定机会的商业风险是明朗的,且至少有部分创业者能够承受相应的风险。面对较好的创业机会,特定的创业者需要回答 4 个问题:创业者能否获得自己缺少但被他人控制的资源;遇到竞争时,自己是否有能力与之抗衡;是否存在该创业者可能创造的新增市场;该创业者是否有能力承受利用该机会的各种风险。

(6) 创业机会的把握。创业者不仅要善于发现机会,更需要正确把握并果断行动,将机会变成现实，这样才有可能在竞争最激烈的时候出击，获得成功。把握创业机会，应注意以下几点。

① 着眼于问题带来的机会。机会并不意味着无须代价就能获得，许多成功的企业都是从解决问题起步的。顾客需求没有得到满足之前就是问题，而设法满足这一需求，就抓住了市场机会。

② 利用变化，把握机会。变化中常常蕴藏着无限商机，许多创业机会产生于不断变化的市场环境中。环境变化将带来产业结构的调整、消费结构的升级、思想观念的转变、政府政策的变化、居民收入水平的提高。

③ 跟踪技术创新，把握机会。世界产业发展的历史说明，几乎每一个新兴产业的形成和发展都是技术创新的结果。产业的变更或产品的替代，既满足了顾客需求，也带来了前所未有的创业机会。

④ 在市场夹缝中把握机会。创业机会存在于为顾客创造价值的产品或服务中，而顾客的需求是有差异的。创业者要善于找出顾客的特殊需要，盯住顾客的个性需要，并认真研究其需求特征，这样就可能发现和把握商机。

⑤ 捕捉政策变化带来的机会。我国市场受政策影响很大，新政策出台往往引发新的商机，如果创业者善于研究和利用政策，就能抓住商机。

⑥ 弥补对手缺陷，把握机会。很多创业机会是缘于竞争对手的失误而"意外"获得的，如果能及时抓住竞争对手策略中的漏洞而大做文章，或者能比竞争对手更快、更可靠、更便宜地提供产品或服务，也许就找到了机会。

二、市场评估准则

市场评估准则包括以下6个方面的内容。

(1) 市场定位。评估创业机会的时候，可通过市场定位是否明确、顾客需求分析是否清晰、顾客接触通道是否流畅、产品是否持续衍生等来判断创业机会可能创造的市场价值，创业机会带给顾客的价值越高，创业成功的机会也越大。

(2) 市场结构。一般要对创业机会的市场结构进行进入障碍、供货商的谈判能力、顾客的议价能力、经销商的谈判力量、替代性竞争产品的威胁和市场内部竞争的激烈程度等分析，由此可知该企业在未来市场中的地位及可能遭遇竞争对手反击的程度。

(3) 市场规模。市场规模大，则进入障碍相对较低，市场竞争激烈程度也会略为下降。若要进入的是一个十分成熟的市场，那么利润空间会很小，不值得创业者进入；若要进入的是一个成长中的市场，只要时机正确，必然会有获利的空间。

(4) 市场渗透力。对于一个具有巨大市场潜力的创业机会，市场渗透力评估非常重要。创业者应该选择在最佳的时机进入市场，也就是市场需求将大幅增长之际。

(5) 市场占有率。一般而言，市场的领导者最少需要拥有20%的市场占有率。若企业的市场占有率低于5%，则说明企业的市场竞争力不高，自然也会影响未来企业上市的价值。尤其在具有"赢家通吃"特点的高科技产业中，新企业必须拥有成为市场排名前几位的能力，才有投资价值。

(6) 产品的成本结构。根据物料和人工成本与利润的比重、变动成本与固定成本的比重以及经济规模、产量大小，可以判断企业创造附加价值的幅度以及未来可能的获利空间。

三、效益评估准则

效益评估准则包括4个方面的内容。

(1) 合理的税后净利。一般而言，具有吸引力的创业机会至少需要能够创造15%的税后净利。如果创业预期的税后净利在5%之下，那么这就不是很好的投资机会。

(2) 达到损益平衡所需的时间。合理的损益平衡时间应该在两年之内，如果三年还达不到损益平衡，就可能不是值得投入的创业机会了。当然，有的创业机会确实需要经过比较长的耕耘时间，通过前期投入，创造进入障碍，保证后期的持续获利，这时可将前期投入视为投资，以容忍较长时间的损益平衡时间。

(3) 投资回报率。考虑到创业面临的各种风险，因此可以说合理的投资回报率应该在25%以上，15%以下的投资回报率是不值得考虑的创业机会。

(4) 资本需求。投资者一般比较欢迎资本需求量较低的创业机会，资本额过高其实并不利于创业成功，甚至还会带来稀释投资回报率的负面效果。通常知识越密集的创业机会，对资金的需求量越低，投资回报率反而越高。因此在创业之初，不要募集太多资金，最好通过盈余积累的方式运营，比较低的资本额有利于提高每股盈余，并且还可以进一步提高未来上市的价格。

四、创业者应该考虑的具体条件

不同的人有不同的条件，因此也需要根据创业者自身的条件来分析是否应该踏上创业之路以及选择的创业方向是否适合自己。

(1) 看进入的产业。创业者进入的产业应当已经处于上升期但还没完全达到大规模发展的阶段，处于下降期的产业说明进入的企业太多，竞争激烈。

(2) 应当选择进入自己具有优势的领域。

(3) 资金。每个领域需要的资金投入各不相同，如果是白手起家，又无足以打动风险投资人的项目，那么最好不要选择创业。

(4) 人力资源。创业者自己可能不具备所有资源，所以需要合作者来弥补。

(5) 投资人选择。投资人投资的目的是从创业者身上赚到更多的钱，而创业者也应选择对自己最有利的投资人。投资人不仅要能够提供资金，还要能够给企业带来更多的品牌提升、更多的业务、更好的管理，这样才有利于创业成功。

五、研究市场动向

创业者应识别和选择创业机会，根据自己的具体情况找到适合的创业方向，明确想做什么和能做什么以后，还要研究市场需求。创业者要尽所能地研究市场，捕捉信息，把握商机。机会从来都是垂青有心人，做一个有心人，就会发现处处有市场，遍地是黄金，所以创业者还应该做好以下工作，为更好地创业做铺垫。

(1) 研究大家都在做什么，做什么最赚钱。虚心向做得好的人学习，学习其经营的长处，摸清做生意的门道，积累必要的经验与资金。学习该行业的知识和技能，体会其他人经营的不足之处，力争做出改进。

(2) 研究自己家庭生活中需要什么商品和服务。研究大众需求可以从自己的家庭需要开始，首先研究家里每天消费最多的是什么，普通老百姓衣食住行的日常需要是最稳定的市场需求。

(3) 研究当前及今后一段时间的社会热点、公众话题。对精明的商人来说，热点就是商机，就是赚钱的项目和题材。抓住热点，注意对潜在热点的预测，在热点没有完全热起来之前就有所准备，在别人没有发现商机时就把握商机，就可以更胜一筹。

(4) 研究社会难点，关注社会焦点。每个人的身边都有这样或那样的麻烦，创业者可以从解决这些麻烦着手，这就是个商机。

(5) 研究市场的地区性差异。不同的地区需要不同的产品，地理因素的限制会带来不同地区市场的差异。市场的地区性差异是永远存在的，发现差异并做缩小差异的工作，就是在满足市场需求，就是创业机会。

(6) 研究生活节奏变化而产生的市场需求。现代生活节奏越来越快，越来越多的人接受"时间就是生命""时间就是金钱"的观念，快节奏的生活方式必然会产生新的市场需求。

可以帮助创业者激发创造思维，找到创业机会的8条建议如下。

- 询问自己，下一个机会是什么。
- 从困扰你的问题着手。
- 寻找新的细分市场。
- 将技能运用到新的领域里。
- 找到一个陈旧的，没有被革新的领域。
- 为现有的产品打造一个廉价版本。
- 与顾客交流。
- 混合、匹配思维。

本 章 小 结

创业者应洞察环境的微妙变化，进行价值创新，创造、发现和识别营销机会，为此需要系统地了解营销环境。创业营销环境包括宏观环境和微观环境。宏观环境可以从政治、经济、社会、自然和技术等方面来分析；微观环境是企业生存与发展的具体环境，主要包括市场需求、竞争情况和资源，以及相关的政策、法律法规等。

识别创业机会是创业者首先要解决的问题。投资创业要善于抓住好的机会，把握住每个稍纵即逝的投资创业机会，就等于创业成功了一半。发现了创业机会，创业者应该先以比较客观的方式进行评估。

思 考 题

一、简答题

1. 创业者如何分析创业营销环境？
2. 创业营销机会是如何产生的？
3. 创业者如何发现创业机会？
4. 创业者如何评估创业机会？

二、案例分析

疫情之下，游戏"野蛮"生长

对大多数行业而言，疫情蔓延是需要谨慎应对的挑战，但对游戏行业来说，居家隔离在全球范围内愈发普遍，推动了游戏产业的发展步伐。

2020年年初爆发的新冠肺炎疫情几乎重挫了所有行业，但也有一些"幸存者"逆势增长，从生鲜电商、线上办公再到游戏，这些行业的共同特点是都满足了人们在足不出户的条件下支撑生活、完成办公以及消磨时光的需求。

疫情爆发与游戏营收增长间存在着正相关关系。最早，以中国、韩国为代表的东亚国家首先采用大规模居家隔离阻断疫情蔓延的手段，使得这些地区的游戏下载量出现从15%到50%不等的增长。随后，以意大利、西班牙为代表的西欧和以美国为代表的北美地区也逐渐出现游戏下载量上升的趋势。在所有主要经济体中，西班牙以65%的游戏下载量增长幅度领先其他国家，大部分地区的游戏下载增长幅度则稳定在30%左右。

"中国的游戏下载高峰出现在2月份，比1月份高25%。游戏下载量的增长几乎与疫情爆发时间相同，相较其他地区，中国游戏市场经历了最为完整的疫情周期。"数据分析和市场数据公司AppAnnie大中华区负责人戴彬告诉《第一财经》杂志。

移动应用数据分析平台Sensor Tower此前发布的监测结果显示，腾讯旗下手游《王者荣耀》2020年5月的收入实现了同比42%、环比31%的增长，创下游戏上市以来的增幅纪录。这一成绩虽然与腾讯天美工作室在5月推出大量付费皮肤及"五五开黑节"等年度活动相关，但用户在疫情期间的不断累积与增长也是一大原因。来自同一研究机构的数据还显示，中国最主要的30家游戏发行商在5月创下了吸金19.4亿美元的纪录，这已经占到当期全球手游总收入的近3成。

根据观察，那些能够提供实时多人互动与合作的游戏在市场中更受欢迎，这在一定程度上源于它们具有更强的可玩性，并且能弥补人们在疫情期间缺失的社交需求，例如iOS App Store上最畅销的游戏腾讯的《和平精英》、MOBA手游《王者荣耀》和阿里巴巴的《三国志·战略版》等。即便是主机游戏大厂任天堂，其最受欢迎的5款游戏中除了《塞尔达传说：荒野之息》不支持多人互动，《马里奥赛车8：豪华版》《任天堂明星大乱斗：特别版》等其余4款游戏均提供了多人模式。

按游戏类别来看，休闲游戏在疫情期间的受欢迎程度明显增加。从下载量来看，以街机和益智类游戏为代表的休闲游戏是2019年全球下载量最高的游戏类别。而在2020年第一季度，休闲游戏的下载量环比增速达到21%，高于游戏市场整体增速的13%。另外，从游戏营收的层面也能看出休闲游戏的强势，其第一季度的营收环比增长幅度为5%。

休闲游戏因为具有门槛较低、更易操作等特性，往往成为游戏市场增量用户的首选类型。疫情期间，休闲游戏下载量和营收出现双重增长意味着在这一时间段内有大量的新增用户正在涌入市场，这无疑扩大了游戏行业的基本盘。

相较其他类型应用的使用者，游戏玩家天然有着更高的付费意愿，部分用户形成的稳定付费习惯正日益成为刺激游戏厂商估值不断提升的关键。

游戏玩家一般分为休闲移动游戏玩家、爱好者与硬核游戏玩家三类，据统计，这三类游戏玩家所占比例分别为54%、38%和8%。而付费用户主要来自人数较少的硬核玩家及部分游戏爱好者。出乎意料的是，越是硬核的游戏玩家，对于游戏中广告的接受程度越高，这意味着游戏厂商不必顾虑发行收入与广告收入的比重。

如果疫情的催化使得大量的新增玩家开始涌入游戏行业，那么可以说从市场新增到变现能力，在多个层面上，游戏行业正在迎来属于自己的"黄金时代"。

（资料来源：王水. 疫情之下，游戏"野蛮"生长[J]. 第一财经，2020(7): 38-41.）

思考：
1. 2020年的新冠肺炎疫情给游戏行业带来了哪些机会？
2. 2020年的新冠肺炎疫情给游戏行业带来的机会具有哪些核心特点？
3. 作为创业者，请思考疫情还能给哪些行业带来创业机会。

第六章
创业产品策略

⏰ 学习要点

1. 从产品和服务层次的视角理解产品的可创新变量;
2. 了解产品或服务的分类及营销特点;
3. 单个产品及产品组合的决策策略。

⏰ 导入案例

魅族——深入人心的产品策略

作为魅族科技的灵魂人物,黄章已经多年没有出现在魅族公司了。不过虽然黄章不出现在公司,但他平时都在家办公,很多高管会议也都在黄章家中举行,而且魅族的产品仍然完全由黄章把控,魅族推出的每款手机也都有黄章的烙印。

魅族刚起步时,公司只有5个骨干,包括黄章在内,有3个人搞技术。他开发的MP3产品的技术、性能、品质都十分优秀,由于没有自己的销售渠道,黄章开始陆续与其他厂商合作,帮别人贴牌。所以,最初的魅族产品有很大一部分是以昂达的品牌出售的。于是,用户们开始争论到底是谁贴了谁的牌。当时,昂达是比较知名的品牌,魅族在不停地被用户与昂达产品做比较的过程中,逐渐有了一定的知名度,树立了自己的品牌。黄章在修建魅族的珠海办公楼时,食堂地板被砸掉了三次,因为他不满意;他自己买了一栋别墅,觉得不够好,便将别墅拆了按照自己的想法重建;因为对产品细节的苛求,他不惜背弃承诺,忍受着成本煎熬也要重塑产品,致使魅族M9手机推迟上市;MX3样机被他拿到手仅两小时,就发现手感没有模型好,通过3D扫描,显示样机和模型偏差了0.07mm,为了这区区0.07mm,改了18套磨具,耗资百万元!就是这种连食堂地板都要精益求精,连0.07mm的误差都不放过的精神,才有了成千上万魅友的追随。

在公司战略的决策上,黄章确实也有推倒"别墅"的勇气和魄力。黄章看到了MP3播放器产业的衰势,于是破釜沉舟地放弃了国内MP3市场领头羊的地位,投身智能手机市场。魅族用了两年时间才打造出M8,尽管市场褒贬不一,但在当时确实取得了不错的成绩。

而当Android概念方兴未艾时,黄章带领魅族再次按下了Reset的按钮。当时魅族第二款手机 M9 市场表现超过预期，公司内部一个类似诺基亚 PC 套件的项目也即将完成，借助这个服务，用户可以备份通讯录、短信、日历信息。硬件加服务，马上就可以形成一个完整的配套服务。然而，黄章的一个决断让这个服务"胎死腹中"，而它的替代者正是——云服务 Flyme。

或许正是因为黄章的偏执、自傲，有人揶揄称他故作姿态，有人说他专注、吹毛求疵乃至另类，但不可否认的是，"中国乔布斯"的名号已经深深地烙在他身上。尽管有人说魅族是苹果的山寨版，但黄章在论坛上放出豪言："不做中国的苹果，要做世界的魅族。"

黄章惯用不按商场规则出牌的疯狂战法，但每一次都大获全胜。黄章不善言辞，从不接受媒体采访，却以"J.Wong"的论坛 ID 为外界熟谙。在魅族公司的网络论坛上，黄章是最活跃的用户之一。他喜欢和"粉丝"们交流，也喜欢和网友们打嘴仗。作为一位超级发烧友，他经常为技术问题和网友们彻夜讨论，也常常争论不休。"粉丝"和网友提出的疑难问题，总能得到他的亲自解答。有些经销商不守规矩，黄章还会忘掉自己已是大公司老板，在论坛上勃然大怒。每天，黄章都会在论坛上泡几小时，常常深夜一两点钟还在发帖，平均每天发 3 个帖子。事实上，黄章一直扮演公司首席设计师的角色，在设计手机外形时，他会用打造家具的刨子打磨出很多模具，从中选择一个大小最合适、手感最好的交给工程师，工程师再按照这个木质模型打造一个钢质的模具。魅族 MX 机身背部的倒角就是这样诞生的。

(资料来源：百度文库)

产品的开发与生产是企业经营活动的本质内容，对于创业企业来说，更是其赖以创建、生存和发展的基础。创业者面临的挑战是根据市场消费的需要，开发出具有竞争力和较高价值的产品，因此创业产品策略是创业企业获得良好经济效益的基础，也是创业企业确定市场营销策略的依据。

要做出正确的产品策略，必须先明确产品的概念。产品是任何一种能被提供来满足市场欲望或需要的东西，不仅指有形产品，还包括服务、体验、事件、人物、地点、财产、组织、信息和想法等。

第一节　产品层次与产品分类

创业企业进入市场之初的首要任务就是提供具有卓越顾客价值的高品质产品和服务。创业规划从制定产品或服务方案开始，以满足目标顾客的需要和欲望。企业在规划产品和服务时，需要考虑产品的三个产品层次，如图 6-1 所示。

一、产品层次

产品的三个层次中，每个层次都为顾客提供了价值，构成了顾客价值层级。创业企业应从三个层次上

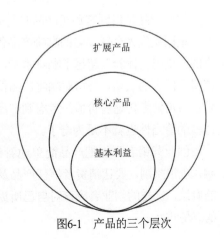

图6-1　产品的三个层次

考虑创新产品和服务,并为顾客创造更多的价值,实现差异化,以区别于其他企业的产品,赢得市场竞争。

(一) 基本利益

产品最基本的层次是基本利益,是指向购买者提供的最基本的效用和利益。基本利益要解决的问题是:购买者实际上要购买的是什么。下面这段话很好地解释了核心产品的内涵:"不要给我衣服,我要的是迷人的形象;不要给我鞋子,我要的是两脚舒服、走路轻松;不要给我房子,我要的是安全、温暖、干净和快乐;不要给我书籍,我要的是阅读的愉悦和知识的力量;不要给我工具,我要的是用它创造美好物品的快乐;不要给我家具,我要的是舒适、美观和方便;不要给我东西,我要的是想法、情绪、气氛、感觉和收益。"

对基本利益概念的深入领会,会激发创业者更好地寻找创业蓝海。近几年新出现的共享单车行业,很好地诠释了产品基本利益层次的创新。共享单车的基本利益是什么?是用户出行途中 1~3 公里的短途出行问题。正是瞄准了这个未被充分满足的短途出行需求,共享单车企业通过科技手段,将自行车的使用模式由"自己所有、自己使用",转变为"企业所有,大家共享,共同使用,便宜快捷出行",开创了一个崭新的行业。

(二) 核心产品

核心产品是基本利益借以实现的外在表现形式。在这个层次上,产品可以在质量、特色、款式、品牌、包装等方面区别于其他产品。不论是产品还是服务,都有其外在表现形式。基本利益转化的成败是使得企业与竞争对手区分的重要差异化因素。

例如,索尼照相机的有形层为它的名称、零部件、款式、特色、包装以及其他属性等,所有这些方面的组合才最终实现了产品的核心,即以方便、高质量的方式抓拍和保留重要的时刻。又如金融服务,它的服务技术和手段、服务类别、时间安排和对顾客的态度等具有有形的特点。创业营销者应从满足顾客的核心利益需要出发,寻求实际利益得以实现的合理实体,进行产品设计。

(三) 扩展产品

扩展产品是指顾客购买产品时所能得到的附加服务和利益。

星巴克作为全球知名的咖啡产品供应商,并没有将自己的注意力局限在咖啡产品上,它提供的"星巴克体验"超越了咖啡本身,向社交互动与生活方式的方向延伸,这种体验销售已经获得了巨大的成功。公司对咖啡产品饮用体验的定义为:向世界各地每天享用着星巴克咖啡的数百万消费者传递着价值。考虑到产品体验在传递顾客价值中的重要地位,企业如此重视产品体验的恰当性也就不足为奇了。

创业营销者不能把产品简单地看作随意卖给消费者的物品,要知道消费者很在意产品内涵,也很挑剔,要让消费者信任产品及其蕴含的意义,营销者首先得信任并尊重消费者对产品的看法,优秀的创业者应该对自己所提供的产品保持强烈的热忱和激情,并与消费者保持长期的感情维系。

二、产品分类

一般来说，可以根据产品的有形性、耐用性和使用者对产品进行分类。理解产品的性质和使用者具有重要的意义，因为不同的产品分类需要的营销策略也各不相同。创业者应结合自己的经验、技能及兴趣，进入不同的产品领域。

(一) 根据产品的有形性进行分类

相对于服务，产品拥有物质性的一面，这被称为有形性。有形的产品既提供了机会(顾客可以看到、摸到并感受到产品)，也带来了一些挑战(顾客可能会发现产品并不符合他们的个人品位和偏好)。对今天的营销人员来说，一个重大的挑战在于许多有形的产品具有无形的特征。举例来说，顾客对一辆新车感到满意的一个重要因素在于购车前与购车后的客户服务水平。另外，无形的产品，如服务等，又具有有形的特征，例如，航空公司推出新款飞机座椅以创造一种竞争优势等。

(二) 根据产品的耐用性进行分类

耐用性指的是产品使用时间的长度。易耗品通常在使用几次之后就消耗完了，因此一般也比耐用品便宜。消费者日常使用的易耗品称为日用品，包括个人护理产品等，例如牙膏、香皂和洗发水；商用易耗品则包括办公用品，例如打印机墨盒、纸张，以及其他价格较低、采购频繁的产品。由于这些产品的购买较为频繁，而且价格也不高，所以生产企业努力实现广泛的分销渠道布局，使这些产品的可获得性尽可能地提高，并制定具有吸引力的价格鼓励消费者和企业购买，同时为这些产品投放大量的广告。耐用品则拥有更长的产品生命，并且通常也更加昂贵。消费类耐用品包括微波炉、洗衣机、烘干机以及某些电子产品，如电视机等。商用耐用品包括生产过程中可能使用到的一些产品，比如印刷机或者IT网络等，以及一些设备，例如办公家具和帮助企业运营的计算机等。

(三) 根据产品的使用者进行分类

根据产品的使用者进行分类可以分为消费类产品和产业用品。

1. 消费类产品

消费者面对着数以百万计的产品种类，每类产品又有成千上万的选择。从表面上看，要为消费者购买的多种产品建立一个分类体系似乎难度很大，但实际上，根据消费者的购买习惯，产品主要可以归为四个广泛的类别：便利性产品、选购性产品、特色产品和非渴求产品。

(1) 便利性产品。消费者对于购买频繁，花费相对较少的产品通常没有兴趣寻找新的信息或是考虑其他选择，而是在很大程度上依靠以往的品牌体验和购买行为进行购买，这种产品被称为便利性产品。大多数人们经常性购买的产品，比如卫生纸、汽油和纸制品等都属于便利性产品，这些产品又可以进一步分为三种类别：①人们每周或每月至少需要购买一次的食品属于日常必需品，如速溶咖啡或酸奶等。②冲动型产品，指在未经规划的情况下购买的产品。③还有一些便利性产品，人们只会在紧急状况下购买。比如，当飓风快要来临时，人们会囤积额外的食品、汽油、电池等产品，一些产品可能会断货，当这些日用品的需求出现计划外的销售高峰时，分销系统的产品供给就会变得非常紧张。

(2) 选购性产品。需要消费者进行更多的研究，并且从颜色、大小、特性和价格等多个维度进行对比的产品被称为选购性产品。消费类产品中属于这一类别的产品包括服装、家具和大型电器，如冰箱、洗碗机等。比起便利性产品，这些产品的购买频率更低，花费更高。价格考量、不同价格层面的多样性选择、众多不同的功能特性以及对做出错误决定的担忧等因素均会驱使消费者针对这些产品进行更多的研究。因此，企业制定的产品策略常常会针对产品的各个价格层次，突出其最能吸引消费者广泛消费的具体特征。例如，惠而浦品牌生产的烘干机有 40 多种，价格从 549 美元到 1649 美元不等。

(3) 特色产品。特色产品是消费者基于一个确定特性做出的独特购买。这个特征可能是真实的，也可能是消费者感知的产品特性，比如苹果 iPhone 手机易于操作的用户界面，或者保时捷在制造赛车方面的声望等品牌身份。购买特色产品的消费者具有强烈的品牌偏好及较高的品牌忠诚度，在购买时不会对特殊品进行比较，对价格的关注也很少，只购买自己认定的产品，但对于产品服务、销售人员的专业性以及企业提供服务的期望却更高了。常见的特色产品有奢侈品、定制产品、限量款产品等。对于特色产品，营销者往往通过精准营销的方式进行有目标的促销。

(4) 非渴求产品。非渴求产品指的是消费者不会去搜寻，甚至实际上常常更不愿意购买的产品。保险，特别是人寿保险，就是一种人们不想购买的产品。一般来说，消费者不想购买与疾病、死亡或紧急状况有关的产品或服务，部分原因在于其购买情境让人感到不快。因此，企业需要委派训练有素的销售人员采用特定的技巧帮助顾客完成购买过程。这些销售人员通常也需要广泛的营销传播作为支持。

2. 产业用品

产业用品指各种类型的组织购买的用于生产或经营的产品，这里所说的组织包括企业及学校、医院、政府等非营利组织。消费类产品和产业用品的区别在于购买者及购买目的不同，例如，一个消费者购买电脑用于自己办公，这台电脑就属于消费品，而一家企业购买电脑让雇员使用，这台电脑就属于产业用品。产业用品根据其成品形式的不同分为原材料和零部件、资本品、供应品和服务。

(1) 原材料和零部件。经过生产过程成为企业制成品部分的产品属于原材料或零部件。原材料是指成为制成品组成部分的自然资源(如煤、石油、铜等矿产、木材资源)或农产品(如玉米、大豆等)。零部件包括完全组装好的设备，或者体积较小，需要进一步组装到更大的元件上并使用于生产过程的设备。供应商能否与买方成交，主要取决于产品的价格、质量、规格和供货时间等是否符合买方的要求。由于产品买卖双方交易量大且具有长期交易关系，因此营销者应注重提升与产品相关的服务水平，积极建立产品的品牌和声誉，以获得稳定的竞争优势。

(2) 资本品。资本品是指辅助产品生产过程，不转换为最终产品，以间接方式进入产成品的产业用品，包括主要设备和附属设备。主要设备包括建筑物(如厂房、办公大楼、仓库等)和固定设备(如发动机、升降机、机床等)。附属设备包括轻型设备(如小电机、模具等)及办公设备

(如电脑、打印机、办公桌等)。资本品一般以摊销、折旧的方式计入最终产品的成本。

(3) 供应品和服务。供应品和服务指不形成最终成品,价值低、消耗快的支持企业运营的产业用品,其中供应品包括维修和维护用品(如清洁用品)及生产操作供应品(如链条、润滑油等)。供应品虽然每个单位的费用很低,但这些产品一年的总花费可能会非常高。服务包括维护和维修服务(如清洁、机器修理等)、专业咨询服务(如会计、法律、人力资源等),通常通过订立合同的方式提供。

建造一座新工厂或者安装新的 IT 网络需要企业投入数百万元购买大型设备,还需要大量的定制服务。这些采购可能要经历长达数月甚至数年的协商。向企业销售资本品的公司主要采用人员销售方式,提供高水平的客户服务以及高度的产品定制化服务。

第二节　产品决策

在产品购买的决策过程中,有一个基本的问题——这个产品的与众不同之处是什么。既然消费者会产生这样的疑问,营销管理人员就必须明确公司生产并销售产品的目的是创造核心顾客价值,并且成功地使自己产品的不同之处在顾客的脑海中留下印象。在做产品决策时,要从单产品和产品线两个方面进行考虑。

一、单产品决策

营销单个产品时,企业要确保产品的可区分性,必须让产品本身具备重要的可区分要素,还要在顾客偏好、成本和企业资源等许多因素之间取得平衡。

(一) 样式

使产品与其他同类产品形成差异最基本的方法是改变其样式——大小、形状、颜色和其他物理要素等。功能方面相似的产品可以通过改变包装或产品交付方式等形成差异。过去几年来,牛奶消费量增长的原因之一正是采用了新包装,生产商将牛奶装在更小、更便携的塑料容器中,使牛奶的新鲜程度得到保证,这不但让牛奶的口感更好,而且更便于在多种场合饮用。此外,奶制品业还开发出多种方法延长产品的保存期限,提高产品的新鲜度和易获性。

(二) 特性

当被问到是什么让一个产品与众不同时,很多人都会回答:产品的特性。特性是指任意的产品属性或性能特征,通常被添加到产品中或从产品中除去,以使产品与竞争对手的产品形成差异。虽然在制定产品决策时,向消费者传递价值是主要的驱动因素,但企业必须在消费者想要的特性与他们在既定质量水平上愿意支付的价格之间取得平衡。

商用喷气式客机可谓是在设计与制造方面最为复杂,也最具有挑战性的产品之一。商用飞机市场一直处于波音与空客两家企业的控制之下。空客认为商用飞机的未来是制造出穿梭于世界各大中心城市,能够容纳至少 600 人的巨型飞机,于是生产出了 A380。而波音公司则认为航空公司想要使用更加高效，同时也能为乘客提供更多空间的飞机，于是生产出了波音 787。然而，最近庞巴迪公司宣布，他们准备生产能够同时对这两家公司形成挑战的飞机，这些飞机虽然机型较小，却拥有一般大型飞机才具备的特征。庞巴迪希望通过对两条小型飞机产品线——生产 110 座飞机的生产线和生产 130 座飞机的生产线进行优化，使飞机机身更轻。这些飞机每排拥有 5 个座位而不是 6 个，以便同波音和空客的飞机竞争。该飞机可以节省 20% 的燃油，并节约 15% 的运营成本。

有意思的是，根据企业的研究，竞争对手通常会制造出特性参数迥异的产品。以汽车生产商为例，各大汽车企业都在不断地对它们的产品线进行特性组合评估。如果把奔驰和宝马、奥迪的类似型号放在一起做比较，就能很容易地识别出许多特性方面的差异。营销人员面对的巨大挑战之一就在于确定能够最好地满足目标受众需求与欲望的特性组合，并确定产品的价格。从来没有哪两个竞争对手会推出具有相同特性组合的产品。

(三) 性能

企业是否应该一直制造性能最高的产品？从本质上来说，企业制造的产品达到它们的目标受众愿意掏钱购买的性能质量水准即可。通常来说，这就意味着企业会制造出多个性能层次的产品来满足不同价格区间的需求。牢牢记住，营销的关键在于向顾客传递价值。

市场对于企业产品性能的感知在定义企业的市场空间时起着关键的作用。一般来说，企业会尽力使产品的性能质量与市场对品牌的感知相匹配。天美时不会生产一块售价 25 000 美元的手表，因为市场不会期望它这样做，甚至可能难以接受这种价格级别的手表来自天美时这个层次的品牌。在市场的期望中，这样的手表应该来自劳力士。与此同时，企业也必须小心，不能为了削减成本或接触新市场等原因而使产品的性能或质量显著下降。失去拥有高性能产品的形象会对品牌造成重大的伤害。举例来说，产品安全性仍然是消费者关注的一个主要问题，不能达到质量标准的产品会使消费者对其失去信心。

(四) 一致性

一致性是消费者关注的一个重要问题，指的是产品在营销传播中承诺的特性与产品的实际性能特征相一致的能力。营销人员与生产者所面临的挑战在于，每种产品都必须能够实现企业的这些承诺。当制造的产品中有相当高的比例能够实现企业所宣称的性能标准时，这个产品才能说具有较高的一致性品质。如果一个人打开一瓶可口可乐却没有听到"滋滋"的冒气声，那么这就不是可乐了。可口可乐及其装瓶商面临的挑战就是确保世界各地的消费者打开一瓶或一听可乐时，瓶中的碳酸含量总是刚刚好。

(五) 耐用性

研究消费者的购买模式，可以发现这样一个事实——人们认为耐用性，即产品在具体使用中的预计使用寿命，是一项重要的差异化产品特征，并且人们愿意为能够表现出更好的耐用性的产品支付溢价。

(六) 可靠性

产品的可靠性则是另外一个类似的区分因素。可靠性指的是产品运作中不发生故障或中断的次数占总使用次数的比例。企业和消费者一致认为这是他们购买决策中一个重要的差异化因素。然而，事实也不完全如此。尽管企业可以制造出可供使用多年的计算机并为此向消费者索要溢价，但大多数的计算机制造商并不会去生产这样的计算机，因为计算机技术的更新速度之快，产品的改进之迅速，以至于消费者不会愿意为太过耐用的计算机支付溢价。消费者知道在这台计算机发生故障之前就会有更好、更便宜的技术出现。

(七) 可修复性

在评价产品的过程中，消费者和企业越来越重视产品的可修复性，也就是当产品出现问题时对其进行修复的便利程度。企业已经开始针对自己的产品构建更好的诊断方案，帮助顾客对问题进行分析、确定和产品修复，而不需要为昂贵的专业修理服务买单。手机制造商和服务提供商通力合作，开发出了发生问题时可以接通技术服务人员的自我诊断手机热线。技术人员可以远程检查手机的各项功能，并通过拨打电话来进行小规模的软件升级或修复。

(八) 风格

对于产品来说，最难进行准确评估和打造的区分因素之一便是产品的外观和对产品的感觉，也就是产品的风格。要使具体的产品很有型并不难，但将风格设计融入产品就是一项挑战了。风格给产品带来的差异化优势是其他竞争对手最难以模仿的。虽然惠普、三星等许多企业都试图模仿 iPad，但苹果公司仍然是该行业的主导企业，不论三星等竞争对手如何持续地改进自身产品的外观和带给消费者的使用感受，苹果公司一直拥有创造时尚产品的光荣历史。

如何持续地创造出时尚的产品才是企业面临的真正挑战。消费者的品位与时俱进，曾经的时尚可能很快就失去了吸引力。然而，企业对信息系统的投资可以帮助企业识别潮流趋势。一旦趋势被识别，产品开发团队就必须将其转化为设计元素融入产品中。在某些行业中，这一过程至关重要。比如，服装制造商会预测未来的流行趋势，然后在某个具体的风格正当流行之时使用高效的生产流程设计、制造并分销自己的服装产品。

在快时尚服装巨头 ZARA 眼里，快速设计并销售时尚服饰并不是一件难事。从巴黎、米兰到纽约，ZARA 的服装设计师们不断追踪各大时装周上的流行趋势，挑选出顾客最可能喜欢的创意，并据此快速进行改版设计。通过短短 10 余天的设计、加工、运输，这些新款服饰就可以在各大门店上架。ZARA 有其独特的库存管理策略，当新产品的产量达到计划产量的一半左右时，就会开始向门店配送；如果上架后第一周销量不佳，那么该产品就会被立刻下架；如果销量不错，那么 ZARA 便会将剩余的计划产量完成。这种近似"零库存"的策略，使得 ZARA 的库存管理成本极低，并极大地加快了上新的速度。仅仅需要三周左右，ZARA 门店的全部款式就会更新一遍，而每年 ZARA 推出的款式超过 2 万种。依靠"快时尚"战略，ZARA 的母公司 Inditex 成为世界第一大服装零售商。

二、产品线决策

一般来说,企业会生产系列产品,这些产品可以是一种基本产品的变体或扩展,也可以是完全不同的产品。

大多数人认为 3M 旗下标志性的便利贴品牌 Post-it 只是一种单一的产品,但实际上 3M 在 100 多个国家中出售的 Post-it 产品超过 600 种。除了种类丰富的便利贴产品,3M 公司的 40 多条核心产品线中还包含数千种产品。从这些例子中,你就会明白管理人员必须知道一种产品如何与企业的产品策略相匹配的原因。企业制定的产品规划不仅要为单一的产品设定战略,还必须考虑到企业产品目录中的所有产品。

(一) 产品线

产品线是指企业经营的产品核心内容相同的一组密切相关的产品。密切相关是指通过用途、顾客描述、价格区间和分销渠道或需求满足程度等联系在一起的一组产品。在一个产品线内,为单产品制定策略的同时,也必须考虑到产品线中的其他产品。举例来说,3M 公司为每种 Post-it 产品都制定了一种策略,明确了可能的产品使用途径、不同的目标市场以及营销信息等。同时,企业还把单类产品与具体的市场结合起来,创建以消费者为基础的解决方案目录。例如,学生可以找到专为他们设计的便利贴产品,而老师也可以找到另一份单独的产品目录。

说到产品线,就需要提起微软,这家科技巨头于 2012 年 6 月公布了 Surface 平板电脑。Surface 的大小为 10.6 英寸,采用全高清显示屏,支持手写笔和键盘保护盖。Surface 的产品线包括两类产品:一类采用适配 ARM 处理器的 Windows RT 系统这一全新的处理器,是英特尔专门为移动设备开发的;另一类名字叫作 Surface Pro,采用的则是适用于笔记本电脑的酷睿系列处理器,并搭载 Windows 8 Pro。微软瞄准的显然是两大市场:第一,需要廉价、便携的平板电脑来获取娱乐内容,但是又希望该产品可以完美运行 Office 并实现笔记记录和课程录制的大学生;第二,想要在更小、更便携的设备上流畅使用 Windows 的职业人士,因为他们有时需要在旅途中办公。搭载 Windows RT 的 Surface 显然是一个失败的作品,因为它不兼容大部分 Windows 程序,本身的应用又相当匮乏,无法完全满足目标市场的需求。随后,微软调整了其产品线,在全新的 Surface 3 和 Surface Pro 3 系列产品中,微软放弃了 Windows RT 系统,Surface 3 依然主攻教育市场,其硬件配置比 Pro 低,屏幕也更小,但是搭载完整版 Windows,从而提升了其娱乐性和易用性。而 Surface Pro 则瞄准超极本市场的用户,尤其是医生和频繁出差的商务人士,因为它比超极本更小、更便携,但其性能却和超极本差不多。

企业必须平衡一个产品线中包含的产品项目数量。产品项目是指产品线内不同品种、规格、质量和价格的特定产品。产品项目是产品线中的一个明确的产品单位,它可以依尺寸、价格、外形等属性来区分,也可以依据品牌来区分。产品项目太多,顾客会感到很难分清楚不同产品项目之间的差别。另外,生产多种产品导致的成本效率低下也会降低整个产品线的利润。而产品项目太少,企业又会面临错过重要市场机遇的风险。

(二) 产品组合

企业提供的所有产品的集合叫作产品组合，产品组合包括所有的产品线和产品项目。小型的、刚成立的企业通常拥有相对有限的产品组合，但是，随着企业的发展，它们的产品列表也会逐渐增加。为整个产品组合制定战略的任务一般由企业的最高管理层完成。类似3M或通用的大型企业拥有差异巨大的各类产品线，包含数百种产品、数千个产品项目。

优化产品组合，可依据不同情况采取以下策略。

1. 扩大产品组合

扩大产品组合包括拓展产品组合的宽度和加强产品组合的深度，前者指在原产品组合中增加产品线，扩大经营范围；后者指在原有产品线内增加新的产品项目。当企业预测现有产品线的销售额和盈利率在未来可能下降时，就须考虑在现有产品组合中增加新的产品线，或加强其中有发展潜力的产品线。

2. 缩减产品组合

市场繁荣时期，较长、较宽的产品组合会为企业带来更多的盈利机会。但是在市场不景气或原料、能源供应紧张时期，缩减产品线反而能使总利润上升，因为剔除那些获利小甚至亏损的产品线或产品项目，企业可集中力量发展获利多的产品线和产品项目。

3. 延伸产品线

总体来看，每个企业的产品线只占所属行业整体范围的一部分，每个产品都有特定的市场定位。例如，宝马汽车公司所生产的汽车在整个汽车市场上属于中、高档价格范围。当一个企业把自己的产品线长度延伸超过现有范围时，我们称之为产品线延伸，具体有向下延伸、向上延伸和双向延伸三种实现方式。

(1) 向下延伸。向下延伸是在高档产品线中增加低档产品项目。采用这一策略需要具备的市场条件有以下几种：①利用高档名牌产品的声誉，吸引购买力水平较低的顾客慕名购买此产品线中的廉价产品；②高档产品销售增长缓慢，企业的资源设备没有得到充分利用，为赢得更多的顾客，将产品线向下延伸；③企业最初进入高档产品市场的目的是建立品牌信誉，然后再进入中、低档市场，以扩大市场占有率和销售增长率；④补充企业的产品线空白。

采用这种策略也有一定的风险，如果处理不慎会影响企业原有产品特别是名牌产品的市场形象，而且也有可能激发更激烈的竞争对抗。虽然新的低档产品项目可能会蚕食较高档的产品项目，但某些公司的重大失误之一就是始终不愿意填补市场上低档产品的空隙。

(2) 向上延伸。向上延伸是在原有的产品线内增加高档产品项目。采用这一策略的主要目的是：①高档产品市场具有较大的潜在成长率或较高利润率；②企业的技术设备和营销能力已具备加入高档产品市场的条件；③企业要重新进行产品线定位。

采用这一策略也要承担一定的风险，要改变产品在顾客心目中的地位相当困难，如果处理不慎会影响原有产品的市场声誉。

(3) 双向延伸。双向延伸即原定位于中档产品市场的企业掌握了市场优势以后，向产品线的上、下两个方向延伸。

(三) 产品决策影响营销组合中的其他元素

有关产品的决策也影响着营销组合中的其他元素。接下来介绍定价与营销传播这两个关键的营销组合元素会受到产品决策的哪些影响。

1. 定价

定价是关键的营销组合元素之一，我们将在其他章节进行详细的探讨。不过，有关产品线定价的几个重要问题却适合在这里进行讨论。在更广泛的产品线环境下对单个产品进行定价，要求企业对产品线中所有产品的价格区间有清晰的了解。企业经常会通循"好、更好、最好"的产品线策略为产品设计出独特的特性，从而瞄准具体市场上的不同价格区间。为了吸引多个目标市场，这种策略会带来多个产品线，每条产品线中的产品都具备针对具体价格区间的明显特征。当企业推出新产品时，营销人员就必须谨慎地考虑顾客对于产品特性组合和价格区间的感知，以避免顾客产生困惑。

全球最大的化妆品公司之一欧莱雅旗下就有数十个子品牌，欧莱雅将其归为高档化妆品部、大众化妆品部、活性健康化妆品部和专业美发产品部四大事业部。欧莱雅对其高档化妆品部和大众化妆品部的产品设置了不同的价格和不同的渠道营销策略。高档化妆品类的平均价格更高，并且在高档百货商场等渠道售卖，而大众化妆品类则价格更低，在沃尔玛等平价零售店出售。

多年以来，技术型企业一直面临对新产品进行定价的挑战，因为这一行业的新产品成本更低，但却比以往的型号拥有更多的功能和特性。戴尔和惠普等企业在新产品定价的问题上十分敏感，因为当性能更强劲、更便宜的新产品加入产品组合中时，对现有产品的需求往往会下降。戴尔在对新型号的计算机定价时会尽量使其对现有产品的需求受到的干扰降到最低，而同时，这些企业也会降低当前产品的价格，使新产品与现有产品之间形成更大的差距。

2. 营销传播

营销传播应该在多大程度上集中于单一的产品项，又该在多大程度上集中于产品的品牌，这是营销人员需要做出的一个重要的战略决定。企业一般会同时开展这两种营销传播工作，但将重点放在哪一个方面会使传播策略产生很大的差异。举个例子，3M公司将大部分针对便利贴的营销传播集中在便利贴的产品线上，强调品牌。而哈根达斯则相反，该企业将营销传播的焦点放在具体的产品(冰激凌、果汁以及酸奶等)和每种产品包含的具体大品项(巧克力味、杏仁榛果味、菠萝椰子味)上。

同一条产品线内不同产品项之间传播预算的分配是营销传播第一个要解决的问题，哈根达斯拥有30多款冰激凌，整个产品线还包括数十种其他产品。公司必须决定该如何将预算资金分配到每类产品上，继而决定如何在具体的产品项之间分配预算。这给营销管理人员带来了挑战，即应根据最受欢迎的口味(比如巧克力和香草口味)分配预算，还是应把资金集中在新产品项目上，通过推广竞争对手不提供的产品来构建竞争优势？新产品几乎总是能获得额外的传播预算来支持产品的上市，这样做是由于企业认为一旦产品的市场地位确立，企业就可以大量缩减其传播活动的开支。

第三节 产品生命周期

企业会随着市场条件的不断变化而创造、发布和改良产品。进入市场后的产品销售量和利润都会随时间推移而改变，呈现一个由少到多然后再由多到少的过程，就如同人的生命一样，由诞生、成长到成熟，再到衰亡，这就是产品的生命周期现象。

所谓产品生命周期，是指产品从进入市场开始，直到最终退出市场为止所经历的市场生命循环过程。产品生命周期是一项实用工具，因为它有以下几大功能：①为市场分析提供战略性框架；②帮企业追踪历史趋势；③帮企业识别未来的市场环境。

一、典型的产品生命周期

典型的产品生命周期一般可分为四个阶段，即导入期、成长期、成熟期和衰退期，产品生命周期与销售利润曲线如图 6-2 所示。

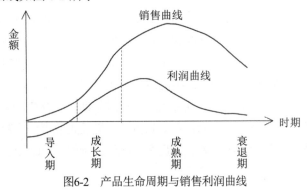

图6-2　产品生命周期与销售利润曲线

（一）导入期

导入期是指新产品被引入市场、销售增长缓慢的时期。此时，顾客对产品还不了解，只有少数追求新奇的顾客可能购买，销售量很低，但分销和促销的费用高昂。另外，由于技术方面的原因，还不能大批量生产该产品，因而成本高，销售额增长缓慢，企业不但得不到利润，反而可能亏损，产品也有待进一步完善。

（二）成长期

成长期是指产品被市场接受、利润大幅度增长的时期。这期间，顾客对产品已经熟悉，早期购买者会重复购买该产品，大量的新顾客开始追随购买，市场逐步扩大。竞争者看到有利可图，纷纷进入市场参与竞争，并带来新的产品特性，市场随之进一步扩大。在这一阶段，产品大批量生产，生产成本相对降低，企业的销售额迅速上升，利润也迅速增长。促销费用可能停留在原来水平或略有增长，企业的目标依然是培育市场，同时还要面对竞争。企业利润增长速度逐步减慢，最后达到生命周期利润的最高点。

(三) 成熟期

成熟期是指大多数消费者已经接受并购买产品、销售增长放缓的时期。市场需求趋向饱和，潜在的顾客已经很少，销售额增长缓慢直至转而下降，标志着产品进入了成熟期。在这一阶段，竞争逐渐加剧，产品售价降低，促销费用增加，企业利润下降。

(四) 衰退期

衰退期是指销售和利润不断下滑的时期。随着科学技术的发展，新产品或新的代用品出现，将使顾客的消费习惯发生改变，转向其他产品，从而使原来产品的销售额和利润额迅速下降。

二、产品种类、产品形式和产品生命周期

(一) 产品种类、产品形式

产品种类是指具有相同功能及用途的所有产品。产品形式是指同一种类产品中，辅助功能、用途或实体销售有差别的不同产品。产品品牌是指企业生产与销售的特定产品。例如，白沙牌过滤嘴香烟，香烟表示产品种类；过滤嘴香烟是香烟的一种形式，即产品形式；白沙牌过滤嘴香烟则专指过滤嘴香烟中的一种特定产品，是一种产品品牌。产品种类的生命周期要比产品形式、产品品牌长，有些产品种类生命周期中的成熟期还可能无限延续。产品形式一般表现出上述比较典型的生命周期过程，即从导入期开始，经过成长期、成熟期，最后走向衰退期。至于品牌产品的生命周期，一般是不规则的，它受到市场环境及企业市场营销决策、品牌知名度等影响。品牌知名度高的，其生命周期就长；反之，亦然。例如，国际知名品牌可口可乐百年来仍受到广泛欢迎。

(二) 产品生命周期

产品生命周期的规律是否适用于所有产品，在理论上是有争议的。有人认为，有一些产品是不存在生命周期的，如水、电、粮食等基本生活资料，从出现在市场上开始就一直为人们所消费，直至现在销售量不仅没有下降，甚至仍在上升。但也有人认为从一个相当长的时期来看，产品生命周期的原理对任何产品都是适用的。例如，原来人们饮用自来水，现在人们则普遍开始饮用处理过的净水或矿泉水；未来如果太阳能得到有效的开发，也许人们对电的消费量就会下降。所以产品生命周期基本上对所有产品都适用，只是在不同产品上表现的形式不同，例如有可在很长时期内延续的平台型生命周期，也有刚进入市场就马上终结的夭折型生命周期，还有在市场发展中销售量时起时伏的波浪形生命周期，如图6-3所示。

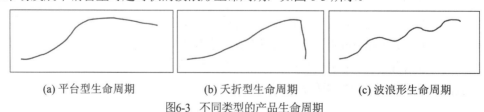

(a) 平台型生命周期　　(b) 夭折型生命周期　　(c) 波浪形生命周期

图6-3　不同类型的产品生命周期

三、产品生命周期各阶段的营销策略

在产品生命周期的变化过程中,企业正确判断曲线上的转折点,以便区分产品生命周期的阶段,具有极其重要的意义。当然,这也是一个十分困难的问题,事先做出判断是很难的。一般可以用以下两种方法来大致划分一个产品的生命周期阶段。

(1) 用类比的方法,即通过类似产品的生命周期曲线来分析、推断另一个产品的生命曲线走向。例如,参照彩色电视机的资料来判断液晶电视机的发展趋势。

(2) 根据以各年实际销售变化率为变量的动态分布曲线来进行衡量,即计算 Dy/Dx 的值,根据计算值进行各个阶段的划分。其中,Dy 表示纵坐标上销售量的增长率(变化率);Dx 表示横坐标上时间的增长率(一般以年为单位)。根据有关资料的介绍,经验表明:$Dy/Dx>10\%$ 为成长期,$0.1\%\leqslant Dy/Dx\leqslant 10\%$ 为成熟期;$Dy/Dx\leqslant 0.1\%$ 为衰退期。

典型的产品生命周期的四个阶段呈现出不同的市场特征,企业的营销策略也以各阶段的特征为基点来制定和实施。

(一) 导入期的营销策略

在导入期,企业应努力做到:投入市场的产品要有针对性;进入市场的时机要合适;设法把销售力量直接投向最有可能的购买者,使市场尽快接受该产品,以缩短介绍阶段,更快地进入成长期。导入期的营销策略如表 6-1 所示。

表6-1 导入期的营销策略

价格	促销费用	
	高	低
高	快速撇脂策略	缓慢撇脂策略
低	快速渗透策略	缓慢渗透策略

(1) 快速撇脂策略,即以高价格、高促销费用推出新产品。实行高价格策略可在每单位销售额中获取最大利润,尽快收回投资;高促销费用能够快速建立知名度,占领市场。除了大规模的广告宣传外,也可以利用特殊手段,诱使消费者试用,如将新产品附在老产品中免费赠送等。实施这一策略须具备以下条件:绝大部分的消费者还没有意识到该产品是新产品;产品有较大的需求潜力;目标顾客求新心理强,急于购买新产品;企业面临潜在竞争者的威胁,需要及早树立品牌形象,提高产品的美誉。

一般而言,在产品导入期,只要新产品比被替代的产品有明显的优势,市场就不会太计较其价格。

(2) 缓慢撇脂策略,即以高价格、低促销费用推出新产品,主要目的是撇取最大的利润。高价格可迅速收回成本加大利润,低促销费用又可减少营销成本。实施这一策略的条件是:市场规模有限;产品已有一定的知名度;目标购买者对价格不是很敏感,愿意支付高价;潜在竞争者的威胁不大。

(3) 快速渗透策略,即以低价格、高促销费用推出新产品,主要目的是获得最高的市场份额。所以，新产品的定价在一个低水平，以求获得尽可能多的消费者的认可。同时，通过大规模的促销活动把信息传给尽可能多的人，刺激起他们的购买欲望；以最快的速度打入市场，取得尽可能大的市场占有率。然后再随着销量和产量的扩大，使单位成本降低，取得规模效益。实施这一策略的条件是：该产品市场规模大；潜在消费者对产品不了解，且对价格十分敏感；潜在竞争较为激烈；产品的单位制造成本可随生产规模和销售量的扩大迅速降低。

(4) 缓慢渗透策略，即以低价格、低促销费用推出新产品。使用该策略的目的有两个：一是以低价避免竞争，促使消费者尽快接受新产品；二是以较低的促销费用来降低经营成本，确保企业的利润。这种策略的适用条件是：市场容量很大；市场上该产品的知名度较高；市场对价格十分敏感；存在某些潜在的竞争者，但威胁不大。

导入期可以使用的以上四种策略，企业并不是只能选择其中的一种，应该从整个生命周期过程中的总体战略角度去考虑，灵活地交替使用。同时，在实施上述策略时，还要配合其他策略(如渠道策略等)，才能取得好的效果。

(二) 成长期的营销策略

针对成长期的特点，企业为维持其市场增长率，延长获取最大利润的时间，可以采取下面几种策略。

(1) 改善产品品质，如增加新的功能，改变产品款式，发展新的型号，开发新的用途等。对产品进行改进，可以提高产品的竞争能力，满足顾客更广泛的需求，吸引更多的顾客。

(2) 寻找新的细分市场。通过市场细分，在分析销售实绩的基础上，仔细寻找产品尚未到达的领域，找到新的尚未满足的细分市场，根据其需要组织生产，迅速进入这一新的市场。同时，扩大销售网点，方便消费者的购买。

(3) 改变广告宣传的重点。把广告宣传的重心从介绍产品转到建立产品形象上来，由建立产品知名度逐渐转向建立产品信赖度，增加产品的特色宣传，使消费者对其产生与众不同的感觉，维系老顾客，吸引新顾客。

(4) 调整产品的售价。在适当的时候降价或推出折扣价格，这样既可以激发那些对价格比较敏感的消费者产生购买动机，采取购买行动，又可以阻止竞争对手的进入。

在产品的成长期，企业往往会面临高市场占有率和高利润的抉择。因为两者似乎是矛盾的，要获取高的市场占有率势必要改良产品、降低价格、增加营销费用，就会使企业的利润减少。但是如果企业能够维持住较高的市场占有率，在竞争中处于有力的地位，将会有利于今后的发展，所放弃的眼前利润将可望在成熟期得到补偿。

(三) 成熟期的营销策略

对于成熟期的产品，宜采取主动出击的策略，使成熟期延长，或使产品生命周期出现再循环。为此，可以采取以下三种策略。

(1) 调整市场，即发现产品的新用途、寻求新的用户或改变推销方式等，以使产品销售量得以扩大。

(2) 调整产品，即通过调整产品自身来满足顾客的不同需要，吸引有不同需求的顾客。产品概念的任何一个层次的调整都可视为产品的再推出。企业通过对产品的改进，使顾客对产品产生新鲜感，从而带动产品的销售。改进产品也是对付竞争对手的一个有效措施。产品的改进应主要在质量、性能、特色、式样上下功夫。

(3) 调整市场营销组合，即通过对产品、定价、渠道、促销四个市场营销组合因素加以综合调整，刺激销售量的回升。常用的方法包括降价、提高促销水平、扩展分销渠道和提高服务质量等。企业的营销组合不是一成不变的东西，它应该随着企业的内外部环境的变化而做出相应的调整。产品的生命周期到了成熟期，各种内外部条件发生了重大的变化，因而营销组合也要有一个大的调整，这是为了延长产品的成熟期，避免衰退期的早日到来。实际上，企业要使调整市场和调整产品两个策略取得成功，不依靠营销组合的改进也是很难做到的，所以，改进营销组合是和调整市场、调整产品策略相辅相成的。

(四) 衰退期的营销策略

在产品的衰退期，通常有以下几种策略可供选择。

(1) 继续策略。继续沿用过去的策略，仍按照原来的细分市场，使用相同的分销渠道、定价及促销方式，直到这种产品完全退出市场为止。

(2) 集中策略。把企业能力和资源集中在最有利的细分市场和分销渠道上，从中获取利润。这样有利于缩短产品退出市场的时间，同时又能为企业创造更多的利润。

(3) 收缩策略。抛弃无希望的顾客群体，大幅度降低促销水平，尽量减少促销费用，以增加目前的利润。这样可能导致产品在市场上的衰退加速，但也能从忠实于这种产品的顾客中得到利润。

(4) 放弃策略。对于衰退比较迅速的产品，应该当机立断，放弃经营。可以采取完全放弃的形式，如把产品完全转移出去或立即停止生产；也可采取逐步放弃的方式，将其所占用的资源逐步转向其他的产品。

在衰退期，产品的衰退是不可避免的，因此，企业不仅要积极地开发新产品，有计划地使新产品的衔接圆满化，还要根据市场形势，既保持适当的生产量以维护一部分市场占有率，又要做好将产品撤出市场的准备。这时，企业应逐渐减少营销费用，如把广告宣传费用、促销费用等都降到最低的水平，以尽量使利润不致跌得太厉害。

根据产品生命周期各阶段的不同特征制定不同营销目标和营销策略，如表6-2 所示。

表6-2 产品生命周期各阶段的特征、营销目标和营销策略

项目		导入期	成长期	成熟期	衰退期
特征	销售	低销售额	销售剧增	销售高峰	销售下降
	成本	单位顾客成本高	单位顾客成本一般	单位顾客成本低	单位顾客成本低
	利润	亏本	利润增长	利润高	利润下降
	顾客	创新者	早期使用者	中期大众	落后者
	竞争者	很少	增多	稳中有降	减少
	营销目标	建立产品知名度	市场份额最大化	保护市场份额，争取最大利润	压缩开支，榨取品牌价值

(续表)

项目		导入期	成长期	成熟期	衰退期
营销策略	产品	高质量、创新设计，向消费者提供新的利益；目标消费者能够很好地接受和理解其特征	更多的特征和更好的设计，从第一代的问题中汲取经验；产品多样化，并推出补充产品或服务	产品线得到扩展和延伸；努力使产品与竞争对手更加不同	根据投资回报考虑产品费用；决定是对产品进行进一步投资，还是将资金分配给新项目
	价格	市场渗透，即通过有吸引力的价格获取市场份额并击退竞争者；撇脂定价	以高价格销售全新的改进型号；现有型号或前代产品价格下降	以差异化的产品和更高的价格瞄准高端市场；既定的竞争格局使价格压力愈发明显，如果产品无法实现较好的差异化，只能实施低价策略	以低价提供产品，试图激发所有残留的需求；竞争者和价格敏感度更高的消费者共同施加显著的价格压力
	分销	选择性分销	密集性分销	更密集性分销	有选择地淘汰无利润的分销渠道
	广告	在早期使用者和分销商中建立知名度	在大众市场建立知名度并引发兴趣	强调品牌差异和利益	降低投入水平，仅维持对忠诚顾客的广告
	促销	加强促销，吸引试用	减少促销，利用使用者的需求	加强促销，鼓励转换品牌	降至最低标准

第四节 服务营销策略

服务也是一种商品，尽管它没有实体形式，但其本质上代表着一组能够满足顾客需求和欲望的利益。同样，顾客通过购买服务而实现的价值不是建立在其物理属性的基础之上，而是以服务对满足其需求和欲望的影响为基础。服务在质量上可能存在巨大的差异，例如餐馆中最棒的服务员和最差劲的服务员，所提供的服务质量差别很大。即便食物本身味道不错，但如果用餐时的服务体验很糟糕，那么顾客最有可能记住的还是用餐时的不快经历。

一、服务的重要性

当前，美国超过80%的工作与服务相关。而在20世纪70年代，这一比例仅为55%。据美国劳工局的统计，在可预见的未来，美国国内所有的新增工作都将来源于服务业，部分原因在于服务部门之外的工作数量正在下降。在社会经济中，服务部门的工作包括一些相当重要的门类，知识产权、咨询、酒店、旅游、法律、健康护理、教育、科技、通信和娱乐等都是高增长的服务门类。服务业产值占美国国内生产总值的比例已经超过了75%，并且这个数字还在继续增长。在今天的工作场所中,每个人或多或少都是企业内部或(和)外部的顾客。

政府部门,包括法院、就业服务机构、医院、贷款机构、军事服务部门、警察和消防部门、邮政服务、监管机构和学校,都属于服务业;私人非营利部门,例如,博物馆、慈善团体、教会、大学、基金会和医院也属于服务业;许多商业部门,包括航空公司、银行、酒店、保险公司、律师事务所、管理咨询公司、医疗机构、电影公司、管道维修公司和房地产公司,也都属于服务业。制造业部门的许多职员,比如计算机操作员、会计师和法律顾问,也是服务提供者,事实上,他们组成了一个向"产品工厂"提供服务的"服务工厂"。在零售部门,如收银员、文员、销售人员和顾客服务代表,也在提供服务。

(一) 服务是一项差异化因素

服务领先与人才领先是企业差异化的两个重要来源。差异化意味着以不同的方式向不同的顾客群体传播和传递价值,这些群体想必是最有可能获得营销投资回报的细分市场。作为一名营销管理人员,将差异化作为核心市场战略的一个重大挑战在于竞争者会不断地进入市场,而他们所带来的新差异化因素很有可能会比企业现有的差异化因素更有效力。

作为服务营销领域的先锋专家,伦纳德·贝利(Leonard Berry)在其《伟大的服务》(On Great Service)一书中提出,专注于服务以及让员工能够高效地传递服务可以成为一项竞争者难以复制的差异化因素。许多企业不愿意投资于伟大的服务,很大程度上是由于其必须付出大量的时间和耐心才能看到可观的回报。但贝利认为,尽管回报可能需要较长的时间,可是一旦企业能够将传递出色的服务作为核心差异化因素,那么它所能提供的持续竞争优势很有可能远胜大多数的其他差异化来源。

(二) 营销的新主流逻辑

以服务为中心的整体观点是今日营销管理成功的基石。这个观点体现在营销领域的顶级期刊《市场营销学报》(Journal of Marketing)的一篇文章中,这篇文章的题目是《向营销新主流逻辑的演变》。营销的新主流逻辑蕴含着世界观从传统的商品与服务二分法向以下认识的转变:"顾客并不购买产品或者服务——他们购买的是可以创造价值并因此需要服务的供应物……产品与服务之间的传统划分早就过时了。聚焦于服务的转变是从方法与生产者视角向效用与顾客视角的转变。"

在以服务为核心的观点中,有形的产品成为服务提供的载体,而不是最终目的。从某种方式上来说,产品成为其所传播的服务的次级品或附属品。在这样一个实体产品逐渐商品化的世界中,该观点对营销管理人员如何经营业务产生了深刻的影响。最基本的问题是,我们正在营销的究竟是什么?或者换种方式问,产品是什么,它的价值又从哪里来?以顾客为核心的经营方式需要将人员、流程、系统和其他资源整合起来以最好地服务于顾客,显然以服务为中心的视角与其相当一致。它舍弃了根据推出符合市场需求的产品来思考营销的局限,转向在专业化与价值创造过程中协助顾客带来的市场扩展的机遇。

二、服务的定义和分类

服务是一方能够向另一方提供的任何本质上是无形的活动或作业,并且其结果不会导致任何所有权的产生。服务可能与实体产品有关联,也可能毫无关联。越来越多的制造商、分销商和零售商开始提供增值服务或更好的顾客服务,以此与竞争对手进行差异化。许多纯服务型公司现在都在使用互联网与顾客进行接触,全程在线上操作。

服务要素可以是全部供应物的一小部分,也可能占主要部分。菲利普·科特勒按照服务在产品中所占的比重,将市场上的产品分成以下5种。

(1) 纯粹的有形产品,如肥皂、牙膏或盐,一般没有相应的服务。

(2) 附有服务的有形产品,如汽车、电脑或者手机,都附有保修或特定的顾客服务合同。通常,科技含量越高的产品,越需要高质量的支持服务。

(3) 混合供应物,如在餐馆吃饭,食物和服务的比重是相当的。人们光顾餐厅时感知到的产品既有食物的味道也有等待食物的过程。

(4) 附有少量产品或服务的主体服务,如航空公司会提供零食和饮料等有形产品。这项服务的实现也需要一种资金密集型的产品,例如飞机,但主要提供的还是服务。

(5) 纯粹的服务,主要是一种无形的服务,如保姆、心理治疗、按摩。

如果没有进一步区分,服务的广泛范围会导致很难对服务进行一般性的界定,例如服务是以设备为基础(如自动洗车房、自动售货机)还是以人为基础(如清洗窗户、会计服务),以人为基础的服务可以根据提供服务人员的不熟练、熟练或专业程度而进行区分。

服务公司可以选择通过不同的过程来交付自己的服务。例如,餐厅可以提供简餐、快餐、自助餐、烛光晚餐等不同风格的餐饮服务。

某些服务需要顾客在场。例如,进行脑外科手术必须要病人在场,而汽车维修就不需要。如果顾客必须在场,服务提供者则必须考虑顾客的需要。因此美容院经营者会投资店面装饰、播放背景音乐,并与顾客进行轻松的交谈。提供的服务一般可以满足个人需要(个人服务)及企业需要(企业服务),服务提供者通常会针对这些市场制定不同的营销方案。

通常情况下,顾客即使已经接受了服务,也无法判断它们的技术质量。将不同的产品和服务按照评估难度进行排列:服饰、珠宝、家具、住房、汽车等行业的产品是高搜寻质量的产品,搜寻质量即顾客可以在购买之前进行评估的特点;餐饮、度假、理发、儿童保育、电视维修等行业是高体验质量的产品和服务,体验质量即顾客在购买后才能进行评价的特点;而法务、汽车维修、医疗诊断等则是高信任质量的商品和服务,信任质量即顾客即使在消费后都难以评价的特点。

因为服务通常是高体验质量和高信任质量的,所以消费者的购买面临着较大的风险,可能会导致以下结果:第一,消费者做出购买决策时通常依靠口碑,而不是广告;第二,他们严重依赖价格、人员和实体设施来判断服务质量;第三,如果对服务满意,他们将高度忠诚于该服务的提供者;第四,由于转换成本很高,消费者存在惰性,所以使得从一个竞争对手那里抢生意非常具有挑战性。

三、服务的特性

(一) 服务的无形性

无形性是指服务不同于有形产品,服务在购买之前是看不到、尝不到、摸不到、听不到、闻不到的。一个要进行整容手术的人在购买服务之前是看不到结果的,病人在医生的诊疗室里也无法知道确切的治疗结果。为了减少不确定性,购买者会努力寻找证据来判断服务质量,他们可能会根据场所、人员、设备、宣传资料、标志和价格等来进行推断。因此,服务提供者的任务是管理证据以达到无形服务的有形化。

迪士尼公司就是一个将无形服务有形化的大师,它的主题公园创造出了神奇的幻想情景;玩具反斗城和 Bass Pro Shops 这样的零售店在设计方面也同样出色。

因为没有实物产品,所以服务提供者的设施尤为重要,包括其主要和次要的标识,具体包括环境设计与接待区、员工服装、宣传材料等。服务交付过程的各个方面都可以实现品牌化。为了使服务及其主要利益更加具体和可见,服务提供者通常会选择一些品牌要素(商标、符号、任务和口号),例如麦当劳公司的黄色 M 形标志,联合航空公司的"友善的天空"、美林证券的象征"牛"市的公牛形象的商标。

(二) 服务的不可分性

即便企业尽最大的努力提高服务的有形性,顾客仍然只有在真正消费之时才能体验到服务。服务的生产和消费同时发生,不能与服务的提供者相分离这一特征被称为服务的不可分性。

理发服务不能存储,而且如果没有理发师,服务是不能生产出来的,所以提供者就是服务的一部分。因为顾客也经常是在场参与的,所以提供者和顾客之间的交互是服务营销的一种独有的特性。娱乐服务和专业服务的购买者往往对特定的提供者非常感兴趣。如果泰勒·斯威夫特(Taylor Swift)的演唱会改由碧昂丝(Beyonce)来主唱或者如果反垄断领域的专家戴维·博伊斯(David Boies)的法律事务改由其他实习律师提供法律辩护,那么这就是完全不一样的服务了。当顾客有很强的提供者偏好时,提供者为了分配有限的时间,提高价格就是一件很自然的事情。

在服务的不可分性的限制下,有几种策略可供选择:第一,服务提供者可以组成更大的群体协作服务。一些心理医生已经从一对一的治疗变成了给一小组病人同时提供服务,最终扩大成对超过 300 名病人同时进行治疗。第二,服务提供者也可以尝试更快地工作,即加快服务速度。例如心理医生在每个病人身上可以只花费有效率的 30 分钟,而不是放松、缺乏规划的 50 分钟,从而可以诊疗更多的病人。服务组织也可以训练更多的服务提供人员,建立顾客信心。例如,H&R Block 税务筹划公司已经依靠自己培训后的税务顾问来完成它的全美网络布局。

(三) 服务的易消失性

服务的易消失性是由服务的无形性导致的。服务无法像有形产品一样先生产出来,经过储存以备出售。因此,如果服务不能在有效时间内被消费,就会给服务提供者造成很大的损失,如飞机上的空座。服务的易消失性要求营销人员必须根据生产能力进行详细预测,制订周密计划,并针对失败的服务制定强有力的补救措施。比如,旅游景点在淡季以低价吸引更多游客,餐馆在用餐高峰期雇用兼职人员来增加服务能力。

(四) 服务的可变性

服务的可变性是指服务的质量在很大程度上取决于提供服务的人员、提供服务的地点和时间、顾客参与服务的程度，以及人们的相互作用。一些医生对病人的态度极好，其他医生可能就没那么善解人意。服务的无形性和不可分性导致不存在两种完全一致的服务。服务产生于多种资源以及员工与顾客的互动，这些不可控因素使得服务经理无法得知服务是否按照原本的设计提供给顾客。此外，很多公司会把些服务外包给第三方，这也会加大服务的可变性。

四、服务营销与管理

(一) 服务营销的3P策略

与有形产品的营销一样，确定了合适的目标市场后，服务营销工作的重点同样是采用正确的营销策略组合，满足目标市场顾客的需求，占领目标市场。但是，服务及服务市场具有若干特殊性，这决定了服务营销策略组合的特殊性。一般而言，在制定服务营销策略组合的过程中，企业除了考虑传统的营销 4P 策略外，还要考虑人(people)、过程(process)及有形展示(physical evidence)，即服务营销的 3P 策略。

(1) 人。尽管有些服务是由机器设备提供的，如自动售货服务、自动提款服务等，但零售企业和银行的员工在这些服务的提供过程中仍起着十分重要的作用。一个高素质的员工能够减少物质条件不足使消费者产生的缺憾感，而素质较差的员工不仅不能充分发挥企业在物质设施上的优势，还可能导致顾客拒绝再次接受企业的服务。

(2) 过程。在营销过程中，服务的提供者不仅要明确向哪些目标顾客提供服务，提供哪些服务，而且要明确怎样提供目标顾客所需要的服务，即合理设计服务提供的过程。企业应围绕以尽可能低的成本向顾客提供尽可能大的服务价值这一基本宗旨，优化整个价值增值的过程，确立自身在市场竞争中的优势。

(3) 有形展示。服务是无形的，消费者往往根据其能够感知的有形因素的状况来判断服务的质量，从而做出是否消费的决策。有形展示即通过有形因素向消费者展示服务的特点、质量等。有形展示可以通过感官刺激向消费者提供服务信息，让消费者感受到服务带来的利益，激发消费需求，引导消费者对服务质量的合理期望。例如，一位初次光顾某家餐馆的顾客在走进餐馆之前，餐馆的外观、门口的招牌等使他有了一个初步的印象，如果印象好的话，他会径直走进去，这时他将根据餐馆内部的装修、桌面的干净程度以及服务员的礼仪形象等进一步决定是否会在此用餐。

(二) 内部营销与互动营销

4P 传统营销策略不足以满足服务营销的要求，服务营销还需要内部营销和互动营销。内部营销意味着服务企业为获得顾客满意，必须引导和激励与顾客直接接触的一线员工和提供支持的员工开展团队合作。营销者必须使组织中的每个人都以顾客为中心。互动营销意味着服务质量在很大程度上取决于服务过程中买者与卖者之间的互动效果。在实体产品的营销中，产品质量很少受到产品获得方式的影响，但是在服务营销中，服务的质量既取决于服务的提供者，也取决于服务传递过程的质量。

(三) 服务—利润链

在服务生产和消费的过程中，顾客总要和员工打交道。一次让顾客满意的服务在一定程度上取决于直接与顾客接触的一线人员的专业素质和后台人员的支持性工作。因此，服务企业要想成功，对顾客和员工的双重关心是至关重要的，即企业的利润和顾客的满意是联系在一起的，这就是服务—利润链，这一链条包括以下内容。

(1) 内部服务质量。严格的员工甄选、专业的员工培训、良好的工作环境、合理的薪酬制度、完善的管理体系等都会带来内部服务质量的提升。

(2) 满意且高效的员工。像对待顾客那样对待员工，让员工感到他们有价值，他们的需求被人重视，不仅会激发员工的高效率，使他们更积极、更努力地为公司目标服务，而且会使公司形成一种良好的、以人为本的氛围和企业文化。

(3) 更高的服务价值。为顾客提供更高的服务价值，能够提高顾客的满意水平，这有利于增加顾客黏性，为公司带来巨大的利益。

(4) 满意且忠诚的顾客。顾客满意就是顾客根据其需要或期望是否被满足而对产品或服务进行的评价。顾客满意会带来一定程度的顾客忠诚，而顾客忠诚会使企业获得长久的发展。

(5) 卓越的业绩。对大多数企业而言，较高的业绩水平是其重要的财务目标，如何创造高绩效、如何保持高绩效是企业中每个员工都应该思考的问题。

(6) 服务差异化管理。在当今的世界，竞争不断加剧，成本的提高以及生产率和质量的下降迫使服务营销需要向更高水平迈进，服务差异化管理无疑是重要的一环。然而，这对于众多营销人员来说是一件颇具挑战性的事情。从某种程度上讲，服务的同质化使顾客更多地关注服务的价格而非服务的提供者。关于如何应对价格竞争，从服务本身、服务的提供方式和品牌形象中可以找到有效的方法。

① 从服务本身入手。对于服务企业而言，服务本身可以包含更多的创新。产品的附加值可以使顾客感知到更高的服务质量，产生更高的满意度。例如，美发店在提供理发服务之后可以与顾客保持联系，持续关注顾客的发型需求，根据流行趋势，为顾客提供持续的指导和发型推荐服务。

② 从服务的提供方式入手。服务企业可以采用更好的方式将服务提供给顾客，比如采用更专业化的一线员工，这些员工直接与顾客接触，其良好的专业素质可以更好地满足顾客的需求。例如，一家电子产品企业的售后人员的专业化程度越高，顾客的疑问越可以得到有效、快速的解决，这样就会增加顾客的满意度。淘宝推出极速退货、退款的服务，不用等到整个退货流程结束就能收到退款，这对顾客来说是非常方便的。

③ 从品牌形象入手。去哪儿网采用骆驼图像作为其品牌标志，形象生动、有趣且易于传播。耐克公司以"√"图形作为其品牌标志，使人印象深刻，便于流传。

(7) 服务质量管理。格罗鲁斯最早提出顾客服务质量感知的概念，他认为顾客服务质量感知是顾客期望的服务质量与其实际接受的服务质量之间的差异。随后,帕拉苏拉曼等人认为顾客服务质量感知是顾客对服务提供商的服务的期望。泽丝曼尔进一步将顾客服务质量感知解释为顾客对某一实体整体优越性的评判,认为服务质量是一种态度,来源于顾客期望和感知之间的比较。服务质量的概念是逐步发展和完善起来的,大体经历了三个阶段,其基本特征如下。

① 服务质量是一种主观质量。与有形产品不同,服务质量无法利用标准仪器进行测量和检查,它只是一种感知,这就造成了服务质量的主观性。不同的顾客对于同一种服务会有不同的感受和体会。比如,同一家理发店,有的顾客可能会认为这家理发店很好,设计的发型令自己非常满意,另一些顾客则不太满意,以后也不会光顾。

② 服务质量是一种互动质量。有形产品是由工厂生产出来的,在没出厂之前,产品的质量就已经形成,消费者无法对产品质量产生太大的影响。服务质量则不同,它是在服务提供者与顾客的互动过程中形成的,没有两者的互动,服务质量将会下降。

③ 过程质量在服务质量的构成中占据极其重要的位置。在服务质量中,过程质量和结果质量同等重要,重视过程质量并不否认结果质量的重要性,而是强调相对于有形产品而言,服务质量中的过程质量非常重要,任何忽视过程或结果的行为都是错误的。

④ 服务质量的标准不同于制造业。服务质量的度量标准与制造业截然不同。与制造企业可以通过调整机器设备和各种生产要素来控制质量不同,一些顶尖的服务企业往往设立较高的服务质量标准,密切观察自己及竞争对手的服务表现,增加员工与顾客之间的有效互动。

⑤ 服务生产率管理。服务生产率是服务行业的重要内容,高质量的服务会带来较高的收益,从而提高服务生产率。生产率指的是生产过程中投入与产出的比率,服务生产率的概念区别于传统的生产率,与服务质量是紧密相联、不可分割的。服务生产率包括服务的结果质量、服务的过程质量和服务中的互动质量。但有时,旨在提高服务质量的举措却降低了服务生产率,例如,如果移动公司的人工客服更加耐心地解答顾客的问题,就会减少接听电话的个数;有时,旨在提高服务生产率的举措可能会降低服务质量,例如,如果移动公司的人工客服接听更多电话,其耐心和服务水平就会受到影响。因此,如何同时提高服务质量和服务生产率是营销人员应关注的问题。

第五节　新产品开发战略

新产品的开发塑造着公司的未来。产品和服务的改进与更新能保持或者增加销售量。世界性的新产品和新服务则可以改变产业的发展趋势、整个企业的命运,甚至可以改变人们的生活方式。挑战产业规范并且运用充满想象力的方案的企业,将取悦和吸引消费者。营销人员在新产品开发过程中扮演十分重要的角色,他们识别和评估产品创意,并在新产品开发的每一个阶段与研发人员和其他部门的人员进行合作。

一、"新"的定义

"新"意味着什么?每一天,消费者都能看到或者听到营销传播在谈论"全新改进的产品"。

与此同时,创业企业的管理者们也在挖空心思试图给消费者们提供创新产品,以使自己获得巨大成功。让我们来看看产品制造商和消费者是如何对"新"进行定义的。

(一) 企业视角的"新"产品及创新途径

大多数人会把"新"产品定义为以前不可获取的产品,或者与现有产品毫无相似之处的产品。有的时候,全新问世的产品具有非常大的创新性,它给市场带来了根本性的变化,被称为颠覆性创新。这是因为它们通过提高产品的简洁性和便利性,或者提供更加便宜的产品改变了人们的观念,甚至是行为。在这一过程中,它们通常会使现有产品的吸引力大幅度下降,例如,青霉素、桌面计算机、手机和平板电脑等都被认为是颠覆性创新产品,然而这种颠覆性创新产品在所有的新产品中所占的比例却是最小的。

全新问世产品的第二种类型是延续性创新,是比现有产品更新、更好、更快的版本,在大多数情况下,该类产品以现有的顾客为目标群体。延续性创新可以把市场引向新的方向,从而具有革命性的意义。延续性创新的产品也可能是现有产品的升级或修正版本,表现出对当前产品的渐进式提升。

一旦产品被开发出来并进入市场,企业就可以通过对现有产品线进行改进来扩展产品。多年以来,可口可乐公司已经在可乐产品线中添加了多种新产品,首先是在 20 世纪 80 年代初期推出的健怡可乐,现在还有了包括零度可乐在内的以可口可乐为品牌的许多不同产品,这些产品同样有多种型号和多种包装,使可口可乐拥有了许多不同的产品项。

另外一种创造"新"产品的方式是对现有产品重新定位以瞄准新的市场。重新定位的产品是针对新市场或新的细分市场的产品。例如,通用汽车在其达到顶峰 20 年后将其陈旧的、业绩不佳的豪华品牌进行了重新定位,直接与宝马、雷克萨斯等欧洲品牌抗衡,在迈阿密以时尚闻名的南滩地区和其他类似的地区展示了凯迪拉克凯雷德运动型多用途车和 CTS 轿车。

低价产品以低价与竞争者的同类产品抗衡。惠普公司的 3100 型激光打印机是集扫描仪、复印机、打印机和传真机于一体的机器,这款打印机的价格低于传统彩色复印机,并远低于分别购买这 4 种设备的价格。沃尔玛进入了由塔吉特主导的低价服饰市场,并取得了一定的进展。尽管国内服饰市场不景气,沃尔玛却在进入市场的 6 个月内将销售额提高了 10% 以上。

(二) 消费者视角的"新"产品感知

虽然企业在推出新产品时遵循着具体的策略,但消费者并不知情,实际上,消费者并不真正关心产品是如何到达市场的。顾客对新产品的视角相对来说要狭窄很多,并且比较自我。顾客最感兴趣的是:这个产品对我来说是否是新的。从企业的角度来看,重要的是认识到每个顾客获取新产品的方式都存在差异。举例来说,第一次到手机服务供应商那里购买手机的顾客可能会比较畏惧这个过程,因此,服务提供商会非常谨慎地接待这些顾客以减轻他们的焦虑感,同时也会把介绍的焦点集中在易用性和服务套餐的简洁性等内容上;而有经验的手机用户则喜欢与销售人员讨论最新的手机功能、服务套餐和技术等。企业面对的一项挑战是如何应对过去的顾客感知。

二、新产品失败

研究表明,新产品评估的失败率高达 50%。在美国,新产品的失败率甚至高达 95%;在欧洲,新产品的失败率达 90%。新产品失败的原因有很多:忽视或曲解市场研究的结果,高估市场规模,产品开发成本较高,产品设计差或者产品的性能比较差劲且定位不恰当,没有开展有效的广告活动或产品定价过高,没有足够的渠道支持,竞争对手反击激烈,投资收益或者回报率太低。此外,其他一些要素也会对新产品开发产生阻碍。

(1) 过度细化的市场。企业必须把它的新产品投放到比以前更狭小的细分市场,这就意味着较低的销售额和较低的利润水平。

(2) 社会、经济和政府限制。新产品必须保障消费者的安全和生态环境的质量,遵守政府对生产经营条件的规定。

(3) 开发成本。通常情况下,公司必须从众多创意中挑选一个值得开发的项目,同时公司必须承担高昂的研究与开发费用、制造费用和营销费用。

(4) 资金短缺。一些公司虽然有好的想法,但不能筹集足够的资金去研究和开发这些创意。

(5) 新产品开发的时限缩短。公司必须学会借助新技术、战略合作伙伴、早期概念测试和先进的营销策划等手段来压缩开发时间。

(6) 不恰当的投放时间。有的时候,新产品是在消费者已经对这类产品的需求呈现下降的状况下推出的,或者产品推出太早,消费者对这类产品还不太感兴趣。

(7) 产品生命周期缩短。当一种新产品获得成功之后,竞争对手会非常快地进行模仿。

(8) 缺乏组织支持。新产品可能与公司文化不匹配,也可能无法获得必需的资金或者其他支持。

失败的原因因地域不同而有所差异。实际上,真正的创新型公司往往把失败看作获取成果过程中不可或缺的组成部分。硅谷的市场营销专家塞思·戈丁(Seth Godin)坚持认为:"失败不仅是有好处的,而且也是必要的。"很多网络公司就是失败的商业投资的结果,在它们推出服务的时候,往往经历了很多挫折。例如,Dogter.com 是一家专门面向爱狗人士的社交网站,它是在 Pets.com 网站失败后才创建起来的。

失败并不总是一个产品开发的结束。礼来制药发现,90%的实验性药物会走向失败。于是,该公司逐渐建立这样的企业文化:失败是发现和探索过程中不可或缺的一部分。如果一种药物在临床试验的某个阶段失败了,礼来就鼓励科学家去研究其可能的新用途。例如,Evista 是一种失败的避孕药,却成为每年销售额高达 10 亿美元的抗骨质疏松药物;Strattera 虽然作为一种抗抑郁药失败了,却成为最畅销的治疗注意缺损多动症障碍的药物。

第六节 新产品的开发过程

新产品的开发过程包括三大主要活动,其中共包括 8 个具体任务,任何步骤的失误都会显著降低企业获得长期成功的概率。新产品开发过程中的三大主要活动是:①发现产品机会;

②明确产品机会；③发展产品机会。

新产品开发时间线存在很大的变化性，营销人员必须在产品开发过程和持续变动的市场需求之间取得平衡。产品开发所用的时间太长，市场可能已经改变；而开发的过程太匆忙，产品又可能存在设计不足或者质量欠佳等问题。

一、发现产品机会

新产品开发过程的第一步是发现潜在的产品机会，这一步包含两个具体任务。首先，企业必须生成足够多的新产品创意。能够通过整个流程的产品创意数量寥寥，而正如我们已经目睹的那样，最后实际能够取得成功的新产品甚至更少。因此，保证有稳定、充足的新创意进入开发过程具有相当重要的意义。其次，在把资源投入到开发过程之前，必须对创意进行评估。

(一) 产生新创意

产品的创意诞生于两种途径：企业的内部和外部。尽管企业可能会偏好其中一种途径，但事实上企业的内部和外部均能产生优秀的新产品创意。企业对创新的投入、竞争对手在新产品开发方面的名声以及顾客的期望等众多因素均会影响企业偏好的创意诞生途径。

1. 内部途径

内部创意的来源是研发、营销和制造部门的员工。关键的员工不仅了解企业的能力，也了解市场的需求。因此，内部来源是新产品创意的最佳来源并不令人吃惊。产品研究耗资不菲，很多企业每年需要花费数十亿美元来生成产品创意。

直接与顾客打交道的企业人员是创意的另外一个来源。作为销售人员、客户服务代表和其他与顾客产生直接互动的企业人员，很有可能发现新产品的创意。这些创意经常是对现有产品所做的渐进式调整，可以解决某个具体的问题。不过，顾客对现在的产品或服务提出的不满偶尔也会需要真正创新性的解决方案。

与各类学术机构合作有助于企业支持自己的研究活动。当企业从事纯粹的研究工作，摸索现在还不能立即在市场上应用的前沿想法时，这种合作的推进作用体现得特别明显。贝尔实验室等专门的研究实验室产生产品创意并对其进行测试。作为原来 AT&T 的组成部分，20 世纪许多重要的技术产品均萌芽于贝尔实验室。AT&T 在多个领域的研究，比如晶体管的开发等，要远远领先于市场需求。现在，尽管 AT&T 的实验室中仍然雇用着超过 4500 名科学人员，但他们的注意力却集中于更加以市场为中心和以顾客为驱动的新产品创意。

在通常情况下，研发是企业获得市场成功的重要因素。三一重工，这家中国市值最高的机械设备类企业之一，就是通过研发新产品获得市场优势地位的绝佳案例。成立初期，三一重工将重点放在了被外国设备占据的市场上，接连开发出混凝土拖泵、长臂泵车等设备，依靠高性价比、售后维护的便利性和民族情感从外资企业手中争夺市场份额。随后，三一重工又开始引领市场，先后研发出一系列大型作业设备，目前，世界 500 米以上高楼均使用三一重工的设备进行建设。通过技术优势获取市场份额听上去十分简单，前景也很诱人，但是需要企业投入大量资金。2014 年，三一重工花费 12.9 亿元进行研发，居中国各大机械类上市公司之首。

2. 外部途径

1) 与企业没有直接关联的个人和组织

与企业没有直接关联的个人和组织是创意的一个极好来源。在互联网应用等产业中，小规模的创业企业驱动着创新。Instagram 是 Facebook 旗下一个颇受欢迎的互联网社区，该网站始于 2010 年，由某些想要通过社交媒体平台共享文件的创业者建立，到现在已经有了超过 1 亿注册用户。Facebook 在 2012 年收购了该网站，这次收购也展示了规模更大的企业如何通过收购拥有创新产品的小型企业而获得持续的增长。谷歌、微软和苹果等公司中都有专门的员工或部门负责寻找并收购拥有杰出产品创意的新兴企业。

2) 顾客

顾客也是产品创意的一个优秀来源。解决顾客的问题可以催生具有市场潜力的创新产品解决方案。许多企业鼓励顾客通过电子邮件和在线讨论小组等途径在互联网上直接告诉企业自己的想法。而福特、宝马、奔驰等企业则会赞助用户群体的论坛，支持用户讨论对现有产品的改进。虽然这些不太可能带来全新问世的产品，但却能给现有产品带来渐进式甚至重大的改良。

从顾客那里汲取新创意有以下 7 种方法。

(1) 观察顾客如何使用本公司产品。美敦力(Medtronic)是一家医疗设备公司，它的销售人员和市场研究人员定期观察脊柱外科医生如何使用他们的产品和竞争者的产品，研究他们产品的哪些地方需要改进。类似地，通过住在墨西哥中低收入人群的家里，宝洁公司研究人员改进了多丽一漂净产品。这是一种织物柔顺剂，它可以在半人工的洗衣过程中省掉最为辛苦的步骤。

(2) 向顾客询问他们在使用本公司产品的过程中存在的问题。小松机械把工程师和设计师派往美国学习 6 个月，他们和美国的设备使用者一起工作，研究改进产品的途径。类似地，宝洁公司发现，顾客打开薯片袋子，因为不能保存太久而使薯片变质。在这种情况下，宝洁公司很快设计了具有同一尺寸的网球盒状的罐装薯片——品客薯片，消费者打开罐子后还可以很方便地把盖子盖上，从而确保薯片在较长的时间内不会变质。

(3) 向顾客询问他们梦寐以求的产品。即使顾客说出来的理想产品在现在来看不可能，也要向顾客询问他们想要用产品干什么。一个 70 岁的照相机使用者告诉美能达公司，他希望拍出来的照片好看一些，不会显示出明显的皱纹和实际的年龄。作为回应，美能达后来开发出带有两个透镜的照相机，其中一个透镜就是为了使拍出来的照片显得更加柔和。

(4) 利用顾客讨论小组对本公司的创意提出评论。Levi Strauss 让年轻人组成讨论小组，共同讨论生活方式、生活习惯、价值观和品牌契合等问题；思科运用顾客论坛改进它的产品和服务；哈雷戴维森从公司拥有的 100 万会员中征求产品创意。

(5) 利用网络来获取新的创意。公司可以使用诸如 Technorati 专门化的搜索引擎去寻找与自己业务关联的博客和帖子。宝洁公司的官方网站就设置了"分享您的观点"这个板块，专门从顾客那里获得建议和反馈。

(6) 建立品牌社区，让顾客讨论本公司的产品。哈雷戴维森和苹果两家公司都有品牌的热衷者和拥护者；索尼也通过与消费者的合作性对话共同开发它的 PlayStation 产品；乐高在新产品开发的早期阶段经常倾听孩子和大人的反馈。

(7) 鼓励顾客改善本公司的产品。Salesforce.com 希望用户通过简单的编程工具来开发和分享新的应用软件。International Flavors & Fragrances 公司为顾客提供了能改变特定味道的工具箱，顾客完成后可交给公司生产。LSI Logic Corporation 为顾客提供了自助工具箱，以便顾客能设计他们自己的个性化芯片；宝马也在其网站上设置了工具箱，以便顾客使用远程通信和车载在线服务来生成创意。

3) 分销商

分销商是新产品创意的一个不错的来源，当其作为顾客和企业之间的主要联系渠道时，尤其如此。小企业一般并不具备建立全国性销售团队的资源，必须在许多市场上使用分销商。Windows 平台利用全球分销商组成的网络来销售自己的产品，而奥德赛软件(赛门铁克的一个子公司)便是这个无线商业应用平台的开发者。分销商网络是企业开发新产品过程中的关键合作伙伴。事实上，几乎组织外部的任何人都能生成新产品的创意。

尽管企业知道来自外部的绝大多数创意都不会通过筛选过程，但仍然鼓励人们提出他们对产品的想法。惠普公司每年从各类人员那里得到成千上万的产品创意，只不过真正得到重视的实在是凤毛麟角。

(二) 筛选和评估创意

创意需要尽快得到筛选和评估。筛选创意有两大主要的目的。

1. 去掉不值得进一步考虑的产品创意

许多时候，开发新产品耗资不菲，而企业的资源却相对稀缺，所以需要在初期对创意的可行性进行评价。创意被拒绝的原因有很多，例如，提案不够好，也有的创意不错，但与公司的整体业务战略不一致。

拒绝或者推进一个新产品设计可能会产生两种错误，而这两种错误都会让企业付出潜在的巨大代价。

(1) 上市错误。当企业没能阻止一个糟糕的产品创意进入产品开发过程时，企业就犯了这种错误。该错误可能造成从非常严重的损失(新产品不被市场接受，企业的初始投资全都打了水漂)到未能满足目标投资回报计划(产品未能达到盈利性或单位销售额的既定标准)等不同程度的后果。犯错的昂贵代价常常会让企业审查筛选过程，搞清楚该产品是如何进入开发过程的。当产品未能达到预定的成功标准时，其审查可能会集中在营销战略失误、目标市场调整或竞争对手对产品发布的针对性回应措施等方面。

(2) 阻止上市错误。当一个优秀的创意在筛选过程中过早地被剔除时，企业就犯了阻止上市错误。几乎每个 CEO 都能说出一段成功产品从手中溜走的故事。大多数情况下，企业不愿意讨论阻止上市的错误，因为这会让管理层感到尴尬，并且会给竞争者们提供产品开发的额外信息。例如，我们曾经热烈地讨论苹果公司，指出它极其成功的 iPhone 和 iPad 等产品，但是，苹果公司还开发过许多最终未能上市的其他产品。比如诞生于 20 世纪 90 年代初期的双核平板电脑很有可能是世界上第一台平板电脑，苹果终止了对该产品的开发，为了避免与牛顿 PDA 产生混淆，该平板电脑代号为 PenLite，具备许多特征，它是一台可以与所有 PowerBook 笔记本配件相连接、全功能、可无线上网的平板电脑。

2. 对通过最初筛选和评估的创意进行优先排序

所有新产品的概念并不是同等重要的，重要的是把资源集中在那些最符合成功标准的概念上。各个企业用来对产品概念进行优先排序的标准都不相同，但通常会包括以下要素。

(1) 上市的时间(产品开发并进入市场需要多长的时间)。

(2) 投资回报(投入项目的资金预计能够收到多少回报)。

(3) 新产品与企业整体产品组合的匹配程度。

在这个分析过程中，由来自企业各个具体领域(财务、营销、研发、生产、物流)的人员组成的团队将会展开内部评估。这些人员常常会直接参与新产品的开发过程，对成功的标准和企业总体的产品组合有着透彻的了解。此外，一定数量的相关高级管理人员也会在筛选过程中保证长期战略目标的连续性，并领导筛选过程。团队成员采用轮换制，以保证创意的新鲜性，毕竟整个过程需要成员投入大量的时间，而评价团队中的成员在企业中还需要承担其他职责。

二、明确产品机会

通过筛选过程的创意进入开发阶段，明确产品的潜力和市场机遇。这个阶段的三个具体任务是明确并测试产品创意、制定营销战略、实施商业论证分析。

(一) 明确并测试产品创意

现在需要对产品创意进行明确的定义和测试。处于这一阶段的创意通常并未得到完全的开发和运作。此时，根据概念的不同，企业对人员和资源进行分配以推进产品开发过程，并制定开发产品所需的预算。

产品定义有三个目的。第一，它定义了产品的价值主张，顾客的哪些需要得到了解决，在更广泛的意义上，还明确了价格区间；第二，定义简洁地确定了目标市场和购买频率；第三，定义描述了产品的特征(外观、感受、实体要素和产品特色)。随着产品开发的推进，产品的物理特征会得到进一步的明确，特别是不同价格点对应的具体特性将会反映在产品的样品中。

目标顾客在明确产品概念中发挥着重要作用。企业会通过一对一或焦点小组座谈的方式，向顾客展示模型、有限的样品以及口头或书面的产品描述。计算机图像也会被用来描述产品要素甚至是功能。举例来说，在新式喷气飞机的开发过程中，波音和空客公司会开发出尖端的模拟情境，让乘客仿佛置身于飞机之中。通过这种方式，顾客获得了更加切合实际的视角，而企业则以极小的成本开发出了全尺寸的产品原型。

在这一阶段，企业开始从市场中获取意见来确定和开发产品概念。企业询问顾客对于产品概念的态度，以及他们对这一概念的感受是否异于市场上的其他产品。产品开发人员想了解顾客会不会购买这个产品，又愿意为之付出多少钱。企业必须了解该产品是否能够吸引目标受众。第二个问题在测试中也是十分必要的：你想对产品概念中的什么地方进行改动？如果顾客建议的改动并不可行(实施成本过高、技术上不现实等)，那么就极大地降低了该产品项目的可行性。但是，不论是否可行，顾客的反馈都会融入产品的开发中。通过这一阶段做出的调整，企业不用等到产品发布之后再进行修改,也就提高了产品成功的概率。由于这些信息极其重要,研究人员会使用大量的目标顾客样本来保证发现成果的隐秘性。

(二) 制定营销战略

产品开发过程使产品具备了一组独特的物理特征以及细节特性的组合。随着产品得到更好的界定,营销专业人员也开发出了实验性的、详细的营销策略。虽然产品仍然处于开发阶段,但由于以下原因,企业仍然需要现在就为其准备营销战略。

(1) 确定目标市场对产品开发人员有所助益。除了最基本的市场信息(规模、地理位置和人口统计特征等),产品开发人员还需要了解目标顾客将如何使用产品(背景、环境)以及市场的心理统计特征(市场的活动、兴趣和意见)等,营销人员也会评估关键时间点的可能市场份额(新产品在上市一年后能获得多少市场份额)。此时制定出来的实验性的定价、分销和营销沟通战略将随着产品首次展示的日益临近而逐步得到应用。作为初始营销传播的一部分,适当的公共宣传经常会包括与新产品有关的文章。

(2) 营销管理人员需要为新产品发布制定预算,并估计营销传播的预算、生产能力和物流需要等。

(三) 实施商业论证分析

明确产品定义和制定实验性营销策略后,关键的"推进与否"决定必须在下一个产品开发阶段开始之前就确定下来,此时产生的费用相对于推进到开发完毕、市场测试和产品发布的费用要小得多。要做出正确的决定通常承受着很大的压力,因为错误的代价相当高昂。商业论证分析是对产品所做的总体评价,通常评估了产品的成功概率。一般来说,当产品的现有营销规划要做出改动时,比如需要增加营销沟通预算,就会实施商业论证分析。商业论证将估测提高传播预算的可行性。在新产品开发过程中,商业论证主要关注两个关键的问题:第一,确定一段具体时期,通常是五年内的产品总需求;第二,制定现金流量表,明确现金流量、盈利率和投资要求等。

1. 产品总需求

销售通过两个途径得到明确:收入(单位销售量×价格)和单位销售量。每个途径都提供了重要的信息。收入是盈利分析中首先关注的数据,它受到价格波动的影响,对于全球化的产品来说,价格波动十分常见,世界各地的产品可能存在显著的价格差异。汇率的波动会导致收入的大幅变化,而价格的上涨也会带来总收入的急剧下降,因此,单位销售量常常能够更加真实地反映产品的增长,它代表着世界各地不同的产品配置下销售出的单位数量。

总需求的估计是三种独立的购买类型的函数。

(1) 新购买,即第一次销售。在新产品情境下,这种销售被称为尝试性购买。这也被计算为尝试率,即在一个特定的目标市场上有多少人曾经尝试过购买该产品。

(2) 重复购买,即同一顾客购买的产品数量。这对于购买较频繁的产品来说比较重要,比如便利性商品,因为它们的成功依赖频繁的重复购买。

(3) 替换购买,即为了替换已经过时或发生故障的现有产品而购买的产品数量。根据预计的产品寿命，企业会对任意给定年度的产品故障数量做出估测。通过首次购买和重复购买销售出去的产品数量越多，替换销售的数量也会越多。

2. 盈利性分析

到此阶段为止，费用主要还是集中在研发和市场调研方面。但是，从下一个阶段开始，企业就将进入生产阶段，还会产生将产品送入市场所需的营销、会计和物流等费用。因此，需要对产品的长期盈利性进行透彻的分析。

三、发展产品机会

如果根据之前分析的结果决定继续推进新产品，那么分配到该产品开发中的人员数量和资源就会大大增加。20世纪90年代以前，企业会把大量的新产品概念推进到开发阶段，由市场测试来筛选和剔除创意。这一现象在20世纪90年代发生了改变，因为将产品推向市场的成本急剧上升，而失败率却居高不下。现在，企业会在开发过程的较早阶段便筛选产品创意，所以能够进入开发阶段的产品创意大大减少，而被选中进行开发和市场测试的产品最终在市场上发布的概率却要高得多。

(一) 开发产品

到目前为止，该产品主要以概念的形式存在，或者说，最多作为一个原型品而出现，但是如果该产品概念继续向下发展，它就必须从一个可行的产品概念进化为一个在满足顾客需求的同时还能够盈利的可行产品。开发团队面临的挑战在于设计和制造出一种顾客想要购买，同时还能满足企业各项指标(销售价格、收入、边际利润、单位销售量和制造成本)的产品。

作为公司长期发展战略的一部分，星巴克已经完成了数起收购，使公司的产品超越咖啡的局限，走向多元化的产品组合。举例来说，星巴克以1亿美元现金收购了位于旧金山的港湾面包(Bay Bread)公司及其La Boulange品牌。星巴克的食品组合策略对于企业未来在多个渠道的增长具有重要的意义。基于顾客的反馈，公司对于如何改进食物品类有着持续的战略规划。在美国，公司直接经营的门店中来自食品的收入每年已经超过15亿美元，并且近年来还在以两位数的速度持续增长。认识到顾客对于更高质量食品选择的渴望，星巴克计划将La Boulange产品整合进入星巴克供应的食物品类中。了解顾客希望享用人工添加剂更少、分量更小的美味食品的愿望的同时，而La Boulange使用新鲜的原料、专门的谷物以及本地出产的农产品很好地满足了这一需求。星巴克希望这一新增的食品不仅能够逐步增加销售，提高顾客忠诚度，而且能通过差异化的品牌体验给企业带来进一步的发展。

在概念测试阶段进行的研究为顾客在产品中寻求什么样的利益提供了大量的信息，再加上来自工程人员、设计人员和营销专业人员的意见，之前确定下来的产品定义便可以得到实施。这个过程从对顾客基本需求的战略性理解前进到对产品特征的具体操作化定义。遵循这一过程，通过瞄准传递给顾客的必要利益，产品的物理特征便可以得到明确。

产品开发有两种模式。

(1) 包含更多的规划，并属于一个连续的时间线，每个阶段都必须在关键的过程指标得到满足之后才会进入下一个阶段。在这种情境下，产品开发过程会花费大量的时间制作产品，使这个产品与最后进入市场接触顾客的最终产品尽量接近。因此，产品测试的主要目的是肯定整个过程较早阶段进行的大量开发工作。

(2) 鼓励使用更多的产品模型，在整个开发过程中逐步推进产品。在这种模式中，产品不需要在测试前就十分"完美"；相反，这里的逻辑是不断测试产品，并通过测试过程改进产品，收集顾客反馈。通过这一过程，市场逐渐知晓了产品，如果管理得当，市场对于产品的兴趣会在开发过程中日渐高涨起来。

这种模式的目标是尽量缩短花费在开发过程上的时间，尽快从开发进入测试，以使成本降到最低并让产品进入潜在用户的手中。企业在这一阶段投入的时间越多，竞争对手了解产品的可能性就越大。

(二) 产品测试

通常一种产品会经过以下两类测试。

(1) 由内部的工程人员、产品专家和其他员工测试。随着产品的特征得到最终确定，大多数的测试都已经由内部的工程人员、产品专家和其他员工完成。这类测试主要测试产品的操作性，称作阿尔法(Alpha)测试，帮助企业阐明产品基本的可操作性，比如物理特征和特性等。

(2) 潜在的顾客测试。在某些情况下，企业需要潜在的顾客测试产品。贝塔(Beta)测试鼓励顾客评估产品模型并向企业提供反馈。这里的产品可能会非常接近最终的配置，但贝塔测试使企业还有进一步测试产品并做出改进的余地。

(三) 市场测试

一旦产品的开发团队对产品的性能、物理特征和特性感到满意时，产品便可以进入市场以待市场测试。为了保证安全性，使泄露出去的信息尽可能少，并扰乱竞争对手的情报，企业通常会赋予产品一个代号。一旦产品进入市场测试阶段，企业便会使用产品的市场名称为测试制定营销战略。该战略中的一些元素，比如品牌名称和包装等，将会在产品开发过程中得到消费者的测试。例如，工程人员会与包装设计专业人员合作，确保产品得到保护，因为包装能够将营销传播的机会发挥到最大。

市场测试的数量是数个关键因素的函数，而这些关键因素之间又相互冲突。首先，企业必须评估犯错误需要付出的代价。虽然之前企业已经投入了一大笔资金，但发布新产品遭遇失败所付出的代价更多。失败的风险越大，企业在产品完全上市前想要进行的市场测试就越多。

创业者在新创立一家企业时，面临的一个重要挑战是开创一个新产品或服务。

产品的开发与生产是企业经营活动的实质内容，对于创业企业来说，更是创业企业赖以创建、生存和发展的基础。创业者面临的挑战是根据市场和消费者的需要，开发出具有竞争力和较高价值的产品。

本章小结

创业者在规划产品和服务时，需要考虑三个产品层次，即基本利益、核心产品及扩展产品。

一般来说，可以根据产品的有形性、耐用性和使用者对产品进行分类。创业者应结合自己的经验、技能及兴趣，进入不同的产品领域。

一般来说，企业会生产系列产品，这些产品可以是一种基本产品的变体或扩展，也可以是完全不同的产品。

企业会随着市场条件的不断变化而创造、发布和改良产品。产品进入市场后，销售量和利润会随时间推移而改变，呈现一个由少到多，再由多到少的过程，这就是产品的生命周期现象。

服务也是一种商品，尽管它没有实体形式，但其本质上代表一组能够满足顾客需求和欲望的利益。同样，顾客通过购买服务而实现的价值不是建立在其物理属性的基础之上，而是以服务对满足其需求和欲望的影响为基础。服务在质量上可能存在巨大的差异。

新产品开发过程中的三大主要活动是发现产品机会、明确产品机会及发展产品机会，其中包括 8 个具体任务。

思 考 题

一、简答题

1. 什么是产品的层次？
2. 如何进行产品分类？
3. 如何开发产品系列？
4. 什么是新产品，创业企业如何开发新产品？

二、案例分析

日本东丽的产品研发与创新之路

成立于 1926 年，拥有近百年研发经验的日本东丽集团，是提升运动装备的功能的供应商典范。很多消费者对日本东丽的第一印象是生活中接触到的各种优质产品。例如，马拉松"铁粉"通过吸湿速干型新式面料制成的跑步服接触到它，钓鱼爱好者由于碳纤维鱼竿而了解它。同时，它还是上海国际马拉松赛(以下简称上马)的创始赞助商，有 20 多年的赞助史。上马对赞助商的选择有极高的要求，要成为上马的赞助商并不是一件容易的事情。东丽能够获得赞助资格，主要凭借强大的创新型材料的研发和供应能力、可持续发展的理念和品牌效应。

并非所有的经历都一帆风顺，东丽也有过一段摸索和产业升级的过程。在创立初期，东丽是一家以制造、销售人造丝为主的公司，生产普通产品是其主要业务，但当时市面上产品的同质化导致竞争非常激烈，因此，东丽开始研发差异化、高附加值的产品。1941 年，东丽凭借不同于美国杜邦公司的尼龙制造工艺的独特制作方法，研发出了新型的尼龙纤维，并且两家公司从 1951 年起达成了合作。1962 年是东丽的重要转折点，这一年，它停止了传统产业人造丝的制造，设立基础研究所。

东丽所认可的企业责任和担当是依靠产品和技术为社会和人类做贡献。东丽所考虑的并不仅仅是当下的利益，而是未来10年、20年的长期规划，考虑整个社会和人类将要面临的问题，以及如何通过技术和材料解决这些问题，这也决定了东丽在研发上的巨大投入。截至2017年，东丽每年的研究和技术开发投入占营业额收入的33%。

日本新闻界认为，纤维产业、纺织产业、薄膜产业都是传统产业，东丽生产的都是该产业内的尖端材料，提供全球顶级企业的产品和解决方案，使用的场景已经渗透到各个行业。从1972年开始，东丽碳纤维已被运用于鱼竿的制造中，1973年，使用东丽碳纤维制作的高尔夫球杆问世，其更尖端的应用是在飞机上。1973—1974年的中东石油危机后，油价急剧上升，波音这样的民用航空器制造商急于寻找轻量的复合材料来减少油耗。1975年，东丽的碳纤维开始用于生产波音737客机的次承力结构材料，这也标志着东丽与波音两家公司合作的开始。除此之外，在水处理工厂、透析仪器等设备中，都有东丽材料的身影。

在人们的印象中，材料的研发与生产往往会对环境造成不可逆的污染，而东丽能够始终坚持可持续发展的愿景，寻找环境与经济增长之间的平衡点，体现在研发过程中的可持续与研发对环境友好产品的支持上。例如，在中国，为了应对激烈的工业化、城市化产生的污染等问题造成的水资源不足，东丽一直在推行反渗透膜的成膜和元件业务。此外，针对中国各地出现的大气污染问题，东丽也积极推出了空气滤材和除尘袋等产品。东丽希望通过提供高技术和尖端材料，为解决全球问题做贡献。

近年来，马拉松赛的高热度背后彰显了以跑步为代表的全民健身运动热潮。而这股运动热潮刚好伴随中国消费升级趋势的兴起，消费者开始愿意为运动投入更多，其中较大一笔开销必然是购买专业运动装备的费用。在所有的运动装备中，专业跑鞋、运动服和运动裤是消费者为日常运动购买最多并且被认为是最重要的运动装备之一。在调查中，有90.72%的消费者认为，"功能性强，契合运动需求"是最吸引他们的产品特性，这些运动爱好者对功能性的强调远远超过了对日常服饰颜值的需求。

如何提升运动装备的功能性是目前所有运动装备品牌都在考虑的问题，而功能性与面料的专业度密不可分。面料的研发背后需要专业的技术支撑，必须经过长期的科研积累、市场测试和迭代，才能生产出具备竞争力的面料。

无疑，创新型材料的研发是东丽的强项，而对新型材料的需求存在着巨大的潜在消费市场。在我们的问卷调查中，有65.27%的跑友希望能够拥有"采用冷感纤维制成的运动服饰，兼备吸湿、速干的特性"，其次是希望能够拥有"采用绒面人造革制作的运动鞋，鞋面耐久、透气、易打理"。在过去看来，这些使用高技术材料制成的产品可能只是市场的需求点，但东丽已经在逐步满足这些需求，并研发出更多高技术的产品。

以东丽与日本电信共同研发的功能性纤维材料hitoe面料为例，使用这款面料制作的产品穿在跑友身上，能连续测量生物体的信息。技术的核心点在于，hitoe并非金属纤维，而是一款对汗液等水分有着极高亲和性的材料，因此适用于跑马拉松之类长时间穿着的场景，即使在运动后大量出汗，也能检测出身体的信息。这意味着，跑友日常训练或者参赛时，只要穿着用这款面料制作成的跑服，就能测量心率，不再需要佩戴其他设备加重负担，还能根据监测数据开展针对性训练、战术性的体力分配训练等，进而提升成绩。

相信在未来，在以东丽为首的高技术企业的带领下，消费者的功能性需求将被进一步满足。

(资料来源："上马"开跑，你愿意为跑马花多少钱？第一财经，2019(12)：92-94.)

思考：日本东丽集团在产品研发、创新发展过程中始终坚持的导向是什么？

第七章
品牌营销分析

学习要点

1. 品牌的定义、作用及范围；
2. 品牌资产及其管理；
3. 品牌定位。

导入案例

流量时代给品牌带来了什么

著名营销学者菲利普·科特勒教授认为，处于营销 4.0 时代的客户选购商品时，主要根据个人喜好和社会从众心理。在互联网的高联通情况下，从众心理的影响权重不断增加，客户越来越重视他人意见，越来越愿意分享并整合彼此的意见。客户彼此之间交流品牌和使用心得，他们不再是被动的目标而是传播产品信息的活跃媒体。互联网上的社交媒体提供了这种传播所需的工具和平台。

在中国，依托微信公众号和微博诞生的网红，在移动互联网时代爆发出前所未有的强大号召力，小红书、抖音、淘宝直播等平台的影响力进一步扩大，带货已经发展成为一种独立的营销手段。

欧莱雅集团是近两年销量增长最快的前十大彩妆品牌之一，主要的广告预算都花在了购买社交媒体的流量上。从微信、微博到小红书、淘宝直播、抖音，再到快手，渠道越来越下沉。欧莱雅建立的 KOL(关键意见领袖)管理工具管理着国内 8000 多个 KOL 账号，以满足不同品牌和产品的传播需要。KOL 管理工具可以利用大数据分析它们的"粉丝"是谁，与品牌的目标人群是否重合，分析以往的转化率，确保找到最合适的 KOL。

去中心化的线上平台打乱了原有的竞争秩序，让大小品牌同场竞技。为了突出重围，品牌只能不断寻找新渠道以获取更多机会放大声量，不断迸发新创意。而日益激烈的厮杀也带来信息的日渐丰富甚至泛滥，在这样的环境下，讨论消费者的品牌喜好有了新的意义。

不论是主动还是被动，流量确实为一些品牌带来了正向效应。在由《第一财经》主办的持续了 11 年之久的"金字招牌"评选中，获奖得主可口可乐、麦当劳、优衣库、网易云音乐、顺丰、哔哩哔哩、微信、Keep，无一不在网络上制造过热门话题。

然而流量也不是万灵药。流量经济的一大陷阱在于，因激励用户产生的社交网络体系让品牌往往只注重"关注""点赞""like"的数据，却忽略了"讨厌"的比例。对品牌失望的原因中，"营销令人反感"和"物非所值"是占比最高的两项。

在不断涌现的营销手段面前，消费者更相信什么？在回答"什么是促使你决定购买商品的原因"这个问题时，"认准信赖品牌"和"周围人的口碑推荐"这两个传统方式仍然排名最靠前；"线上社区用户评测"和"线上销量及好评率/线下排队程度"紧随其后；而品牌方所热衷的"网红 KOL 介绍"和"自媒体软文"则排名相对靠后。

提出社交货币理论的沃顿商学院市场营销学教授乔纳·伯杰在《疯传》一书中揭露了一个残酷的真相，大部分品牌在社交网络上所做的宣传都是无效信息，并不能引起用户的注意。最有效的传播依旧是用户的口碑传播——一种基于有效的传播策略的产物。所以，用心经营品牌仍是一切的根本。流量或许是让消费者认识品牌的捷径，但千万不要把手段当成目的。流量只是故事的开始。

(资料来源：许诗雨. 流量时代，品牌的绝对价值在哪里? [J]. 第一财经，2019(10): 66-69.)

21 世纪，成功的创业者必须拥有卓越的战略品牌管理能力。战略品牌管理把营销活动的社交属性与活动的设计、执行结合起来，以建立、测量和管理品牌，使品牌价值最大化。当今社会中，基于互联网的各类社交媒体和渠道拓宽了品牌营销的渠道，增加了企业的品牌管理成本和复杂性，给创业企业带来了巨大的挑战。

第一节　品牌发展战略

为什么有人会花好几百块钱购买一件拉夫·劳伦(Ralph Lauren)的 Polo 衫，而不去沃尔玛花几十块钱买一件 T 恤？部分原因在于拉夫·劳伦的衣服质量更好一点，但是还有一些其他的因素在驱动消费者购买，如选购 T 恤的个人与品牌之间的复杂关系。为什么拉夫·劳伦和其他的生产商，比如鳄鱼(Lacoste)和汤米·希尔菲格(Tommy Hilfiger)等，要在商品的显眼处打上自己的品牌标识？因为购买这些产品的人希望其他人知道是谁生产了他们身上的这件 T 恤、外套或裤子。同样重要的是，生产商也希望每个人看到它们的标识。因为顾客与生产商都认识到了品牌的重要性。

公司最有价值的无形资产之一就是其品牌，恰当地管理品牌价值是营销的责任。建立一个强势品牌既是一门艺术，也是一门科学，它要求认真地计划、长期、深入地承诺，以及创造性地设计和执行营销活动。一个强势品牌要有强烈的顾客忠诚，其核心是优质的产品或服务。创建强势品牌是一个永无止境的过程，专业营销人员最独特的技巧就是创造、维持、提升和保护品牌的能力。

一、品牌的定义

很久以来,品牌一直作为区分不同生产者产品的工具。欧洲最早的品牌化萌芽是在中世纪,当时行会要求手工艺人将商标贴在商品上,以此来保护自己的顾客免受劣质产品的困扰。在美术界,品牌化起源于艺术家在自己作品上的签名。如今,品牌扮演着改善消费者的生活以及提高公司财务价值等众多重要角色。

美国市场营销协会将品牌定义为:一个名称、术语、标志、符号或设计,或者它们的结合体,以识别某个销售商或某一群销售商的产品或服务,使其与竞争者的产品或服务区别开来。通俗地说,品牌是以某种方式将自己与满足同样需求的其他产品或服务区分开来的产品或服务。这些差别可能体现在功能性、理性或有形性方面,与该品牌产品性能有关;它们也可能体现在象征性、感性或无形性方面,在更抽象的意义上与该品牌所代表的或所蕴含的意义有关。

二、品牌的作用

品牌对于顾客和生产商来说有着不同的作用,没有哪个单一的产品元素能够像品牌这样传递如此之多的企业信息。品牌策略是产品开发过程的主要组成部分,因为成功的新产品来自一个构思精巧的品牌策略。与此同时,已经拥有一定市场地位的产品在很大程度上也受到其品牌的界定,企业会全力以赴保护这一重要的资产。

(一) 品牌对消费者的作用

不管顾客是个体消费者还是另一家企业,品牌都承担着4个方面的重要作用。

(1) 品牌传递与产品有关的信息。在没有任何额外数据的情况下,顾客以品牌为基础构建了对质量、服务甚至是产品特色的期望。在无色无味的瓶装饮用水的市场中,农夫山泉这个国产瓶装水界的大咖凭借"有点甜"和"大自然的搬运工"的品牌鲜明记忆点赢得市场。企业通过对顾客承诺可预知的积极体验,以及对产品和服务的期望利益换取了顾客的忠诚。

(2) 品牌能对顾客起到产品教育的作用。人们根据品牌带给他们的产品体验赋予其意义,假以时日,顾客便会对哪些品牌能够最好地满足他们的需求做出判断。因此,顾客开始依赖他们逐渐积累的品牌经验而简化购买过程,产品评估和购买决策逐渐变得没有那么艰难了。思考过程大概类似这样:"我过去对于×品牌的产品有着很棒的产品体验,我会再次购买×品牌,让这次的购买决策更轻松、更快速。"从本质上来看,对顾客的品牌教育帮助他们花费更少的精力做出购买决策。对许多人来说,装修房屋烦扰不堪,因此宜家、居然之家等公司会提供尽可能多的信息来减轻客户装修过程中的焦虑感。随着消费者的生活变得越来越繁忙,品牌所具有的价值就更多地表现为帮助消费者简化决策过程以及降低购买风险。

(3) 品牌角色可以帮助顾客对购买决策感到安心。有一句话在 IT 界流行多年,"没人会因为购买 IBM 而被解雇"。IBM 在大型计算机和网络服务器市场的名声以及主导地位意味着即使产品未能达到性能预期,顾客也会对自己选择了 IBM 的设备而感到安心,少些焦虑。

品牌是企业对消费者的承诺,是设定消费者期望和减少消费者风险的一种方式。企业通过品牌向消费者传递可预知的积极体验以及可期望的获得利益。消费者会根据品牌差异对产品做出不同的评价。随着消费者生活节奏的不断加快，品牌所具有的简化决策以及降低风险的能力就产生了巨大的价值和吸引力。

(4) 品牌对消费者具有重要的个人意义，成为消费者自身识别或自我展示的重要组成部分。互联网使得消费者的自我展示由相互式转变为单方的、主动的和免费的，许多消费者不遗余力地向全世界展示他们所经历的任何琐事；他们通过展示自己消费的商品来展示自己，消费行为成为身份的象征。品牌可以表达消费者是谁，消费者想成为谁。对某些消费者而言，品牌甚至具有拟人性。

(二) 品牌对企业的作用

对企业来说，品牌也有诸多好处。

(1) 品牌所具有的知识产权能够确保企业安全地对品牌进行投资并从有价值的资产中获益，品牌名称通过注册商标对产品提供合法的保护。品牌经注册后获得商标专用权，能够为企业产品的特色、外观及包装等提供法律保护，其他任何未经许可的企业和个人都不得仿冒侵权，从而为保护品牌所有者的合法权益奠定了客观基础。

(2) 品牌为产品归类提供了有效且高效的方法。例如，三星拥有属于数个产品门类的几千种产品，而品牌则有助于明确这些产品之间的联系。

(3) 一个有信誉的品牌暗示着一定水平的质量，所以满意的购买者很容易再次选择这种产品。品牌忠诚为企业提供了对需求的可预测性和安全性，同时它所建立的壁垒使得其他企业难以进入这个市场。品牌忠诚也可以理解为顾客愿意支付更高的价格，通常与竞争品牌相比会多20%～25%。

(4) 品牌是保障竞争优势的强有力的手段。尽管竞争者可能复制制造流程与产品设计，但是难以取代品牌经由长年的营销活动和产品经验而在个体和组织心目中留下的持久印象。

三、品牌化的范围

如何为产品"打品牌"？虽然公司通过营销方案和其他活动来推动品牌创建，但是品牌最终还是存在于消费者的头脑中。品牌是一种根植于现实中的感知实体，反映的是消费者的感知和习性。

品牌化是赋予产品或服务以品牌力量的过程，它的本质就是创建产品之间的差异。营销者需要通过赋予名称以及其他识别元素教育消费者产品是"谁"，它是干什么的，消费者为什么要在乎它。品牌化创建了一种心理结构，帮助消费者组织有关产品和服务的知识，在某种程度上明确他们的决策，并在这个过程中为公司创造价值。

品牌化战略要成功创建品牌价值，就必须使消费者确信在该品类的产品或服务中，品牌之间确实存在实际的、可识别且有意义的区别。品牌差异经常与产品本身的属性及其利益有关，例如，吉列和3M都是它们所在品类的领导者，在某种程度上归功于持续创新。另一些品牌则通过与产品无关的手段来建立竞争优势，例如，Gucci、香奈儿与路易威登通过理解消费者的动机和愿望，创建与产品相关且有吸引力的形象，从而成为所在品类的领头羊。

成功的品牌被认定所销售和所代表的产品都是真实的、实在的和可信的。一个成功的品牌会成为消费者生活中不可或缺的一部分。

第二节 品牌资产

品牌所固有的内在特质，以及消费者对这些内在特质不同程度的偏好和认同，使各种品牌具有了可衡量的品牌价值。由于不同品牌的内在特质对消费者的吸引力有差异，其市场竞争力必然也会有差异，企业对不同品牌的产品投放的营销成本和所能获得的营销收益也会有很大的不同，这就形成了品牌价值的差别。品牌因其价值的存在而成为企业的一种无形资产。

品牌资产概念的提出使企业对品牌管理的目的和方法都产生了重大的改变，不再仅将品牌作为一种产品的符号或竞争的手段来进行管理，而是将其作为企业资产增值的组成部分来进行策划、开发、运作和评价。品牌资产管理已成为创业企业的重要战略之一。

一、品牌资产的概念

品牌资产又称品牌权益，是指能够为企业和顾客提供超越产品或服务本身利益的价值。品牌权益能给企业带来利润是因为品牌对消费者具有吸引力和感召力，它在消费者群体中产生了深远的影响。从某种程度上看，品牌权益反映了品牌与顾客之间的某种联系。品牌资产包括以下5个方面的内容：品牌知名度、品牌美誉度、品牌忠诚度、品牌联想和品牌价值等。

(一) 品牌知名度

品牌知名度是指品牌被公众知晓的程度，反映了品牌社会影响的大小。品牌知名度的大小是相对的，一般来讲，品牌知名度分为4个层级：无知名度、提示知名度、未提示知名度和顶端知名度。品牌知名度是品牌资产最基本的形式，知名度是其他所有品牌资产的基础，它标志着对品牌的熟悉以及潜在的承诺。

(二) 品牌美誉度

品牌美誉度是指某品牌获得公众的信任和支持程度，反映了某个品牌的社会影响的好与坏。品牌知名度度量品牌资产的"量"，而品牌美誉度度量品牌资产的"质"。品牌美誉度体现在口碑效应上，即一传十、十传百带来的经济效应，口碑效应越明显，品牌美誉度就越高。

(三) 品牌忠诚度

品牌忠诚度指消费者在品牌的选择上出现高度一致性，即在一段时间里重复选择一个品牌或几个品牌。品牌忠诚度衡量的是顾客对品牌的感情，可以分为5个层级：无忠诚度购买者、习惯购买者、满意购买者、情感购买者和忠诚购买者。品牌忠诚度是一项重要的品牌资产，提高顾客的品牌忠诚度可以减少营销成本，减弱竞争威胁。品牌忠诚度还可以通过重复购买的顾客促使其他消费者做出购买决策，吸引新顾客，是一项重要的战略性资产。

(四) 品牌联想

品牌联想是消费者看到品牌时能够想到的与品牌相联系的信息，如使用场合、品牌个性等。在许多情况下，这些联想会成为主要的购买驱动力，这一点在对品牌忠诚的顾客身上体现得特别明显。品牌联想可以分为3个层次：品牌属性联想、品牌利益联想和品牌态度联想。

(五) 品牌价值

品牌价值是指一个品牌拥有或评估的所有财务价值。具有不同品牌权益的企业，其品牌价值也不同。例如苹果公司的品牌评估价值高达1850亿美元，麦当劳公司的品牌评估价值为900亿美元。高权益的品牌拥有较高的知名度、正面的品牌联想和稳定的顾客忠诚度，与顾客建立了牢固的关系，为企业提供了强有力的竞争优势，通过各种方式为企业和顾客提供价值。

二、品牌资产的驱动因素

营销人员通过与合适的消费者创建正确的品牌知识结构来建立品牌资产，这个过程依赖所有与品牌相关的接触点。不过，从营销管理的视角来看，首先要理解品牌资产的驱动因素，其驱动因素有以下三点。

(一) 品牌元素及其识别与选择

品牌元素是那些可以识别并区分品牌的特征化设计。大多数强势品牌都使用多重品牌元素。耐克就拥有非常独特的钩形标识，鼓舞人心的口号"Just Do It"，以及源于希腊神话中长着翅膀的胜利女神的名称"Nike"。

品牌元素包括品牌名称、网址、标识、象征、形象人物、代言人、口号、歌曲、包装及标记。微软公司为其新搜索引擎取名为"必应"(Bing)，是因为它认为这个名字清楚地表达了搜索的概念，以及当人们找到他所要找的信息时的喜悦之情。同时，这个名字也很简洁、活泼、生动、有吸引力，便于记忆，并适用于多种文化。

品牌元素在品牌营销中扮演许多角色。如果消费者在做出产品购买决策时不愿意调查许多信息的话，那么品牌元素就应具有内在的描述性和说服性，使消费者容易进行品牌回忆。但是，选择一个带有内在含义的品牌名称会使得增加一个不同的含义或更新品牌定位更有难度。

1. 品牌元素的识别

品牌名称指的是品牌中可以用语言描述的部分，可能与企业名称一致，也可能不一致。品牌名称是品牌的代表，体现了品牌的个性和特色。好的品牌名称既可以引起消费者的独特联想，也能反映产品的特点，有强烈的冲击力，能增强消费者的购买欲望。按照不同的标准，可将品牌名称划分为不同的类型。

(1) 按照品牌名称的文字类型划分。按照品牌名称的文字类型，可以将品牌名称划分为文字型品牌(如七匹狼、海澜之家等)、数字型品牌(如7-11)。

(2) 按照品牌名称的出处划分。按照品牌名称的出处，可以将品牌名称分为人名品牌、动植物名品牌、地名品牌和独创品牌。其中，人名品牌以人物姓名作为品牌的名称，这些人物大多是企业的创业者、设计者或知名人物,如李宁、乔丹等。

(3) 按照品牌的特性划分。按照品牌的特性,可将品牌名称划分为功能性品牌、效果性品牌和情感性品牌三种类型。其中,功能性品牌是指产品以自身功能、效用、成分或用途等来命名;效果性品牌意在向消费者传递产品在某方面的价值的信息,以期在消费者心目中留下深刻的印象;情感性品牌则是通过情感增加产品与消费者的沟通,以期消费者对产品产生情感上的共鸣。

2. 品牌元素的选择

选择一个理想的品牌名称应遵循以下几个原则。

(1) 易读易记。一个品牌名称要容易拼写、容易发音,这样才有助于公众和消费者记忆,有助于提高其对品牌的认知能力,便于品牌在消费者中流传。根据人的记忆规律,品牌名称以两三个字为宜,超过5个字的品牌名称不易记忆,而且容易印象模糊。比如联想、360等品牌名称就简单易记。

(2) 独特新颖。选择一个易读易记的品牌名称有助于增强人们对品牌的记忆,而一个与众不同、独特的品牌名称则有利于对品牌的识别和保护。独特的品牌便于记忆和识别,不容易被市场上众多的品牌淹没。比如,天猫、小米手机和菜鸟物流,形象生动,令人印象深刻。

(3) 注重文化底蕴。富有文化底蕴的品牌既体现了企业的精神面貌,鼓舞了员工士气,又容易赢得消费者的好感、赞同和认可。拥有丰厚文化底蕴的品牌,无论对内还是对外,都会产生强大的感召力和激发力。比如,山西杏花村酿酒公司利用唐代诗人杜牧的名篇《清明》中"借问酒家何处有?牧童遥指杏花村"的著名诗句,把汾酒定位为中国悠久的酒文化的代表,使汾酒名扬四海。

(4) 不触犯法律,不违反社会道德和风俗习惯。品牌名称作为一种符号,往往隐藏着许多鲜为人知的秘密,稍有不慎便可能触犯目标市场所在国家或地区的法律,违反当地社会道德准则或风俗习惯,使企业蒙受不必要的损失。比如,熊猫是我国的国宝,是友谊的象征,因而有许多产品的品牌以"熊猫"命名,但这些产品一旦出口到伊斯兰国家或信奉伊斯兰教的地区,其销售就会因这个品牌名称而受影响,因为在这些地方,消费者很不喜欢熊猫这种动物,认为它形似肥猪。

拓展阅读7-1

古怪的世界品牌命名

你有没有想过,那些著名品牌都是如何命名的?这些耳熟能详的品牌名称当然不是随便翻翻字典得到的,它们中的大部分都有独特的含义或背景故事。

IKEA创始人Ingvar Kamprad起了"IKEA"这个名字,由他名字的首字母组合I、K,加上Ellmtary和Agunnary的首字母E、A组成。E、A是他所在农场和村庄的首字母。

Canon原来叫Kwanon,Kwanon就是观音的意思。1935年,佳能为面向全球市场和消费者,改名为Canon。

Lego 是丹麦语 1cg got 的组合，意思是"好好玩"。

Sony 源自单词 Sonus，在拉丁语中表示 Sonny Boy 的意思，可以有多种理解，直译为"桑尼男孩"，意译为"孩子""小宝"等。在 20 世纪 50 年代的日本，它的意思是"聪明、好看的年轻男子"。

Yahoo 这个词最早出现在《格列佛游记》一书中，当格列佛第四次航海时遇到海难，被海水带到一个不知名的岛屿上，那里生活着 Yahoo。Yahoo 是被豢养的一个贪婪、丑陋、喜欢自相残杀的物种。除此之外，Yahoo 的命名还有多种说法。

Pepsi 最初的名字是"Brad 的饮料"，源自发明百事可乐的人 Caleb Bradham。1898 年，百事从 Dyspepsia 这个单词中得名，Bradham 想表达的是，百事可乐是一款健康、助消化的可乐。

Google 源自一个数学术语，10 的 100 次方有一个专用的单词叫作"Googol"，因此它也可以表示"巨大的数字"。

Virgin 的创始人兼品牌代言人 Richard Branson 的某位同事说过这样一句话："我们在做生意这件事上完全是一个处女(Virgin)。"其品牌就起源于此。

Starbucks 源于美国作家梅尔维尔的著名小说《白鲸》，故事里有一艘捕鲸船，船上的大副非常喜欢喝咖啡，他的名字就叫 Starbuck。星巴克希望借此唤起人们对大海的情感，并纪念早期咖啡商人远航海外进行咖啡豆贸易的传统。

Amazon 的创始人 Jeff Bezos 的想法很简单，取一个以 A 打头的单词，这样他的公司就会出现在字母表的顶端。而世界上流量最大的河——亚马孙正符合他对这家公司未来成为"世界第一"的期待。

(资料来源：http://www.qdaily.com/articlcs/13086.html.)

(二) 产品和服务以及相应的营销活动或支持方案

品牌并不是仅仅通过广告建立的。顾客通过一系列的联系和接触点来了解一个品牌，包括个人观察及使用经验、口碑、与企业的每一次互动、网络体验，以及付费交易经历等。品牌接触是顾客或潜在顾客对品牌、产品品类或其市场的任何信息关联体验。任何一种品牌接触都会加深消费者的品牌认识，使消费者思考和感受品牌，并决定采取何种对品牌的行动。

运动品牌领域一直强调"专业体育"，它们花大量费用在体育明星代言上，一场总冠军比赛的表现或许能拉动几十直至上百万元的销量。最擅长做这种营销的体育产品代表是耐克，每年研发投入占销售额的 5%以上。从 Shox 弹力柱到 Zoom 气垫，再到与生产终端合作研发的 Flyknit 鞋面编制技术，耐克始终将技术作为最大的营销卖点，这也是耐克一直雄霸运动品牌领域，建立品牌资产的诀窍。

从以下 8 个方面进行操作，是目前打造品牌资产的通行做法。

(1) 广告语。用广告语打造品牌，就是指用一句广告语体现品牌的灵魂。可口可乐有一句名言："我们卖的是水，消费者买的是广告。"可见，广告语的作用很大。一句广告语就可以涵盖品牌在营销中的主张和宣传主题及理念，包括品牌的定位。品牌的所有主张、品质与服务承诺就是通过广告语来承载和体现的。

(2) 形象代言人。形象代言人是利用名人的名声来带动品牌的传播。当然，这个代言人的形象要与品牌的形象吻合。形象代言人用来代表品牌个性，并对品牌和消费者之间的感情、关系做出诠释，许多形象代言人成为该产品的代名词。麦当劳公司的小丑叔叔带给全世界小朋友的不仅是欢乐，肯德基爷爷的经典形象深入人心。形象代言人利用自身的亲和力，拉近了品牌与消费者之间的关系，像家人一样向你推荐产品，带给人有亲切感、熟悉感。

(3) 赞助活动。在进行赞助活动时，要注意以下3个方面。

① 赞助的战略方针要与品牌的传播目的相适应。

② 要抢占先机，而不是跟在别人后面东施效颦。

③ 要长期地而不是只在活动开展期间拥有赞助权，积极、主动地管理赞助业务。

(4) 网络建设。目前，社会已经进入数字时代，互联网已经成为人们现代生活不可或缺的因素。在互联网这样一个虚拟的世界里，没有品牌很难生存。自从互联网诞生，所有的互联网商业模式都是"互联网+传统商业"的模型，互联网技术不断推陈，商业模式不断出新，但是万变不离其宗。因此，"互联网+"是互联网融合传统、商业并且将其改造成具备互联网属性的新商业模式的一个过程，充分利用互联网的快速和方便来打造品牌。用互联网塑造品牌，包括为品牌设立网站、企业局域网，网络公关，网络广告和赞助。

(5) 品牌管理。企业要做品牌的管理和维护，具体的步骤如下。

① 进行定位。每个品牌要在目标产品(含产品的技术品质、价位)、品牌形象、目标市场上有自己的定位，品牌之间要有相当的差异性，形成特色。每个公司都有很多品牌，每一个品牌都是一个定位，定位的目标市场不同，代表的形象就不一样。

② 确立品牌发展战略与竞争策略。具体内容包括市场做到什么程度，与主要竞争品牌在销售与促销策略上的关系如何，品牌是否(或如何)延伸使用。

③ 规划设计企业形象系统(CIS)。

④ 传播计划，包括广告策略、品牌文化建设活动计划。

⑤ 市场监测。建立市场信息反馈和市场报告制度，监测包括企业自己的品牌和区域内、区域外的主要竞争品牌的动态，进行每一个形象推介的时候要有跟踪。

(6) 品牌升级。品牌升级就是按照企业以前的战略规划，在每个阶段提升品牌的内涵。品牌升级要使品牌内涵围绕目标市场升级的同时不断同步升级，并由此带动企业进行管理手段创新、管理水平提高，促进经济效益的提高。

(7) 品牌扩张。品牌扩张的方式如下。

① 对原产品进行改进，以推出改进型产品。

② 通过兼并、收购、参股、控股其他企业等，借品牌输出以推出新产品。

③ 利用品牌推出新的产品。

④ 利用各种营销手段实现原产品市场份额的扩大。

(8) 合作促销。品牌合作促销的方式有强强联手、互补合作等。

> **拓展阅读7-2**

MINI跨界营销，塑造品牌独特性

如果一定要形容，上海市西康路850号属于那种不知道该拿它怎么办的城市空间。原本把这里当作总部和工厂车间的玛丽颜料厂已经搬走，7000平方米的空间里，6栋不算大的楼房里外都有些破败，周围是老式里弄小区。这片区域身处地价昂贵的市中心，想要推倒重来不那么容易。不过，在2019年10月，这6栋建筑会变成一个很有设计感的混合空间对外重新开放，没法用公寓、写字楼或是商场来定义它，因为里面什么都有。

这是如今开发老城区空间最时髦的做法——城市更新。每个类似项目的建筑设计师都可以花几个小时讲述他们怎样用设计激活了老建筑，乃至整个街区，西康路850号的建筑设计师也不例外。不过，这个项目真正引人好奇的地方在于它的主导者是一个汽车品牌：MINI。

单论对建筑的兴趣，这个宝马集团旗下的高档小型车品牌在几年前就有展露。2017年的米兰设计周，它与建筑设计师合作推出了MINI LIVING，那时这个名字指代的只是一个小型的概念装置，尝试设想未来在30平方米内的小居住空间可以容纳的丰富生活。接下来的3年，MINI LIVING这个概念不断扩大，与中国设计师展开更多本地化合作，成为总部的一个独立部门，有了如今一个接一个实实在在的地产开发项目。上海西康路850号是MINI LIVING的第一站，接下来还有纽约和柏林的项目。

汽车公司涉足建筑更新的案例之前也有，比如，凯迪拉克在纽约买下一桩老办公楼，改造成自己的办公楼和展厅，它甚至在展厅内开了个咖啡馆。不过相比之下，MINI LIVING显然是最动真格的一次"跨界"。

MINI贩卖的独特性，很直观地呈现在那些标志性的设计元素、个性化涂装、覆盖所有阶层的粉丝文化、够酷的广告语上，一言以蔽之，这些内容是品牌MINI在售卖汽车的同时，也让它的消费者心甘情愿为品牌溢价买单。

然而，当这个品牌所处的行业都不酷了，MINI就需要主动去自我进化，拓展品牌边界。中国是MINI实施品牌重塑计划的关键市场之一。

"如果降价吸引不来客户，那只能进一步贩卖品牌的独特性。"范力说。

MINI要想维持自己在市场上的不可替代性，就必须不断跳出已有的框架，尝试新鲜的品牌营销手法试水，MIN LIVING就是其中之一。MIN LIVING最功利的价值在于，作为一个强调设计感的混合空间，未来，它所能吸引入驻的那些年轻创意人群正是MINI非常精准的目标客户。这些活动强化了MINI的个性，整个营销活动与驾驶者建立了强有力的情感和联想关系。

(资料来源：建博物馆、造共享空间，MINI又不务正业了[J]. 第一财经，2019(07): 52-57.)

(三) 其他与一些实体联系起来的、可以间接转移给品牌的联想

其他与一些实体联系起来的、可以间接转移给品牌的联想可以是一个人、一个地方或者某个事件，营销人员应该选择那些可以创建尽可能多的品牌资产的要素。需要检测的是，如果消费者仅仅知道品牌元素，他们会对产品有什么想法和感觉。比如，如果只看名称，消费者会期望"三只松鼠"的产品是健康的零食，云南白药的牙膏在牙龈护理上功效卓越。

将品牌与那些可以把意义传递给消费者的其他信息联系起来，可以成功创建或增加品牌资产。这种品牌联想能够将品牌与其他来源联系起来，例如国家或其他地理区域(通过产品来源地认证)、分销渠道，也可以是其他品牌(成分品牌或联合品牌)、形象人物、代言人、体育和文娱事件，还可以是第三方来源。

三、品牌资产的管理

作为企业主要的持久性资产，品牌需要小心管理才不至于贬值。品牌资产的管理包括以下几个方面。

(一) 品牌持有

品牌持有方式可以分为全国性品牌、商店品牌、许可经营和联合品牌四种。

全国性品牌多表现为制造商品牌，制造商将产品销售给零售商。由于强势品牌制造商在渠道中占据优势地位，零售商的利益往往受到挤压。

近年来，部分零售商逐渐形成了自己的品牌即商店品牌，如沃尔玛、罗森等。

许可经营是指拥有强势品牌的制造商将自己的品牌名称或符号通过收取许可费用的方式给其他企业使用。许可经营的品牌范围非常广泛，一些组织如美国马球协会，品牌如烟草品牌(万宝路、骆驼)、汽车品牌(吉普)、重工机械品牌(卡特彼勒)、迪士尼卡通人物(米老鼠、唐老鸭、怪物史莱克)，以及星球大战等电影中的角色经常出现在衣服、文具、玩具等产品上。

联合品牌利用强强联合的优势，帮助企业将产品推广到新的市场上。这种品牌合作的方式有其弊端，要建立这种合作关系往往要经历一系列复杂的谈判和博弈，签署法律文件和合同文件，双方必须协调产品的开发和推广，如果一方名誉受损，另一方很可能也受到牵连。

(二) 品牌数量

决定使用自己的品牌并且生产非单一产品的企业要对使用多少品牌做出决策。企业可以根据自身的具体情况选择以下几种策略。

(1) 使用统一品牌。这种做法是指企业的各种产品使用相同的品牌推向市场。大量产品共用一个品牌可以显示企业的实力，提高企业的声望；新产品可以借助已有品牌的影响力，更容易打入市场；在市场传播方面，企业可以集中力量突出品牌形象，同时也可以节约促销费用。例如，2014年吉利公布全新品牌战略，将帝豪、英伦、全球鹰整合为统一的吉利品牌。在使用统一品牌时，要注意各种产品的质量水平应大体接近，如果质量参差不齐，势必影响品牌的声誉。注意，在统一品牌下，如果其中一种产品出现问题，其他产品也会受到一定程度的负面影响。

(2) 使用个别品牌。这种策略下，企业不同的产品使用不同的品牌。主要优点在于可以避免企业的声誉过于紧密地与个别产品联系，同时可以为每种产品寻求最适当的品牌定位，有利于吸引顾客购买。但是这种做法需要企业投入大量的时间和费用，实力一般的企业无法承担多种品牌发展和市场传播所需要的大量资源。

(3) 使用个别的统一品牌。企业依据一定的标准将其产品分类，并分别使用不同的品牌。这种策略可以看作上述两种策略的折中，可以兼得统一品牌和个别品牌两种策略的优点。

(4) 使用统一的个别品牌。这是兼统一品牌和个别品牌优点的又一种策略。通常是把企业的商号和商标作为统一品牌并与每一种产品的个别品牌联用。在产品的个别品牌前面冠以企业的统一品牌，可以使新产品正统化，分享企业已有的声誉。在企业的统一品牌后面跟上产品的个别品牌，能使新产品个性化。例如，日本的丰田汽车使用丰田凯美瑞和丰田皇冠等品牌。

(三) 品牌开发

在品牌开发方面，根据产品类别和品牌名称可以划分为四种策略，如表 7-1 所示。

表7-1 品牌开发策略

品牌名称	产品类别	
	现有的	新的
现有的	产品线延伸	品牌延伸
新的	多品牌	新品牌

(1) 产品线延伸。产品线延伸又称产品线扩展，指企业现有的产品线使用同一品牌，该产品线的产品增加时，仍沿用原有的品牌。在这种情况下，现有产品的局部功能、包装、样式或风格发生改变，企业向具有不同需求的使用者推出不同规格、不同特色的产品。例如宝洁旗下多数产品线都有十几样产品，以满足不同消费者的需求。

产品线延伸的优点在于可以满足不同细分市场顾客的需求，进而抵御竞争者对市场的侵袭。其风险在于随着产品线的延长，原先品牌的定位可能被淡化模糊；由于原来的品牌过于强大，产品线延伸难以抵消其开发和销售的成本。

(2) 品牌延伸。品牌延伸是指现有的品牌名称被用于一个新类别的产品，即将成功的品牌用于新产品或修正过的产品。品牌延伸的好处如下：①可以加快产品的定位，确保投资的准确；②减少新产品进入市场的风险，缩短消费者接受新品牌的过程；③有助于品牌资产的转移与强化，同时增强核心品牌的形象。其风险是由于消费者对原有品牌已经有较为深刻的印象，如果运用不当，不仅新产品的推广达不到期望，原有品牌的形象也会被破坏。海尔集团在成功推出海尔冰箱之后，又成功利用这个品牌推出洗衣机、电视机、电脑等新产品，使这些新产品很快进入市场。本田利用其公司名称推出了摩托车、助动车、滑雪车、割草机、雪地摩托车等。

(3) 多品牌。在相同的产品中引进多个品牌的策略称为多品牌策略。多品牌提供了灵活施展的空间，有助于覆盖市场、降低营销成本，当需要保护核心品牌的形象时，多品牌具有重大意义。宝洁公司采取的就是多品牌策略，它的每一个品牌都有自己的名称和独特的利益点。以洗发水为例，海飞丝主要是去头屑；飘柔集洗发和护发于一身；而潘婷则是增加秀发营养。其缺点是随着品牌的增加，边际效用会递减，并且品牌推广的成本较高。

(4) 新品牌。新品牌策略即为新产品设计新的品牌。当企业发现原有品牌不合适或对新产品来说有更好的品牌名称时，可以考虑使用新品牌策略。例如，丰田在面向高端市场推出豪华车时，就采用了新品牌的方式。为了与其现有产品区分开，丰田公司更改以往使用公司品牌的命名方式，直接使用雷克萨斯这一品牌名称，刻意将豪华车与丰田公司生产中低端车的品牌形象区分开。

第三节 品牌定位

没有一家企业会因为提供与其他企业相似的产品或服务而取得成功。企业可以通过在市场上创造独特定位而获得成功。创造一个有竞争力的、差异化显著的品牌定位需要敏锐地了解顾客需求、企业能力和竞争状况，同时也需要训练有素而又富有创造性的思维。

一、品牌定位的概念

品牌定位是指对品牌进行设计，构造品牌形象，以使其能在目标消费者心目中占据一个独特的、具有竞争优势的位置。品牌定位不是针对产品本身，而是力求在目标顾客的头脑中占据最有利的位置，塑造良好的品牌形象，借助品牌的力量使产品成为消费者的首选。品牌定位是市场营销发展的必然产物和客观要求，是品牌建设的基础，也是品牌成功的前提。在当今商品同质化日趋严重的时代，品牌定位直接关系到品牌在市场竞争中的成败。因此，品牌定位具有不可估量的营销战略意义。

品牌定位有三个层次，常通过品牌的广告语得以体现。

最低层次是根据产品属性定位。例如某化妆品公司的营销人员可以将其产品定位为具有天然、环保成分以及独特的香味等。这是定位的最低层次，竞争者易于复制。在这个层次上，经典的广告语有"农夫山泉有点甜""七喜非可乐"等。

较高层次是将品牌名称与期望利益联系起来。例如化妆品公司的营销人员可以不谈产品成分，而强调其美容的效果。在这个层次上，经典的广告语是"怕上火喝王老吉"。

最高层次是将品牌定位在强烈的信念和价值上，从而带来强烈的情感冲击。例如化妆品公司的营销人员可以不谈产品成分和美容的效果，而强调其可以美化心灵。在这个层次上，经典的广告语是"麦当劳，我就喜欢"。

一个优秀的品牌常将品牌定位与其使命及远景关联起来，向消费者持续传递对利益、服务和体验的承诺。例如农夫山泉的广告语"我们不生产水，我们只是大自然的搬运工"，强调天然矿泉水的产品属性，将品牌使命与品牌特色定位巧妙结合起来。

二、品牌定位策略

常见的品牌定位策略有以下几种。

(1) 利益定位。利益定位是指将产品的某些功能特点与消费者的利益联系起来，向消费者承诺产品带来某种利益。利益定位可以突出品牌的个性,增强品牌的人文关怀,从而获得消费者的认可。创维公司就承诺买电视送会员,在为消费者提供观影设备的同时还赠送观看的内容。

(2) 情感定位。情感定位是利用品牌带给消费者的情感体验而实施的,它立足于激起消费者的联想和共鸣,促使其购买产品。情感定位要着重考虑品牌与消费者之间的情感沟通,让品牌和消费者产生联系。湾仔码头水饺的广告词就是"妈妈的味道",使消费者将水饺与对母亲的思念联系到一起,产生了胃与心灵的共鸣。

(3) USP 定位。USP (unique selling proposition,独特的消费主张)定位是指在对产品和目标消费者进行研究的基础上,从产品特点中寻找最符合消费者需要的、竞争对手欠缺的、最为独特的部分,以此作为品牌的定位。五谷道场针对方便面行业中油炸面饼导致产品热量偏高的问题推出了非油炸系列方便面,满足了消费者对健康和美味的需要。

(4) 空当定位。所谓空当定位,指的是找出一些消费者重视而竞争者又未开发的空当作为品牌的定位。空当定位的关键在于发现具有商业价值的市场空当并及时占领。喜力在啤酒业、伦布兰特在牙膏业、依云在矿泉水业、劳力士在手表业、梅赛德斯-奔驰在汽车业,都是以填补高价位空当而成功的。低价位空当是消费者大脑里的另一个空当。沃尔玛和西南航空等品牌就在低端市场做得热火朝天。

(5) 比附定位。比附定位是通过与竞争品牌的比较,借助竞争者之势衬托自身品牌形象的一种定位策略。比附定位的目的是通过品牌竞争提升品牌自身的知名度和价值。恒大冰泉在上市时就根据农夫山泉的"大自然的搬运工"的广告语设计了"我们搬运的不是地表水",强调其销售的是地下深处自然涌出的未受污染的水。

(6) 文化定位。文化定位是指将某种文化内涵注入品牌之中,形成文化的品牌差异。中国景泰蓝和法国人头马,承载了民族文化特色。无锡的红豆服装品牌和绍兴的咸亨酒店,分别借助人们熟悉的名篇挖掘出中华历史文化的沉淀。"金六福——中国人的福酒"将金六福的品牌文化提升为一种民族的"福"。

(7) 产品类别定位。产品类别定位是把产品与某种特定的产品种类联系起来,以建立品牌联想。吉列、3M 一直是它们所在品类的领导者,其成功的原因在于持续不断的创新。喜之郎的广告语"果冻我要喜之郎",使消费者想到果冻时第一个联想到的就是喜之郎。

(8) 目标消费者定位。所谓目标消费者定位,是把产品和消费者联系起来,以某类消费群体为诉求对象,突出产品专为该类消费群体服务,从而树立独特的品牌形象。如今的啤酒消费者对长期饮用啤酒后身体发胖心有隐忧。在这种情况下,一种饮后不必担心发胖的啤酒便应运而生。这种啤酒的广告语"饮后无须担忧体重增加的啤酒"打消了消费者的后顾之忧。

本 章 小 结

一个企业最有价值的无形资产之一就是其品牌,恰当地管理品牌价值是营销的责任。建立一个强势品牌既是一门艺术,也是一门科学。它要求企业认真地计划,长期、深入地承诺,以及创造性地设计和执行。一个强势品牌要有强烈的顾客忠诚,其核心是优质的产品或服务。创建强势品牌是一个永无止境的过程，专业营销人员最独特的技巧就是创造、维持、提升和保护品牌的能力。

品牌资产又称品牌权益，是指能够为企业和顾客提供超越产品与服务本身利益的价值。品牌资产能给企业带来利润，反映了品牌与顾客之间的某种联系，包括品牌知名度、品牌美誉度、品牌忠诚度、品牌联想品牌价值等。

品牌定位常通过品牌的广告语得以体现。品牌定位有三个层次：最低层次是根据产品属性定位；较高层次是将品牌名称与期望利益联系起来；最高层次是将品牌定位在强烈的信念和价值上。

企业要想塑造自身的品牌形象，首先要弄懂品牌形象建立的相关因素。

品牌决策包括品牌名称决策、品牌使用者决策、品牌更新决策。

打造品牌资产应从广告语、形象代言人、赞助活动、网络建设、品牌管理、品牌升级、品牌扩张、合作促销 8 个方面操作。

思 考 题

一、简答题

1. 对企业来说，品牌的价值是什么？
2. 如何创造和保护品牌？
3. 什么是品牌资产？
4. 如何进行品牌定位？
5. 如何树立企业的品牌形象？
6. 如何进行品牌决策？
7. 如何打造品牌资产？

二、案例分析

逆向战略品牌

逆向战略品牌是一种特殊的创意品牌，打造这些品牌的企业故意对抗产品类别内的升级趋势，而这种升级趋势又是消费者所期望的。也就是说，对于行业内其他企业认为参与竞争所必须提供的那些服务，它们坚持不提供。

（一）"光秃秃"的 Google

当人们打开计算机，大多数人习惯性地使用 360 浏览器、QQ 浏览器或新浪、网易等门户网站进行信息搜索与浏览。这些浏览器或门户网站上有诸多功能：新闻标题、天气预报、电子邮件、股票行情、游戏、视频、日历服务、旅游信息、招聘、星座、娱乐等。几乎所有搜索门户网站都为网民提供了丰富的功能和服务。显然我们正在迈向这样的未来：所有的门户网站会提供无穷多的主页，会有更多的功能与服务，规模更大，内容更好，看起来更热闹、更嘈杂，信息出现和消失的时间周期更短暂。

然而，当一种新兴事物出现后，这种趋势就会遭到质疑。

如今，虽然很多人不使用谷歌(Google)浏览器，但大家几乎都记得它最初的形象带给人们的震撼。我们感到震撼的地方，并不在于它能做到的事情，而在于它没有做的事情。谷歌的主页不只是"简单"，简直就是"光秃秃的"，完全没有提供任何信息。

当时大多数普通用户还没有意识到谷歌是故意这么做的。实际上，谷歌进入这个行业，把喧闹的门户网页升级大战引向了完全相反的方向——至简。

(二) 故意减少服务的家具零售商——宜家

大多数全球知名品牌的知名度是以企业的一系列优势为基础的，即它们为消费者提供的优质产品和更多的服务。但是"宜家"这个品牌令人困惑的地方在于，它有意识地依靠一系列劣势(如故意不为消费者提供一些服务)，提高了自己的知名度。去过宜家的消费者都知道，宜家需要自己把家具运回家，然后自己组装。

事实上，宜家所坚持的价值定位在这个行业里可谓荒谬至极。宜家家具的种类很少，最初只包含4种基本风格：北欧风、现代风、田园风和新式瑞典风。它也几乎没有提供任何购物协助：店面的设计独特，鼓励顾客在空荡荡的空间里自己选择家具，不需要任何导购帮忙，不提供家具配送和组装服务。也就是说，顾客不仅要自己把家具运回家，还要自己组装家具。企业公开承认，他们的家具不可能使用一辈子，而且还鼓励顾客把家具看成非耐用品，几年之后就要换掉。

但是，宜家提供了另外一些吸引人的服务，证明其名不虚传。在宜家购物时，顾客可以把孩子托管在一个精心设计的、隶属宜家的日托中心，还可以在其小餐厅里吃午餐，里面提供熏鲑鱼、馅饼和瑞典肉丸等各种美食。另外，顾客还可以购买除家具之外的其他物件，例如，各种颜色的家用器皿、设计精巧的玩具等，这些在其他家具店是买不到的。总体而言，宜家避开了大多数廉价家具店那种仓库式的沉闷气氛，营造出一种愉悦、轻快、超现代的购物风格和购物感觉。这种欧洲风的"娱乐式零售"环境所拥有的购物选择虽然有限，但却展现出一种独特的北欧风格，传递出一种整齐匀称、简单朴实和不做作的感觉。

宜家之所以能够成为逆向战略品牌，原因在于它在减少服务的同时，也为顾客提供了更多的服务，它把人们习惯性认为不会共存的因素成功地结合在一起。

(三) 不公开"秘密菜单"的汉堡包连锁店——In-N-Out

加利福尼亚州有一家逆向定位的汉堡包连锁店，名字叫In-N-Out。与其竞争对手不同，这家店不提供开心乐园餐、儿童菜单、沙拉和甜点，只提供6种食品，在过去的10年里一直如此。不过，在这些表象下隐藏着这样的事实：菜单上的每一份食物都是现场制作的，而且使用的都是新鲜的食材(没有经过冷冻)。"熟悉内幕"的顾客可以点"秘密菜单"上的食品，这个"秘密菜单"没有公开，顾客只有通过口口相传才能知道上面的内容。

什么样的餐馆不会向顾客公开自己所提供的食物种类？In-N-Out就是。In-N-Out的顾客毫无保留地表现出了自己的狂热。当记者走进店里，竟然发现有一群学生开车行驶了500多英里到这家店，就是为了吃一顿午餐。来这里的顾客常常炫耀自己为了吃一个In-N-Out汉堡包情愿走多远的路、排多长的队等，有些顾客甚至在手机和掌上电脑上安装了In-N-Out探测器。

In-N-Out 汉堡包店、宜家、Google 等品牌有一个共同点：它们能够赢得所有类型的企业最难赢得的那一个群体，也就是自愿成为品牌宣传大使的顾客。但是，这并不代表实行逆向战略的品牌能够得到所有顾客的喜爱，所有价值定位明确的品牌都不可能做到这一点。这只能说明，虽然在这些品牌所处的行业里已经很难寻觅到品牌忠诚者，但在其周围确实存在一群数量惊人的品牌忠诚者。

(资料来源: 杨米, 穆恩. 哈佛商学院最受欢迎的营销课[M]. 北京: 中信出版社, 2018: 71-84.)

思考：上述这些逆向战略品牌成功的原因是什么？

第八章
创业价格策略

学习要点

1. 价格策略在营销组合中的作用；
2. 企业的定价目标；
3. 影响定价的主要因素；
4. 企业的价格调整及顾客对价格变动的反应。

导入案例

航空公司的价格战

2016年1月4日，东方航空、中国国际航空和南方航空的子公司重庆航空宣布，将暂停与去哪儿网的合作，关闭在去哪儿网上的旗舰店，理由是近期收到多起旅客在去哪儿网购票后的投诉，涉及价格公正和退改权益不能被保障。

2015年12月31日，南方航空、海南航空和首都航空也发布了内容相近的公告。

去哪儿网发布的公告称，与航空公司的矛盾源于南方航空等公司提出，将去哪儿网的机票展示由价格排序改为时间排序——航空公司的官方机票售价通常都会高于代理商。而去哪儿网认为，按价格排序符合用户的搜索预订习惯：70%的消费者都会根据价格来选择航班和供应商。

携程和阿里旅行并不在航空公司此次声讨的对象名单里。单单在去哪儿网下架机票，可能与去哪儿网一个月前开始推行的"穿山甲项目"有关。这个项目指的是去哪儿网对机票销售设计的新游戏规则，即前台收集订单，后台代理商展开竞价，提供最低价者获得该订单。举例来讲，消费者在去哪儿网的页面上从A代理商处下单预订一张500元的机票，这个订单随即进入代理商竞价系统，若B代理商愿意以450元提供机票，且没有其他代理商比该价格更低，则B代理商将获得该笔订单。虽然消费者支付的仍然是500元，但去哪儿网为该订单匹配了另一家价格更低的代理商，而差价由去哪儿网赚取。

这种"消费者定价"的商业模式最早由美国在线旅游预订公司Priceline开创。这家公司2014

年盈利达28亿美元，是全球最大的在线预订平台。使用Priceline的name your price服务的消费者，预订时只须输入自己的目的地、理想酒店标准和愿意出的价格。去哪儿网对其做了改良，消费者在网页端并不会感受到与以往的预订流程有什么不同，不会知道下单后自己的订单经过了一轮商家竞价。

目前，代理商参与去哪儿网的新游戏，去哪儿网对其从竞价方案中产生的订单免收交易费(平常这笔交易费用是成交额的0.3%)，而且对获得订单的代理商给予资金奖励。但是，这种补贴结束后，是否还有代理商愿意参与这样的定价游戏不得而知。

不过，航空公司对去哪儿网新政的态度要明确很多，因为竞价进一步扰乱了其价格体系。各家航空公司的直销比例都很低，在国内，80%左右的机票通过代理商销售，这些代理商又会把机票放到去哪儿网、携程等平台销售。去哪儿网早就不是纯粹的交易撮合者了，它在"穿山甲项目"之外采用的是自主定价模式，而非完全按照航空公司的官方定价出售机票，再从每单交易中收取佣金。

通常，代理商提供给去哪儿网一个机票价格，比如400元，去哪儿网可能会调整为440元，加价后再展示在用户所见页面。航空公司对此并没有什么有效的管理办法。"谈不拢，就只能像这次一样，下架产品，没有别的办法。"代理商称。

另一个难以管理的是代理商。为降低代理商在终端定价上的自主空间，多家航空公司逐年降低付给代理商的佣金率。截至2015年6月，南航、国航、东航等公司的机票代理佣金已下调至0。这项举措并没能有效约束代理商，他们获得收入的方式非常多元化，并不依赖销售机票从航空公司那里获取佣金。他们的收入中比较大的比例来自达成一定数量的分销后，从航空公司那里拿到的季度返利。

竞价机制下，代理商更不可能根据机票的官网价格销售，决定他们把价格定在多少的关键变成了能不能抢到订单。只要还有利可图，这些代理商就可能会制定更低的价格。

新的机票交易系统上线一个月后，去哪儿网曾在2015年12月21日公开过一张成绩单，其通过"穿山甲"竞价系统获得的国际机票出票量已经占到了全网的70%，因为新的交易机制，国际机票总量增长超过350%。

航空公司明显没有从合作伙伴的这场技术变革中获利，已经有一些代理商不惜冒着失去代理权的风险，将本来提供给企业客户的协议价机票违规卖给去哪儿网的散客。航空公司的直销比例可能因此进一步降低，这意味着每年要花费更多的分销费用。三大航空公司之一的东航2014年净利润亏损29.4亿元，而该公司当年花在分销上的费用高达60.85亿元。业绩最好的国航2014年的净利润率也只有3.11%。

关闭旗舰店，对于去哪儿网而言只不过少了一个卖票的商家，并不妨碍它继续销售各大航空公司的机票，这些航空公司在全国有4000多家机票代理商，它们是去哪儿网、携程、阿里旅行等在线旅行预订平台上的主流机票商。

航空公司们很可能不会就此罢手，南航、国航、海航等国有航空公司都从国资委处收到了3年内将机票直销比例从目前的20%左右提升到50%的通知。这些航空公司的官方网站和App的设计、订票电话的响应速度、设置在机场的售票窗口的服务效率，很多环节都影响其直销的能力。而机票和酒店房间等产品的时效性极强，航空公司要快速摆脱分销商和平台商并不容易，但它们肯定会对这些合作伙伴提出越来越严苛的合作条款。

(资料来源：航空公司的价格战[J]. 第一财经周刊，2016(2)：52.)

常见的定价方法分三类，即成本导向定价法、竞争导向定价法和价值导向定价法。几乎在所有的行业中，创业成功越来越依赖于基于市场、承担风险、主动和灵活的定价能力，我们将具有这些特征的定价方法叫作创业定价。创业定价以价值导向定价法为基础，采取试验和小范围测试的方式进行定价。

聪明的创业者和管理者把定价看成创造和获取消费者价值的一个重要的战略工具。不少商业人士忌讳对价格进行评价和讨论，称为价格规避，多数创业者凭经验想当然地对产品或服务进行定价，夸大以成本为基础的定价方式。

价格是市场营销组合中最活跃和最重要的部分，敏感而又难以控制。它给企业带来收入，而其他的市场营销组合元素则产生成本。制定合理的价格直接关系到产品被市场接受的程度，同时对市场需求和企业利润产生极大的影响，涉及生产者、经营者和消费者等多方利益。由于价格策略带有强烈的竞争性，它既可以成为企业发起挑战的利器，也可以成为企业步步为营的防御盾牌。一个设计精良的产品可以获得价格溢价，收获丰厚的利润。本章将提供概念和工具来帮助创业企业制定初始价格，以及随着时间和市场的变化进行价格调整。

第一节　理解定价

消费者对价格的概念更多地停留在零售商店的产品价格标签所展示的数字上，然而今天价格有了更多的形式，发挥着更多的作用。消费者支付的价格还能表现为租金、学费、交通费、公共事业费、定金、佣金等。价格也有多个组成部分。例如，如果消费者是京东的 Plus 客户，则购买的产品价格中还包括了 Plus 会员的年费。

价格在大多数情况下是由买卖双方协商制定的。在某些情境下，讨价还价仍然是常见的达成交易的价格确定方式。然而由 20 世纪全球零售业的发展趋势来看，由于商家管理了越来越多的产品和员工，为消费者制定严格的单一价格策略已经成为一种共同的趋势和相对现代的观点。

一、来自互联网的定价机制的变化

一直以来，价格是买方做出选择的一个主导因素。消费者和采购代理如果能够通过渠道获取价格信息和折扣，他们就会对零售商施加降价压力，零售商则向制造商施加降价压力，从而最终形成一个以大量折扣和促销为特征的市场。

互联网以及无线通信设备的快速发展把全球的人口、设备和企业联系在一起，并且以前所未有的方式将买卖双方联系起来。这个联系能够使购买者从成千上万的供应商中轻而易举地比较产品和价格，使自己获得极佳的讨价还价能力。同时，互联网科技使得销售方能够轻易地收集到有关消费者的购物习惯、偏好和花销限制的具体数据，从而帮助企业更精确地设定、调整产品价格，提高定价效率。

通过让消费者轻松地得到交易最低价，互联网拉低了商品的价格，但是同时它也使得网上商家能够监控彼此的价格，并能够在不公开的情况下调整价格。美国《消费者报告》指出，在过去的三年里，一半以上的美国成年人为了获得更好的日常商品和服务交易价格进行议价；几乎90%的人至少成功一次。一些成功的策略包括：告诉销售人员消费者查看了竞争对手的价格(57%的受访者)；在一间实体店寻找更低的价格(57%)；和店员聊天以建立人际关系(46%)；使用其他商店的通告或优惠券作为杠杆(44%)；浏览用户评论查看他人的支付价格(39%)。

在线价格比较引擎可以方便消费者找到任何商品的最低价格，但是消费者有效利用具有竞争力的价格信息的难度超过专家预期。卡耐基梅隆大学的经济学教授卡仁·克雷注意到消费者愿意向熟悉的网络零售商支付更高的价格，因为尝试一家新的零售商通常涉及许多不确定性，比如货物是否能按时到达、商品是否为正品、客户服务是否令人满意、价格是否还会降价等，她认为这种不确定性远超过在别处购物所节省下来的费用。

二、多变的定价环境

定价行为已经发生了巨大的变化，部分原因是2008—2009年严重的经济衰退、缓慢的经济复苏以及快速的技术发展。新一代消费者也带来了新的消费态度和价值观，由于经常负担房屋贷款和其他金融需求，他们正在重新考虑真正的需求。对很多人来说，租赁、借贷和共享是很好的选择。

新的行为创建了共享经济，消费者可以分享自行车、汽车、服装、沙发、公寓、工具和技能，这些新行为也使消费者从拥有的东西中提取了更多的价值。一个共享行业的企业家指出："我们正在从一个围绕所有权组织起来的世界，向一个围绕资源使用权组织起来的世界转变。"在共享经济中，人们可以既是生产者又是消费者，可以从两种角色中获益。

诚信和良好的声誉在任何交易中都是至关重要的，在共享经济中也必不可少。共享行业相关业务的大多数平台有某种形式的自我监督机制，如公开的个人资料和社区评级系统。共享经济的两大支柱是交换和租用。

交换是获取商品的最古老的方式之一。通过交换获得商品，这种交易在美国每年达120亿美元的规模。闲鱼为父母交换子女不再使用和未使用的衣服、玩具、书籍提供了很多便利。网络商品交换的货品一般成本不足500元，容易运输，且很少使用。

真正迅速扩张的新共享经济是租用。租赁经济的先驱之一是Airbnb。来自罗德岛设计学院的毕业生布莱恩·切斯基(Btan Cesy)和乔·格比(Loe Gebia)推出了AedeBrealeae.com网站，并向旧金山一个工业设计会议的与会者出租空气床垫。他们的成功一个星期内吸引了三位与众不同的客人，于是两人将其合资公司名字缩短为Airbnb，还聘请了技术专家，通过添加一些特性开始扩展他们的"沙发客"(couch-surfing)业务，诸如添加第三方托管支付和专业摄影，以使租赁物看起来更好，不间断的客户服务和100万美元的保险政策为各方提供了安心保障。租赁空间包含各种空间——不只是房间、公寓和房屋，也包括车道、树屋、冰屋，甚至城堡。Airbnb采用经纪人的商业模式来创造收入：3%来自空间主人，6%~12%来自客户，具体数据取决于租赁空间的价格。Airbnb 虽然现在业务已遍及 190 个国家、28 000 座城市，每年有数以百万计的租赁订单，公司的估值接近 100 亿美元，但它仍面临一些重大挑战，包括政府以税收的形式干预、非法分包纠纷和安全，以及其他相关对房屋监管的收费。

第二节　消费者心理和定价

在小公司，价格往往由老板决定；在大公司，价格则经常由部门经理和产品线经理共同制定。然而即使是在大公司，高层管理人员也要制定总的价格目标和定价政策，并经常审批中低层管理人员所提议的价格。

许多公司并没有认真处理定价问题，而是仅仅采用了一些"策略"，如确定成本然后加上行业平均利润。其他常见的错误还包括：没有根据市场变化及时调整价格；制定价格时独立于其他营销方案，而不是作为市场定位战略的内在元素；没有根据不同的产品、市场细分、分销渠道和购买情绪实行差别定价。

对于任何组织而言，有效地制定和实施定价策略需要全面理解消费者的价格心理，并掌握一套系统化方法来设置、调整和改变价格。

许多经济学家通常假定消费者是价格接受者，假定他们接受价格的"票面价值"或其既定价值。然而，营销人员已认识到，消费者通常会积极处理价格信息，通过以前的购买经验、正式信息渠道(如广告、销售电话和宣传册)、非正式信息渠道(来自朋友、同事或家庭成员的分享)、销售点或在线资源等其他因素来了解价格。

购买决策是基于消费者的心理价位和他们所感知的当前实际价格，而不是建立在营销人员的要价上。消费者可能会有一个价格下限的心理预期，低于这个价格就表示产品太次或质量较差。同时，消费者会有一个价格上限的心理预期，高于这个价格会使他们望而却步或认为不值得花这么多钱。不同的消费者以不同的方式解释价格。

了解消费者如何形成对价格的看法是营销工作的重点。这里我们只讨论关键议题：参考价格、价格—质量推断和价格尾数。

一、参考价格

尽管消费者非常了解相关产品的价格区间，但他们很少能准确地记得具体价格。因此，当选购商品时，消费者通常会使用参考价格，将所观察到的价格与他们记忆的内在参考价格或外部参照框架(如标出来的"常规零售价")进行比较。

消费者可能使用的参考价格有公平价格、典型价格、最近一次的支付价格、竞争者的历史价格、预期的未来价格和通常的折扣价格，且卖方通常试图操纵这些参考价格。例如，销售者可以将其产品陈列于昂贵的竞争品中，以暗示它们同属一个档次。百货公司将女式服装根据价格的高低分放在不同地方，放在更昂贵货架上的衣服被认为质量更好。营销人员也会通过许多方法激发消费者思考参考价格，他们会标一个很高的制造商建议售价或指出竞争者的高价以表明该产品原价更高。

二、价格—质量推断

许多消费者认为价格暗示着质量。基于品牌形象定价对于一些关系到面子的产品(如香水、豪车和定制款服装)是非常有效的。一瓶价格为100美元的香水,可能其中的香味只值10美元,但是送礼者却愿意支付100美元,以表达对接受礼物的人的重视。

人们对汽车的价格和质量的感知是互相影响的。标价较高的汽车被认为拥有更高的质量,质量高的汽车也被认为有一个高于其实际价值的标价。当可获得关于产品真实质量的信息时,价格在预示质量方面就不那么重要了;而当无法获得这种信息时,价格就是质量的信号。

一些品牌采用独家生产或限量生产的方法以显示其独特性,使其溢价名正言顺。名牌手表、珠宝、香水等奢侈品企业在宣传信息和渠道战略中经常强调其独享性。对于渴望独一无二的奢侈品的消费者,他们的需求实际上会增加商品价格,因为他们认为很少有人买得起这种商品。

三、价格尾数

许多销售者认为价格不应以整数结尾。消费者会将一个299元的商品感知为200元的价位,而非300元。消费者看价格是从左到右的,而不是四舍五入。如果消费者对较高的整数价格存在心理价格折扣,则这种形式的标价就十分重要。

一般人认为价格尾数"8"向消费者传达了折扣或减价的信息,所以如果一个公司想要塑造高价形象,应避免采用带零头的定价策略。一项研究表明,当一件女装的价格从340元提高到390元时,需求量提高了1/3,而从340元上升到440元时,需求量则没有变化。

标价也经常以"0"或"5"结尾,这便于消费者处理和记忆。价格标牌旁的"特价"字样可以刺激需求,但是不能被滥用。研究表明,当一个品类中的一些产品而不是全部产品特价处理时,总销量最高;超过某个数量时,"特价"标识反而会使总销量降低。

当消费者不经常购买或第一次购买某一类别产品时,以及当产品设计时常更新,价格有季节性变化,或质量、大小在不同店铺有差别时,价格暗示(如"特价"标识或以"9"为尾数标价)会有不错的效果。然而,用多了就会不太起效。供应方面的一些限制(例如"限时三天")也可以提高消费者购物的积极性。

第三节 定价的程序

当企业研发出一种新产品,将原有产品引入新的分销渠道或地区,或者参与新合同竞标时,企业必须制定价格。企业必须为其产品质量和价格进行定位。由于价格的制定要考虑多方面因素,因此企业必须按照确定的程序为产品或服务定价:选择定价目标、分析需求、估算成本、分析竞争者状况、选择定价方法、确定最终价格,如图8-1所示。

图8-1 定价程序

一、选择定价目标

企业应该首先确定产品的定位，企业的目标越清晰，就越容易制定价格。产品的五大定价目标分别是生存、利润、市场份额、竞争、产品—质量领导地位。

(一) 生存目标

如果企业面临产能过剩、激烈的竞争或消费者需求变化，则需要把维持生存作为企业的基本目标。这时候，企业应该制定尽可能低的价格，即只要价格能够补偿可变动成本和部分固定成本，企业就仍然可以维持。生存是一个短期目标，从长期来看，企业需要尽快学会增加价值，否则企业仍然会走向破产的境地。

(二) 利润目标

利润是企业从事经营活动的直接动力和最终目的，也是企业生存和发展的必要条件。利润最大化是企业的利润目标之一，即制定一个可以导致总收入相对于总成本尽可能高的价格。当然，利润最大化并不代表不合理的高价。价格和利润都由企业所面临的竞争环境的类型决定，例如，是垄断销售，还是在一个竞争较为激烈的情况下销售。同样，一家企业也不可能制定一个比产品的感知价值更高的价格。

推出新技术的公司喜欢制定高价(市场撇脂定价)以使利润最大化。索尼经常采用市场撇脂定价法，开始时将价格定得很高，然后随着时间的推移逐渐降价。

采用市场撇脂定价策略需要具备以下条件：

(1) 有足够的购买者，并且当前需求很大；
(2) 小批量生产的单位成本不会高到无法从交易中获得好处；
(3) 很高的初始价格不会吸引更多的竞争者进入该市场；
(4) 高价能传达高档的产品形象。

为了获得最大利润，管理人员可以通过提高消费者满意度来增加销量，也可以通过提高经营效率来降低成本，另外还可以两手一起抓。一项研究表明，提高客户满意度比削减成本或同时进行两种方案能够带来更高的收益。这就意味着公司应当考虑将更多资源用于客户服务方案、老客户方案和顾客关系管理项目，而对于改进效率和降低成本的方案则应该减少投入的资源。

第二种最常见的利润目标就是投资回报率(return on investment，ROI)。投资回报率表示利润与投资的百分比。企业的投资回报率越高，企业的表现就越好。很多企业，比如杜邦公司、通用汽车公司、爱克森石油公司和联合碳化公司等都把投资回报率作为它们主要的定价目标。

任何投资回报率都需要根据竞争环境、行业风险和经济状况进行评估。一般而言，企业希望投资回报率为 10%~30%。例如，通用电气公司向 25% 的投资回报率努力的时候，镁铝(Aloca)公司等企业却在向 20% 的投资回报率努力。当然，在食品杂货行业，低于 5% 的回报率是很常见也能被接受的。

以投资回报率作为利润目标的公司可以预先决定它的盈利水平。营销管理人员可以使用某种标准(比如10%的投资回报率)来决定一个具体的价格和营销组合是否可行，同时必须权衡一个既定策略的风险，即便回报率处于可接受的范围内也是如此。

(三) 市场份额目标

市场份额是指一家企业的产品销量占行业总销量的百分比，或者也可以按照企业销售额占整个行业销售额的百分比来计算。但是许多公司尽管市场份额不高，销售额却在该行业中占有较高的份额，因此，越来越多的企业将市场份额用销售额来表述，而不是采用销量。

一些公司希望能使其市场份额最大化，它们认为销量越高，产品单位成本越低，长期利润越高，因此制定了最低价格，认为市场对价格是高度敏感的。德州仪器(Texas Instruments)多年来极好地实施了市场渗透定价法，该公司建造大型工厂使成本下降，制定尽可能的低价来赢得较高市场份额，并随成本降低而进一步降价。

采用市场渗透定价法应满足以下条件：
(1) 市场对价格高度敏感，低价可以促使市场增长；
(2) 随着生产经验的积累，可使生产成本和分销成本降低；
(3) 低价可以减少实际和潜在的竞争。

经验表明，市场份额与投资回报率有紧密的联系。市场份额较高的企业，易于形成规模效应，从而获得更好的发展。然而，21世纪以来，这种联系发生了变化。在21世纪头十年里，戴姆勒-克莱斯勒公司旗下的美国重型卡车制造商福莱纳一直在积极争夺市场份额，并以36%的市场份额成为市场领导者，但它的利润却受损。而宝洁公司也意识到利润并不会随着一个大的市场份额而来，从而把市场占有率目标修改为投资回报率目标。百事公司亦声称公司现在的目标是利润率在行业中排名第一，而非销售量排名第一。

(四) 竞争目标

企业定价的竞争目标可以分为两种：
(1) 维持现状的定价目标，即按现状定价。制定这类目标的企业致力于维持现有价格或与竞争者的价格保持一致。这种定价的优势在于只需要很少的策划，实质上是一种被动政策。通常，在价格领导的行业中，企业会把价格制定得和竞争者的价格不相上下。
(2) 以应对竞争为目标。随着市场竞争的加剧，许多竞争性较强的公司也以应付或避免竞争作为自己的定价目标。定价前，企业要对同类产品的质量和价格资料等进行分析、比较，从有利于竞争的目标出发制定价格，视竞争者的情况以低于、等于或高于对手的价格出售产品。一般来讲，竞争能力弱的企业，大都采取跟随强者或稍低于强者的价格；竞争能力强的企业，若在市场中具备某些优越条件，则可采取高于竞争者的价格出售产品。

(五) 产品—质量领导地位目标

一些公司可能会致力于成为市场中产品—质量的领导者。许多品牌都想成为"买得起的奢侈品"——这些产品或服务被认为具有很高的质量、品位和地位，价格虽高但没有超出消费者的购买能力。一些品牌如星巴克、Victoria's Secret、宝马和Viking等都将自己定位为行业内的品质领导者,将高品质、奢华和溢价相结合的同时,赢得了大量忠实顾客。Grey Goose 和 Absolute 两个伏特加品牌开创了高盈利的市场,即巧妙地通过店内和店外营销,使伏特加显得时尚和独特。

二、分析需求

市场需求是价格的决定因素。产品的定价大部分取决于消费者对产品或服务的需求以及企业付出的成本。市场需求因素决定了产品价格的最高限度。特别是当企业的定价目标主要以销售为主导时,更需要把市场需求因素作为首先要考虑的因素。供求规律是商品经济的内在规律,市场供求的变动与产品价格的变动是相互影响、相互确定的。

(一) 需求规律

需求是某个特定时期内一种产品按不同价格销售的总量。人们购买产品的数量取决于价格的高低,即价格和需求量呈反比关系,能够反映这种关系的曲线称为需求曲线。价格越高,消费者对于商品或服务的需求就越少,价格越低,消费者对商品或服务的需求就越多。

(二) 需求弹性

需求弹性是指因价格和收入等因素而引起的需求的相应变动率,一般分为需求收入弹性、需求价格弹性和需求交叉弹性,需求弹性对于理解市场价格的形成和制定价格具有重要意义。

1. 需求收入弹性

需求收入弹性指因收入变动而引起需求相应的变动率。需求收入弹性大的产品一般包括耐用消费品、高档食品、娱乐支出等,这类产品在消费者货币收入增加时会导致对它们的需求量大幅度增加。需求收入弹性小的产品,一般包括生活的必需品,这类产品在消费者货币收入增加时对它们的需求量的增加幅度比较小。需求收入弹性为负值的产品,意味着消费者货币收入的增加将导致该产品需求量的下降,如一些低档食品、低档服装等。

2. 需求价格弹性

需求价格弹性指因价格变动而引起需求相应的变动率。需求价格弹性反映需求变动对价格变动的敏感程度,用弹性系数 E 表示,该系数是需求量变化的百分比与价格变化的百分比的比值。不同产品具有不同的需求弹性,定价时应该考虑需求弹性的作用,从其弹性强弱的角度决定企业的价格决策。

(1) $E=1$,反映需求量与价格等比例变化。对于这类商品,价格的上升(下降)会引起需求量等比例的减少(增加),也就是说价格的变动与需求量的变动是相适应的。因此,价格变动对销售收入影响不大。定价时,可选择实现预期盈利率的价格或选择通行的市场价格,同时把其他市场营销策略作为提高盈利率的手段。

(2) $E>1$,反映需求量的相应变化大于价格自身变动。对于这类商品,价格上升(下降)会引起需求量较大幅度的减少(增加),称为需求价格弹性大或富于弹性的需求。定价时,应通过降低价格、薄利多销达到增加盈利的目的；提价时，则务求谨慎，以防需求量发生锐减，影响企业收入。

(3) $E<1$，反映需求量的相应变化小于价格自身变动。对于这类商品，价格的上升(下降)仅会引起需求量较小程度的减少(增加)，称为需求价格弹性小或缺乏弹性的需求。定价时，较高水平的价格往往会增加盈利，低价对需求量刺激效果不大，薄利不能多销，反而会降低企业收入水平。

研究表明，消费者在经济困难时期往往对价格更敏感，但这并非针对所有商品类别。过去40年来，有关价格弹性的学术研究发现了一些有趣的结果，列举如下。

(1) 所有产品、市场和时间段的平均价格弹性为-2.62，也就是说，价格降低1%会导致销售增长2.62%。一般来说，耐用消费品的价格弹性比其他产品高，处于导入期或增长期的产品价格弹性比处于成熟期或衰退期的产品价格弹性高。

(2) 通货膨胀实际上会提高需求价格弹性，尤其在短期内效果显著。

(3) 促销品价格弹性在短期内比实际的价格弹性高(尽管在长期内可能情况相反)。

(4) 单品或最小存货单位水平的价格弹性比整个品牌产品的价格弹性高。

3. 需求交叉弹性

需求交叉弹性是指具有互补或替代关系的某种产品价格的变动，引起与其相关的产品需求相应发生变动的程度。商品之间存在相关性，一种产品价格的变动往往会影响其他产品销售量的变化。这种相关性主要有两种：一是商品之间互为补充，组合在一起共同满足消费者某种需要的互补关系；二是产品之间由于使用价值相同或相似而可以相互或部分替代的关系。

一般而言，在消费者实际收入不变的情况下，具有替代关系的产品之间，某个商品价格的变化将使其关联产品的需求量出现相应的变动(一般是同方向的变动)；具有互补关系的产品之间，当某产品价格发生变动，其关联产品的需求量会同该产品的需求量发生一致的变化。

三、估算成本

产品成本是由产品的生产过程和流通过程所花费的物质消耗与支付的劳动报酬形成的。在实际营销活动中，产品定价的基础因素就是产品的成本，凡是低于成本的价格水平，产品的生产和服务的提供都是难以长期维持的。

任何企业都不能随心所欲地制定价格，企业定价必须首先使总成本得到补偿，要求价格不能低于平均成本费用。产品平均成本费用包含平均固定成本费用和平均变动成本费用两部分，固定成本费用并不随产量的变化而按比例发生，企业取得盈利的初始点只能是在价格补偿平均变动成本费用之后的累积余额等于全部固定成本费用之时。显然，产品成本是企业核算盈亏的临界点，产品售价大于产品成本时企业就有可能形成盈利；反之，则亏本。

一般而言，企业定价中使用比较多的成本类别有以下几种。

(1) 总成本。总成本指企业生产一定数量的某种产品所发生的成本总额，是总固定成本和总变动成本之和。

(2) 总固定成本。总固定成本也称为间接成本总额，指一定时期内产品固定投入的总和，如厂房费用、机器折旧费、管理费用、生产者工资等。在一定的生产规模内，产品固定投入的总量是不变的，只要建立了生产单位，不管企业是否生产、生产多少，总固定成本都是必须支付的。

(3) 总变动成本。总变动成本也称为直接成本总额，指一定时期内产品可变投入成本的总和，如原材料、辅助材料、燃料和动力、计件工资支出等。总变动成本一般随产量增减而按比例增减，产量越大，总变动成本也越大。

(4) 单位成本。单位成本指单个产品的生产费用总和，是总成本除以产量所得之商。同样，单位成本也可分为单位变动成本和单位固定成本。单位变动成本是发生在一个产品上的直接成本，与产量变化的关系不大，而单位固定成本作为间接分摊的成本，在一定时期内，其与产量成反比。产量越大，单位产品中所包括的固定成本就越小；反之，则越大。

(5) 边际成本。边际成本指增加一个单位产量所支付的追加成本，是增加单位产品的总成本增量。边际成本常和边际收入配合使用，边际收入指企业多售出单位产品得到的追加收入，是销售总收入的增量。边际收入减去边际成本后的余额称为边际贡献，边际贡献为正值时，表示增收大于增支，增产对于企业增加利润或减少亏损是有贡献的。

四、分析竞争者状况

在由市场需求决定的最高价格和由成本限定的最低价格之间，企业能把价格定得多高，取决于所处环境的竞争激烈程度，还要考虑竞争对手的成本、价格和可能的价格反应。

企业可能没有或较少遇到竞争对手，但它所要的高价最终可能诱使其他竞争者进入市场。比如由于看到汽车经销商的高额利润，很多电商平台纷纷涉足汽车的互联网销售业务，激烈的竞争有时又会导致价格战。

如果企业的产品相对于竞争对手具有独特的性能或优势，则可以通过评估其对提高顾客价值的作用，将企业产品的价格定得高于竞争对手；反之，则将企业产品的价格低于竞争对手。需要强调的是，竞争对手随时都可能对产品进行调价。

另外，网络平台和网络零售商的出现，零售业的竞争变得更加激烈，困难重重并且利润率不断降低。新兴企业则往往专注于服务一个或几个消费者细分群体，提供更好的交付产品或提供附加价值，利用高效运营降低成本以实现更低的价格。它们已经改变了消费者对产品性价比的期望。

一种观点认为，公司应该在下列条件下建立自己的低成本运营优势与以价值定价的竞争对手竞争：①现有业务会因此变得更具竞争力；②新业务源于一些无法通过独立运作获得的优势。

五、选择定价方法

实际工作中，企业的定价方法很多。一般来说，定价方法的具体运用不受定价目标的直接制约。不同市场竞争能力的企业、不同营销环境中的企业所采用的定价方法是不同的，即使在同一类定价方法中，不同企业选择的价格计算方法也会有所不同。

(一) 成本导向定价法

成本导向定价法是指以营销产品的成本为主要依据，综合考虑其他因素制定价格的方法。由于营销产品的成本形态不同以及在成本基础上核算利润的方法不同，成本导向定价法有以下几种具体形式。

1. 成本加成定价法

成本加成定价法是一种最简单的定价方法，即在单位产品成本的基础上，加上预期的利润额作为产品的销售价格。售价与成本之间的差额即利润。由于利润的多少是有一定比例的，人们习惯上称这种比例为"加成"，所以这种方法就被叫作成本加成定价法。

采用这种定价方法，必须做好两项工作：一是准确核算成本，一般以平均成本为准；二是根据产品的市场需求弹性及不同产品确定恰当的利润百分比(成数)。因此，如果企业的营销产品组合比较复杂，具体产品的平均成本不易准确核算，或者企业缺乏一定的市场控制能力，就不宜采用该方法。

成本加成定价法在实际运用中又分为以下两种情况。

(1) 总成本加成定价法。总成本是企业在生产产品时花费的全部成本，包括固定成本和变动成本两部分，在单位产品总成本上加一定比例的利润，就是单位产品的价格。采用成本加成定价法确定产品单价有以下两种计算方法。

① 顺加成：

$$销售单价 = 单位总成本 \times (1+毛利率)$$

② 逆加成：

$$销售单价 = 单位总成本 \div (1-毛利率)$$

我们会发现，当毛利率一样的情况下，两种不同的加成方法得出的单价是不一样的。设定单位总成本为100元，毛利率为20%，那么顺加成得出的销售单价为100×(1+20%)=120(元)，而逆加成得出的销售单价则为100÷(1-20%)=125(元)。

这主要是因为顺加成是以单位总成本为基数计算毛利率的，而逆加成则是以销售单价为基数计算毛利率的，基数不一样，毛利水平就不一样，价格自然也就不一样了。

(2) 变动成本加成定价法，也叫边际贡献定价法，即在定价时只计算变动成本，而不计算固定成本，在变动成本的基础上加上预期的边际贡献。由于边际贡献会小于、等于或大于变动成本，所以企业就会出现盈利、保本或亏损三种情况。这种定价方法一般在卖主竞争激烈时采用，因为这时如果采取总成本加成定价法，必然会因为价格太高影响销售，出现产品积压。采用变动成本加成定价法，一般价格要低于总成本加成法，所以容易迅速扩大市场销量。这种定价方法，在产品必须降价出售时特别重要，因为只要售价不低于变动成本，说明生产可以维持；如果售价低于变动成本，就说明生产越多，亏损越多。

2. 目标利润定价法

目标利润定价法又称资产报酬定价法，或称投资报酬定价法。企业根据目标利润的原则，首先确定一个目标利润，然后加上总成本，再除以总产量，就能得出销售单价。

$$销售单价 = (总成本+目标利润)/预期总产量$$

当然，采用目标利润定价法的前提是产品的市场潜力很大，需求的价格弹性不大，按目标利润确定的价格肯定能被市场接受。

3. 投资回报率定价法

投资回报率定价法指公司首先确定某一比例为公司的投资回报率，然后据此确定目标价格，其计算公式为

$$目标定价=单位成本+投资回报率×资本投资/单位销售$$

（二）习惯定价法

对于长期购买使用的产品或服务，消费者往往已经接受了这种产品的属性和价格水平。企业在从事新产品、新品种开发之际，只要产品的基本功能和用途没有改变，往往只能按以往的价格销售。经营这类产品或服务的企业不能轻易改变价格，因为减价会导致消费者怀疑产品的质量，涨价会影响产品的市场销路。

（三）可销价格倒推法

产品的可销价格即消费者或进货企业习惯接受和理解的价格。可销价格倒推法就是指企业根据消费者可接受的价格或后一环节买主愿意接受的利润水平确定其销售价格的定价法。企业一般在以下两种情况下采用这种定价法：

(1) 为了满足在价格方面与现有类似产品竞争的需要，而设计出在价格方面能参与竞争的产品。

(2) 对新产品的推出，先通过市场调查确定购买者可接受的价格，然后反向推算产品的出厂价格，计算公式为

$$出厂价格=市场可销零售价格×(1-批零差率)×(1-销进差率)$$

例：消费者对某品牌电视机可接受的价格为 2500 元，电视机零售商的经营毛利为 20%，电视机批发商的批发毛利为 5%，试计算电视机的出厂价格。

解：零售商可接受的价格=消费者可接受价格×(1-20%)=2500×(1-20%)=2000(元)

批发商可接受的价格=零售商可接受价格×(1-5%)=2000×(1-5%)=1900(元)

答：该品牌电视机的出厂价格为 1900 元。

（四）认知价值定价法

认知价值定价法是企业根据买主对产品或服务项目价值的感觉而不是根据卖方的成本来制定价格的方法。

在现实生活中，某些创新型产品，由于消费者对此缺乏比较的对象，一时对产品捉摸不透。企业的利润很低，消费者也可能会认为定价太高；目标利润高，消费者也可能认为价格便宜。

这里就有一个消费者对产品的认知价值的问题。认知价值定价法实际上是企业利用市场营销组合中的非价格变数,如产品质量、服务、广告宣传等来影响消费者,使他们对产品的功能、质量、档次有一个大致的定位,然后定价。例如某企业开发的产品是高质量、豪华型、全面服务的高档产品,只要经过促销宣传使消费者理解这是一种高档的产品,企业即使定价定得很高,还是能吸引那些对此有认知的消费者。当然,利用这种定价方法必须正确估计消费者对产品的认知价值,估计过高或过低对企业都是不利的。

(五) 通行价格定价法

通行价格定价法是以行业的平均价格水平或竞争对手的价格为基础制定价格的方法,也称为随行就市定价法。

在有许多同行相互竞争的情况下,每个企业都经营着类似的产品,价格高于别人,就可能失去大量的销售额,从而造成利润的降低,而这样做又可能迫使竞争者随之降低价格,从而失去价格优势。因此在现实的营销活动中,由于平均价格水平在人们观念中常被认为是合理价格,易为消费者接受,而且也能保证企业获得与竞争对手相对一致的利润,因而使许多企业倾向与竞争者的价格保持一致。尤其是在少数实力雄厚的企业控制市场的情况下,对于大多数中小企业而言,由于其市场竞争能力有限,更不愿与经营同类产品的大企业发生正面的价格竞争,往往靠价格尾随,根据大企业的产销价来确定自己的实际价格。

(六) 竞争价格定价法

与通行价格定价法相反,竞争价格定价法是一种主动竞争的定价方法,一般被实力雄厚或独具产品特色的企业采用。竞争价格定价法的步骤如下:

(1) 将市场上竞争产品价格与企业估算价格进行比较,分为高于、低于、一致三个层次。

(2) 将企业产品的性能、质量、成本、式样、产量与竞争企业进行比较,分析造成价格差异的原因。

(3) 根据以上综合指标确定本企业产品的特色、优势及市场定位,在此基础上,按定价所要达到的目标确定产品价格。

(4) 跟踪竞争产品的价格变化,及时分析原因,相应地调整本企业产品的价格。

(七) 密封竞标定价法

密封竞标定价法主要用在投标交易方式中。一般情况下,在同类同质产品之间,价格相对低的产品更具有竞争力。在市场营销活动中,投标竞争是营销竞争常用的一种方式,投标竞争的过程往往就是价格竞争的过程,竞争的结果生成实际的成交价格。

企业参加竞标总希望中标,而能否中标在很大程度上取决于企业与竞争者投标报价水平的比较。因此,投标报价时要尽可能准确地预测竞争者的价格意向,然后在正确估算完成招标任务所耗成本的基础上,定出最佳报价。

一般说,报价高、利润大,但中标机会小,如果因价高而导致败标,则利润为零;反之,报价低,虽中标机会大,但利润低,其机会成本可能大于其他投资方向。因此,报价时既要考虑实现企业的目标利润,也要结合竞争状况考虑中标概率(中标概率的测算取决于企业对竞争对手的了解程度,以及对本企业能力的掌握程度)。最佳报价应该是预期收益达到尽可能高的价格。

预期收益=(报价－直接成本)×中标概率－失标损失×(1－中标概率)

例:表 8-1 所示为某企业参加某工程的最佳报价分析。

表8-1 最佳报价分析

标函	报价/万元	直接成本/万元	毛利/万元	报价占直接成本	中标概率	失标损失/万元	预期收益/万元
1	25	25	0	100%	100%	3	0
2	28	25	3	112%	80%	3	1.8
3	30	25	5	120%	65%	3	2.2
4	32	25	7	128%	40%	3	1

分析:标函 3 的报价较高,预期收益最大,为最佳报价。实际报价时,企业还必须结合自己的经营能力进行全面考虑。如果企业目前的经营能力尚未充分发挥,为了强调标函的竞争力,可以选择标函 2 甚至更低价投标,这样的中标概率就大,如果中标,标函 2 有 3 万元毛利。标函 1 一旦中标,预期收益为 0,失去了竞标的意义,因为毛利的大小直接决定企业收益。

前面介绍了一些定价方法,供企业在实际营销活动中选择采用。每一种定价方法不仅有各自的特点和要求,而且相互补充,所以要全面考虑成本、需求及竞争状况而结合使用。

第四节 定价策略

企业通常不会制定单一的价格,而是通过价格体系反映各领域存在的差异,这些领域的差异包括地域需求差异、成本差异、细分市场差异、购买时间差异、订购等级差异、送货频率差异、担保差异、服务合同差异和其他因素差异。由于存在折扣和促销,企业很少能从所售的每件产品上获得相同的利润。因此,我们将考察下列定价策略:地理定价、折扣定价、心理定价。

一、地理定价策略

一般来讲,一个企业的产品不仅在生产所在地销售,也会销往外地,这意味着需要支付额外的运费。所谓地理定价策略,就是销售给不同地区的顾客的产品,是分别制定不同的价格还是制定相同价格,即是否设置地区差价。

(一) FOB原产地定价

FOB 原产地定价是指顾客按照厂价购买某种产品,卖方负责将这种产品运到产地的某种运输工具上交货。交货后从产地到目的地的一切风险和费用由顾客承担。这种定价策略不利于较远地区的顾客购买产品。

(二) 统一交货定价

统一交货定价和 FOB 原产地定价正好相反。所谓统一交货定价，就是企业销售给不同地区的顾客的产品，按照相同的出厂价加相同的运费(按平均运费计算)定价。不论地区远近，都实行一个价格。

(三) 分区定价

分区定价策略介于上述两种定价之间。企业将整个市场(或某些地区)分为若干价格区，销售给不同价格区顾客的产品分别制定不同的地区价格。距离企业较远的价格区定价较高，距离企业较近的价格区定价较低，同一价格区范围实行统一价格。

采用分区定价存在如下问题。

(1) 即使在同一价格区，有的顾客距离企业较近，也有的顾客距离企业较远，前者就会感觉不合算。

(2) 处在两个相邻价格区边界上的顾客相距不远，但要以不同价格购买同一产品。

(四) 基点定价

所谓基点定价，是指企业选定某些城市作为定价基点，然后按一定的厂价加上从基点城市到顾客所在地的运费来定价，而不管货物实际的起运地。为了提高灵活性，企业可以选取多个基点城市，按照离顾客最近的基点计算运费。基点定价的产品价格结构缺乏弹性，竞争者不易进入，利于避免价格竞争。顾客可以在任何基点购买，企业也可将产品推向较远的市场，有利于市场扩展。基点定价方式比较适合下列情况：

(1) 产品运费成本所占比重较大；
(2) 企业产品市场范围大，许多地方有生产点；
(3) 产品的价格弹性较小。

(五) 运费免收定价

运费免收定价是指企业负担全部或部分运费。有些企业认为如果生意扩大，平均成本就会降低，足以抵偿这些开支。运费免收定价可使企业加深市场渗透，并在竞争日益激烈的市场上获得优势。京东商城、苏宁易购、当当网等网络商家经常以顾客的购物总额作为是否减免运费的标准，当顾客的订单总额达到一定额度时，商家即免费送货。

二、折扣定价策略

企业为了鼓励顾客及早付清货款、大量购买、淡季购买，主动降低基础价格，这种价格调整叫作价格折扣。价格折扣的主要类型有以下几种。

（一）现金折扣

现金折扣也称付款期限折扣，即对现款交易或按期付款的顾客给予价格折扣。买方如果在卖方规定的付款期以前若干天内付款，卖方就给予一定的折扣，目的是鼓励买方提前付款，以尽快收回货款，加速资金周转。例如许多企业规定，提前10天付款者，给予2%的折扣；提前20天付款者，给予3%的折扣。

（二）数量折扣

数量折扣指卖方为了鼓励买方大量购买或集中购买其产品，根据购买者所购买的数量给予一定的折扣。

(1) 累计数量折扣，即规定在一定时期内，购买总数超过一定数额时，按总量给予一定的折扣。例如，客户在一年中累计进货超过1000件，每次购货时按基本价格结算收款，到年终，企业按全部价款的5%返还该客户。采用这种策略有利于鼓励顾客集中向一个企业多次进货，从而使其成为企业的长期客户。

(2) 非累计数量折扣，即规定顾客每次购买达到一定数量或购买多种产品达到一定的金额所给予的价格折扣。根据每次交易的成交量，按不同的价格折扣销售。例如购买100件以上按基本价格的95%收款，购买500件以上按基本价格的90%收款，购买1000件以上按基本价格的80%收款。采用这种策略能刺激顾客大量购买，增加盈利，同时减少交易次数与时间，节约人力、物力等开支。

（三）业务折扣

业务折扣也称功能性折扣，即厂商根据各类中间商在市场营销中所担负的不同职能，给予不同的价格折扣。例如给批发商的折扣较大，给予零售商的折扣较小，使批发商乐于大批进货，并有可能进行批转业务。使用业务折扣的目的在于刺激各类中间商充分发挥各自组织市场营销活动的能力。

（四）季节折扣

季节折扣指企业为购买过季商品或服务的顾客减价。例如，雪橇制造商在春夏季给零售商以季节折扣，以鼓励零售商提前订货；航空公司在旅游淡季给顾客以季节折扣。

三、心理定价策略

（一）招徕定价策略

招徕定价是企业尝试通过销售价格接近成本或低于成本的商品来吸引顾客，希望顾客能够在商店里买其他产品。这种定价方法一般应用于消费者易于识别的知名产品，价格也低于一般市价。消费者对该产品的价格比较熟悉，往往基于"求廉"心理而购买产品。这种定价类型每周都会出现在超市、商店和百货公司的宣传广告上，它的目标并不是销售大量主打产品，而是试图吸引有可能在别处购买产品的顾客。健身俱乐部以一个月的免费活动作为特价吸引顾客，

第八章 创业价格策略

律师给予免费的初始咨询,餐厅分发买一送一的优惠券等,都属于此类定价模式。

(二) 差别定价策略

差别定价是指企业以两种或两种以上不反映成本差异的价格来销售产品和服务。

(1) 顾客差别定价,不同的顾客群体对同样的产品或服务支付不同的价格。例如,公园景点经常对学生和老年人、现役军人实行门票优惠政策。

(2) 产品形式差别定价,即企业对不同型号或形式的产品分别制定不同的价格,但是不同型号或形式的产品的价格差额和成本费用之间的差额并不成比例。例如,济南至某地的高铁车票二等座481元,一等座762元,而商务座则要908元,甚至高于同期的飞机票价。

(3) 产品地点差别定价,即企业对处在不同位置的产品或服务分别制定不同的价格,即使这些产品或服务的成本费用没有任何差异。例如,剧院、体育比赛往往根据观众的偏好对不同的座位制定不同的价格。

(4) 销售时间差别定价,即企业对不同季节、不同时期甚至不同钟点的产品或服务分别制定不同的价格。例如航空公司根据顾客预订机票的时间给予顾客不同的折扣,离起飞时间越近,票价越高,但在临近起飞前也会将未出售的机票在过期前进行低价甩卖。

(5) 渠道差别定价,即企业对不同销售渠道的产品制定不同的销售价格。例如,可口可乐依据是在高级餐厅、快餐店还是在超市、自动售货机上售卖产品而制定不同的价格。

综上所述,市场上具体的营销价格是变化多端的,企业必须十分重视价格手段的应用。但也应该指出,企业在制定价格时要注意与其他非价格竞争手段的协调配合。单纯的价格竞争可能引发企业间的价格战,使企业形象受损。对于现实中的市场营销活动来说,价格本身仅仅是吸引顾客的因素之一,过分夸大价格的作用是片面的。

(三) 免费定价策略

Sarah Green 在文章《为你的初创企业规划好扩张和盈利模式》中列举了对初创企业更加有效的两个产品定价策略:免费赠送东西给客户,然后再想办法创收。

(1) 产品免费但服务收费,即产品是免费送的,但需要客户为安装、定制、培训或其他附加服务付费。其优势为:对于建立客户群的信任并提升品牌知名度效果很好,因为免费提供任何东西的公司都可以赢得较好的口碑。劣势为:这种定价策略意味着企业基本上运营的是服务业务,而产品被当作营销成本。此外,从长期来看,这样的定价策略未必是企业扩张的最好方式。

(2) 免费增值模式,是指基础服务免费,但是用户必须为额外的高级特性、功能、扩展等付费。采用这种模式的最大公司之一是 LinkedIn——最流行的商业、社交媒体平台之一。优势为:企业提供了一些免费的东西给用户,这对于让顾客感受企业的产品或服务来说效果很好,同时还有机会说服他们随后为其他的东西付费。劣势为:企业需要投入可观的时间和金钱才能使产品抵达受众,甚至还要付出较多的精力才能将免费用户转为付费用户。

第五节 价格调整策略

虽然营销组合中其他要素的重要程度日益提高，价格决策的重要性却并未因此而下降。如何协调顾客需要与企业发展之间的关系，科学地进行价格决策，仍是所有企业都必须面对并处理好的问题。

一、价格调整的原因

价格竞争的内容很多，除企业使用的定价方法和价格策略外，另一个比较明显的表现就是企业进行的产品价格调整。企业经营面对的是不断变化的环境，在采用一定的方法并确定了定价策略后，企业仍需要根据环境和条件的变化，对既定价格进行调整。

企业对原定价格进行调整可分为两种情形：一是提高价格，二是降低价格。对价格进行调整的必要性源于企业内外部环境的不断变化。

（一）提价的原因

具体来说，企业往往在下述一种或几种情形同时出现时需要提高现有价格。

(1) 生产经营成本上升。在价格一定的情况下，成本上升将直接导致利润的下降。因此，在整个社会发生通货膨胀或生产产品的原材料成本大幅度上升的情况下，提高价格就是保持利润水平的重要手段。

(2) 需求压力增大。在供给一定的情况下，需求的增加会给企业带来压力。对于某些产品而言，在出现供不应求的情况下，可以通过提价来相对遏制需求。这种措施同时也可使企业获取比较高的利润，为以后的发展创造一定的条件。

(3) 创造优质、优价的名牌效应。为了让企业的产品或服务与市场上同类产品或服务拉开差距，作为一种价格策略，可以利用提价营造名牌形象。充分利用顾客"一分价钱一分货"的心理，使其产生高价优质的心理定式，创造优质效应，从而提高企业及产品的知名度和美誉度。

（二）降价的原因

企业在下述情形下需要降低。

(1) 应付来自竞争者的价格竞争压力。在绝大多数情况下，对直接竞争者的价格竞争见效最快的反击手段就是"反价格战"，即制定比竞争者的价格更有竞争力的价格。

(2) 降低价格以扩大市场份额。在企业营销组合的其他各个方面保持较高质量的前提下，定价比竞争者低的话，能给企业带来更大的市场份额。对于那些仍存在较大的生产经营潜力，降低价格可以刺激需求进而扩大产销量、降低成本水平的企业，价格下调更是一种较为理想的选择。

(3) 市场需求不振。在宏观经济不景气或行业性需求不旺时，价格下调是许多企业借以渡过难关的重要手段。比如，当企业的产品销售不畅，而又需要筹集资金进行某项新产品开发时，可以对一些需求价格弹性大的产品予以大幅度降价，从而增加销售额，以实现企业回笼资金的目的。

(4) 根据产品生命周期阶段的变化进行调整。这种做法也被称为阶段价格策略。在从产品进入市场到被市场所淘汰的整个产品生命周期过程中的不同阶段，产品生产和销售的成本不同，消费者对产品的接受程度不同，市场竞争状况也有很大的不同。阶段价格策略强调根据产品生命周期阶段特征的不同，及时调整价格。例如，相对于产品导入期时较高的价格，在其进入成长期和成熟期后，市场竞争不断加剧，生产成本也有所下降，下调价格可以吸引更多的消费者、大幅度增进销售，从而在价格和生产规模之间形成良性循环，为企业获取更多的市场份额奠定基础。

(5) 生产经营成本下降。在企业全面提高经营管理水平的情况下，产品的单位成本和费用有所下降，企业就具备了降价的条件。对于某些产品而言，由于生产条件、生产成本不同，最低价格也会有差异。显然，成本最低者在价格竞争中拥有优势。

二、价格调整中的顾客反应

适当的价格调整能够产生良好的效果，但是，若调整不当，则适得其反。无论是提高价格还是降低价格，企业都必须注意各个方面的反应。衡量定价成功与否的最重要标志是企业所确定的价格能否被消费者接受。企业打算向顾客让渡利润的降价行为可能被理解为产品销售状况欠佳、企业面临经济上的困难等，一个动机良好的价格调整行为可能产生十分不利的调整结果。因此，企业在进行调整前，必须慎重研究顾客对价格调整行为可能的反应，并在价格调整的同时，加强与顾客的沟通。

(一) 顾客对企业的提价行为可能会有的反应

(1) 普遍都在提价，这种产品价格的上涨很正常。
(2) 这种产品很有价值。
(3) 这种产品很畅销，将来一定更贵。
(4) 企业在尽可牟取更多的利润。

(二) 顾客对企业的降价行为可能会有的反应

(1) 产品的质量有问题。
(2) 这种产品老化了，很快会有替代产品出现。
(3) 企业财务有困难，难以经营下去。
(4) 价格还会进一步下跌。

三、价格调整的竞争反应

在竞争市场中，企业制定某种价格水平、采用某种价格策略的效果还取决于竞争者的反应。在竞争者的策略不做任何调整的情况下，企业降低价格就可能起到扩大市场份额的效果；而若在企业降低价格的同时，竞争者也降低价格，甚至以更大的幅度降低价格，企业降价的效果就会被抵消，销售和利润状况甚至还不如调整前。同样，企业提高价格后，如果竞争者并不提高价格，对企业来说，原来供不应求的市场可能变得供过于求。因此，企业在实施价格调整行为前，必须分析竞争者的数量、可能采取的措施，以及竞争者反应的剧烈程度。

(一) 竞争者对企业调整价格的反应

一个企业往往面对多个竞争者，彼此的竞争优势不同，会导致不同的反应。比如，如果竞争对手认为其实力强于本企业，并认定该企业调整价格的目的是争夺市场份额，必然会立即做出针锋相对的反应；反之，则不反应或采取间接的反应方式。一般而言，面对企业的降价行为，竞争对手的反应可能会有以下几种。

(1) 如果降价会损失大量利润，竞争者可能不会跟随降价。

(2) 如果竞争者必须降低其生产成本才能参与竞争，则可能要经过一段时间才会降价。

(3) 如果竞争者降价导致其同类产品中不同档次产品间发生利益冲突，则不一定会跟随降价。

(4) 如果竞争者的反应强烈，则一定会跟随降价，甚至有更大的降价幅度。

由于环境复杂，竞争者的反应又会对企业的价格调整所产生的效果有重大的影响，因此企业在变价时必须充分估计每一个竞争者的可能反应。

(二) 企业对竞争者调整价格的反应

在市场经济条件下，企业不仅自己可以进行价格调整，同时也会面临竞争者调整价格的挑战。如何对价格竞争做出正确、及时的反应，是企业价格策略中的重要内容。

(1) 企业应变必须考虑的因素。为了保证企业做出正确反应，企业应该了解：竞争者进行价格调整的目的是什么；这种变价行为是长期的还是暂时的；如果不理会竞争者的价格调整行为，市场份额会发生什么变化；如果做出相应的变价行为，对本企业有什么影响，竞争者和其他企业又会有什么反应。

(2) 企业应变的对策。在同质产品市场中，如果竞争者降价，企业必须随之降价，否则顾客就都会购买竞争者的产品；如果某一个企业提价，其他企业也可能随之提价，但只要有一个不提价的竞争者，那么这种提价行为只能被取消。

在异质产品市场中，企业对竞争者调整价格的反应有更多的选择。因为在这类市场中，顾客选择产品不仅考虑价格因素，还会考虑产品的质量、性能、服务、外观等多种因素。当顾客对较小的价格差异并不在意时，企业面对价格竞争的反应就有了更多的选择余地。

第六节　创业企业的产品定价

事实上，企业生产一种产品的成本只是体现达到盈亏平衡点所必须收取的费用，由于价格折扣不同，可能支付的费用就不同，但这种价格差异对于某创业者来说明需重新审视定价，从根本上以不同的方式认识定价，不能把价格仅仅看作弥补成本的手段。

创业企业的产品定价具备以下 5 个特征。

(1) 价格是有价值的。消费者最终支付的价格是他们对某项产品或服务的估计。例如同一种食品，消费者可能在一家餐厅支付 38 元，而在另一家餐厅只愿意支付 8 元。

(2) 价格是可变的。企业可根据支付额度、支付对象、支付时间、支付形式、支付条款以及支付比例对价格进行浮动。

(3) 价格是多样的。企业一般销售多种产品或服务，可利用价格来促进不同产品或服务组合的销量，如捆绑销售。

(4) 价格是可见的。价格常常是消费者用以与竞争者的产品进行比较的直观指标，并向消费者传递产品或服务的价值、形象、供需情况、独特性以及与此次交易相关的信息。

(5) 价格是虚拟的。在营销决策变量中，价格最容易被改变，有些企业会随时调整价格甚至进行实时定价，如谈判定价。

在许多大企业里，营销或销售部门对定价起决定性作用，而创业企业的产品价格一般由创业者根据以下因素亲自确定。

(一) 成本

许多创业者努力成为其所在产业领域的低成本生产者，从而创造新的创业机会。如果产品成本高于竞争对手的成本，那么创业者就不得不确定较高的价格或者赚取较少的利润，使创业成功的难度增加。为了科学、合理地定价，创业者需要了解成本如何随着产量的变化而发生变化。一般来讲，生产规模固定时，短期和长期平均单位成本随产量的增大呈 U 形变化。由此可见，每一种产品都有各自的最佳生产规模，如果有足够的市场需求量，则具有最佳经济规模的企业的单位成本最低。

此外，创业者还应了解经验曲线或学习曲线，即随着工人生产经验的积累，组织工作会更出色，创业者也能从中找到更好的设备和生产工序，从而使平均成本下降，这样会有条件进一步降低其产品价格。

(二) 市场营销目标

价格策略在很大程度上取决于市场定位及相关营销目标。常见的与定价有关的营销目标主要包括企业生存、利润最大化、市场份额领先、维护客户关系和客户关系建立。

(三) 营销组合策略

从某种意义上讲，价格是企业用以实现其营销目标的最灵活和有效的市场营销组合工具。然而，价格决策必须与产品设计、产品分销和促销决策等有机结合，才能形成一个协调、有效的市场营销计划。创业者可按价格为产品定位，然后再依产品价格进行其他营销组合决策，这时，价格就成了产品定位的决定性因素，它制约着产品的市场、产品竞争和产品的设计等。创业者也可使用其他营销组合工具来确立产品的非价格定位。

(四) 市场类型

(1) 完全竞争市场。在此市场条件下，买卖双方的行为只受价格因素的支配，但任何单一的买主或卖主都不可能对市场价格有绝对的影响。

(2) 完全垄断市场。一个垄断市场只有一个卖主，这个卖主可能是政府垄断者，也可能是私人控制的垄断者或非私人控制的垄断者。垄断者若受政府管制，则应制定适当的价格；垄断者若不受政府管制，则可依照市场情况自由定价。

(3) 垄断竞争市场。在此市场条件下，有许多买主和卖主在一个价格区间内而不按单一价格进行交易活动，企业可以根据质量、特色、样式或服务等差异制定不同的价格，并通过品牌、广告及人员推销等手段，将其与其他产品区分开。

(4) 寡头垄断市场。在此市场条件下，企业不能独立进行产量—价格决策，商品的价格也不是由市场供求关系决定的，而是由几家大企业通过协议或默契规定一个操纵价格或联盟价格。

(五) 市场需求

市场需求是指消费者对价格和价值的感知或理解。若消费者感知价格大于产品的价值，他们就不会购买该产品；反之，他们会购买该产品，但销售者失去了获利机会。创业者需遵循价格与需求关系的一般规律，即需求和价格呈反比关系：价格越高，需求越低；价格越低，需求越高。而且，不同产品的价格弹性(需求对价格变动反应的灵敏度)是不同的。

(六) 其他外部因素

创业者在对产品或服务定价时还应考虑竞争者的产品成本、产品价格和竞争者对本企业价格变动的反应等因素。同时，还应意识到自身的价格策略对竞争形势的影响。一般来讲，高价格、高差价策略会吸引竞争者，低价格、低差价策略会阻止竞争者进入或将竞争者排挤出市场。此外，还要考虑许多其他外部环境因素。例如，经济状况(经济的繁荣或衰退、通货膨胀、利率等)、中间商对不同价格的反应、政府行为、社会的事件或心态等因素。

本 章 小 结

在营销策略组合中，价格具有任何其他营销组合手段无法替代的作用。在市场营销活动中，企业定价是一项既重要又困难，而且有一定风险的工作。定价策略在市场营销活动中具有重要地位。企业在定价之前必须首先确定定价目标。定价目标为企业营销目标服务，是企业选择定价方法和制定价格策略的依据。在现实的市场营销活动中，除了产品成本、市场供求、竞争状况以外，市场营销组合中的其他变数都会对企业的定价策略产生不同程度的影响。因此，必须在产品价值的基础上，认真研究影响的各方面因素，以制定保证营销目标实现的合理价格。企业定价一般有成本导向、需求导向型和竞争导向型等几种方式。企业定价面对的是复杂多变的环境，因此，企业必须在采用某种方法确定基本价格的基础上，根据目标市场状况和定价环境的变化，采用适当的策略，保持价格与环境的适应性。

思 考 题

一、简答题

1. 企业的定价目标有哪些？为什么许多企业没有将利润最大化作为定价目标？
2. 阐明用户需求在定价决策中所扮演的角色。
3. 阐述成本导向型定价策略。
4. 讨论产品所处生命周期，竞争、分销和促销策略，用户需求，互联网等因素是如何影响产品定价的。
5. 企业在什么情况下可以进行降价？当竞争对手降价时，企业应该怎样回应？

二、案例分析

Kindle Paperwhite在日本为什么便宜

Kindle Paperwhite 在日本的价格是全球最低。以 WiFi 版本为例，折算成人民币，巴西的售价是 1372 元、英国的售价是 1018 元、欧盟的售价是 1025 元、中国的售价是 849 元，而美国本土的售价是 852 元，现在，日本的售价是 489 元。

为什么不同国家差别如此之大？进口税和增值税是价格不同的因素之一。在产品进入海关时，各国就会对商品征收进口税和增值税，并且这是影响产品价格的关键因素。英国 Kindle Paperwhite 的价格很高，因为英国增值税高达 20%，比中国的 17%(部分商品 13%)还高，日本的消费税相当于增值税，是 5%，这些成本最后都会或多或少地体现在销售价格上。

日本版 Kindle Paperwhite 最便宜的一个主要因素是汇率的变动。Kindle Paperwhite 刚在日本上市的时候，售价为 7980 日元，在当时相当于 100 美元，但由于日元严重贬值，同样的价格如今只相当于不到 82 美元了。

亚马逊也有竞争层面的考虑。Kindle Paperwhite 在日本至少面临三大竞争对手：苹果、乐天和索尼。抛开苹果不说，日本本土企业的产品本身在国际市场上就具有较强的竞争力，也受到国民的认可，而中国电子产品的地位则比较尴尬。况且索尼、夏普、乐天等企业在这个领域已经做了很久，在时间、影响力和地位上都具有竞争优势，Kindle Paperwhite 不得不稍降价以抵御竞争。但 Kindle Paperwhite 在中国或英国并没有很强的竞争对手。

英国人不抱怨吗？英国媒体曾称亚马逊将英国人当冤大头，亚马逊回复说：美国有诸多补贴，所以价格更便宜，但英国的运输和运营成本更高。

亚马逊还要考虑品牌的定位问题。如果竞争对手少或品牌优势大，定价高才符合企业利益。这点在奢侈品领域体现得最强烈，电子产品尤其是网络直销的电子产品，其实在不同地区的提价程度不算很高。

(资料来源：陈思. Kindle Paperwhite 在日本为什么便宜[J]. 第一财经周刊，2013(22): 28.)

思考：

1. 国际市场中产品价格的制定取决于哪些因素？
2. 在本案例中，Kindle 采用了怎样的定价策略？

第九章
创业渠道管理

学习要点

1. 掌握营销渠道的概念与作用；
2. 了解渠道策略的不同类型及其适应性；
3. 了解主要的营销中介及其特征。

导入案例

华为：AI+商业智能平台，实现智慧运营

在市场经济的大潮下，企业要想生存或取得辉煌的成绩，除了产品、人才这两个众所周知的要素以外，营销渠道是第三个必不可少的考虑因素。可以看到，随着市场竞争的日益激烈，如何吸引并激励更多的合作伙伴更好地销售自己的产品，成为众多供应商渠道管理的一个重要课题。

作为国内较早建立渠道营销管理部的电信企业，华为很早就把渠道的建设作为企业产品营销的一个重要通路，在不同的阶段提出了不同的渠道销售策略。从最初创业起，华为在很长一段时间内都把直销作为企业唯一的销售渠道。在企业形成一定的规模，并正式向国际市场发起进攻之后，华为发现随着客户群体的不断扩大，企业需要一种能为不同的客户提供有针对性的、全面的产品解决方案，因此果断地改变了直销这个被华为视为销售生命线的渠道策略，转而寻求一条新的销售渠道。经过不断的改革，最终形成了分销商供应渠道模式。

第一，随着面对面沟通的日益减少，电信运营商需要帮助企业通过智能客户服务与其客户进行互动；第二，借助大数据分析，电信运营商可以对不同的客户推荐不同的业务；第三，智能的网络运维和优化，可以提升客户满意度和用户体验；第四，疫情期间，交付自动化将大幅提升一线人员的部署效率和安全。

人工智能加持的数字化平台能够让电信运营商更快地响应市场、客户和网络的变化，使运营变得更加高效和智能。华为借助智能平台和专业服务，帮助电信运营商实现转型，提升运营效率和智能化水平，支撑数字化转型的每一步。新冠肺炎疫情正在深刻改变世界，改变人们的工作与生活方式，这也使得商业中心区域的网络流量下降，居民区的网络流量激增。在这种情况下，能够快速响应用户行为和热点流量模式变化，保障正常商业运营和业务质量的商业智能平台尤为重要。

通过华为商业智能平台，企业可以打通营销和网络的数据，建立统一的数据模型，并利用机器学习技术分析用户对新业务和新产品的潜在兴趣，从而精准地发现商机。然后，通过平台的内置策略，自动在恰当的时间和地点将适合的业务和产品推送给一线市场人员或者营销渠道。

在用户行为和习惯发生改变时，用户对业务质量的需求也会随之变化。通过大数据分析，企业可以及时识别出业务体验差的用户，并分发任务至一线或营销渠道，及时对这部分用户进行关怀，以提升满意度。

(资料来源：http://www.huawei.com/cn/)

营销渠道是企业整个营销体系的重要构成部分，是连接生产者和消费者的纽带，是企业实现销售目的，满足消费者需求，将产品或服务的所有权转移给消费者，从而获得销售收入的途径。

在市场上，大多数产品都不是由生产者直接供应给最终顾客或用户的。在生产者和最终用户之间有大量执行不同功能和具有不同名称的营销中介机构存在。所谓营销渠道，也就是分销渠道，是指产品由生产者向最终消费者或用户流动所经过的途径或环节，或者是指企业将产品传递给最终购买者的过程中所使用的各种中间商的集合。在产品流通过程中，生产者出售产品是渠道的起点，消费者购买产品是渠道的终点。

营销渠道策略是企业面临的最重要的策略之一，这不仅因为企业所选择的渠道将直接影响其他所有营销策略，而且营销渠道策略还意味着公司对其他公司的比较长期的承诺，一旦确立，在一定时期内较难改变。这是由渠道安排中一种强大的保持现状的惯性所决定的。

第一节　营销渠道

大多数生产商要和营销中介机构打交道，以便由专业机构将产品提供给市场，营销中介机构就构成了营销渠道。

一、营销渠道的定义

典型的营销渠道的定义有以下两种。

1. 组织结构说

美国著名市场营销专家菲利普·科特勒认为，营销渠道是指某种产品或服务从生产者向最终消费者移动时，取得货物或劳务的所有权或帮助转移其所有权的所有企业或个人，包括生产者、商业中间商、代理中间商和消费者。《营销渠道：管理的视角》的作者伯特·罗森布洛姆从管理决策的角度,特别是从生产和制造厂商的营销管理角度界定营销渠道,认为营销渠道是为实现目标而受管理调配的外部关联组织,它并不是企业内部组织结构的组成部分,而是存在于企业外部,这就涉及组织间的协同。美国市场营销协会(American Marketing Assosiation,AMA)认为,营销渠道既包括企业自身,也包括企业外部与之相关联的组织。组织结构说主要从静态的角度分析单个组织的效益、效率及合作和冲突。

2. 路径过程说

美国营销学者爱德华·肯迪夫和理查德·斯蒂尔认为,营销渠道是指当产品从生产者向最终消费者和产业用户移动时,直接或间接转移所有权所经过的途径。营销渠道不再被看作各个单一的组织,而被看作由这些组织组成的通道。企业主要从动态的角度提高整个路径的效率。

本书采用综合定义,即营销渠道是促使某种产品或服务顺利地被使用或消费的一整套相互依存的组织。

二、营销渠道的结构

营销渠道的结构指营销渠道系统中的成员的构成、地位及各成员间的相互关系。一个完整的营销渠道由商业子系统和最终消费者两大部分构成。商业子系统由制造商、批发商和零售商组成,三者相互依存、相互协调,通过共同合作及共享信息来实现营销渠道的职能效用,同时又相互独立,各自寻求自身利益最大化。

1. 营销渠道的长度

营销渠道的长度指营销渠道层次的数量,即产品在营销渠道的流通过程中,经零级和多个层级的经销商来参与其销售的全过程。只要在推动产品及其所有权向最终买主转移的过程中承担若干工作的中间商,就是一个渠道层级,如图9-1所示。渠道的层级数量可是零级,零级营销渠道也叫直接营销渠道,即产品直接由生产者流向消费者,能够降低营销费用和成本,减少存货,及时把握市场变化的信息和趋势,对产品也有很强的控制能力。随着渠道层级的增多,中间商的数量也在增加,中间商的数量越多越难控制和协调。

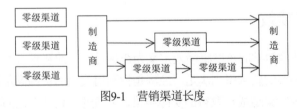

图9-1 营销渠道长度

2. 营销渠道宽度

渠道的宽度指渠道每一层次中同类经销商的数量。同一个层次的中间商越多,则渠道越宽。营销渠道的宽度主要有以下几种方式。

(1) 集中性分销,指公司在一定的市场范围内仅选择一家中间商销售公司的产品,具有排他性。

(2) 选择性分销,指公司在一定的市场范围内挑选几个最合适的中间商销售公司的产品。

(3) 密集性分销，指公司尽可能地挑选大量符合最低信用标准的中间商参与到其产品的销售过程中，最大限度地覆盖目标市场。

3. 营销渠道广度

渠道的广度要求企业采取复合渠道分销模式，即针对不同的细分市场，采用多种营销渠道完成产品的销售。由于经济因素具有复杂性，且市场庞大而复杂，采用复合渠道的优点在于可以通过不同的营销渠道来尽可能地覆盖到每一个市场。

三、营销渠道的功能

营销渠道的基本功能是消除产品或服务在生产者和消费者之间的差距，达到流转过程的顺畅、高效。营销渠道的功能主要体现在以下几个方面。

(1) 沟通和传播功能。营销渠道是连接生产者和购买者的桥梁，企业构建营销渠道可以近距离地接触客户，了解消费者的需求，了解市场行情、价格走势、市场份额等市场动态，了解同业竞争者情况等其他营销信息，并及时根据最初的市场反应制定应对策略。消费者通过企业的营销渠道，便捷、快速地获得产品或服务，体验企业的服务质量，感知营销人员的素质，传播企业文化，形成良好的口碑效应。

(2) 服务和促销功能。营销渠道服务广大的消费者，缩短买者与卖者在彼此寻找过程中的时间，解决供需不匹配的问题。例如，缺货时及时告知生产者补货，货源充足而滞销时减少库存，并组织商品的运输和储存，保证高效供货。针对不同的细分市场提供不同的产品和营销服务，同时营销渠道终端可及时根据营销需求和策划将海报促销、公关、宣传资料、广告、折扣优惠等促销信息和活动告知购买者，充分吸引顾客的注意力和购买力。

(3) 转移和支付功能。营销渠道使得生产者和购买者双方达成产品价格与其他条件的协议，实现所有权的转移，这也是营销渠道最本质的特征。购买者在获取产品或服务之前支付全部或部分货款，或者取得货物或产品之后支付货款，货款通过各种形式从购买者流向生产者，使生产者回笼资金，获得价值补偿。

四、营销渠道的绩效

菲利普·科特勒从营销学的角度将绩效定义为在满足顾客的要求方面更有效、更经济的效果。其中，有效是指顾客的要求得到满足，经济是指利用最少的资源满足顾客的需求。营销渠道绩效强调渠道整体或者渠道成员取得的实际结果，可通过一系列量化的财务指标和市场指标来衡量，是企业对资源运用效率与效果的测量，具有前瞻性的影响，影响企业资源的配置，同时也是一个多维和纵深的结构，包括微观和宏观两个角度。基于不同的研究角度，营销渠道绩效所包含的内容也不相同。

从微观角度讲，营销渠道绩效是指渠道成员的绩效和渠道成员对渠道整体绩效的贡献。从微观角度来评价，营销渠道绩效的最大优势是能够简化渠道评估的过程。一个独立的营销渠道成员易被观察和记录，同时单个营销渠道成员在一定程度上也能反映整个营销渠道绩效的情况。但是因为整个营销渠道绩效并不是单个营销渠道成员绩效的简单数量叠加,所以从该角度来评价营销渠道绩效存在一定的局限性。

从宏观角度讲,营销渠道绩效是指营销渠道总体运行的状态和绩效,主要包括社会角度和企业角度的营销渠道绩效。社会角度的营销渠道绩效是指将企业看作一个社会人,站在整个社会的高度来考察营销渠道对社会的贡献度;企业角度的营销渠道绩效则是站在制造商和中间商的角度来考察营销渠道对厂商创造的价值增值。

影响渠道绩效的因素,从本质上讲是基于营销渠道及营销渠道绩效理论筛选营销渠道绩效评估指标。在对国内各学者的研究进行总结和归纳的基础上,将渠道绩效影响因素分为以下4个方面。

(1) 营销渠道环境。营销渠道环境包括经济、市场竞争、社会文化环境及技术环境等。一般而言,环境的变动性和复杂性使得环境变量难以量化,往往导致营销渠道中的机会主义,同时营销渠道的外部环境也影响着渠道结构、行为和关系的形成与发展。

(2) 营销渠道结构。不同的渠道结构会影响生产企业对营销功能的执行和对营销绩效的控制、营销渠道成本及营销沟通效率。良好的营销渠道结构应该能使渠道成员在整个渠道中有效发挥自身功能,同时符合营销成本最小化和效益最大化的经济原则。

(3) 营销渠道行为。依赖是权力产生的源泉,依赖与权力和合作正相关,即如果一个渠道成员越依赖另一个渠道成员,那么被依赖的渠道成员对于这个渠道成员拥有的权力就越大,两者之间的合作会提高渠道成员的整体满意程度。同时,依赖与冲突负相关。

权力分为非强制性和强制性两种。非强制性权力能够降低发生冲突的可能性,提高双方合作意愿,如果非强制性权力被渠道成员间使用,则能够提高其经济满意度;反之,强制性权力则容易导致冲突,降低双方合作意愿,并且降低渠道成员间的经济满意度。此外,冲突与合作负相关,如果渠道成员经常发生严重的冲突,他们之间的合作意愿将被大大减弱。渠道中的权力、合作、冲突等行为直接影响渠道成员间的关系质量,对其绩效有着显著的影响。

(4) 营销渠道策略。营销渠道策略是企业将产品或服务传送到中间商或最终消费者的过程中所选择和应用的方法。期望在目标市场达成营销目标的企业选取的原则包括市场覆盖率、盈利能力及销售成长性等,同时也选取渠道的多样性、间接性、密度和创新性等维度。通常来讲,生产商采取的分销策略对产品的促销和定价有很大的影响。

第二节 分销渠道

菲利普·科特勒认为,分销渠道是指某种货物或劳务从生产者向消费者移动时取得这种货物或劳务的所有权或帮助转移其所有权的所有企业和个人。因此,一条分销渠道主要包括两种类型的中间商:获得产品所有权的商人中间商和不具有产品所有权但能够帮助转移所有权的代理中间商。此外,分销渠道还包括作为分销渠道的起点和终点的生产者与消费者,但是不包括供应商、辅助商等。

人们经常听到这样一句话:没有中间商赚差价。似乎中间商是多余的,如果所有的企业都是直营企业，消费者是否就能获得最大的利益？企业的效率是否就更高了？实际上，排除中间商不一定能够为消费者省钱。由于生产商和消费者之间存在着天然的鸿沟——不管是在形式、时间、地点还是所有权方面，那么为弥补这些鸿沟就体现出了分销渠道的职能。

一、分销渠道的职能

由于生产者和消费者在产品数量、产品品种、交易时间、交易地点、产品所有权等方面存在供求矛盾，为了解决这些矛盾并节约社会劳动，大多数产品不是由生产者直接提供给消费者，而是要经过一层或多层的中间环节，才能到达消费者手中。在这一过程中，分销渠道发挥了实体分销、交易与传播、支持三大职能。

(一) 实体分销职能

实体分销职能，简称物流，指的是将原材料输送给生产商，加工成在制品并最终成为完成产品，再通过分销渠道输出企业的综合过程。渠道中间商的实体分销职能包括以下几方面。

(1) 整批拆售，即将方便运输产品的大包装，转变为陈列在零售商的商品货架上的小包装，以使货品的形式和数量更好地满足空间限制的要求与库存周转的需要。

(2) 囤货并分类。与整批拆售相反，渠道中间商从多处购进产品，将收购的产品分类、分级和重新包装进行销售，或者对来自数量众多的制造商的同类产品进行更为细致的分类，如依据产品特色与价值做分类，以方便消费者对比和购买。

(3) 运输与储存。很少有生产商经营自己的运输网络或仓储设备，生产商通过将产成品送入分销渠道而获取收入。

(4) 减少交易次数。在现实中，由于中间机构自身特有的功能，从而保证产品流通的顺利实现，缩短了产品的销售时间，简化了交易联系，减少了交易次数，提高了产品销售的效率和效益。如图9-2所示，由于中间商的介入，交易次数减少，从而使流通费用和售价相应降低，给整个社会带来了巨大的成本节约。

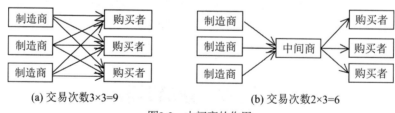

图9-2 中间商的作用

由图 9-2 可以得知：如果不使用营销中介机构，3 个制造商和 3 个购买者之间将发生总共 9 次的交易行为，而使用了营销中介机构后，交易行为只有 6 次，节省了交易成本，因而可以说后者更为经济，更有效率。

(二) 交易与传播职能

履行交易与传播职能是中间商的另外一类贡献。中间商的交易与传播职能包括以下几方面。

(1) 销售。中间商经常提供一个销售团队来展示制造商的产品线，他们可能会以生产商代理、代理商等形式来向下游渠道展示产品线。

(2) 购买。批发商和零售商通过评估产品，并最终创建分类来简化购买决策，发挥其重要的职能。

(3) 营销传播。中间商经常会从制造商那里得到奖励，推广产品有较高的积极性。

（三）支持职能

在渠道中，中间商履行的支持职能包括多种活动，这些活动有助于交易的完成，也有助于维护渠道关系。

(1) 融资。没有分销过程中各个阶段稳定且易于获得的贷款，许多渠道就无法运营下去。在既定的渠道中，当一个渠道成员需要信贷时，可以根据情况由另一个渠道成员，比如生产商、批发商或零售商来提供。或者，信贷也可以由外部来源，比如银行或信用卡提供商来提供。

(2) 市场调研。由于中间商离终端消费者用户和企业用户的距离比制造商更近，他们处于收集市场和消费趋势信息的理想位置。对市场信息和竞争对手的信息进行收集与共享，能够帮助渠道内的成员持续地以适当的价格提供正确的产品组合。

(3) 风险承担。中间商增值职能的一大部分是通过减少渠道中其他成员的风险来实现的。应当由渠道成员承担的任何一个主要的实体分销职能都伴随着潜在的风险和责任。举例来说，如果对顾客需求的预测偏差过大，那么囤积易腐货品就存在腐坏的风险。同样，当产品遭遇产品责任诉讼时，所有渠道成员，只要是在产品推入市场的过程中履行其职能就都要承担责任。

(4) 其他服务。中间商提供的服务包括各种各样的活动，比如培训渠道中的其他成员，教会其如何展示或销售产品，在销售后提供产品的修理与维护服务，以及提供库存管理、会计与账务及其他运营流程方面的定制化软件。

（四）去中介化与数字化

在互联网领域，去中介化似乎已经成为创新的主要表现之一。Uber 以"共享经济"为名将乘客直接与司机匹配，颠覆了数十年来出租车行业的游戏规则。虽然 Uber 在世界各地遭遇了政府禁止和出租车行业抵制等问题，但由于其在本质上节约了渠道效率，Uber 的市场还是以惊人的速度不断扩张。

拓展阅读9-1

以人为本的实体书店全渠道营销

移动互联网时代，实体书店为了强化与读者之间的关系，需要建立并完善读者全渠道无缝体验。首先是布局全渠道，通过全渠道找到目标消费人群；其次是提升读者的消费体验，通过5A消费路径寻找触点；最后是强化和读者之间的关联，实施全渠道营销，如表9-1所示。

表9-1 实体书店发展的3个阶段

发展阶段	中心主体	目标消费人群	价值主张	营销渠道
单渠道阶段	生产为王	大众消费者	有书读	实体渠道
多渠道阶段	顾客至上	理智的消费者	读好书	实体渠道+电商渠道
全渠道阶段	以人为本	有思想、有追求的人	会读书	实体渠道+电商渠道+移动终端

智能设备的普及、无线网络的覆盖及其他互联网技术的应用使 So Lo Mo Pe 消费群体悄然崛起。这类消费群体能熟练应用移动智能设备，随时随地产生购买想法并实施购买行为，热衷于将自己的想法和见地发布于社交平台并进行实时互动，具有社交化(social)、本地化(local)、移动化(mobile)、个性化(personalized)的特征。So Lo Mo Pe 消费群体"全天候、全渠道"的购买习惯加速了全渠道零售时代的到来。新零售背景下的读者对阅读的要求更高，不再只满足于有书读、读好书，更讲究会读书，因而实体书店不能仅仅将读者看作消费者，而应该把他们视为有思想、有精神追求的人。以人为本的全渠道阶段，实体书店针对每一位读者，整合实体渠道、电商渠道和移动平台的各种资源，打通和读者接触的 N 个触点，为其提供 n 种无差别服务，以期带给读者穿梭于各渠道间的"全渠道 1+N+n"无缝化购物体验。

基于 5A 消费路径的实体书店全渠道营销以读者为中心，遵循移动互联网下的新消费路径，连接各种类型的社交媒体工具开展营销活动，致力于为读者打造全渠道无缝购书体验。移动互联网时代，遵循传统的经营模式已经使实体书店遭遇滑铁卢，"唯变不变"才是实体书店的经营之道。

(资料来源：崔明，黎旭阳. 基于5A消费路径的实体书店全渠道营销策略[J]. 科技与出版，2019(10)：86-92.)

二、分销渠道的类型

生产者必须不断地激励中间商，促使其做好工作，必须尽力了解各个中间商的不同需要和欲望。目前常见的主要分销渠道包括以下几种类型。

(一) 直接渠道和间接渠道

生产者在与消费者联系的过程中，按是否有中间商参加，可将分销渠道分为直接渠道和间接渠道。

1. 直接渠道

直接渠道指制造商直接把商品销售给消费者，而不通过任何中间环节的销售渠道。直接渠道的形式主要有定制、销售人员上门推销、通过设立门店销售等。

直接渠道的主要优点如下。

(1) 了解市场。生产者通过与用户直接接触，能及时、具体、全面地了解消费者的需求和市场变化情况，从而及时地调整生产经营决策。

(2) 减少费用。销售环节少，商品可以很快到达消费者手中，从而缩短了商品流通的时间，减少流通费用,提高了经济效益。

(3) 加强推销。技术含量较高的商品,生产者可以直接对推销员进行训练,以扩大销售。较之中间商,消费者往往更信赖生产者直销的商品。

(4) 控制价格。一般情况下,分销渠道越长,生产者对产品价格的控制能力越差;分销渠道越短,生产者对价格的控制能力也就越强。

(5) 提供服务。生产者能够直接给用户提供良好的服务,增强企业竞争力,促进产品销售。

直接渠道也存在以下缺点。

(1) 生产者增设销售机构、销售设施和销售人员,这就相应增加了销售费用,同时也分散了生产者的精力。

(2) 由于生产者自有的销售机构总是有限的,致使产品市场覆盖面过窄,易失去部分市场。

(3) 由于生产者要自备一定的商品库存,这就相应减缓了资金的周转速度,从而减少了对生产资金的投入。

(4) 商品全部集中在生产者手中,一旦市场发生变化,生产者要承担全部损失。

2. 间接渠道

间接渠道指生产者通过中间商来销售商品。绝大部分生活消费品和部分生产资料都是采取这种分销渠道的。

间接渠道的优点如下。

(1) 中间商具有庞大的销售网络,利用这样的网络能使生产商的产品具有最大的市场覆盖面。

(2) 充分利用中间商的仓储、运输、保管作用,减少资金的占用和耗费,并利用中间商的销售经验,进一步扩大产品销售。

(3) 对生产者来说减少了花费在销售上的精力、人力、物力、财力。

间接渠道也存在以下缺点。

(1) 流通环节多,销售费用增多,增加了流通时间。

(2) 生产者获得市场信息不及时、不直接。

(3) 中间商对消费者提供的售前和售后服务,往往由于不掌握技术等原因而不能使消费者满意。

(二) 长渠道和短渠道

按生产者生产的商品需要通过多少环节销售出去,可将分销渠道分为长渠道和短渠道。

1. 长渠道

长渠道是指生产者在产品的销售过程中通过两个或两个以上的中间商分销商品。长渠道的优点是渠道长、分布密、触角多,能有效地覆盖市场,扩大商品的销售量,能充分利用中间商的职能作用,市场风险小。长渠道的缺点是生产者的市场信息迟滞;生产者、中间商、消费者之间关系复杂,难以协调;商品价格一般较高,不利于市场竞争。

2. 短渠道

短渠道是指生产者仅通过一个中间商销售产品或自己销售产品。短渠道能减少流通环节，流通时间短，节省费用，产品最终价格较低，能增强市场竞争力；信息传播和反馈速度快；由于环节少，生产者和中间商较易建立直接的、密切的合作关系。但短渠道迫使生产者承担更多的商业职能，不利于把精力集中在生产环节。

(三) 宽渠道和窄渠道

分销渠道可分为宽渠道和窄渠道。分销渠道的宽度是指分销渠道的每个环节或层次中，使用的中间商的数量，同一层次或环节使用的中间商越多，渠道就越宽；反之，渠道就窄。分销的形式有以下 3 种。

(1) 独家分销。独家分销是指在一定地区、一定时间内只选择一家中间商经销或代理，授予对方独家经营权。这是最窄的一种分销渠道形式。生产和经营高档消费品和技术性强、价格较高的工业用品的企业多采用这一形式。这种做法的优点在于：中间商经营积极性高，责任心强。缺点是市场覆盖面相对较窄，而且有一定的风险，如果该中间商经营能力差或出现意外情况将影响企业开拓该市场的整个计划。

(2) 广泛分销。广泛分销又称为密集性分销。即使用尽可能多的中间商从事产品的分销，使渠道尽可能加宽。价格低、购买频率高的日用消费品，工业用品中的标准件、通用小工具等，多采用此种分销形式。其优点是市场覆盖面广泛，潜在顾客有较多机会接触到产品。缺点是中间商的经营积极性较低，责任心差。

(3) 选择性分销。选择性分销即在市场上选择部分中间商经营本企业产品，这是介于独家分销和广泛分销之间的一种中间形式，主要适用于消费品中的选购品、工业用品中的零部件和一些机器、设备等。当然经营其他产品的企业也可以采用这一分销形式。如果中间商选择得当，采用选择性分销可以兼得独家分销和广泛分销的优点。

第三节　营销渠道决策

随着新的技术不断推出，新的渠道形式日益增多，多渠道营销系统变得十分普遍，而且渠道成员也意识到渠道资源的重要作用，使得渠道整合、渠道扁平化、多渠道协同的进程加快。渠道关系越来越复杂，相互的依赖性不断加深，这不仅为渠道选择与组合提供了更多的途径，也使得营销渠道决策需要更加科学、更加系统的理论加以指导。

一、渠道系统

分销渠道不是一成不变的，新型的批发机构和零售机构不断涌现，渠道系统正在逐渐走向现代化和系统化，全新的渠道系统正在逐渐形成。本节将介绍垂直、水平和多渠道营销系统的产生与发展。

(一) 垂直营销系统

垂直营销系统是近年来最重要的营销渠道系统之一，它是作为传统营销渠道的对立面而出现的。传统营销渠道由独立的生产者、批发商和零售商组成。每个成员都作为一个独立企业实体追求自己的利润最大化，即使它是以损害系统整体利益为代价也在所不惜。在传统营销渠道中，没有一个渠道成员对于其他成员拥有全部的或者足够的控制权。传统营销渠道可以说是一个高度松散的网络，各成员各自为政，各行其是。垂直营销系统则正好相反，它是由生产者、批发商和零售商组成的一种统一的联合体。某个渠道成员拥有其他成员的产权，或者它们之间是一种特约代营关系，或者这个渠道成员拥有相当实力，迫使其他成员合作。垂直营销系统可以由生产者、批发商、零售商中的任一组织担任支配者。这种系统的特征在于专业化管理和集中执行的网络组织，他们有计划地取得规模经济和最佳市场效果。垂直营销系统有利于控制渠道行动，消除渠道成员为追求各自利益而造成的冲突。它们能够通过其规模、谈判实力和重复服务的减少而获得效益。这种模式在西方国家非常流行，在消费品市场上已占有了70%~80%，居市场主导地位。垂直营销系统现在主要有三种类型：公司式、管理式和契约式。

1. 公司式垂直营销系统

公司式垂直营销系统是由同一个所有者名下的相关生产部门和分配部门组合成的。垂直一体化能向后或向前一体化，能对渠道实现高水平的控制。例如假日旅馆正在形成一个自我供应的网络。

2. 管理式垂直营销系统

管理式垂直营销系统不是由同一个所有者属下的相关生产部门和分配部门组织形成的，而是由一家规模大、实力强的企业出面组织的。规模大、实力强的企业有能力从再售者那里得到强有力的贸易合作和支持，因此，能够在有关商品展销、货柜位置、促销活动和定价政策等方面获得其再售者强有力的贸易合作与支持。

3. 契约式垂直营销系统

契约式垂直营销系统是由各自独立的公司在不同的生产和分配水平上组成，它们以契约为基础来统一行动，以求获得比其独立行动时所能得到的更大的经济和销售效果。契约式垂直营销系统近年来获得了很大的发展，得到了广泛应用。

契约式垂直营销系统有以下3种形式。

(1) 批发商倡办的自愿连锁组织。批发商组织独立的零售商成立自愿连锁组织，帮助他们和大型连锁组织抗衡。批发商制定一个方案，根据这一方案，使独立零售商的销售活动标准化，并获得采购经济的好处。

(2) 零售商合作组织。零售商可以带头组织一个新的企业实体来开展批发业务和可能的生产活动。成员通过零售商合作组织集中采购，联合进行广告宣传，利润按成员的购买量进行分配。非成员零售商也可以通过合作组织采购，但是不能分享利润。

(3) 特约代营组织。在生产分配过程中，一个被称为特约代营的渠道成员可以连接几个环节。特约代营是近年来发展最快的零售形式，尽管其基本思想不变，但是有些特约代营的形式却是崭新的，其方式可分为三种：第一种是制造商倡办的零售特约代营系统，如福特公司特许经销商出售它的汽车，这些经销商都是独立的经销人员，但是需要满足有关销售和服务的各种条件；第二种是制造商倡办的批发特约代营系统，如可口可乐饮料公司特许各个市场上的装瓶商购买该公司的浓缩饮料，然后由装瓶商充碳酸气、装瓶，再把它们出售给本地市场的零售商；第三种是服务公司倡办的零售特约代营系统，由一个服务公司组织整个系统，以便将其服务有效地提供给消费者，这种形式多数出现在出租汽车行业、快餐服务行业和旅馆行业。

(二) 水平营销系统

水平营销系统中，一般由两个或两个以上的公司联合开发一个营销机会。这些公司在独自进行商业活动时缺乏资本、技能、生产或营销资源，也有的公司发现与其他公司联合开发可以产生巨大的协同作用。公司间的联合行动可以是暂时性的，也可以是永久性的，也可以创立一个专门公司。这被称为共生营销。

(三) 多渠道营销系统

过去，许多公司只使用单一的渠道进入单一的市场。今天，随着顾客细分市场和可能产生的渠道不断增加，越来越多的公司采用多渠道营销。多渠道营销系统指一个公司建立两条或更多的营销渠道以达到一个或更多的顾客细分市场的做法。蒂尔曼将多渠道零售组织定义为"所有权集中的多种经营商业帝国，通常由几种不同的零售组织组成，并在幕后实行分配功能和管理功能的一体化"。例如某些公司既经营百货商店，也开设大众化的商场和专业商店。通过增加更多的渠道，公司可以得到三个重要的利益：①增加市场覆盖面、降低渠道成本和更趋向顾客化销售。公司不断增加渠道是为了获得它当前的渠道所没有的顾客细分市场(如增加乡村代理商以达到人口稀少的地区农业顾客市场)。②公司可以增加能降低向现有顾客销售成本的新渠道(如电话销售而不是人员访问小客户)。③公司可以增加其销售特征更适合顾客要求的渠道(如利用技术型推销员销售较复杂的设备)。关于多渠道营销系统是否会造成渠道成员之间的不平等竞争正在成为一个讨论的热点，但无论如何，渠道联合正在使企业从分散无序的游击战走向集约规模的阵地战。

二、渠道的设计及管理

渠道设计是指建立以前从未有过的营销渠道或对已经存在的渠道进行变更的策略活动。设计一个渠道系统要求建立渠道目标和限制因素，识别主要的渠道选择方案，并对它们做出评价。下面介绍渠道设计的一般步骤。

(一) 分析服务产出水平

分析服务产出水平是设计营销渠道的第一步，其目的是了解在其所选择的目标市场中消费者购买什么商品(what)、在什么地方购买(where)、为何购买(why)、何时购买(when)和如何购买(how)。营销人员必须了解为目标顾客设计的服务产出水平。影响渠道服务产出水平的因素有以下几个。

(1) 批量的大小。批量是营销渠道在购买过程中提供给典型顾客的单位数量，一般而言，批量越小，由渠道所提供的服务产出水平越高。

(2) 渠道内顾客的等候时间，即渠道顾客等待收到货物的平均时间。顾客一般喜欢快速交货渠道，但是快速服务要求有较高的服务产出水平。

(3) 营销渠道为顾客购买产品所提供的方便程度，也就是空间便利的程度。如果顾客能够在他所需要的时候不需要花费很大的精力时间就能获得想要的产品或服务，那么我们认为这个渠道的空间便利程度是较高的。

(4) 营销渠道提供的商品花色、品种的宽度。一般来说，顾客喜欢较宽的花色、品种，因为这使得满足顾客需要的机会增多了。

(5) 服务后盾的因素。服务后盾是指渠道提供的附加服务(信贷、交货、安装、修理)。服务后盾越强，渠道提供的服务工作越多。

营销渠道的设计者必须了解目标顾客的服务产出需要，才能较好地设计适合的渠道。当然，这并不是说提高了服务产出的水平就能吸引顾客，因为较高的服务产出水平也意味着较高的渠道成本增加和为了保持一定利润而制定的相对较高的价格。折扣商店的成功表明在商品能降低价格时，消费者将愿意接受较低的服务产出。

(二) 设置和协调渠道目标

无论是创建渠道，还是对原有渠道进行变更，设计者都必须将公司的渠道设计目标明确地列示出来。这是因为公司设计的渠道目标很可能因为环境的变化而发生变化，只有明确列示出来，才能保证设计的渠道不偏离公司的目标。在这种情况下，明确地列示出渠道目标比言传意会更有效。

渠道目标因产品特性不同而不同。体积庞大的产品要求采用运输距离最短，在产品从生产者向消费者移动的过程中搬运次数最少的渠道布局。非标准化产品则由公司销售代表直接销售，因为中间商缺乏必要的知识。单位价值高的产品一般由公司推销员销售，很少通过中间商。

渠道策略作为公司整体策略的一部分，还必须注意与渠道的目标和其他营销组合策略的目标(价格、促销和产品)之间的协调，注意与公司其他方面的目标(如财务、生产等)的协调，避免产生不必要的矛盾。

(三) 明确渠道的任务

渠道的目标设计完成之后，渠道设计者必须将达到目标所需执行的各项任务(一般包括购买、销售、沟通、运输、储存、承担风险等)明确列示出来。渠道任务的设计中应反映不同类型中介机构的差异，以及它们在执行任务时的优势和劣势。例如使用营销中介机构能使制造厂商的风险降低，但中介机构的业务代表对每个顾客的销售努力则低于公司销售代表所能达到的水平。两者各有优势，因此要多加斟酌。除此之外，在进行渠道任务的设计时，还需要根据不同产品或服务的特性进行一定的调整，以最大限度地适应渠道目标。

(四) 确立渠道结构方案

确立渠道任务后,设计者就需要将这些任务合理地分配到不同的营销中介机构中,使其能够最大限度地发挥作用。由于不同的设计有不同的优劣之处,因此可以提出若干个渠道结构的可行性方案以供最高层进行选择。

1. 渠道选择方案

一个渠道选择方案包括三方面的要素:渠道的长度策略、渠道的宽度策略及中介机构的类型。

(1) 渠道的长度策略。渠道的长度策略是指渠道的级数。一般而言,渠道的级数至少为零,也就是我们所说的直接销售,最多可以达到五级甚至五级以上。这些都已经在前文做了详细的介绍,在此就不再重复了。一般而言,渠道选择会产生 2~3 种方案,这些方案也受到诸如制造商的活动、市场的性质和规模、中间商的选择和其他因素的限制。有时,对于所有的制造商而言,渠道结构中的级数的选择是一致的,但在某些短时期内会呈现一定的灵活性。

(2) 渠道的宽度策略。渠道的设计者除了要对渠道的总级数做出决定,还必须对每个渠道级上使用多少个中间商做出决定,这就是渠道的宽度策略。根据前文介绍的,渠道的设计者有 3 种基本的策略可供选择:广泛分销、独家分销和选择性分销。制造商们不断地从独家分销或选择性分销走向更密集的广泛性分销,以增加市场覆盖面和销量。

(3) 中介机构的类型。需要渠道设计者加以考虑的第三个问题是如何选择渠道内的中介机构。公司应该弄清楚能够承担其渠道工作的中介机构的类型。比如,生产测试设备的公司可以在公司直接推销、制造代理商和工业分销商中间选择它的渠道。公司也可以寻找更新的营销渠道。例如天美时在推出其新式的手表时,就放弃了传统的珠宝店渠道,而采用大众化商店这一新渠道,结果取得了意想不到的效果。究其原因,主要是由于进入新渠道时,公司遭遇的竞争程度不是很激烈。

2. 确立影响渠道结构的因素

要设计渠道,就不能不对影响渠道结构的因素进行分析。影响渠道结构的因素有很多,我们在此只讨论一些比较基本的影响因素:市场因素、产品因素、公司因素、中间商因素、环境因素和行为因素。

(1) 市场因素。市场因素在渠道策略中起着举足轻重的作用,其对渠道的影响主要通过以下三个方面来实现:①市场规模,也就是市场的潜在顾客数目。市场规模直接决定了渠道的长度和宽度。一般而言,规模越大,渠道的长度和宽度越大一些。②市场在地理上的分散程度,是由每单位区域面积上的销售量决定的。市场的地理分散程度越高,渠道的控制越难,费用也相应越高。③市场的主要购买方式。消费者习惯于哪种购买方式对于渠道的结构也十分重要。比如,某地区的顾客就习惯在商店里购买商品,如果制造商采用直接上门推销的方法就可能事倍而功半。

(2) 产品因素。产品因素也是渠道结构中一个十分重要的因素,下面是一些主要的产品因素:①产品的价值和重量。笨重的、价值高的商品往往意味着较高的装运成本和较高的重装成本，因此一般而言高价值、笨重的商品往往采用较短的渠道结构。②产品的耐腐性。产品是否会迅速腐烂是一个在实体运输和储存中非常关键的问题。如果产品十分容易腐烂，那么渠道的长度就不宜太长，而应该采用短而迅速的渠道结构。鲜活产品的渠道一般都较短就是这个道理。③产品标准化程度。一般而言，渠道的长度与宽度是与产品的标准化程度成正比的。产品的标准化程度越高，渠道的长度也越长，宽度也越大。④单位产品的价值。如果是低单位价值的产品(如方便面、零食等)，往往会通过中间商来进行销售，以让中间商承担部分销售成本。而且只有通过大量的中间商，方便食品才有可能最大限度地覆盖整个市场。⑤产品的技术特性。高技术的产品往往会由公司的销售员向目标顾客直接销售。因为中间商可能对产品的各项性能不是很了解，有可能对顾客产生误导，为以后埋下隐患。⑥产品的创新程度。许多新产品进入市场都需要进行广泛而深入的宣传促销活动，而且需要公司随时掌握市场的变化情况。因此，在实际销售工作中，短渠道被视为产品进入市场时期最好的渠道结构。

(3) 公司因素。前文中讲过，渠道的设计需要与公司的整体情况相一致。因此，在渠道的设计中，必须将公司的因素考虑在内。最主要的影响渠道结构的因素有以下几个：①公司的规模。不同渠道结构的选择范围受到公司本身规模的限制。这是由于小的公司往往难以获得理想的中间商的支持，而大的公司则不必担心没有中间商加入他们的渠道。②公司的基本目标和政策。公司的政策和目标在很大程度上决定了公司在渠道结构策略中所采取的政策和态度。如果公司追求的是严格控制，就会要求减少中间商的数目，以加强自身的权力集中程度。③管理的专业水平。有一些公司缺乏必要的渠道活动的能力，在这种情况下，寻找一个能够提供良好服务和支持的中间商就显得十分重要。尤其是进行国际市场的贸易时，由于面临的可能是一个完全不同的市场体系，因此，寻求一个良好的中间商就显得格外重要。假以时日，当管理者已经获得了足够的管理经验时，可以再对渠道进行改进工作。

(4) 中间商因素。作为渠道中的主要成员，中间商自然对渠道的结构有着举足轻重的影响。与渠道结构有关的中间商的影响因素包括：①中间商的能力。中间商的能力在很大程度上影响着渠道策略。如果中间商的能力不能令公司放心，公司就可能直接销售，而不采用中间商销售的策略。②利用中间商的成本。如果公司认为中间商进行销售或向公司提供的服务小于公司的付出，那么公司对渠道的选择就有可能偏向于减少中间商的数目。毕竟公司采用渠道的目的是降低自己的成本与不便。③中间商的服务。公司总是希望能用最合理的价格获得最多的来自中间商的服务，但评价中间商服务的优劣往往是从公司的直观感觉出发的，带有较强的主观性，所以在渠道结构的设计中这是一个需要谨慎对待的问题。

(5) 环境因素和行为因素。渠道的活动属于组织的运作，这就不可避免地会受到经济、社会文化、法律、竞争、技术等环境因素的冲击。这些因素中，有的是直接对渠道的结构造成影响，有的则通过对市场、顾客产生影响而延伸到渠道结构上。例如，计算机网络的发展使得企业可以通过网络直接与异地顾客交易，然后通过当地的中间商送货上门，减少了在各个地区设立门市网点的成本。对顾客而言，通过网络直接与制造商交易也能够获得较低的购买成本。这种电子商务的发展必然对营销渠道的任务、性质产生重大影响。近来，由于公司开始注重对市场长远利益的关注，而不是仅仅满足于对短期效益的追求，因此，渠道的控制和适应性已逐渐成为渠道设计者们考虑的重要因素。

(五) 选择最佳的渠道结构

从理论上讲,公司可以在所有备选方案中找出最优方案,得到最好的效果,即要求用最小的成本来确定各渠道任务在中间商之间的分配是最有效的。但在实际工作中,寻求最优的方案是不可能的,因为这意味着设计者将考虑所有的可能因素,列出所有的可能方案,这样成本就太高了。因此,我们在此所说的最佳方案实际是指已经列出的方案中的最好的选择,它将对渠道的任务做出相对比较合理的分配。评估方案的方法有许多,如财务信息分析法、储运成本法、管理科学方法和加权计分法等,在此只介绍加权计分法。加权计分法是由菲利浦·科特勒首先提出的,这种方法强调方案筛选过程中的定量化分析。该方法包括以下 4 个步骤。

(1) 对策略的影响因素加以明确列示。该步骤中,应该尽可能将所有会对营销渠道策略产生影响的因素分类加以列示。具体的各种可能影响因素在前面已有论述,此处不再重复。

(2) 对每一个影响因素都根据它们的相对重要性尽可能精确地给予一定的权数。每个企业都有自己的特点,每个企业的策略制定者都应该根据企业的特点对所有的影响因素做出评价。根据其影响程度的大小,给每一项影响因素一个权数,所有的权数累计应为 1。权数越大说明对企业越重要。

(3) 对每一个可能方案的每一项影响因素都进行评分。对每一项因素打分,分数越高,表明企业在该方面做得越好或者该项因素对企业越有利。

(4) 对所有方案进行加权分的计算,得到最终的评分。对评分进行加权计算是为了更为精确地反映各项影响因素对企业的影响程度。比如,企业的品牌知名度很高,可以打到 4 分,销售增长率一项只能打到 2 分,但品牌知名度的权数很小只有 0.02,那么其加权分就只有 0.08 分,而销售增长率的权数却有 0.15,其加权分有 0.30 分。在这种情况下,我们发现销售增长率的因素对企业策略的实际影响更大。

(5) 得到最后的分数后,从中选出分数最高者,即可以认为该方案是在考虑了已列示的因素后得到的最佳方案。

(六) 营销渠道的激励、评价与控制

公司确定了方案,选择了渠道成员后,营销渠道就建立起来了,但这并不意味着公司的工作就结束了。营销渠道必须作为企业的一项宝贵资源而加以长期、有效地管理,这就意味着企业必须对渠道每个成员的管理工作进行必要的激励和评价。此外,随着时间的变化,必须适时调整渠道以适应新的市场状况和环境变化。

1. 激励渠道成员

同企业的员工一样,渠道的成员也需要被激励。他们参加渠道体系固然已受到了若干因素激励,但是这些因素还必须通过制造商经常的监督管理和再鼓励得到补充。从这个角度出发,我们认为制造商要想激励渠道成员出色地完成任务,就必须尽力了解各个中间商的不同需要和欲望。

中间商作为一个独立经营的商业企业,它必然会追求利润。因此,从某种意义上讲,中间商是充当一个顾客的采购代理人,其次才是供应商的销售代理,他对顾客希望从他那买到的任

何产品感兴趣。所以如果企业能及时向中间商提供市场热销的产品，中间商就会感到企业对他的重视，而且出于自身的利益，中间商也会对销售制造商的产品更有积极性。

由于中间商往往同时为多个制造商经销产品，因此中间商有可能把他的商品组合成一个品目组合，他可以把商品像一揽子品种组合那样综合起来出售给单个顾客。由于这样能使他的商品更快地流转，使资金更有效地得到使用，所以中间商的销售努力往往主要用于获取这类品种组合的订单，而不是个别的商品品目。如果企业能提供这样的产品组合的建议或能较好地满足中间商所提出的类似要求，那么企业也能达到激励中间商的目的。

同样，由于中间商为多个企业经销产品，因此除非有一定的刺激，中间商不会为所出售的各种品牌分别进行销售记录。有关产品开发、定价、包装或者促销计划的大量信息都被埋没在中间商的非标准记录中，有时他们甚至有意识地对供应商保密。而对企业来说，这些信息是非常宝贵的。因此，企业及时提供必要的业务折扣，销售支持就显得十分重要，它将给企业带来重要的市场信息。

在与中间商进行合作的谈判时，价格是非常重要的一项内容。中间商也追求自己的利润，所以，企业应当给予中间商适当的利润，以免挫伤中间商的积极性。

对中间商进行适当的培训也是一种激励方式。由于中间商并不是对自己的所有商品都了解得很详细，因此对中间商的销售和维修人员进行适当的培训是非常重要的一环，而中间商出于更快地售出商品也非常愿意接受企业的这种培训。

2. 评价渠道成员

制造商要想对中间商进行适当的激励，首先需要按一定的标准来衡量中间商的表现，并将这种衡量长期化。这些标准可以根据中间商的不同而不同。这种标准往往包含以下几个方面的内容。

(1) 中间商的渠道营销能力是每一个制造商在选择中间商时首先考虑的问题，也往往是衡量中间商的能力与参与程度的第一个标准，其中包括销售额的大小、成长和盈利记录、偿付能力、平均存货水平和交货时间等内容。

(2) 中间商的参与热情也是评价中间商的一个重要标准。一个十分有能力的中间商不积极配合制造商的营销活动，其效果可能比一个普通的积极配合制造商的中间商的营销活动的效果要差许多，甚至可能会影响制造商目标的完成。衡量中间商参与程度的标准包括对损坏和遗失商品的处理，与公司促销和培训计划的合作情况，以及中间商应向顾客提供的服务等。

由于中间商往往经营多种品牌或多种类型的产品，因此企业也可以通过对中间商经销的其他产品进行调查来衡量中间商的能力。如果中间商经营的品种多，总体的销售量大，说明该中间商是具有较强实力的。同时企业还可以从中了解自己的产品销量在中间商销售的产品总量中占有多少比例，从而决定对中间商进行的激励着重于哪一个方面。

3. 渠道控制

对渠道成员进行激励、评价的目的都是更好地对渠道成员进行管理、控制，使渠道各方面能够按照企业的目标发展。

营销渠道的目的是促使商品不断地、更好地向消费者或用户运动，只有所有渠道成员的目标一致时，渠道才能很好地运转，所以控制渠道的首要任务是使中间商了解企业的营销目标。制造商的任务不能仅限于设计一个良好的渠道系统，并推动其运转。由于各个独立的业务实体的利益不可能总一致，因此无论对渠道进行多好的设计，总会有某些冲突存在。尤其是当消费者的购买方式发生变化、市场扩大、新的竞争者兴起和创新的分销战略出现时，这种冲突更为突出，所以渠道结构需要不断改进，以适应市场新的动态。

制造商常采用的改变渠道结构的方法包括增减个别渠道成员，增减某些特定的市场渠道，或者创立一个全新的方式在所有市场中销售其产品。只有不断适应市场的变化，才能更好地控制渠道，使其更好地为己所用。

网络也可以并正在被视为一种新兴的渠道，它不像传统的营销渠道一样层次分明，谁是制造商、谁是批发商、谁是零售商在网上很难分辨。任何一个渠道成员都有可能通过互联网将商品直接展示在顾客面前，回答顾客提问，进行直接面向消费者的促销活动，这种直接互动与超越时空的电子购物无疑是营销渠道的革命。所有的营销经理都应该仔细审视企业的渠道营销策略，早日将网络纳入企业的营销渠道之中。

三、零售商和批发商的管理

顾客需求的多样化和个性化使得企业的决策变得越来越困难。生产商必须定期对中间商的表现进行管理，如平均存货水平、顾客交货时间、损坏或遗失物品处理、公司促销和培训计划的完成等。如何在随机需求环境下制定有效的营销渠道管理策略，是企业迫切需要解决的问题。对有选择自由的零售商和批发商的管理策略，对企业具有重要的意义。

(一) 零售商

零售包括将商品或服务直接销售给最终消费者供其个人进行非商业性使用的过程中所涉及的一切活动。只要将产品销售给最终用户，该行为就属于零售行为，与其组织形式(生产商、批发商、零售商)、销售地点和销售方式无关。零售商在流通领域处于最后阶段。

(二) 零售商决策

1. 目标市场

选择目标市场是最重要的一步，目标市场将决定零售商的产品品种、商店布置、目标市场广告信息、媒体、价格和服务水平等一切内容。出色的市场细分使零售商更容易获得成功。将目标市场定为某一块补缺市场可以避开强有力的竞争者，但这也限制了企业的发展潜力。随着产品质量的普遍提高，中档市场已经开始衰落，人们更倾向极端的低价或极端的奢侈，而较少关注中档市场。零售增长集中在提供高附加值的高档市场和提供更低价格的低档市场。

2. 零售形式

零售包括有店铺零售和无店铺零售。有店铺零售包括专业商店、百货商店、超级市场、便利店、折扣店、折价零售店、超级商店、目录商店。有店铺零售的特点是产品多服务少。

有店铺零售如果选址得当，可以更贴近消费者。有店铺零售能够提供给消费者除产品外的更多的服务和体验。无店铺零售包括直销、直复销售(邮寄或目录营销、电话营销、电视营销、以及日益兴盛的互联网营销)、自动售货机、购物服务(为特定顾客提供)。无店铺零售可以使消费者选择更便利，也能够提供更低的价格，但有一定的滞后性。一般来说，高服务带来高毛利率，低服务则带来高销售量。零售形式并不只能单一地选择一种。通过应用不同的组合形式和新的零售形式能够弥补单一零售形式的不足。丰富的零售形式可以使零售商更好地接近不同的消费者。

零售商也可以考虑零售合作。借助与值得信赖并且能够提供帮助的其他组织合作，零售组织可以通过规模经济获得更强的购买力、更高的品牌认可和更训练有素的员工。零售合作的主要类型有合作连锁组织、自愿连锁组织、零售商合作社、消费者合作社、特许经营组织、商业集团。跨国零售商、巨型零售商的增长，以及无店铺零售的发展尤其是互联网零售对传统零售业的冲击，使企业的竞争更加激烈，零售商必须注重加强自身的有效差异化。

3. 选址

地点对于有店铺零售的零售商是非常关键的，一个成功的选址能直接为零售商带来巨大的利润，选址不当也将给公司带来巨大的损失。但对于大的零售公司，也有快速选址以抢占分销渠道的策略。选址时，可以运用一些评价工具(如流量计数统计、购物者偏好调查和竞争性位置比较)和选址软件，通过分析、比较，并考虑综合成本因素，选择最适合自己的位置。一般的选址方案为中心商业区、地区购物中心、社区购物中心、商业街、大型商场或建筑物内。

4. 产品品种和采购

产品品种必须依据目标市场的购买期望决定。根据目标市场的不同，产品品种的广度和深度有4种情况：窄而浅、窄而深、宽而浅、宽而深。目标市场还能决定产品差异化战略：主要提供昂贵的国际知名品牌还是自有品牌；提供最新商品还是不断变化、令人惊喜的商品；提供个性化的服务还是高度目标化的组合服务。通过直接产品获利法(DPP)发现，产品毛利与利润无必然联系。大批量的产品导致的高处理成本使它们反不及小批量产品更值得经营。

目前，越来越多的零售商开始建立自有品牌。因为自身是零售商而具有一定的优势，使得上架、广告、自有品牌促销、物流等成本都较低，而所寻找的自有品牌的制造商的生产成本也较低，所以自有品牌能在较低的价格上保持较高利润。同时，自有品牌也是零售商实现有效差异化的手段。但自有品牌的兴起也威胁着制造商的发展，加重了品牌的同质化。

5. 价格

制定价格时必须综合考虑目标市场、产品和服务组合以及竞争(还有成本)，可以成为高价的高加成、低销量的群体，或是低价的低加成、高销量的群体。天天低价所获得的利润往往比偶尔促销所获得的利润高。过多的价格促销会影响产品在消费者中的形象，频繁地打折对品牌形象影响更加严重。

6. 差异化体验

确定产品品种、服务水平和店铺形式都是为了实现更好的差异化。随着商业的发展，商品和服务的差异化正在逐渐缩减，体验营销是实现差异化的有效途径。商家打造店铺环境，营造良好的购物氛围，强化给予顾客的体验，加强特殊的体验营销或提供新的店铺活动，可以给顾客带来无店铺零售所无法获得的感官体验等，获得市场。

7. 传播促销

零售商的价值必须有效地传递给顾客。零售商也必须通过促销工具来支持和加强自己的形象定位，刺激购买。传播促销的具体工具包括广告、特价促销、购物券、老顾客回馈、店内样品、店内赠券等。

(三) 批发商

批发商一头连接生产者，另一头连接零售商或其他转卖者及用户。批发指将商品或服务销售给那些把其用在销售或商业用途的对象的过程中涉及的一切活动。批发商不从事生产。

1. 批发商的类型

批发商可以分为商人批发商、经纪人和代理商、制造商的销售代理机构，以及零售商的采购办事处等类型。

其中，代理批发商有以下几大特征。

(1) 代理批发商具有法人地位，是独立经营的商业组织，与制造商有长期固定的关系。代理批发商与制造商是平等互惠的伙伴关系，更不存在隶属关系。

(2) 代理批发商开展业务只是在被代理人的委托下进行，因此它不是独立的。

(3) 代理批发商所从事的业务总是在一定的处所或一定的区域范围内进行，即代理商的权利有一定的空间范围。

(4) 代理批发商在指定的范围内只能销售其代理的商品，而不能销售其他有竞争性的商品。但是，代理商仍然可以自由经营或代理与其代理的制造商没有竞争关系的其他相关商品。

(5) 代理批发商也是一种中间性质的商业，它具有中间商的共同特征，即自身不拥有商品所有权。所以代理批发商对它所代理销售的商品一般不具有法律上的所有权。代理批发商只是作为企业的代理人执行业务，不能对所代理销售或采购的商品进行业务之外的活动，如加工、包装、储存、拆散、分装等。

(6) 代理批发商的主要职责是促成交易，而不是签订交易协议或完成商品交割。

(7) 代理批发商必须严格执行制造商的商品定价。一般而言，制造商为了开拓新市场，保有现有市场，提高商品竞争力，对其商品有科学而合理的定价，对其商品定一个最高销售价或按最高销售价定一个指导价。因此，对代理批发商而言，严格执行制造商的定价是代理制的一项重要原则。

(8) 代理批发商按销售额或采购额的固定百分比提取代理费。一般情况下，代理批发商不用承担费用，其条件是必须严格执行制造商的定价，而在销售过程中发生的费用则要自理。但在某些情况下，如制造商想在该区域打开商品销路而进行一些商品活动，如做广告宣传等，这部分费用就需要制造商承担。

3. 批发业的发展

现代社会越来越强的交流能力和物流能力使得批发活动越来越不必要，批发商想要继续在这个领域生存下去，就需要更积极地迎接挑战：努力增加渠道价值，增强战略，提高技术，降低成本，强化与生产商的合作关系。

批发商应对挑战的方式有以下几种。

(1) 更好地管理库存和应收账款，提升资本生产率。

(2) 通过投资先进的技术，降低运营成本。

(3) 改进目标市场、产品分类、服务、定价、沟通以及产品流通等方面的战略决策。

(4) 强化与生产商的合作关系。诺瓦斯和安德森提出了如下4种巩固与生产商的关系的方法：①明确营销渠道的职能，在其应该在营销渠道中发挥作用的问题上，努力寻求和生产商达成一致；②通过参观生产商的工厂，参加它们的产品说明会和商业展示会，了解生产商的要求；③履行承诺，实现预定目标，及时付款，积极反馈顾客信息，兑现给予生产商的各种承诺；④为生产商提供增值服务，给予供货商帮助。总体来说，就是更加贴近自己的客户，更加为客户着想。

拓展阅读9-2

电信运营商营销渠道绩效评价

电信运营的目的是为客户提供高质量的产品和服务，为企业创造利润，并使企业得到持续发展。其核心是以高质量的产品和服务为基础获取用户、维系用户并获取利润。在这个过程中，电信运营商的营销渠道绩效是对其营销渠道系统运作情况的科学性、综合性与客观性的反映。渠道系统的日益复杂也需要让运营商在营销渠道中做出选择，渠道选择必须以营销渠道绩效为基础，运营目的影响渠道选择，渠道选择也是为电信运营商运营目的服务的。中国移动公司凭借多年的积累，依托长期、稳健的营销策略，建立起以自有营业厅和社会渠道为基础的高效、优质的实体渠道体系，尤其在社会渠道方面，已形成合作营业厅、指定专营店、特约代理点、各级直销网点对电信客户进行全方位覆盖的渠道体系。

面向不同客户品牌和细分客户群，中国移动公司可以提供差异化服务，具体包括实体渠道、电子渠道、直销渠道、代理渠道和增值合作渠道五大类。

(1) 实体渠道，指以实体店面、现实存在的营业网点为基础向电信客户(消费者)提供电信业务与服务以及相关咨询的渠道形式。中国移动公司根据网点的定位及功能差异，将实体渠道分为普通大众店、品牌推广店、区域旗舰店、集团客户体验店、个人客户体验店及自助服务店六种。

(2) 电子渠道，指以电话呼叫、互联网门户、客户端等方式向客户提供服务的新型渠道形式。中国移动公司当前的电子渠道主要有呼叫中心、互联网站、短信营业厅与客户端等。

(3) 直销渠道，指以面对面或者一对一的方式直接向特定客户群提供相应的电信业务或者服务的渠道形式。根据自身定位与工作重点的不同，中国移动公司的直销渠道主要分为客户经理、销售经理和直销员三大类，部分地区也相应地设置有产品经理对相关产品提供技术支持。

(4) 代理渠道，即向全体客户提供其代理的中国移动公司的业务和服务的渠道形式，其中普通代理渠道被分为销售代理、服务代理及综合业务代理三大类。

(5) 增值合作渠道，指与中国移动公司合作的社会合作伙伴向特定客户群代理中国移的动特定业务和服务的渠道形式。这类渠道主要分为增值合作商和虚拟运营商。

当前中国移动公司在努力构建自有渠道的同时，也在大力拓展社会渠道。

根据营销渠道绩效评价，不同渠道类型的优劣势分析如表9-2所示。

表9-2 电信运营商不同渠道类型的优劣势分析

类型		优势	劣势
自有渠道	自有实体渠道	● 执行力强； ● 服务质量和能力有保证； ● 自有实体用户体验好； ● 忠诚度高，运营商控制力强； ● 可以提供差异化服务； ● 综合素质高，提升潜力大	● 建设成本高，投资大，管理成本高； ● 业务办理方便性差； ● 数量有限，扩张速度慢； ● 灵活性差，市场反应慢； ● 市场拓展能力有限
	客户经理	● 执行力强，有助于推行营销战略； ● 高端客户和集团的开拓者及差异化服务者，有助于提升企业收益和价值； ● 有助于关系营销和拓展市场	● 服务成本高； ● 人力资源成本高，素质要求高； ● 收益核算和可控性弱； ● 服务范围受限
	电子渠道	● 营销和管理成本低； ● 服务效率高； ● 服务便捷和用户自主； ● 覆盖范围广、灵活性强	● 用户认知度和使用惯性低； ● 用户群体受限； ● 互动能力弱
社会渠道	授权销售点	● 建设与管理成本低； ● 授权销售市场拓展快； ● 市场反应的灵活度高	● 执行力和控制力弱，在管理和激励方面要求高； ● 渠道忠诚度较低； ● 服务能力弱
	直销网点	● 投资成本低； ● 覆盖范围广，市场拓展快； ● 市场灵活度高； ● 与相关电信产品关联度高	● 执行力和控制力弱； ● 渠道忠诚度较低； ● 服务能力弱
	合作渠道	● 强强联合，利于充分发挥渠道优势，强化核心竞争力； ● 发展潜力大； ● 社会影响力强，拓展空间大	● 管理成本高； ● 合作关系复杂； ● 存在合作风险； ● 成本相对比较高

(资料来源：尹轶. 电信运营商营销渠道绩效评价与选择研究[D]. 北京邮电大学，2019.)

第四节 价值链与价值网

　　传统的营销渠道多为线下营销，商业供应链存在封闭性的特点，数据共享很难得到实现，营销环节的各主体为追求利益最大化，竞争十分激烈，供应链关系也因此变得不稳定，营销渠道运行的稳定性也因此受到不利的影响。在互联网背景下，各营销主体能够依托互联网技术构建交易平台，消费者可利用这一平台查阅以及反馈商品信息，各商业利益主体也可利用这些平台收集供应商、产品等相关信息，信息分析的能力得到明显提升。数据共享也因此得到有效实现，供应链上各项资源也得到有效整合与优化配置，供应链各环节之间的关系愈发稳定。

　　在传统营销活动中，完整的营销由产品的供应商、中间商及消费方三部分组成，因此商品流通的中间渠道十分重要。只有通过中间流通渠道，商品才能够到达客户手中，完整的供应链才能够得到有效形成。因此，传统的营销活动可被看作一条集成价值链，每个环节都能够获得一定的利润。然而在电子商务模式下，这条价值链从有形变为无形，传统的价值链形式彻底发生变化，中间渠道逐渐由网络中间商代替，物流、快递和贸易公司也逐渐成为价值链条中的新兴者，且得到了飞速发展。

　　在传统的营销模式下，营销主要通过中间商完成。然而在互联网环境下，制造商与零售商的渠道权利都得到了有效拓展，零售商可直接掌握互动动态、销售数据，并借助互联网平台获取更高的利润。制造商与生产上的利润空间受到较大冲击，依托网络技术与网络平台，现代电子商务模式可由制造商与消费者直接构成，中间环节直接被跳过，商品可通过物流形式直接送到消费者手中，经营成本被有效降低，利润得到明显提升。此外依托这一模式，制造商对营销渠道的掌控力度不断增强，并能够直接获取更为真实的市场数据。

　　现代市场营销的最终目标就是实现顾客满意和增加顾客的让渡价值。由哈佛大学迈克尔·波特教授提出的价值链是帮助企业识别如何创造更多顾客价值的有效工具。价值链描述了企业内部组织设计、生产、营销、传递产品等的主要活动。企业为顾客创造卓越价值就要依靠企业内部各个部门之间的紧密合作。除此之外，在现代社会，企业还必须依靠其他企业的帮助开展生产经营。一个企业所使用的原料很可能就是另外一个企业的最终产品，即便是从自然环境中获取原料的企业也需要能源企业提供的能源才能进行生产经营。企业生产出产品之后，还需要流通企业找到消费者，从而最终完成价值传递。因此，企业除了要管理好自己的价值链，还应与供应商、流通商等企业紧密合作，连接起不同企业之间的价值链，形成一个价值让渡网络，也称为价值网。

　　价值网是流动且复杂的，包括企业在分销渠道中产生垂直、跨层互动的企业，以及将正确的传递物传递到正确的顾客手中必不可少的在水平层面上进行互动的其他企业。价值网存在的核心是价值共创。基于价值网的概念，一种新型组织正在崛起，它们被称为网络组织或虚拟组织，因为它们去除了许多企业内部的职能和活动，仅把注意力集中在那些最能增加价值的方面。

　　在未来，更多的企业，特别是新兴企业、创业组织，以及核心产品处于关键的导入和成长阶段的公司，将会选择网络组织方式以充分利用价值网。做出这种预测的基础是企业的竞争性需求，企业需要在运营的所有方面保持敏捷，也就是说，应以最高的灵活性、可适应性、快速地对如今影响企业的许多关键驱动因素的变化做出反应，比如日新月异的技术、非连续的创新、变幻无常的消费者市场以及市场全球化等。采用价值网的方法释放了内部资源，使企业能够更加灵敏地应对外部不可控的机遇和威胁，从而产生潜在的竞争优势，相比之下，独立完成价值链中许多职能的企业则必须支付由此带来的高昂费用。价值网络内的企业更容易将精力集中于自己独特的竞争能力，价值网便可以有效地从各企业那里聚集价值。

许多组织正在开始把它们的顾客，包括终端用户和渠道内客户，视为价值网络的重要成员。企业在产品和市场开发的各个方面培育顾客参与，促进顾客代言，这些代表着顾客向其影响范围内的其他人传播品牌信息的意愿与能力。在 B2B 和 B2C 背景下，存在多种促进顾客参与的潜在价值增值方式，包括让顾客参与正在进行的调研和设立顾客顾问小组，提供认同、奖励，以及为高度参与此关系的顾客提供惊喜等。

"互联网+"时代，网络技术得到飞速发展，公司为了获得竞争优势，不得不创新自身的营销战略。然而新技术并不是单一整体，网络价值的实现和创造都是比较复杂的过程。在营销模式中，创新与价值创造之间形成了较强的关系连接。创新是价值创造的来源，能够保证企业在市场竞争中充满活力，使企业的价值利益得到实现。由于现代技术快速发展而导致经济结构与市场关系变得更加错综复杂，市场结构、工具、技术的创新以及价值创造和兑现的理念需要新的内容。营销模式创新的一个核心作用是协助公司为其客户创造优于市场竞争的价值。消费者对产品或服务的满意度影响着消费者的忠诚度，有利于企业价值的维持与增值。

拓展阅读9-3

线上、线下融合的新零售模式的全渠道运营管理

自 2016 年 10 月提出"新零售"概念，新零售模式经过几年的发展和落地实践，已经呈现出交互性、协同性、集成性、智能性和数字化等特征，诱发了商业模式和运营模式的变革，使得信息流、资金流和物流发生重大改变，因此需要对传统的信息流、资金流和物流运营模式进行重构，彻底改变传统零售业以电商或实体店为中心的线上、线下割裂的价值创造模式，代之以以消费者需求为出发点、以消费体验为中心的线上、线下融合的价值共创模式，使线上、线下服务和体验深度融合。近年来，线上、线下融合的新零售模式得到了飞速发展，加速了中国乃至世界零售业的变革，极大地影响和改变了人们的生产和消费方式。伴随着这一模式的日益普及，大量的企业纷纷抢滩 A 地(传统实体零售商发展线上渠道，传统电商发展线下渠道)，大量资源被盲目投放，商业模式被过度模仿，导致利益主体间矛盾重重，恶性竞争严重，成本居高不下，线上与线下的互补优势难以发挥，客户服务的及时性难以保证，使得新零售这一新的模式遇到前所未有的挑战。

目前，中国零售行业形成了阿里巴巴的新零售、苏宁的智慧零售、腾讯的新零售和京东的无界零售等 4 个典型的新零售业态。

阿里巴巴认为新零售是以消费者体验为中心的数据驱动的泛零售形态，通过大数据、人工智能等先进技术手段和资本优势，对商品的生产、流通与销售过程进行升级改造，通过对各渠道的控制以及后台技术的支撑，为无数前端场景赋能，实现新零售的全渠道和全业态布局。

腾讯提出的新零售强调去中心化赋能，通过线上社交流量向所投资企业(京东等)导流的同时保持所投资企业的独立发展。

京东则提出无界零售，认为以智能技术驱动整个零售系统的资金、商品和信息流动的不断优化，实现消费者、场景、供应链、营销的无界化，借助高效的物流供应链体系，打破生产商、品牌商、平台商与消费者的界限，提高零售效率与消费者体验。

苏宁提出的智慧零售强调智能化与社区零售，于 2019 年收购万达百货并计划在 3 年内开设 2 万家苏宁小店，形成"三全三化三云三平台"的智能体系和"两大两小多专"的线下业态。

新零售模式的新特征使得运作管理模式在定价、库存、物流配送等领域发生了变革，亟须探索新的决策方法和策略，实现共创价值在各个利益主体间传递。但是，多利益主体的参与、消费者的互动与社交化、产品与服务愈发不可分离等问题，使得现有关于产品服务组合与定价的研究难以适用复杂的合作关系和满足消费者需求；全域全渠道可触达、全渠道竞合关系网络下的库存共享等现象，导致多主体库存动态整合与在线优化非常复杂，而现有库存管理模型和算法尚无法解决这一结构复杂的问题；消费者订单的小批量、波动性强、时效性高、目的地分散等特点，迫切要求实现多方式配送的即时与智能化，尤其是在"最后一公里"物流配送问题上实现突破发展。

传统零售的运营管理强调的是以企业为中心的价值创造，指出卖方是整个运营网络的核心、唯一责任方。然而，随着服务和配送变得越来越复杂和非结构化，以及消费者对个性化、定制化服务需求的增加，促使了消费者必须加入生成服务的过程以提升价值。

当前供应链运营渠道逐步沿着"单一的线上或线下渠道—双渠道—多渠道—全渠道"的路径不断进行拓展。新零售模式下，全渠道协同运作策略结合消费者消费、社交等多维度的历史数据和即时数据，提炼消费者新的需求特征，分析企业如何通过产品组合及定价、全渠道库存管理、"最后一公里"物流协同配送等运作决策，使得共创的价值能够在多主体间传递。特别地，供应链不仅需要关注实体产品，更需要关注服务产品的运营决策，各节点企业提供的服务不仅仅是消费者新的需求，更关系到企业与消费者互动的平台，进而不仅决定了供应链是否能够与消费者实现价值共创，还影响着消费者分享的共创价值及消费者的参与积极性。

(资料来源：胡祥培，王明征，王子卓，等. 线上线下融合的新零售模式运营管理研究现状与展望[J]. 系统工程理论与实践，2020(8).)

本 章 小 结

营销渠道是产品由生产者向最终消费者或用户流动所经过的途径或环节。营销渠道由众多承担营销功能的中介机构组成。由于这些营销中介机构的存在，缓和了产需之间在时间、地点、商品数量和种类方面的矛盾，也使得市场上总体交易的次数减少，交易费用降低，并且大大提高了产品流通的速度和效率。营销中介机构按照是否拥有商品所有权，可以分为买卖中间商、代理中间商和辅助机构；按照在流通领域中承担的角色不同，可以分为批发商、零售商、进口商和内外贸兼营商等几种类型。企业在构建营销渠道时，可以选择长渠道、宽渠道或联合渠道，搭建自己所需的营销渠道的框架。在进行渠道设计时，企业要考虑市场因素、产品因素、公司因素、中间商因素、环境因素和行为因素对渠道的影响，以求渠道设计尽可能完善，能够适应多种市场态势。

有了一个适用于企业的分销策略和营销渠道体系之后，企业还必须注意对渠道成员的控制、评估和激励。企业可以通过设计一定的标准来衡量适用的中间商；通过给予中间商一定的财力、物力、人力的支持，激励其发挥积极的作用。企业还必须根据市场的新动态，及时改变渠道结构和分销方式，只有这样，企业才能有效地控制渠道，使其更好地发挥作用。

思 考 题

一、简答题

1. 企业应当如何在渠道的长度和宽度上进行决策？
2. 什么是垂直营销系统？垂直营销系统有哪些主要类型？
3. 设计一个高效的分销渠道主要应做哪些工作？
4. 如何实施对分销渠道的有效控制？

二、案例分析

将零售中的供应链效率推进到最大

为了高效且持续地保持竞争力，梅西百货、科尔斯、西尔斯等大型零售商需要持续地提供时尚、高品质且高性价比的商品。顾客对于时尚的追求迫使这些零售商以及其他商店与世界各地的供应商建立起牢固的合作伙伴关系，为迅速获取适当的产品而扩展网络。有这样一家供应商，对零售商库存需求的满足远胜其他大多数同行，因此成为"绝大多数美国购物者从未听说过的最为重要的公司"，它就是利丰集团。利丰集团极其出色地强化了供应链，大批量且及时地运送经济、高品质的商品，向接近三分之一的零售商——大部分都是创建于美国的购物商场——提供该项服务，其服务的著名商家有沃尔玛、塔吉特和凯马特等，在过去数年中实现了令人瞠目的200多亿美元的平均年收入。

利丰集团获得如此巨大的成功，公司却没有一家制衣厂、一台缝纫机甚至布料厂，它主要的资产就是其与世界各地60多个国家中逾15 000家供应商的关系。这些关系使利丰集团能够将大规模订单推上市场的时间从6个月减少到难以置信的6个星期。比如，一笔50万条特别设计的半身裙订单，从设计画板到登上店中货架的时间比一个大学生完成半学期学习的时间还要短！利丰集团以超速完成而知名，使自身成为许多零售客户无可替代的供应商。

作为一个中间商，利丰集团履行着许多实体分销职能，凭借其与15 000多家供应商的关系显著减少了零售商为了实现库存而需要参与的交易数量，并提供运输与储存服务。储存产品并将产品在指定的时间运输到指定零售商仓库地点的能力对零售商的即时库存控制战略至关重要，利丰集团因此具备了其他竞争对手难以复制的强大竞争优势。

由于利丰集团能够在更短的时间内向零售客户提供经济、时尚的服装，一些人将其称为"采购界的沃尔玛",这本意是一项极高的赞美。然而不幸的是,该集团的某些做法也让其背上了"服装行业的血汗工厂"的名号。事实上,利丰集团的供应商发生的员工安全事故着实不少,其中包括为科尔斯生产服装的一家孟加拉国工厂发生的大火,这场火灾导致 29 人死亡;为汤米·希尔菲格生产服装的一家工厂发生爆炸,人群蜂拥逃窜导致 50 多人受伤,2 人丧生;还有一场大火夺去了 112 位工人的性命,因为他们中许多人在火灾警报拉响以后还被命令继续留在工厂中工作。另外,公司还被指控拖欠土耳其一家工厂的工人工资,签约的一家柬埔寨工厂工作条件恶劣,导致数百名工人患上疾病等。尽管利丰宣称公司严格地执行了安全审查以确保公司只在那些遵守安全标准的工厂开展业务,但这一系列事实仍然摆在眼前。

在零售行业中找到低成本供应商的压力是如此之大,为了在生产成本上节约几分钱,常常会导致安全上的松懈和对员工福利的克扣。如何一如既往地为知名的美国零售客户们及时提供质优价廉的产品,同时还能确保总供应链中的员工不会暴露在危险的工作条件下,这是利丰进一步发展需要解决的问题。

(资料来源:利丰的全球供应链管理模式[EB/OL]. http://www.chinawuliu.com.cn/xsyj/201503/25/299789.shtml)

思考:

1. 利丰对其客户来说属于什么类型的中间商,是代理商、批发商、生产商代理、零售商,还是其他角色?为什么?

2. 一些批评者认为,与利丰合作的工厂缺乏安全防护措施,最终应该责备的人是美国消费者,正是因为他们沉迷于购买低成本的商品,拒绝支付更高的价格才导致了这一切。你对这种说法有什么看法?比如,如果将多付出的钱用于提高生产的安全性,你会愿意为一条牛仔裤多付几十块钱吗?

第十章 创业市场推广

学习要点

1. 掌握创业市场推广的内容;
2. 理解广告策划、公关策划、知识营销、关系营销的意义;
3. 认识社交网对创业企业的影响力及作用。

导入案例

央视春晚与抖音的合作——传播的新动向

2019年春节,抖音成为中央电视台《春节联欢晚会》的独家社交媒体传播平台,抖音与央视春晚共同发起"幸福又一年"的新媒体行动,在短视频宣发及社交互动等领域展开全方位的深度合作。

春节和春晚承载了中国人太多美好幸福的情感,而抖音正是一个致力于记录美好生活的平台,用短视频记录春节期间的"小确幸"、大美好成为一个全新的命题。以春晚官方抖音账号为阵地,带来全新的全民互动热点,调动广大年轻群体的热情,面向全球华人,以参与代替评论,用参与引导关注,助力春晚传播,更推广了抖音的应用,抖音也以低门槛、易模仿、草根原创短视频的传播形式和去中心化的运营模式,提升了即时互动的深度和效度。抖音不仅改变了人们的休闲娱乐方式、阅读习惯,还改变了人们的价值取向,形成了具有现代色彩的抖音文化,对信息传播产生了深远影响。

现代营销不仅要求企业开发优良产品,制定有吸引力的价格,使它容易被目标顾客接受。企业还必须与它们现行和潜在的顾客、零售商、供应商、其他利益方及公众进行沟通。每个公司都不可避免地担当起传播者和促销者的角色。对大多数公司来说,问题不在于是否要传播,而在于传播什么、对谁传播和怎样传播。

从市场营销的角度看,推广是企业通过人员和非人员的方式,向消费者传达企业信息,引发、刺激消费者的购买欲望，使其产生购买行为的活动。所谓推广，也称促销策划，指运用科学的思维方式和创新的精神，在调查研究的基础上，根据企业总体营销战略的要求，对某一时期各种产品的推广活动做出总体规划，并为具体产品制订周详而严密的活动计划，包括建立推广目标、设计沟通信息、制定推广方案、选择营销传播工具等营销决策的过程。

营销推广从总的指导思想上可分为推动式策略和拉动式策略。

(1) 推动式策略。推动式策略指以人员推销为主，辅之以对中间商的销售促进，兼顾消费者的销售促进，把产品推向市场的促销策略，其目的是说服中间商与消费者购买企业产品，并层层渗透，最后到达消费者手中。这种方法是通过分销渠道将产品"推"给最终消费者，也就是说企业直接对其渠道成员进行营销活动，以诱导他们选购产品并销售给终端消费者。推动式策略主要是通过人员推销和营业推广，重点调动批发商及零售商销售产品的积极性，比较适合对生产资料的推销，即生产者市场的推销活动。

(2) 拉动式策略。拉动式策略指企业通过广告或其他非人员促销手段，直接诱发消费者的购买欲望，由消费者向零售商、零售商向批发商、批发商向企业求购，由下至上，层层拉动购买，其重点以调动广大潜在顾客强烈的购买欲望为主，由消费者的购买欲望推动各级各类中间商主动进货。

实践中，一些工业品公司只采用推动式策略，如医疗机械公司，而一些采取直接营销的公司则只采用拉动式策略。但大多数公司采用的是推拉结合的混合策略，也就是说，一方面要用广告来拉动最终用户，刺激最终用户产生购买欲望；另一方面要用人员推销的方式向中间商推荐，以使中间商乐于经销或代理自己的商品，形成有效的分销链。例如可口可乐公司，一方面通过地毯式广告轰炸，树立品牌，刺激消费者购买；另一方面，大力支持中间商，帮助中间商铺货、促销，使产品随时随地到达消费者的手中。

第一节　创业市场推广的内容

创业市场推广的主要内容包括以下几项。

一、推广的时间

一般情况下，推广活动在什么时间举行，举办的时间应是多长，这些都是拟订推广计划必须考虑的因素之一。通常来说，顾客的购买行为会深受季节、月份、日期、天气、温度等因素的影响。如果在夏季举办推广活动，则推广的商品多以清凉的饮料、果汁等为主；如果在冬季举办推广活动，推广商品多是床上用品或补品等；如果在一年中的不同月份举办促销活动，则一般3月、4月、6月、11月是销售淡季，而5月、10月、12月、1月是销售旺季；如果选择同月中的不同日期，一般而言，顾客月初的消费能力比月底强，而周末的购买力又比平日强。此外，重要的节日也是商家促销活动的一个有利时机，常常作为促销活动时间的一个主要选择。

二、推广的商品

市场推广活动的目的即增加商品销售量,那么,选择何种商品作为推广载体就成为推广策划的关键。推广的商品对顾客是否有吸引力、价格是否有震撼力,都将直接导致市场推广活动的成败。零售店选择推广商品时,既可以选择一些敏感的商品,又可以选择一些不太敏感的商品,组成商品组合。这就需要结合季节变化、商品销售排行榜、厂商的配合度、竞争对手的状况等来加以衡量,选择最适合的推广商品。

三、推广的主题

商家在举办推广活动时,往往都会拟定一个推广主题,这样更容易赢得顾客的好感,使顾客了解商家推广的原因。大多数商家将节日作为推广的主题,当然,也可以别出心裁,选择一些其他商家没有使用过的主题,这样更有利于吸引顾客的注意。推广主题往往具有画龙点睛的效果,因此,必须针对整个推广策划内容,拟定具有吸引力的推广主题。

四、促销方式

促销方式有人员促销和非人员促销两种,又可具体分为广告、人员推销、销售促进和公共关系四种促销工具。零售店的促销方式更多,常用的如宣传广告、降价、试吃、举办竞赛活动、猜奖与摸彩、限时采购、折扣、贵宾卡、现场示范、优惠券等。各种促销方式各有优缺点,因而在促销策划过程中,企业要根据产品市场和营销目标,综合各种影响因素,对各种促销工具进行选择、编配和组合运用。影响促销方式选择的因素主要有以下4种。

(1) 促销目标。促销目标在产品生命周期的不同阶段是不同的,这决定了在产品的市场生命周期各阶段要匹配不同的促销组合,采用不同的促销传播工具。以消费品为例,在导入期,促销目标主要是宣传、介绍商品,以使顾客了解、认识商品,产生购买欲望。广告起到了向消费者、中间商宣传、介绍商品的作用,因此,这一阶段以广告为主要促销工具,以公共关系、人员推销和销售促进为辅助促销工具。在成长期,由于产品已打开销路,销量上升,同时也出现了竞争者,这时仍需广告宣传,以增进顾客对本企业产品的购买兴趣,同时还应辅以人员推销进行促销传播,以尽可能扩大销售渠道。在成熟期,竞争者增多,促销活动以增进顾客的购买兴趣为主,各种促销工具按重要程度排列依次是销售促进、广告、人员推销,其中广告的作用在于强调本产品与其他同类产品的细微差别。

(2) 产品因素。对不同性质的产品必须采用不同的促销工具和促销策略。一般来说,进行消费品促销时,因市场范围广,而更多地采用拉动式策略,尤其是以销售促进和广告形式促销居多;进行工业品或生产资料促销时,因购买者购买量大、市场相对集中,则以人员推销为主。

(3) 市场条件。从市场地理范围来看,若促销对象是小规模的本地市场,应以人员推销为主要促销工具;而在全国甚至世界市场进行促销时,则多采用广告形式。从市场类型来看,对于消费者多而分散的消费者市场,多数采用广告等非人员推销形式;而对于用户较少、批量购买、成交额较大的生产者市场,则主要采用人员推销形式。此外,在有竞争者的市场条件下,选择促销工具和制定促销组合策略还应考虑竞争者的促销工具和策略,要有针对性地不断变化自己的促销工具及促销策略。

(4) 促销预算。促销预算的总额及在各类促销工具上的分配,直接影响促销方式的选择。例如,人员推销的成本较高,广告的成本则根据其所选择媒体的不同有高有低。

五、促销预算

促销预算是指企业在计划期内反映有关促销费用的预算。促销支出是一种费用,也是一种投资,促销费用过低,会影响促销效果;促销费用过高,又会影响企业的正常利润。编制促销预算也是促销策划的一个重要内容,常用的方法有如下几种。

(1) 营业额百分比法,是指根据年度营业目标的一定比例来确定促销预算,再按各月营业目标进行分配。该方法简单、明确、易控制,但缺乏弹性,未考虑促销活动的实际需求,可能影响促销效果。

(2) 量入为出法,是指根据零售店的财力来确定促销预算。该方法能确保企业的最低利润水平,不至于因促销费用开支过大而影响利润。但是,由此确定的促销预算可能低于最优预算支出水平,也可能高于最优预算支出水平。

(3) 竞争对等法,是指按竞争对手的大致费用来决定企业自身的促销预算。该方法能借助他人的预算经验,有助于维持本企业的市场份额。但是,所收集的竞争对手的情报未必真实,而且具体预算应因不同企业而异。

(4) 目标任务法,是指根据促销目的和任务确定促销预算。该方法注重促销效果,使预算能在一定程度上满足实际需求。但是,促销费用的确定带有主观性,且促销预算不易控制。应特别注意的是,许多促销的效果具有累积性,必须达到一定的程度才能发挥应有的效果。如果促销费用忽高忽低或发生中断,都会影响促销效果,还可能打击企业内部的士气,甚至引起经销商或零售商的反感。

第二节　广告策划

广告是企业进行产品促销的重要手段之一。有人认为广告与企业的关系犹如蒸汽与火车头。美国历史学家大卫·波特指出:"现在广告的社会影响力可以与具有悠久历史传统的教会及学校相匹敌,广告主宰着促销工具,它在公众标准形成中起着巨大作用。"在商品经济社会中,广告是企业成功的关键。广告在促进产品销售、树立产品形象乃至企业形象方面起着日益重要的作用。

一、广告策划的基本概念

广告是指企业通过付款的形式,取得对企业及其产品和服务项目进行宣传的工具。广告的目的是把各种产品和服务的信息传递到目标市场上去,以增强消费者的了解和信任,增加产品的销售。所谓广告策划,是指在广告环境调查基础上围绕市场目标的实现,制定系统的广告计划谋略、创意表现与实施方案的过程。

广告策划包括策划者、策划依据、策划对象、策划方案和策划效果评估五大核心要素。

广告策划主要有五大特征,即目标性、系统性、变异性、创造性和可行性。此外,还要符合广告本身的几项要求,即真实性、思想性、创造性和吸引性。广告策划的真实性是指在广告策划中要注意实效而不是花哨,必须实事求是,切勿言过其实。同时要注意以下3点:①取信于消费者,彰显诚信;②节省不必要的开支,体现效率;③树立企业形象,反映精神。

广告不仅是促进产品销售的一种经济活动,同时也是传播企业文化及社会意识形态的重要工具。因为企业文化是现代企业管理的先进手段,是反映企业精神面貌、员工状态的一面镜子,所以广告策划要注意表述方法,力求反映企业文化和符合社会精神文明风貌的内容。

此外,广告策划要求有创新意识,能突破常规,力求有创造性。例如,图像设计有美感,语言表达较生动,文字说明简明和幽默等,使整个广告能给人耳目一新、久久难忘的感觉。广告策划还要注重吸引性的策划,即抓住消费者的"眼球"。要做到吸引性,就需要在策划时观察消费者的心理需求,把握市场脉搏及走向。

成功的广告策划大致分3个阶段:调查分析阶段、拟订计划阶段和执行计划阶段。

(1) 调查分析阶段。这是策划者了解环境、确定策略目标的阶段。这一阶段首先要对策划环境进行分析,如对市场状况、消费者需求及产品状况进行调查,分析、研究所取得的资料,只有这样才能制定出有针对性的广告战略。

(2) 拟订计划阶段。这是策划者运用创造性思维产生构思的阶段。这一阶段首先应围绕目标与任务,结合环境因素确立整体广告战略;其次应确立广告目标,并确定广告中的具体策略,这样广告策划的构思就清晰、完整,具有现实的可行性;最后形成广告策划书。

(3) 执行计划阶段。这是策划者落实和执行计划的阶段,在此阶段也需要对广告的效果进行评估和控制。

二、广告策划的基本内容

广告策划是企业在广告活动中为取得更大的效果而运用的手段和方法,包括广告的创意策划、广告的市场策划、广告的产品策划、广告的心理策划、广告的媒体策划及广告的实施策划等内容。

(1) 广告的创意策划。广告的创意策划,即广告构思,是指根据确定的广告主题进行的整体构思活动。广告的创意策划,首先要确定广告主题,然后提出别具一格、耳目一新的构想。这是一个创造性的思维活动,是科学和艺术相结合的产物,是广告的思想灵魂。广告策划中最富意义和挑战性的内容就是广告创意的策划。

(2) 广告的市场策划。广告是市场的产物,离开了市场活动,广告也就毫无存在意义。因此,广告的市场策划在整个广告策划中具有较为重要的地位。广告的市场策划首先要确定企业具体服务的对象,其次是分析目标市场消费者的基本特征,然后制定切实可行的目标市场策略,如无差异市场广告策略、差异市场广告策略和集中市场广告策略。

(3) 广告的产品策划。广告的最终目的是促进产品的销售。消费者对产品的需求，不仅是对产品的物质实体的占有，更重要的是希望得到某种需要的满足。因此，广告产品策划不仅是促销组合战术的重要内容，也是市场营销策划战略的重要步骤。广告产品策划包括广告产品定位、产品生命周期、产品包装、产品商标等的策划。

(4) 广告的心理策划。广告是说服大众购买商品或劳务的沟通和对话活动，符合消费者心理的沟通，满足消费者消费心理的"劝说"，也是广告策划的一个重要内容。广告心理策划会在很大程度上影响消费者的消费行为。

(5) 广告的媒体策划。媒体与广告是一对不能分开的孪生兄弟。在信息时代，想要躲开媒体似乎是不可能的事。在进行广告媒体策划时，要了解各媒体的特点和功效，并进行合理的选择及有效的组合，从而实现用最低的广告成本达到最优的促销效果。

(6) 广告的实施策划。任何广告不能停留在概念中、计划上，最终的实施是最为重要的。由于广告会受时间、区域等众多因素的影响，因而广告实施策划就显得格外重要。广告实施策划不仅要把握人、财、物的合理利用，也要把握合适的时间、区域及诉讼主体，最终使广告策划的效果在宣传上、销售上、时效上、经济上及社会效果上都达到满意的结果。

第三节　公共关系策划

公共关系是指企业或组织为改善与社会公众的关系，促进公众对企业的认可、理解与支持，达到树立企业良好形象、实现企业与公众共同利益与目标的有计划的行动。在现实经济活动中，任何一个企业都不可避免地要与社会各界发生各种各样的交往，并受这些关系的制约，如与政府机构、金融机构、司法机关、社会团体、新闻媒体、当地公众、经销商、代理商、消费者、股东、内部职工的关系等。企业要在复杂的社会环境中求得生存和发展，就必须采取有计划的行动策略，处理好这些关系，树立策划良好的社会形象，以赢得社会公众的理解、好感和喜爱，创建最佳的社会关系环境。公共关系策划是企业促销策划的重要组成部分。

一、公共关系的目标

公共关系作为一种促销手段，在企业发展的不同时期具有不同的目标，具体包括以下几个方面。

(1) 树立企业形象。公共关系活动可以帮助企业建立良好的内部和外部形象，使员工具有良好的精神面貌，形成较强的凝聚力和向心力，还可以帮助企业对外传播信息，让公众认识自己、了解自己，赢得公众的理解、信任、合作与支持。

(2) 建立信息网络。公共关系活动是企业收集信息、实现反馈以做出正确决策的重要渠道。由于外部环境在不断发展，企业如果不及时掌握市场信息就会丧失优势，公共关系策划可以使企业及时收集信息，对环境的变化保持高度的敏感性，为企业决策提供可靠的依据。

(3) 处理公众关系。在现代社会环境中，企业不是孤立存在的，不可能离开社会去实现企业的经营目标。公共关系活动正是维持和协调企业与公众的关系的最有效手段之一。企业与公众的关系主要有3个方面：一是领导者与企业员工之间的关系；二是企业内部各职能部门之间的关系；三是企业与外界公众的关系。

(4) 消除公众误解。任何企业在发展过程中都有可能出现某些失误，如果处理不好，就可能满盘皆输。因此，企业平时要有应急准备，一旦与公众发生纠纷，要尽快了解事实真相，及时做好调解工作。通常情况下，公共关系活动可起到缓冲作用，使矛盾在激化之前及时得到缓解。

(5) 分析预测。企业应及时分析、监测社会环境的变化，其中包括政策、法令的变化，社会舆论、公众志趣、自然环境、市场动态等的变化。公共关系活动能够反映有重大影响的近期或远期发展趋势，预测企业重大行动计划可能遇到的社会反应等。

(6) 促进产品销售。公共关系活动以自然、随和的方式向公众介绍新产品、新服务，既可以增强公众的购买或消费欲望，又能为企业和产品树立良好的形象。

二、公共关系策划的类型

根据公共关系的目标和形式差异，可将其分为以下类型。

(1) 宣传性公共关系策划，是指企业运用各种传媒及沟通方法向公众传递相关信息，使公众了解企业的文化、产品特色、经营方针等，从而对内增强凝聚力，对外扩大影响、提高美誉度。宣传性公共关系策划常用的方式有公共宣传、新闻发布会、周年纪念、开业庆典、形象广告、企业年度报告、业务通信、杂志、宣传图册、影视制品等。

(2) 交际性公共关系策划，是指企业公关人员运用各种交际方法和沟通艺术，通过各种社会交往活动，建立广泛的横向联系，搜集各方意见并迅速反应，为企业创造"人和"的环境。交际性公共关系策划的具体方式有座谈会、联谊会、宴会、春节团拜、信函往来等。

(3) 服务性公共关系策划，是指企业通过为社会公众提供实际服务来吸引公众，争取合作。服务性公共关系策划活动的特点是以实际的服务行为给公众留下深刻的印象，如各种消费指导、消费培训、咨询服务等。

(4) 公益性公共关系策划，是指企业注重社会效益，展现其关心社会、关爱他人的一些活动，常见的活动形式有向慈善机构捐献、资助公共设施建设、捐资希望工程、参与再就业创造工程、赞助文体赛事等。公益性公共关系策划活动的特点是社会参与面广，与公众接触面大，社会影响力强，有利于提高企业知名度，但投资费用也较高。

(5) 征询性公共关系策划，是指企业运用社会调查、民意测验等方式收集信息，建立与消费者的联系，为企业决策提供服务。征询性公共关系策划活动的形式有民意测验、出访重点客户、开展信息征集活动、设立热线电话等。

三、公共关系的策划技巧

公共关系是以能产生强烈新闻效应的公共关系活动来扩大产品的影响。由于公共关系不像广告，不能以付酬的方式来左右新闻媒介，只有设法提高公共关系活动的新闻价值，才能吸引新闻媒介的注意使其主动进行报道，因此，必须通过精心的组织与策划来实现这一目的。公共关系的策划是一门艺术，需要有特定的技巧和手法。

(1) 抓住舆论中心。舆论中心就是在某一特定的时期内，广大公众所关注的社会热点问题，政治变革、经济波动、战争灾难、社会事件、奇闻轶事、体育比赛等都可能成为社会关注的舆论中心。由于舆论中心是公众目光集聚的焦点，如果企业能通过公共关系活动将其促销活动同社会舆论中心联系起来，马上就能使该促销活动产生强大的社会效应。

(2) 产生独特的创意。促销宣传活动能否产生巨大的效应，还在于它是否具有独特的创意。有时整个促销策划的成功可能就在于其中有一两个特别能使人感到意外的"兴奋点"，给人以意料之外、情理之中的感觉，从而产生强大的艺术感染力。例如，广告语"今年二十，明年十八"看似荒谬，仔细想来却耐人寻味，其巧妙地点出了化妆品能使人显得更加年轻这一主题，而形式上却给人出乎意料的感觉，从而使这句广告语很快在社会上得以流传。

(3) 吸引受众参与。一些成功的促销活动往往能使消费者本身加入到活动中来，一方面使参与者获得直接的感受，加深对企业及产品的印象；另一方面使广大社会公众感到更为亲切、可信，从而使促销的效果更为明显。

(4) 提供附加利益。不少企业会以折价让利、有奖销售、无偿服务等手法来吸引目标市场，扩大产品销量，然而，要在提供附加利益的方法上真正产生影响并不容易，也需要进行认真的策划。例如，在竞争激烈的市场形势下，某油烟机品牌承诺永久免费清洗，在服务上下功夫，吸引了大量消费者，树立起口碑，很快成为畅销产品。

四、危机公关

企业在经营活动中不可避免地会遇到来自外部或内部的危机事件。当出现危机时，企业应沉着、冷静，迅速采取措施在最短的事件内将事件控制在最小的范围内，遏制危机的发展、蔓延。危机公关是指由于企业的管理不善、同行竞争甚至遭遇恶意破坏，或者受外界特殊事件的影响，而给企业或品牌带来危机，企业针对危机所采取的一系列自救行动，以消除影响、恢复形象等。

危机公关得当与否对于维护良好的企业形象至关重要，关系到企业能否在激烈的市场竞争中生存、发展、壮大。因此，企业在处理可能影响到新闻媒体、社会大众、消费大众等改变企业形象的事情时，一定要站在公共关系大局的角度来衡量得失，决不能以一时的利益来衡量，而应优先考虑消费者的利益得失及这个问题对于公共关系的重要性，创造妥善处理危机的良好氛围，积极、主动地弥补消费者的实际利益和心理利益，建立关心和维护消费者权益的积极形象，重塑消费者对企业的信心，争取社会公众的理解。所以，危机公关应既要着眼于当前企业危机事件本身的处理，又要立足于企业形象的维护和塑造。

危机的发生常常源于媒体、受众对事实的误解和企业的不透明。企业无论犯错与否，都需要一个正确的心态，增加透明度，向公众做坦诚的解释。危机发生时，企业对媒体及公众的态度要沉着、冷静，同时企业应该注意以下两点。

(1) 表达对媒体的尊重，第一时间主动与媒体进行直接的、面对面的沟通。媒体是舆论的传播者，要想影响受众，必先争取传播者的理解。真诚的姿态更容易使媒体感觉到受尊重，沟通也会更加有效。

(2) 坦诚地对待公众，向公众传达的信息必须准确、清晰，争取公众的理解。

第四节　知识营销

知识营销是指向大众传播新的科学技术及其对人们生活的影响，通过科普宣传，让消费者不仅知其然，而且知其所以然，重新建立新的产品概念，进而使消费者萌发对新产品的需要，达到拓宽市场的目的。随着知识经济时代的到来，知识成为发展经济的资本，知识的积累和创新成为促进经济增长的主要动力源。作为一个创业企业，在进行科研开发的同时，要进行知识的推广，使一项新产品上市的市场风险降到最小。

例如，比尔·盖茨"先教电脑，再卖电脑"的做法是典型的知识营销的策划。他斥资2亿美元，成立盖茨图书馆基金会，为全球一些低收入的地区图书馆配备最先进的电脑，又捐赠软件让公众接受电脑知识。

又如，某生物科技公司开展科普活动，通过在社区举办科普讲座、向市民赠送生物科学书籍、举办科普知识竞赛等，提高市民的科学健康理念，引发人们对生物科技产品的需求，达到其他任何形式的产品营销所达不到的效果，使微生态试剂市场从零发展到近百亿元，创造了广阔的市场。

一、知识营销的内涵

知识营销作为一种新型的营销观念和管理观念，它的产生是知识经济迅速发展的产物。企业的营销能否具有实效，关键看其能否给消费者带来新的利益和好处。这些好处不仅体现在促销期间的价格上，还应该带给消费者精神上的享受、生活上的充实、知识上的提高。当企业不时以价格战为武器，在恶性竞争中难以自拔时，立意求异、求新、双赢的营销方式，即知识营销浮出水面。

知识经济的兴起表明人类社会的经济活动正逐步摆脱资源的约束，从而在根本上实现可持续发展，同时也预示着国家之间的竞争是科学技术的竞争，是信息资源的开发竞争，是知识与人才的竞争。知识经济给企业带来的不仅是科技革命和知识革命，更重要的是一场管理的革命。知识营销作为一种新型的营销观念和管理观念，它的产生是知识经济迅速发展的产物。随着产品科技含量的增加、信息量的丰富、功能的增多，产品的使用也日趋复杂，同一种产品往往有多种功能，同一产品因不同的使用方法会产生不同的功效。消费者因接触信息渠道的不同或侧重点的不同，往往会造成对某一知识的无知或知之不多，也不可能具备足够的各科知识来满足识别的需要，于是他们便渴望在接触商品和购买商品时能有一种快捷、有效、方便的途径，去熟悉和掌握商品的性能、功能、使用方法、选购方法、保存方式与保养方式等，这样知识营销便应运而生了。知识营销的内涵包括以下几点。

(1) 知识营销中的生产是知识密集型生产，以高新技术支持为主，而且技术呈现超前性和不确定性，其生产过程就是技术转化和知识吸收的过程。知识营销强调企业产品的知识、文化含量。企业将自己的文化理念、精神和价值观通过知识营销的方式灌输给消费者，达到文化认同的效果，而企业的产品则是企业文化的载体。

(2) 知识营销是以先创造需求并满足需求为市场导向的。企业在营销过程中先开发新技术、新产品，通过知识培训等手段教育消费者，提高或改变其需求水平和层次，进而使其接受新产品。新产品虽然技术复杂，但强调生产者与消费者在技术和知识上的对接，使消费者在使用新产品时更容易操作。

(3) 知识营销要求销售人员具有一定水准的专业知识，了解与企业产品相关的科普知识，担当向消费者传播科普知识的重任。知识经济时代，产品的科技含量和知识密集程度不断提高，而对于非专业型的普通消费者来说，产品蕴含的知识与消费者所掌握的知识存在很大的差异，因而要求销售人员了解自己的产品和相关知识，做好向消费者推介的工作，增加对该产品的需求。

(4) 知识营销注重无形资产投资，不断创造新的需求市场，把高知识含量的产品与知识化营销方式结合起来，增加产品的附加值，扩大产品的销售。以知识推动营销，还可以培育、创造新的市场，通过知识、信息的刺激，促使潜在的市场变成现实。企业在生产、销售、再生产的良性循环中，通过无形资产的投资，加快科研开发、生产、工艺流程的设计，使研究、开发、应用、销售等各个环节紧密衔接，企业在销售产品与服务的同时，还向消费者输送了一种文化、理念或生活方式。

知识营销还注重先进科学技术的应用与消费者审美文化的同步，销售产品与社会公益、可持续发展的结合，从而使知识营销的应用程度和范围更加广泛与深入。

二、知识营销的内容

广义来说，知识营销的内容包括以下3部分。

(一) 学习营销

学习营销是一种以学习为主要手段的高层次创新营销方式。从行为学的观点来看，学习被定义为一种与外在刺激条件相关的、随着时间而发生的行为改变。我们每个人、每一天都在学习，都在接受新的信息，并对这些信息反馈进行加工和处理，用于指导、改变自己未来的行为，发生改变的行为就是学习的结果。因此，可以说，学习是一个行为改变的过程，是一个在外界刺激作用下行为发生改变的过程。确切地说，所谓学习营销，是指企业围绕产品或服务的销售，以知识学习为主要手段所开展的一系列营销活动，即企业通过加强对企业内部有关人员特别是营销人员的教育和培训，采取多种方式，向社会和广大消费者传播与产品消费有关的知识及技能，让消费者不仅从直接的商品消费中享受到一定的使用价值，而且还可以从企业那里学习到相关的知识文化，使消费者的需求得到最大限度的满足，从而最终达到企业的营销目的。企业的学习营销贯穿企业全方位、全过程的营销活动中，即进行全过程的学习营销和全员性的学习营销。企业面对的不仅是现实的消费者，还有大量的潜在消费者。企业要想有好的发展，不仅要重视对企业现实消费者的知识学习需求的满足，还要高度重视潜在消费者的学习需求。因此，

创业营销理论与实务

企业要向社会和公众传播消费知识；同时，也要向社会和公众学习，向他们征求意见、搜集信息，以指导企业的下一步营销工作。

知识经济时代的到来意味着我们正在进入"学习社会"，在这样的社会里，人们必须"活到老，学到老"，相应地，营销也不可避免地成为学习营销。学习营销主要包括两方面的内容：一是企业向消费者和社会宣传自己的产品和服务，推广、普及新技术，对消费者进行传道、授业、解惑，实现知识信息的共享，消除顾客的消费障碍，从而取得较好的营销效果。二是企业向消费者、同行和社会学习。企业在营销过程中需要不断地向客户和其他伙伴学习，发现自己的不足，吸取好的经验和方法，补充和完善自己的营销管理制度。学习营销的学习是双向的，创业者和消费者需要互相学习，互相完善，取长补短，最终达到整体的和谐。

(二) 网络营销

网络营销是知识经济和网络技术相结合的产物，它是利用互联网进行的营销，通过在互联网上建立虚拟商店和虚拟社区来实现。虚拟商店不同于传统的商店，不需要店面、货架、服务人员，只要有一个互联网网址，就可以面向全世界进行营销活动。相比传统商店而言，它具有成本低廉、无存货样品，可 7×24 小时全天候服务和无国界、无区域界线等优点，拉近了企业和消费者的距离。另外，在互联网上还可同步进行广告促销、市场调查和收集信息等活动。

首先，网络上新增的商业机会强化了企业网上贸易的使用频率和程度；其次，最近几年，宽带接入流行于中国各大城市的新建小区，给网络营销的发展提供了新的空间；最后，经济环境、社会环境和政治环境的变幻无常为网络营销的发展提供了条件，在此情况下，更多的人开始关注电子商务这一新的交易模式。事实上，网络营销所带来的方便和实惠已经让众多网站与商家受益。

(三) 绿色营销

随着人们生活水平和自身素质的不断提高，传统意义上的商品和服务已不能满足人们的消费需要，而健康化、自然化的绿色产品正逐渐成为消费的新宠，消费中的环保、生态、节能和可持续发展的理念日益增强，这使得企业营销不得不特别重视绿色概念，开发绿色产品，即从生产到使用、回收、处置的整个过程都要做到对生态环境无害，符合特定的环保要求，同时在营销策略上注重"绿色情结"，重视"绿色包装"，提供"绿色服务"，只有这样才会得到社会的肯定和顾客的信任，企业营销才能取得成功。另外，企业应积极争取得到 ISO 14000 认证和环保认证，取得 21 世纪营销的合格证。

三、知识营销的策划方法

拓展阅读10-1

格兰仕的菜谱

知识营销始终贯穿格兰仕市场营销的过程之中，格兰仕原来是一家羽绒制品公司。后来，在微波炉产品的导入期，公司在媒体开设专栏，采用教育引导方式，介绍微波炉知识、菜谱等，塑造企业形象，用知识和文化培育市场。在家电行业大打广告战的时候，格兰仕却以其别具一格的知识营销和成本领先战略吸引了消费者的目光。

从我国近几年的市场状况来看，很多企业在同质化的功能方面盲目投资、盲目生产，致使很多产品供过于求。于是，企业只好在价格上厮杀，去抢夺市场，结果造成资源浪费。在科技快速发展的今天，市场竞争主要是非价格的技术创新竞争。实践证明，技术创新是企业产品生命力的保证。所以企业开展知识营销，首先表现在生产阶段的不断创新，要用高新技术改造传统产业，提高企业产品的知识含量，使产品难以被别人仿冒，并以独特的产品优势占领市场。创业者知识营销主要包括以下几种策划方法。

(1) 以知识密集型生产作为知识营销的前提。经济发展的趋势表明，自然资源和劳动力资源在产品中所占的比重越来越低，产品的主要含量是科技。因而，衡量产品价值的标准产生了变化，即由传统的以物质为基础转为以知识含量为基础。企业为了更好地满足目标市场的需要，有效地占领市场，要把科技知识作为培养和塑造品牌的重要手段。

(2) 用知识推动营销、创造需求，并以满足需求为市场导向。知识经济时代，技术发展变化快，产品生命周期缩短，消费者萌发的消费需求常常滞后于新产品推出的速度。人的知识增长速度特别对高新技术产品的认识水平，远没有技术发展那么迅速，消费者对高新技术产品认识的滞后性成为企业营销的一大障碍。而且随着产品科技含量的增加、信息量的丰富、功能的增多与日臻完善，产品的使用也日趋复杂，同一种产品有多种功能，但因人们接触信息渠道的不同或侧重点不同，往往会造成对某知识的无知或知之不多，消费者也不可能具备足够的各科知识来满足和识别自己的需求。于是他们便渴望在接触商品或购买商品时能有一种快捷、有效、方便的途径，去熟悉和掌握商品的性能、功能、使用方法、选购方法、保存方式与保养方式等。这样，企业应一边搞研究与开发，一边抓知识推广，坚持以知识营销为先导，建立一整套与发展知识经济相适应的科研生产和营销体系，尤其要重视高新技术产品的科普宣传工作，通过深入浅出的知识普及，加深消费者对高新技术产品的了解，正确掌握其使用方法，以激发消费需求，从而为高新技术产品的销售创造广阔的市场空间。例如，微软公司为低收入地区图书馆配备电脑、培训人员、捐赠软件，不惜耗费巨资，这种行为正是体现了"先激发需要，再销售产品"的知识营销观念。

(3) 增加营销活动的知识含量，注重与消费者形成共鸣价值观。知识经济时代，知识成为一种重要的消费资料，为顾客提供满意的商品和服务是企业的目标，也是其生存和发展的关键。企业在推销产品的同时，要向社会传播与产品有关的知识和技能，让公众不仅从直接的购物中获益，还能从企业那里得到文化、知识等的熏陶。例如，"一杯牛奶，强壮一个民族"植入的是人们对美好未来和健康生活的向往，用来引导和培育市场。

随着经济的发展和人民生活水平的提高，消费者购买商品时已不仅仅考虑其使用价值，而是更关注它所带来的观念价值，即日益注重商品与服务背后的文化内涵，购买的是与之有共鸣的价值取向。在知识经济时代，企业在销售商品的同时应更注重商品或者服务背后的文化内涵，注意与消费者的价值取向形成共识。

（4）注重与消费者建立结构层次上的营销关系，使消费者成为自己产品的忠实顾客。结构层次上的营销关系，即产品与顾客之间在技术结构、知识结构、习惯结构上建立起稳固的关系，从而使顾客成为企业产品的长期而忠实的顾客。随着产品技术含量的不断提高，建立这种结构关系将变得更为重要。例如，小米手机的深度用户参与模式，由用户参与手机的设计、营销全过程，赢得忠诚的"米粉"。

（5）加强营销队伍建设，使营销更适合技术含量高、智能化和个性化要求高的产品。在知识经济时代，企业必须用知识赢得顾客，首先要让顾客了解并懂得如何使用产品，以及使用产品后能带来的好处，才能激发顾客的购买欲望，从而扩大销售。同时，营销策略要针对不同类型的顾客进行特定设计，使产品或服务适应顾客的消费特点、文化品位和价值观念。要做到这些，必须加强营销队伍建设，提高营销人员素质，知识营销人员的知识和能力水平以及对知识的利用能力从根本上决定了知识营销的成败。营销人员存在的价值不再只是推销产品和服务，而是充当咨询顾问，不再是单纯向顾客推销产品，而应成为消费者购买的参谋。因此，知识营销人员必须树立一种不断学习、勇于探索和创新的勇气和信心，要适应信息化社会千变万化的需求，使自己的知识面广且眼光独到，了解市场的发展趋势，对技术创新带来的营销观念、营销策略有一定程度的认识，还要将自己培养成为洞悉消费者行为、熟悉业务分析的专家。

拓展阅读10-2

《汉秀》为什么不成功？
——创新营销分析

大投资是旅游演艺行业当前的特点之一，但盲目求大的投资、缺乏亮点的演出，而且无法获得大规模的收入，导致难以收回成本。武汉中央文化区是万达集团投资500亿元打造的文化旅游项目，总规划区域约1.8平方千米，总建筑面积约340万平方米，万达期望通过在全国大中城市建设同等规模的"万达城"，大力发展文化旅游产业，成为超越迪士尼的世界第一。

万达在文化旅游产业依靠高效率、大规模、流水线式的作业取得了巨大的成功，而同样的模式未必适用于以体验当地文化为卖点的旅游演艺产业。《汉秀》是万达集团历时5年、斥资逾30亿元打造，号称"超越目前世界所有演艺水平的舞台节目""世界第一舞台秀"的剧场旅游演出，2014年12月20日起在武汉正式上演，演出门票最初定价从100多元至2000多元，均价500元左右。万达计划演出开幕半年后涨价50%，以年演出400场吸引百万名观众，获得10多亿元的年收入。然而，目前《汉秀》上座率不足七成，每天仅演出一场，周末及节假日增加一场演出，门票不但未涨价反而常常减价出售，靠演出门票收回成本遥遥无期。《汉秀》大场面的演出和高水平的表演，需要长期投入大量的资金，目前年演出约240场，年观众量约40万，年收入2.44亿元，不足以维持运营和收回投资，需要万达不断"输血"。

旅游演艺带有明显的地域文化色彩，是将文化资源转化为文化资本的新型旅游产品，在很大程度上以中国丰富的传统文化为依托。在我国目前大力提倡创造性传承和创新性发展传统文化的背景下，旅游演艺凭借活化传统文化的特点，成为"两创"传承和发展传统文化的新载体。能够深刻、真实地展现传统文化特色，决定了旅游演出是否具有文化内核与资本转换潜力。

作为世界文明古国，中华优秀传统文化是重要的文化资本，旅游演艺这种新形式的旅游体验产品就是传播传统文化的有效途径。而要打造一场符合当代人审美、以传统文化为核心的演出绝非易事，既需要广泛、深入地挖掘优秀传统文化，又需要以现代化的、艺术的手段合理地将其再现。《汉秀》的发展与预期相差很大，算是"不太成功"的旅游演艺产品。《汉秀》并非旅游演艺界的特例，资本主导、技术崇拜、文化失语是我国旅游演艺业较为普遍的现象，过度商业化和缺乏文化内涵是文化旅游的通病。为了实现我国旅游演艺的可持续健康发展，为了更好地传播优秀的传统文化，不仅需要企业自身进行反思和改进，也需要政府制定相关政策，限制资本过度进入文化旅游产业市场，造成"文化圈地"等不良现象。政府需要建立完善的法制及监督体系，使旅游演艺更加规范化，更需要培养一批优秀的行业人才，深入挖掘当地文化资源，将外国经验模式本土化，激活区域文化资本，提升我国旅游演艺市场的整体水平。

文化是旅游演艺的灵魂，国际化与本土化融合是方法，以观众、市场为中心，不断创新是关键。无论是以山水风景为卖点的实景演出，还是结合主题乐园发展的旅游演出，其根本都是文化旅游，其依托的都是当地的历史文化特色，只有更精彩、更丰富地表现故事，立足于地方文化特色才能够吸引众多国内外游客。

只有认真分析市场，深入挖掘文化内涵，充分利用文化资源，才能制作出文化旅游的精品。创新不仅体现在对演出内容的精益求精、不断改进，也体现在旅游演艺商业运作模式的创新。依托城市文化资源、景区、主题公园，旅游演艺作为文化旅游产业链上的核心环节需要的并不是庞大的投资规模和世界级的大场面，而是以创新的方式满足观众不断发展的文化需求，与博物馆、餐饮、节庆、综艺、影视等开展多元化的合作，将产业链不断延伸，才能创造新的竞争力，推动旅游演艺业的发展。

(资料来源：肖波，钱珊. 旅游演艺业的技术崇拜与文化失语——以武汉《汉秀》为例[J]. 同济大学学报(社会科学版)，2018，135(01): 45-54.)

第五节　关系营销

关系营销是企业面对新形势而主动与供应商、消费者、各级政府部门和相关社会团体建立广泛的战略关系的行为，它通过互利交换及共同履行诺言，使各个相关主体实现各自的利益。这种因关系而带来利益的行为必须满足一定的条件才能生效，这也是实施关系营销策划的前提条件。一般来说，创业者实施关系营销应具备以下条件。

(1) 有一定的经济活力。缺乏经济活力、势单力薄、盲目发展的创业者无法实施关系营销，只有那些着眼于全球大市场，不计较一时一地得失的企业才能有动力和强烈的需要实施关系营销。是否实施关系营销不是取决于企业规模的大小，而是取决于企业的活力，因此，创业者可以广泛寻求战略合作关系。

(2) 恪守商业信誉。关系营销的关键在于履约。关系营销的"关系"不是逻辑学上的对立、相斥、相背或相关、相容、相交的关系，而是指企业之间或企业与社会团体、政府部门之间的战略性伙伴关系，维护这一关系不是靠赤裸的金钱而是靠企业的诚信，即对有关单位的尊重与承诺，以便交往双方实现各自的愿望，达到各自的目的。

(3) 有明确的战略规划。关系营销不是权宜之计，不是企业求得一时生存的市场运作手段。企业只有确立并制定明确的发展战略和市场拓展战略，才能真正实施关系营销。从市场营销理论与实践发展的历史进程来看，关系营销的出现无疑是一种进步，是对传统营销理论的革命。但是，当企业的发展态势和营销理念尚未具备引入关系营销的条件时，不要贸然实施关系营销，因此，企业必须逐步渐进式推进这一过程。关系营销把营销活动看成一个企业与顾客即消费者、供应商、经销商、竞争者、政府机构、社区及其他公众发生互动作用的过程，其核心是建立并发展与这些公众的良好关系。在这一过程中，营销人员对顾客所做的分析、判断、构思、设计、安排、部署等便是关系营销策划。关系营销策划的实质是，把顾客看作有多重利益关系、多重需求、存在潜在价值的人。企业始终关注顾客目前与将来的需要，让顾客永远成为企业的客户、朋友与合作伙伴。

一、关系营销策划中市场关系的处理

任何一个企业都不可能独自解决自己生产所需的所有资源。在现实的资源交换过程中，资源的构成是多方面的，至少包含人、财、物、技术、信息等。关系营销策划中，市场关系包括以下几方面。

(1) 供应商市场。与供应商的关系决定了企业所能获得的资源数量、质量及获得的速度。生产一辆汽车需要 8000~10 000 个零配件，任何一个企业都不可能单独生产全部的零部件，必须通过外部供应商进行专业分工协作。生产企业必须和供应商结成合作网络，进行必要的资源交换，通过与供应商的合作节约生产成本。另外，公司在市场上的声誉的一部分也来自与供应商所形成的关系。

(2) 内部市场。内部营销来源于这样一个观念，即把员工看作企业的内部顾客。任何一家企业，要想让外部顾客满意，首先得让内部员工满意。只有工作满意的员工，才可能以更高的效率为外部顾客提供更加优质的服务，并最终让外部顾客感到满意。内部市场不仅是企业内营销部门的营销人员和直接为外部顾客提供服务的服务人员，也包括所有的企业员工，因为在生产过程中，任何一个环节的低效率或低质量都会影响最终的顾客体验。

(3) 竞争者市场。在竞争者市场中，企业营销活动的主要目的之一是争取与那些拥有互补性资源的竞争者的协作，实现知识的转移、资源的共享和两者的有效利用。例如，在一些技术密集型产业，越来越多的企业与其竞争者进行了研究与开发的合作，这种方式的战略联盟可以分担巨额的产品开发费用和风险。种种迹象表明，现代竞争已发展为协作竞争，在竞争中实现双赢才是最理想的战略选择。

(4) 分销商市场。零售商和批发商的支持对产品的成功至关重要。IBM 公司曾经花费 1 亿美元为新产品做广告，结果还是以失败告终，原因在于作为第三方的供应商和零售商反对该产品。IBM 公司投入了大量的资源去争取顾客，而忽略了零售商和经销商等对产品的销售支持，没有与关键的个人或组织建立积极的关系。

(5) 顾客市场。顾客是企业生存和发展的基础，市场竞争的实质是对顾客的争夺。企业在争取新顾客的同时，还必须重视留住老顾客，培育和发展顾客忠诚。研究表明，争取一位新顾客所需的费用往往是留住一位老顾客所需费用的 6 倍。企业可以通过数据库营销、发展会员关系等多种形式，更好地满足顾客需求，增强顾客信任，巩固双方关系。

(6) 影响者市场。金融机构、新闻媒体、政府、社区，以及诸如消费者权益保护组织、环保组织等各种各样的社会团体，对于企业的生存和发展都会产生重要的影响。因此，企业有必要把它们作为一个市场来对待，并制定以公共关系为主要手段的营销策略。

二、关系营销策划的原则

开展关系营销策划要遵循的主要原则如下。

(1) 主动沟通原则。在关系营销中，各主体都应主动与其他关系方接触和联系，相互沟通信息，为关系方服务，为关系方解决困难及问题。关系营销强调社会组织通过恰当的媒体、与公众进行协调沟通，建立和谐、稳定、融洽的关系。

(2) 互相信任原则。在关系营销中，各关系方相互之间都应做出一系列书面或口头的承诺，并以自己的行为履行诺言，以此赢得关系方的信任。

(3) 互惠原则。在关系营销中，通过营销企业与关系方的交往，双方必须得到相应的经济利益。因为各营销关系方通常都是经济利益的主体，在市场上地位平等，依据经济规律，在公开、公正、公平的条件下进行等价交换，有偿让渡，使各关系方都能得到实惠。

三、关系营销策划的主要内容

关系营销策划是与关键顾客建立长期的、令人满意的业务关系的方案，最重要的是设计与顾客建立良好业务关系的方式。

(1) 建立顾客关系管理机构，选派业务能力强的人任该部门经理，下设若干关系主管。经理负责确定关系主管的职责、工作内容、行为规范和评价标准，考核工作绩效。关系主管负责一个或若干个主要客户，是客户所有信息的集中点，是协调公司各部门、做好顾客服务的沟通者。关系主管要经过专业训练，具有专业水准，对客户负责，其职责是制订长期和年度的客户关系营销计划，制定沟通策略，定期提交报告，落实公司向客户提供的各项利益，处理可能发生的问题，维持与客户的良好的业务关系。建立高效的管理机构是关系营销策划取得成效的组织保证。

(2) 建立顾客个人联系方式。关系营销主管应与顾客密切交流，增进友谊，如经常邀请客户参加各种娱乐活动，使双方关系逐步密切，记住主要客户及其家人的生日，并在生日当天赠送鲜花或礼品以示祝贺。

(3) 顾客化营销。顾客化营销也称定制营销，是根据每个顾客的不同需求制造产品并开展相应的营销活动，其优越性是通过提供特色产品、优异质量和超值服务满足顾客需求，提高顾客忠诚度。例如某服装店采用高新技术为顾客定制服装，由电子测量仪量体，电脑显示顾客穿上不同颜色、不同风格服装的形象并将顾客选定的款式传送到生产车间，用激光仪控制裁剪和缝制。企业要高度重视科学研究、技术发展、设备更新和产品开发，要建立完善的顾客购物档案，加强与顾客的联系，合理设置售后服务网点，提高服务质量。

（4）顾客数据库营销。数据库营销是指建立、维持和使用顾客数据库以进行交流与交易的过程。数据库营销应有极强的针对性，是借助先进技术实现的一对一营销，可看作顾客化营销的特殊形式。数据库中的数据包括以下几个方面：现实顾客和潜在顾客的一般信息，如姓名、地址、电话、传真、电子邮件、个性特点和一般行为方式；交易信息，如订单、退货、投诉、服务咨询等；促销信息，即企业开展了哪些活动，做了哪些事，回答了哪些问题，最终效果如何；产品信息，如顾客购买何种产品，购买频率和购买量如何。数据库维护是数据库营销的关键要素，必须经常检查数据库的有效性并及时更新，如一些电器公司通过数据库营销建设成资料详尽的数据库，可以清楚地知道哪些用户应该更换电器，并时常赠送一些礼品以吸引他们继续购买公司的产品。

第六节　社交网络对创业企业的影响力与作用

社交网络发展到现在已经成为我们生活中的重要组成部分，它已经覆盖人们日常生活的方方面面：改变人们工作的方式，如通过社交网络传播品牌、与客户沟通；改变人们交友的范围——通过虚拟世界与"朋友的朋友""朋友的朋友的朋友"交友，形成泛关系链；改变人们休闲娱乐的方式、作息时间和生活工作的节奏；改变人们寻找和分享信息的方式与相互交往的手段。毋庸置疑，人们的生活与工作已经进入了社交网络时代。

社交网络的影响力正在以惊人的速度扩张着，它已经也正在波及个人、公司、政府以及其他团体的行为。Facebook的创始人马克·扎克伯格说过："人们分享得越多，他们就能够通过自己信赖的人，获得更多关于产品和服务的信息。他们能够更加轻松地找到最佳产品，并提高生活品质和效率。在这一过程中，企业获得的益处是他们能够制造更好的产品，即以人为本的个性化产品。与传统商品相比，那些基于社交关系、社交图谱、社交圈推广的产品更富有吸引力。"

一、社交网络对个体的价值

从社交网络给人自由的角度来看，社交网络对公民个人最大的改变就是增加了人的自由度，包括个人获取信息的自由度、交流信息的自由度和采取联合行动的自由度。社交网络与传统媒体的区别在于：对于普通公众而言，传统媒体只能传播知识、信息和观点，但是社交网络却能为普通人提供创造知识、观点并且进行互动交流的平台，使公众作为参与者而不仅是接受者参与到社会活动中。

从社交网络对于个体的价值来看，主要体现在联系价值和内容价值上。

1. 联系价值

在社交网络上，用户可以发现、联系其他用户，而且用户越多，其可联系的范围越广，因而给每位用户带去的价值也就越多。Skype、WhatsApp就是两个比较好的例子，使用这类通信工具的联系人、好友多了之后,使用的人便会越来越多,人们也就越来越离不开。具有联系价值就具有社会资本。

经济学里的社会资本有特定的含义,区别于物资资本与人力资本,是无形资本,表现为人际关系。哈佛大学政治学教授帕特南(Robert Putnam)首先引进这一概念,将社会资本定义为:所有社交网络共同形成的价值和互相帮助的意愿。根据该观点,我们可根据团体里或个人之间联系和互惠的等级来衡量社会资本。

个人和组织的竞争优势有两个来源:人力资本和社会资本。人力资本包括才能、智慧、魅力和权威,这些是成功的必要条件,但这些天赋常常不由个人直接控制。斯坦福商学院的一位教授和哈佛商学院的一位教授的研究表明:社会资本同人力资本一样,甚至比其更具有影响力,是一个巨大的资源,能够带来知识、思想、机遇、支持、声誉和显著性。拥有更广阔社会资本的人能完成更多的交易、受到更好的尊重,获得更高级别的工作。在社交网络时代,每个人的社会资本都在增加。

一个人一生中有很少的强联系(家人和好朋友)和众多的弱联系。个体能够维持的稳定的社会关系认知数量极限大概为 150 人,因为人类维持稳定的社会关系有生理极限。社交网络扩大了这一数值,尤其是弱联系。20 世纪 70 年代以来的社会研究表明:人们的弱联系携带了最大量的社会资本。弱联系同时也在人群中扮演重要的桥梁作用,为网络成员提供一种信息优势。甚至对于个体而言,不论是找工作、完成交易还是谋求升迁,很多时候都需要借助自己的朋友、朋友的朋友等社交网络中的朋友们的力量。

2. 内容价值

内容价值是指用户在社交网站上发现、使用其他用户创造的内容的价值。用户数量越多,所产生的内容就越多,带给用户的价值也就越多。YouTube、优酷、土豆等内容平台以及天猫等市场平台也是在用户创造大规模内容之后才变得非常有用的。由于社交网络涵盖的内容非常广泛,在形式上从最初的博客到后来的社交网络软件(social network software, SNS),再到发展迅速的微博,以及腾讯的微信,社交网络每天产生大量的信息,这些信息满足用户各方面的需求。

二、社交网络对企业的价值

对于企业而言,社交网络的价值主要体现在商业和营销价值上。随着 SNS 的发展,SNS 平台具有越来越大的营销潜力、商业价值,原因有以下两点。

(1) SNS 为用户建立泛关系链提供了平台。SNS 最大的特点在于帮助人们建立真实、诚信、可靠的联络和评价体系,利用信任关系拓展自己的社会性网络,累积、使用并管理个人的社会资本。以人际网络为基础的 SNS 网站,其信息的高信任度使其无论是网络流量还是广告营收都以惊人的速度扩展。在 SNS 社区,每个网民都可以是传播主体,网民通过发布信息,将产品和品牌信息植入网络社区中。

(2) SNS 为企业传播品牌信息提供了很好的平台。SNS 用户庞大,基于平台用户的泛关系链,用户间可以互动,尤其是通过用户原创内容(UGC)互相影响,加之 SNS 的用户流量庞大,因而 SNS 为企业传播品牌提供了很好的平台。企业可以借此发布品牌信息，如通过植入式广告发布品牌信息，使用户在不经意间接受品牌信息。此平台受众接触广告信息时间长、次数多、互动好，而传统品牌传播方式单向、脆弱，因此此种传播品牌的方式是消费者乐于参与的形式和渠道，而且用户可驱动其关系链上的好友参与并传播品牌，增加品牌认知。企业还能通过奖励机制激励用户及其关系链上的好友线下消费，线上的品牌传播与线下的销售促进相结合，使其线上品牌的影响力转化为线下实际的销量和效益，从而达到低成本、高效率的品牌传播效果。

三、植入式广告的类型

1. 根据植入媒体的不同分类

随着传播媒介技术的进步，植入式广告的概念被应用到各种不同媒体，创造出各具特色的植入式广告形态。根据植入媒体的不同，可以把现有的植入式广告形式归纳为以下几种类别。

(1) 电影、电视剧植入。在电影、电视剧中植入广告是最常见的植入式广告形式，被植入的产品或品牌往往在电影、电视剧中以巧妙的形式出现，比如电影、电视剧中的道具上出现品牌标识，或者影视剧中的情节与人物台词涉及产品或品牌信息，还包括商家赞助并提供拍摄场景，甚至一些电影、电视剧就是为某品牌打造的。

(2) 电视节目植入。在电视节目中，我们往往会在屏幕下方看到，该节目由某品牌赞助，表明赞助商为该节目提供奖品、道具及制作资金，在节目过程中主持人也会提及赞助商及广告语。显然，通过这些方式，产品将在节目中被不断提到，从而提升观众的品牌认知。

(3) 网络植入。网络植入广告品牌的方式有很多种，通常我们在网络新闻中可以看到某个企业、某类品牌的新闻报道。在网络小说中，人物的兴趣、爱好以及所使用的商品都含有所植入品牌的信息，甚至故事场景中也会存在一些品牌信息。在网络游戏中，这种植入更加普遍、更加形象，广告的产品或者品牌就是游戏中虚拟人物使用的道具或物品，甚至植入式广告成为游戏场景中的重要组成部分。目前，最流行的是社交网站中的 App 应用植入广告，设计者会根据应用的特色植入广告品牌，甚至或直接根据品牌来量身定做 App 应用，使得玩家或参与者能够很好地感受品牌特质。

2. 根据植入深度的不同分类

随着社交网络的发展，植入式广告日渐盛行。因为社交网站具有强大的用户数量以及定制化的能力，与生俱来具备植入式广告的优势。每天有大量的信息传递和分享，品牌和产品信息很容易介入，与用户产生互动和沟通。全球最大的社交网站 Facebook，从创立之初就一直在探索网络营销模式，无论是基于用户真实信息的精准营销，还是以庞大交际网络为基础的口碑传播，Facebook 都有过尝试。植入式广告的出现，让 Facebook 发现了巨大的广告市场潜力。在我国，开心网首先尝试引入植入式广告。2008 年，别克君威广告在开心网网页游戏"争车位"中出现，开启了中国社交网站探索植入式广告的进程。

根据植入深度的不同，可以将社交网站的植入式广告归类为以下两种形式。

(1) 细节植入。细节植入主要是指在社交网站的内容或游戏中直接植入商品的品牌、标识等具体形象，广告信息作为网站中的构成要素出现，实现网站或其附加组件的一定功能。细节植入是一种较浅层次的植入式广告，靠增加产品或品牌曝光率的方式增强消费者印象，并且在一定程度上与消费者实现互动，培养良好的使用体验。

(2) 整合植入。整合植入主要是指综合品牌视觉符号、商品本身和营销主题等以整体的形式植入。整合植入一般把有关产品使用和功能特点的情节有机地融入网络互动过程之中，互动形式比细节植入更为复杂，也更为深入。用户在接触过程中能够获得对于品牌的完整印象，对产品信息有深入的了解。

本 章 小 结

推广，也称促销策划，指运用科学的思维方式和创新的精神，在调查研究的基础上，根据企业总体营销战略的要求，对某一时期各种产品的推广活动做出总体规划，并为具体产品制订周详而严密的活动计划，包括建立推广目标、设计沟通信息、制定推广方案、选择营销传播工具等营销决策的过程。

创业市场推广的内容包括推广的时间、推广的商品、推广的主题、促销方式、促销预算等。

营销推广从总的指导思想上可分为推动策略和拉动策略。

广告是企业产品促销的重要手段之一。广告策划主要包括策划者、策划依据、策划对象、策划方案和策划效果评估等五大核心要素。

公共关系作为一种促销手段，在企业发展的不同时期具有不同的目标。公共关系促销活动的策划是一种艺术，需要有特定的技巧和手法。

知识营销指的是向大众传播新的科学技术及对人们生活的影响，通过科普宣传，让消费者不仅知其然，而且知其所以然，重新建立新的产品概念，进而使消费者萌发对新产品的需要，达到拓宽市场的目的。

关系营销是企业面对新形势而主动与供应商、消费者、各级政府部门和相关社会团体建立广泛的战略关系的行为，它通过互利交换及共同履行诺言，使各个相关主体实现各自的利益。

社交网络为普通人提供创造知识、观点并且进行交流的平台，使公众作为参与者而不仅是接受者参与到社会活动中。社交网络对于个体的价值主要体现在联系价值和内容价值上。

思 考 题

一、简答题

1. 创业市场推广的主要内容是什么？
2. 创业者如何进行广告策划？
3. 公共关系策划对创业者有何意义？
4. 创业者如何运用知识营销？
5. 创业者如何理解关系营销？
6. 社交网络对创业企业有何影响力和作用？

二、案例分析

用户画像推送——大数据在关系营销中的应用

信息时代中,信息的急速增加和大数据产生的商用价值正在逐渐改变现有的营销模式和企业的其他营销活动。目前,大型的互联网公司纷纷推出自己的用户数据报告,如支付宝推出的"年度账单",网易云音乐的"年度听歌报告"等,这些基于用户数据所产生的个性化用户画像报告可以作为辅助企业进行精准营销的工具,但不少企业的实例都说明用户画像本身也可以作为影响消费者心理的营销工具,向用户推荐基于其行为轨迹生成的画像报告正向影响了品牌依恋。研究显示,用户画像推送对在线平台在大数据背景下开展关系营销具有如下重要意义:首先,在线平台可以定期给消费者推出个性化的画像报告,这是平台品牌积极与用户进行互动,维持用户与品牌关系的重要举措;其次,企业在进行用户画像的信息采集时,可以对数据进行多属性的用户信息融合,如在构建用户画像报告时,将用户的朋友圈、微博等社交数据融入模型中,并筛选消费者正面情绪经历的一些数据加入报告中,以此带给用户更多积极经历和更有价值的信息;最后,企业在进行用户画像报告的文案设计时,需要慎重采用拟人化的语言风格。在引发了用户积极怀旧的情境下,拟人化的语言风格会让用户感觉到在与平台进行互动,从而对平台产生亲切感。但是如果用户被引发了消极怀旧的负面情绪,采用拟人化的风格也许会让用户更加反感。

(资料来源:黎小林,徐苏,王海忠. 在线平台用户画像对品牌依恋的影响[J]. 广东财经大学学报,2019(5): 38-49.)

思考:

1. 创业时,有哪些新技术可以应用于市场推广?
2. 创业时,可使用哪些新的广告技术?
3. 创业时,有哪些社交网络可以应用于你的创业营销计划?

第十一章
创业市场细分

学习要点

1. 掌握创业市场细分的依据与方法；
2. 掌握创业目标市场的选择策略；
3. 掌握创业市场定位的依据及战略。

导入案例

吉利汽车MPV市场细分及目标市场选择

近几年，我国多用途汽车(multi-purpose vehicle，MPV)市场出现了低端车和高端车两极分化，中端市场供给紧缺的现象。在全面二孩政策放开、社会消费升级等一系列利好背景下，浙江吉利控股集团子公司吉利汽车公司作为国内具有二十多年汽车自主研发经验的主流整车企业，决定首次涉足MPV市场，开发一款面向中端家用市场的MPV，以补足吉利汽车在MPV市场的空白。

市场定位是设计企业产品和形象的行为，目的在于明确自己在目标市场中相对于竞争对手的位置。企业在进行市场定位时，要通过反复比较和调查研究，找出最合理的突破口，避免出现定位混乱、定位过度、定位过宽或定位过窄的情况。

首先，通过市场分析，从目前MPV市场总体发展特征及未来前景来看，中端MPV市场产品出现断层，市场竞争不足，对吉利汽车来说是一个极为有利的发展机遇。结合吉利目前的产品品牌形象从中低端向中高端升级及未来产品规划布局来看，吉利涉足MPV市场领域将进一步扩大吉利品牌产品线，增强企业整体市场竞争力。从吉利汽车与现有厂商之间的竞争情况来看，其主要威胁来自国内老牌合资品牌的冲击，而且由于MPV车型缺位这一不足，在未来乘用车整体市场竞争中存在短板。

其次，从MPV细分市场价位竞争来看，据2016年《七座车用户研究》数据显示，在七座MPV的现实用户中，预算价位为7~15万用户约占53%，其中预算价位为9~15万元的比例较高，约占 20%，9 万元以下的 MPV 市场，有 30%的用户对 9~15 万元价位更高品质产品存在需求。9~15 万元市场家用特征更明显，对品牌和品质的要求更高，与吉利的品牌以及现有产品形象更为契合，因此针对吉利 MPV 产品，吉利汽车采取避强的市场定位策略，开发满足家用需求、适应消费升级趋势的 9~15 万元 MPV 产品，可以实现从目前 9 万元以下的 MPV 市场分流相当部分的用户，有利于吉利发挥优势，做大做强，实现市场扩张。

(1) 档次定位。市场调查结果显示，预算在 9~12 万元的用户可接受吉利品牌的用户接近 42%，在自主品牌中名列前茅，吉利 MPV 将价格档次定位于 9~12 万元，紧扣吉利 MPV 的 6 类目标用户购买能力和用车需求，不但有利于发挥吉利品牌形象优势，而且避开了低端 MPV 市场的激烈竞争。

(2) 竞争定位。从直接竞争车型来看，目前 9~15 万元 MPV 市场几乎空白，9~12 万元主要是比亚迪宋 MAX 及宝骏 730 的高端产品，12~15 万元是别克 GL6、途安和杰德等产品。从竞品特征来看，吉利品牌往下竞争优势明显，往上竞争面对主流的合资品牌，品牌力还不足以直面竞争。GL6 的品牌力和产品力都较强，杰德和途安的用户群都不容易被争取。

(3) 属性和利益定位。属性和利益定位是通过产品自身的鲜明的属性特征及由于产品属性带来的利益来体现，并由消费者在使用产品的过程中体会到的。通过市场定量调查发现，预算为 9~12 万元的用户购车最关注的因素是安全、舒适、品牌、外观和空间，这类用户更在意产品的舒适性和外观。

(4) 传播定位。功能优势宣传定位：由于家用 MPV 还没有深入人心的产品，家用 MPV 市场是需要对客户进行教育的市场，可以利用 MPV 在车型上独一无二的优势，进行买点提炼和宣传。根据吉利 MPV 目标消费者的社会特征和购车需求，吉利 MPV 情感宣传要点包括：①高举家庭主义的旗帜。MPV 的主流客户都是上有老、下有小的中年人，买车是为了出门带上每一个家庭成员，并让所有的成员都能舒适乘坐，即让家庭的所有成员均能获得平等的权利，享受家庭的温馨和幸福。②构建新的成功观。SUV 塑造了成功者和时尚达人的形象，而 MPV 购买者的形象还比较低端，需要定义和宣传新的成功价值观——真正的成功是有时间陪伴家人。③打造爱家庭、重友情的车主形象。驾驶 MPV 可以带更多的朋友和家庭一起出行，还可以把朋友一个个送回家，对朋友肯付出，重友情，值得信赖，也很有面子。

(资料来源：吕雅玲. 吉利汽车 MPV 市场定位研究[D]. 河北地质大学，2018.)

市场细分的本质就是利用消费者的需求差异性，将整个市场分割为若干个需求不同的细分市场。创业者应尽量避免面面俱到，从创业开始就要瞄准细分市场，这样更容易发现市场中的营销机会，有利于创业者集中有限的资源进行有效竞争。创业者应根据可测量性、可进入性、可盈利性、可区别性和可行动性的原则，将市场分割成若干细分市场。

细分和定位是创业的基础，正是在这一基础上，独特的价值主张得以构建，以客户为导向的营销方案得以产生。企业所有的重要决策和策略主要取决于这些基础性要素。不过，明确的细分和定位工作本身并非易事。如果不能做好细分和定位，就直接开始营销决策，往往导致资源(时间和金钱)利用不当，所以要先确定目标市场、企业定位以及独特的价值主张，然后建立以客户为导向的营销方案。

卖什么、卖给谁，即市场细分问题，通过细分，将市场划分为志趣相投的购买者所组成的不同种类，一旦确定分类，目标市场就得以确定了。

为什么买，即市场定位问题，明确本公司的产品和服务在目标市场中的理想竞争优势。市场定位问题需要考虑两个管理战略概念：企业的独特竞争力和可持续的竞争优势。

第一节 市场细分

美国市场学家温德尔·斯密(Wendell R. Smith)在 20 世纪 50 年代提出了市场细分理论，现已成为市场营销理论的重要组成部分，这一理论最初对于企业而言就是在研究市场和细分市场的基础上，结合自身的资源与优势，选择其中最有吸引力和最能有效为之提供产品与服务的细分市场作为目标市场，设计与目标市场需求特点相匹配的营销组合等。

当今世界上的各家公司都已经意识到，市场中客户的需求和购买行为特点各异，同种产品不可能满足所有的消费者，需要找到每种产品所针对的客户群体，选择这类客户群体作为产品销售的主要市场，就是市场细分。根据市场情况，依据不同的市场细分标准，将整个市场细分为若干个子市场进行营销。对于企业市场来说，主流的市场细分是围绕客户需求的差异性展开的，将满足客户需求视为第一位，但是利润或价值是企业市场细分最基本的驱动因素。

一、市场细分概述

决定在某一市场开展业务的公司通常会意识到，公司通常不可能为这一市场的全部顾客服务，因为顾客太多，他们的购买要求不同细分即把市场划分为若干子市场，其目的在于根据多种交叉的但彼此之间存在细微差异的细分市场来开展相关的营销活动；且提供产品和服务。对于创业者来说，在多数情况下，细分的市场只有两类：目标市场和其他市场。目标细分市场明显与所提供的产品和服务以及企业家的竞争战略有关。

选择细分市场时最重要的是找到最认同本企业所提供的产品和服务的目标人群，从中获益，包括更高的定价、更优质的客户等。任何一个企业都不能仅凭自己的人力、财力和物力来满足整个市场的所有需求，这不仅是由于受企业自身条件所限制，而且从经济效益来看也是不足取的，因而企业应该分辨出它能有效为之服务的最具吸引力的细分市场。企业进行市场细分，不是出于主观意愿，而是买方市场条件下的客观要求。市场细分的结果实际上是用一组要素把每一个潜在顾客群体描述出来，如表 11-1 所示。

表11-1 某公司细分市场核查表

属性	细分市场			
	单身状态	退休者	年轻家庭	中年家庭
房屋价格				
房屋面积				
购物便利性				

(续表)

属性	细分市场			
	单身状态	退休者	年轻家庭	中年家庭
学校				
社会地位				
娱乐				
交通便利				
安全				
接近工作地				

目前，市场细分被分为两大类：一是消费者市场细分，二是产业市场细分。

关于消费者市场细分变量的分类方法有很多，一般来讲，消费者市场的细分变量主要有四大类别：地理细分变量、人口统计细分变量、心理细分变量和行为细分变量。其中地理细分变量和人口统计细分变量属于客观变量，心理细分变量和行为细分变量属于主观变量。

根据客观变量细分市场有以下几大特点。

(1) 相对来说数据容易获取。

(2) 与其他类型的细分研究相比成本较低。

(3) 可以使企业很快了解市场信息(市场结构以及潜在顾客群)。

(4) 可以采用抽样法进行市场调查并精确地反映整体市场的属性。

(5) 所收集的信息对于众多市场决策非常重要。

主观变量中，人们的行为习惯(如活动、兴趣、习惯、对宣传媒体的反应和购买行为)以及心理特点(如信仰、观点、感情、需求、欲望和价值观)是决定他们使用某种产品或服务的重要原因。与客观分析不同，主观分析通过调查人们对特定种类和品牌产品的选择来辅助营销人员的决策，有利于解释为什么一个人选择可乐，而另一个人选择雪碧。尽管如此，我们不应该把划分标准视为非此即彼。客观变量和主观变量都可以用于探测和细分市场，它们分别发挥着各自的作用。

细分消费者市场比较常用的变量为：基于消费者特征的变量和基于顾客利益的变量。基于消费者特征细分市场通常使用大量不同的地理、人文统计和心理特征作为划分市场的依据，然后再了解这些顾客群体是否对产品有不同的反应，比如专业人士、打工族和其他阶层对汽车安全性的不同态度。

基于顾客利益细分市场以使用时机和品牌忠诚度等作为依据。一旦细分市场完成，要考察每个细分市场是否有不同的消费者特征，如购买汽车时要求高质量和低价格的消费者是否与不同的地理、人文统计和心理阶层组成有关联性。

产业市场的市场细分标准与消费者市场的细分标准类似，除了可以根据消费者市场中常见的地理、人口统计、心理因素、行为等变量进行细分以外，还可以根据经营因素、采购方式、个性特征等其他变量进行市场细分。大多数公司都选择向多个商业市场提供产品或服务。

市场细分的作用有如下几点。

(1) 有利于企业确定目标市场。一个企业，只有确定了明确的理想目标市场，才有可能一帆风顺，所以能否正确选择目标市场，直接决定着企业今后一系列的发展战略，决定了企业今后若干年发展的"先天条件"。

(2) 有利于企业发现市场机会。通过市场细分，一方面可以更准确地发现消费者需求的差异性和需求被满足的程度，更好地发现和抓住市场机会，回避风险；另一方面可以清楚掌握竞争对手在各细分市场上的竞争实力和市场份额的高低，以便更好地发挥自己的竞争优势，选择最有效的目标市场。

(3) 有利于企业提高竞争能力。制定和调整市场营销组合策略，因为市场细分可使企业集中人、财、物和信息等资源条件投入目标市场，形成经营上的规模效应，这点对于中小企业和非国有企业来说意义更大。同时，在细分市场上，信息反馈灵敏，一旦消费者需要发生变化，企业就可以迅速根据变化了的情况改变原来的营销组合策略，制定相应的对策，使营销组合策略适应消费者不断变化的需求。

(4) 有利于企业扩大市场。市场细分使得消费者中某些群体觉得自己的需求得到了更好的满足，他们会增加消费量，比如购买更多的不同系列的产品，因而市场细分产生了双重效应，既细分市场又扩大市场。

二、市场细分的方法

市场细分的方法通常有以下三种：①单一因素法，即选用一种市场细分标准，对市场进行细分；②综合因素法，即选用两种或两种以上的市场细分标准对市场进行细分；③系列因素法，即选用两种或两种以上的标准来细分市场，但必须依据一定的顺序由粗到细依次细分，下一阶段的细分是在上一阶段选定的子市场中进行，细分的过程实质上就是一个比较、选择子市场的过程。

因为细分市场在不断变化，所以市场细分的过程必须定期、反复进行。

发现新的细分市场的一种方法是，调查消费者挑选品牌时如何排列选择品牌属性的顺序，这个过程被称为市场分割。例如，某些购买汽车的顾客首先选择制造商，然后选择汽车型号(重视品牌层次)。有些购买者可能喜欢大众汽车公司的汽车，并特别看中了途观汽车；另一些购买者则首先决定买哪个国家制造的汽车(重视国家层次)，然后选择制造商，再选择汽车型号。总之，企业必须密切注意消费者选购商品属性的层次变化，并不断根据消费者的优先次序进行调整。

根据细分市场的分类，市场细分方法也分为相应的两大类：消费者市场细分法和产业市场细分法。

(一) 消费者市场细分法

(1) 定性分析法。定性分析法即事先选定细分标准进行分析，也称事前细分法，其理论基础是消费者行为模式，其最终得出的细分类群结果依赖于研究者对消费者行为所做的定性分析。首先根据定性分析提出所要使用的市场细分变量，然后收集所确定市场细分变量的相关信息，在此基础上通过对市场细分变量具体信息的分析来对市场进行细分。细分标准与细分变量分为8种：地理细分、人口细分、心理细分、社会文化细分、使用细分、使用情境细分、利益细分、混合细分。

(2) 聚类分析法。聚类分析法又称事后细分法，指选择消费者的需要、态度、生活形态等心理描述特征以及人口地理和产品使用行为特征作为混合细分变量，运用因子分析对变量指标降维，利用聚类分析得到细分类群结果。该方法的理论依据是概率统计学方法，根据对消费者的抽样调查数据的统计分析结果推导消费者分群特征，其理论假设是某一时空点的统计结果可以反映消费者的稳定心理和行为特征，厂商可以用过去的消费统计结果推知消费者未来的消费购买行为。

(3) 消费者生活形态细分法。影响消费者决策的因素是多方面的，生活形态是消费者在一段时期内较稳定的心理行为模式，集中体现了消费者内外各种影响因素的综合作用，运用统计方法，综合人口地理个性、社会阶层、态度购买行为等多种消费者信息，利用聚类分析方法等得到关于消费者总体生活形态或某项产品消费的行为心理的细分类群。消费者生活形态细分法又称消费者心理图示细分法，它把不同类型消费者的行为差异与其个性、社会心理特征联系起来，在一定程度上弥补了以往因选用单一细分标准而导致对各类消费群心理和行为描述不全面的缺陷，所以目前在理论界和实业界得到广泛应用。

(4) 消费者利益细分方法。消费者对其所感兴趣的不同品牌的产品持何种看法，追求何种效用，即以利益为基础，将每个被调查者的测试结果与其他被调查者的测试结果进行逐项比较，然后找出相似测试结果的个体集合。如果调查项目是有关潜在消费者利益的，那么这种个体集合就应当是对不同的利益效用赋予类似重视程度的一群人，每一种类型都代表着一个潜在的有利可图的利益细分市场。除了采用计算机和复杂的调研方法进行消费者利益细分外，靠直觉来决定利益细分类型也有许多成功先例。在利益细分研究中已被发现的市场类型有以下几类：①地位寻求者，非常关注品牌声望的消费者群体，专门购买名牌产品以显示地位。②时髦者，在各方面都寻求时髦与现代感觉，品牌选择以时代潮流为导向。③保守者，指愿意固守在成功大公司或大众化品牌上的群体。④理性者，寻求经济价值或耐久性的群体。⑤内向者，特别注重自我观念，认为自己有幽默感，属于独立而诚实的群体。⑥享乐主义者，凭感觉行事，寻求享乐的群体。上述利益细分的类型中，某些群体出现在几乎所有产品和服务的消费者中，然而并不能保证他们中的大多数一定会出现在特定的产品中，确定上述细分类型是否存在，如果存在的话，如何针对他们制定有效的营销策略是利益细分研究的目的。

(5) 消费者价值细分方法。研究表明，客户价值与客户保持年限密切相关，客户保持率与客户保持平均年限密切相关，客户价值与客户保持率和保持年限呈正相关关系，从而说明不同的客户可能具有不同的客户价值。客户价值表现为客户在购买企业提供的产品和服务在获得自身满足的过程中对企业的利润贡献。客户价值应分为当前价值和潜在价值，当前价值是指客户已有的购买给企业带来的利润贡献，而潜在价值则可定义为客户从企业处购买所有可能的产品和服务所能给企业带来的利润贡献。以客户当前价值和潜在价值为基础，可以构造客户价值区分矩阵，根据这一细分矩阵，企业为最大化收益率对客户进行分类：一类客户，当前价值低，增值价值低,应把战略重点放在降低成本和合理的涨价(即减少促销);二类客户,当前价值低,增值价值高,因其有较多扩大购买的机会而应致力于获得这部分客户的更大份额;三类客户,当前价值高,增值价值低,应努力保留这些忠诚客户,但不要做增加销售的努力;四类客户,当前价值高,增值价值高,则应做出各种建立和加强关系的努力,如提供优先服务等,争取和维持这部分客户。因此,价值细分的基本思想就是以客户价值为细分指标,根据客户价值将所有客户分为具有不同价值的客户群体。

一般而言,细分变量的选择必须满足三方面的要求:

第一,细分变量应当能够根据客户对营销变量的反应区分不同的细分市场;

第二,细分变量的选择应当与企业实施的营销战略有直接联系;

第三,为了更好地了解各个不同细分市场及其特征,概括出细分市场的关键差别性特征是至关重要的。

(二) 产业市场细分法

产业市场营销的对象是组织而不是个人,因此企业必须研究影响企业组织购买的全部因素。几种主要细分方法如下。

1. 利益细分法

利益细分主要是依靠因果而非描述性因素来进行细分,利益细分主要识别出那些基于不同的原因而购买相同产品的顾客,并强调产品的不同特性带给消费者的不同价值。例如,在购买一台机器设备时,一些购买者可能会对该设备所生产的产品的质量感兴趣,而另外一些购买者则可能对该设备能够降低单位产品生产成本感兴趣,还有一些购买者可能会对该设备的初始投入资本感兴趣。利益细分方式的核心观点是消费者在消费某一给定产品时寻求的利益是真实细分市场存在的基本原因,顾客寻求的利益对于其行为的影响要比人群特征或销售量对其行为的影响更精确。

产业市场细分的五步骤如下。

步骤 1:根据组织的行业、地理位置或其他可以观察的特征对组织进行宏观细分,使得不同的宏观细分市场对提供同一个产品有不同的反应。

步骤 2:用潜在市场中的一些公司作为样本,通过决策矩阵确定每个宏观细分市场中的决策单元结构。在决策矩阵中,行代表决策过程的阶段,列代表决策过程中个人所承担的采购角色,矩阵中的每个方框代表了在每个与采购角色相联系的购买阶段的任务责任的百分比。

步骤 3:通过数学方法确定组织间的相似程度,去除例外值和那些在购买决策过程中与其他组织显著不同的组织产品购买者。

步骤 4:使用聚类分析进行微观市场细分。

步骤 5:聚类结果形成微观细分市场,通过定性分析,确定微观细分市场成员之间的关系。

2. 内嵌法

将整个宏观或微观市场细分为 5 个层层嵌套的中心区,分别是人口统计、经营变量、购买方式、环境因素和个人特征。

人口统计的数据来源于政府资料、市场研究公司的报告、行业及贸易协会的刊物，包括行业、规模和顾客位置3个方面的信息。经营变量中所包括的细分标准通常比较稳定，包括公司技术、产品和品牌使用状况、客户能力3个方面，这些变量大多数都有助于在人口统计因素的基础上更加准确地界定企业的顾客和潜在顾客。购买方式包括5个方面的内容：采购职能组织、权利结构、供求关系、总体采购政策和购买因素。环境因素细分的方式更接近利益细分的方式，也是一个更具实际操作意义的概念，它包括3个方面的内容：购买的紧急程度、产品的适用性和订单的规模。个人特征包括购买所涉及的人员的动机、个人认知以及风险管理。

3. 垂直细分法

垂直细分法是建立在企业对垂直市场结构的了解的基础上的，垂直市场结构是指一件产品从其最初的形态到达最终用户的路径。这个垂直市场结构可能会是非常复杂的，因为在整个路径中会存在大量的买卖关系。从经营管理的角度来看，最大的问题就是在产品进入市场交易前，企业要在这个产品上增加多少价值。

细分一个市场有许多方法，然而并不是所有的细分都是有效的。要使市场细分有效，它必须有以下5个特点。

(1) 可衡量性即用来划分细分市场大小和购买力的特性程度应该是能够加以测定的。某些细分变量很难衡量，则不宜采用。

(2) 足量性，即细分市场的规模大到足够获利的程度。一个细分市场应该是值得为其设计一套营销规划方案的尽可能大的同质群体。例如，考虑为某一群体特别设计产品需要核算成本是否合理，企业能否盈利。

(3) 可接近性，即能有效地到达细分市场并为之服务的程度。

(4) 差异性，即细分市场在观念上能被区别，并且对不同的营销组合因素和方案有不同的反应。例如，如果在已婚与未婚的妇女中，对貂皮大衣销售的反应基本相同，该细分就不应该继续下去。

(5) 行动可能性，即为吸引和服务细分市场而系统地提出有效计划的可行程度。

三、市场细分的步骤

创业市场细分通常涉及识别与产品相关的需要域，将具有类似需要域的消费者归入同一个群体，对每一群体或细分市场予以描述，选择一个或几个有吸引力的细分市场作为进入市场。创业企业短期内应按以下步骤对市场细分进行初步判断。

第一，定性分析并确定市场细分变量。无论是消费者市场细分，还是产业市场细分，目前已经有了市场细分变量的成熟类型和体系。在初步进行市场细分时，市场细分变量的选择应该以市场数据在短时间内所获得的难易程度为标准。凡是可以获得的市场信息类别都可以作为初步市场细分变量，这是因为按照信息论的观点，所有可以搜集的信息都可以传递事物的相关情况。企业在短时间内可以搜集到的信息本就已经十分有限，所以应该尽可能多地收集相关市场信息，在已有的市场细分变量体系中尽可能多地选择变量。

第二，在所确定的市场细分变量的基础上对所要进行细分的市场进行抽样调查。对抽样调查所获得的样本数据进行统计特征的分析,从而进行市场细分。使用简单的标准化统计学方法就可以实现对同类市场细分变量的合并,对同类样本单位的统计特征进行简单、明确的对比性描述,从而完成市场细分。

第三,评价所得的细分市场,在此基础上帮助企业做出相应的营销决策。

确定主要细分市场的程序如下。

(1) 调查阶段:调研人员与消费者进行非正式的交谈,并将消费者分成若干个专题小组,以便了解他们的动机、态度和行为。在这些项目调查的基础上,调研人员准备正式的调查表分发给样本消费者,以搜集下列资料:属性及其重要性的等级,品牌知名度和品牌等级,产品使用方式,对产品类别的态度,被调查对象的人文变量、心理变量和宣传媒体变量。

(2) 分析阶段:研究人员用因子分析法分析资料,剔除相关性很大的变量,然后用集群分析法划分一些差异较大的细分市场。

(3) 细分阶段:根据消费者不同的态度、行为、人文变量、心理变量和一般消费习惯划分群体,并根据主要的特征给每个细分市场命名。

美国市场学家麦卡锡提出了细分市场的一整套程序,这一程序包括7个步骤。①选定产品的市场需求范围;②列举潜在顾客的基本需求;③分析潜在顾客的各自需求;④舍去潜在顾客的共同需求;⑤根据差异性需求细分市场;⑥进一步完善各个细分市场;⑦初步评估各细分市场规模。

拓展阅读11-1

基于生活方式感知的影视主题公园的游客市场细分

虽然我国影视主题公园推出了许多影视主题旅游新项目、新服务,但是这些服务与其他家庭旅游、伴侣旅游、亲子旅游的服务内容和项目无明显差异,只不过服务的对象不同。在旅游市场竞争日趋激烈的今天,只有提供精准的产品服务才能赢得客户的信赖,而最终达成产品的服务意向。

根据对游客生活方式的描述性分析、聚类分析和类型分析,将游客全体细分为文化型影视游客、新潮型影视游客、节俭型影视游客及自我需求型的影视游客,而这些游客进入影视主题公园的旅游目的不一,其自身的文化修养及可支配收入又呈现出较大的差异,这就导致若影视主题公园仅提供单一性的影视主题公园产品,则不同的游客类型无法达成旅行的目的,进而导致主题影视游之后的整体体验较差。

因此,市场群体的精细化需要以产品的精细化为支点,只有开发出具有差异性的产品,才能够使市场分析的可行性最大化。对于文化型影视游客、新潮型影视游客、节俭型影视游客及自我需求型的影视游客,应注重在服务内涵上供给的差异。

对文化型影视游客而言,这类游客的可支配时间充足、文化层次高、环境意识强,有着较高的生活情调和较强的社会责任感,这类游客具有显著的外部一致性,同时这类游客在文化的感知上不存在文化程度和性别上的差异,对影视文化有着较高的欣赏水平和认同感。这类游客的年龄主要集中在26~45岁,以教师及科研人员为主,收入水平在4000~6000元/月。

就新潮型影视游客而言，这类游客对旅行和冒险有着由衷的热爱，同时充满了猎奇的情趣，喜欢追逐新鲜事物，喜欢在旅行中实现自身的价值。这类游客的整体年龄段和收入与文化型游客没有太大差异，对于影视旅游的关注多是以自身的体验为首要因素，而非影视文化本身。

节俭型影视游客主要以在校学生或高龄离职人员为主，年龄的跨度比较大，可支配收入或主观可支配收入较低，这一群体在影视旅游当中更为看中旅游产品的性价比。

自我需求型游客是游客当中的高收入和高支出人群，与一般游客有很大的不同，其更多的是将旅游作为一种惬意的生活方式，需求较为多元。

(资料来源：叶林. 基于生活方式感知的影视主题公园游客市场细分研究[J]. 产业与科技论坛，2020，19(12)：97-99.)

第二节　选定目标市场

目标市场就是企业营销活动所要满足的市场，也是企业为实现预期目标而要进入的市场，具体来说，就是企业拟投其所好、为之服务的，具有相似需求的目标客户群体。企业的一切营销活动都要围绕目标市场来进行。选择和确定目标市场，明确企业的具体服务对象，关系到企业任务和目标的落实，也是企业制定营销战略的关键和基本出发点。

一、目标市场定位

目标市场定位解决的问题是"目标细分市场的消费者为何要购买我公司而非竞争对手的产品和服务"和"在目标细分市场的消费者看来，我公司产品和服务的独特性是什么"。多达60%的企业营销失败可以通过更好的市场分析得以避免。许多创业者所犯的错误就是立足于其产品与竞争对手的不同特点来定位，而客户是立足于对收益的认知来购买产品，创业者要尽其所能地充分挖掘自己产品和服务的相对收益，并且努力让客户认识到这些收益。

公司在对不同细分市场进行评估之后，需要选取一个或多个细分市场进行产品销售或服务，这个所选取的细分市场就被称为目标细分市场。公司需要从目标细分市场的规模和未来市场成长情况、影响目标细分市场长期存在的主要结构因素，以及公司自身的目标和拥有的资源等，对划分的细分市场进行评估，最终选取目标细分市场。

对于目标细分市场，公司可以采取无差异营销、差异营销、集中营销和微观营销等营销战略进行市场营销。无差异营销战略是选取一种产品或服务，不考虑细分市场之间的差别，采用单一的营销策略开拓市场。差异化营销战略是公司同时为几个细分市场提供产品或服务，对于每一个细分市场采取不同的营销组合策略。集中营销战略是公司集中能力和资源进入一个或几个目标细分市场，在较小的市场中占据较大的市场份额。微观营销战略是指针对每一个消费者个体或单独的地区进行产品定制和营销方案，满足每一个顾客的个体需要，包括本地化营销和个别化营销。这四种营销战略对于公司选择的营销目标由很广泛逐渐过渡到了很狭窄。

公司需要明确自身的产品定位，在目标市场上突出自身的差异化价值，给客户留下明确而深刻的印象，从而与市场上的其他竞争者区别开来，赢得客户青睐。公司制定的一系列营销策略也应与公司的自身地位相吻合。市场定位的步骤如图 11-1 所示。

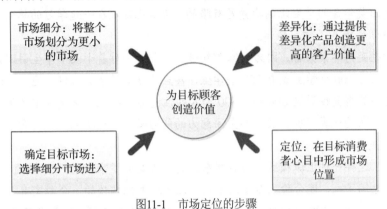

图11-1　市场定位的步骤

创业者首先根据细分市场的规模、增长潜力、吸引力，以及企业目标和资源情况等评估细分市场，选择最具有吸引力的细分市场。目标市场选择策略很多，通常情况下，创业者选择集中性目标营销策略更易于成功。

拓展阅读11-2

新东方的目标市场：小班模式为什么会变成大班模式

俞敏洪开始创办新东方培训班时，选择了北京大学电教中心的教室，北京大学有能容纳80人的、100人的、200人的、300人的教室，当时租用了能容纳80人的教室。

本以为人多了学生会有意见，但没想到学生的学习热情反而变得更高了，为什么？因为他们都是大学的"学霸"，对自己的学习非常自觉。也就是说，他们不是被老师逼着来上课的，也不是被家长逼着来上课的。当时，学生都具有极高的自主学习热情，同时，他们对讲课的老师也有极高的要求。也就是说，如果你讲课不好，他们就不愿意再跟着你学了，何况他们当时是花钱来上课的，所以对老师的要求就更高了。但他们对教室里坐了多少学生是没有要求的，就像我们现在的网络课堂，对有多少学生是没有要求的，而对老师讲得到底好不好是有要求的。

当时采用大班模式还有一个原因，那就是收费标准不高，一个学生才收100元，如果只开小班的话，就是把这些钱全给老师也是不够的，所以为了使老师的工资能够不断提高，大班模式自然是最可行的。比如同样收每位学生100元，20位学生只能收2000元，而100位学生就能收1万元。毫无疑问，老师从里面分到的利润也会变多，学校自己支付各种成本的能力也会提升。

后来，大班模式就变成了新东方的一种标配，甚至成了新东方教学文化的一部分，这里面有两个重要原因：一是学生进入更大的班级以后，学习热情反而提高了。为什么会这样呢？因为他发现自己周围有上百个人在学习——后来新东方一个班级有300人，再后来还扩大到了500人——当他发现有这么多人一起学习的时候，他的竞争心理被调动起来了，觉得有这么多人一起学习，最后都是参加同一个考试，而且美国的奖学金是有限的，那么自己一定要比其他人考得更好才行。而身边坐的人动不动就是名牌大学的"学霸"，也导致那些不是来自名校的学生奋起直追，他们觉得无论如何自己不能被落得太远，因为大家都知道，尽管有很多人参加考试，但是能拿到美国奖学金的学生比例毕竟是有限的。所以几百人在一起学习的热火朝天的竞争模式，反而促使学生提高了学习热情。

二是老师也变得非常兴奋。因为大家都知道，一个老师对着十几个学生讲课是没有什么热情的，但当他面对100个学生或者300个学生，甚至500个学生的时候，他的讲课热情会变得非常高，因为他觉得要吸引这300个、500个人的注意力，对他来说是很难的事情。因此，他的讲课水平和备课的认真程度、吸引学生注意力的能力必须迅速提高。在双向配合下，学生和老师的热情都提高了。

由于采用了这样一种上课模式，当时新东方的大班变成了京城的一个奇观。几乎所有教室里不仅座位上坐满了人，连台阶上都坐满了人。比如北大化学楼的一个教室有300个座位，但这个教室里硬是挤进了500个学生。因为很多学生想进这个班上课，但是进不去，那么就加座，有的学生就干脆坐在台阶上听课。报名的时候，我就明确地对他们说："进去以后就只有这样的环境，没有桌子，只有一把没有靠背的椅子，有时甚至连椅子都没有，必须坐在台阶上，你愿意不愿意？"最后学生都愿意，原因是他们就想挤进当时新东方那几个有名的老师的课堂去听课。

所以当优秀老师的资源有限的时候，学生只能走进教室才能听到这些优秀老师的课，在这种资源匮乏的情况下，所有学生都愿意挤进同一个老师的教室，从而形成了一种教学相长的热烈气氛。

(资料来源：俞敏洪. 我曾走在崩溃的边缘：俞敏洪亲述新东方创业发展之路[M]. 北京：中信出版社，2019：60-68.)

创业者需要领会市场定位的实质，努力使自己的产品和服务与竞争者产品相区分，同时设计一系列有意义的、有差异的行动，创造一个独特的优势，给消费者一个鲜明的购买理由，应尽量避免定位不足、定位过分和定位模糊的错误。通常情况下，差异化源自以下5个方面：产品差异化、服务差异化、渠道差异化、人员差异化、形象差异化。

市场定位也称作竞争性定位，是基于竞争的需要，将产品或服务与市场上的竞争者区分开来，突出自身产品或服务特点，使消费者留下深刻印象，使企业在市场上取得竞争优势。常用的定位战略有对抗定位战略、填补定位战略、并列战略、定位战略和重新定位战略。创业者可以选择不同的差异化来源进行创造性的市场定位，通常有以下三种市场定位战略可供选择。

(1) 避强定位：这是一种避开强有力的竞争对手的定位战略，其优点是风险小。

(2) 补缺定位：指将企业产品定位在目标市场的空白处，不与目标市场上的竞争者直接对抗，创业者采取补缺定位更易于成功。

(3) 重新定位：指对那些销路不好、市场反应差或形象不清晰的产品进行二次定位，优点是能摆脱困境，重新获得增长与活力。

二、市场营销策略

企业确定自己的目标市场之后，可采用不同的市场营销策略。一般来说，有三种目标市场的营销策略可供企业选择。

(一) 无差异性市场营销策略

无差异性市场营销策略就是把整体市场当作一个大的目标市场，只向市场推出单一的标准化产品，并以统一的营销方式进行销售。一般来说，这种策略适用于需求量大、能够大量生产和大量销售的产品。采用这种策略的企业可以建立单一的大规模生产线，采用广泛的销售渠道，进行大量、统一的广告宣传和促销活动。无差异性市场营销策略的优点：一是企业可以依靠大量的生产、储运和销售来降低单位产品的成本；二是可以利用无差异的广告宣传以及其他促销手段，节约大量的营销费用；三是不细分目标市场，减少了市场调研、产品开发等方面的费用。因此，如果面对的整体市场中消费者需求无差异，或者即使他们的需求有差异，但差异很小可以忽略不计，而且产品能够大量生产和销售，那么采用这种策略就是合理的。

(二) 差异性市场营销策略

实行差异性市场营销策略的企业需要先对整体市场进行细分，然后根据每个细分市场的特点制定各自适宜的营销策略。差异性市场营销策略的优点：一是企业可以采用小批量、多品种的生产方式，在各个细分市场上采用不同的市场营销组合，以满足不同消费者的需求，增加企业销售量；二是企业具有较大的经营灵活性，不依赖一个市场、一种产品，有利于降低经营风险。

差异性市场营销策略的缺点也是显而易见的，具体表现在以下两个方面：一是增加了生产成本、管理费用和销售费用，由于需要制订多种营销计划，因此生产组织和营销管理被大大复杂化了；二是要求企业必须拥有高素质的营销人员、雄厚的财力和技术力量，以根据不同细分市场的特点，制定各自适合的营销策略。为了减少这些因素的影响，企业在实施差异性市场营销策略时要注意不可将市场划得过细，也不宜卷入过多的细分市场，应分别为各市场提供不同的产品，制订不同的营销计划，并开展有针对性的营销活动。

(三) 集中性市场营销策略

实行集中性市场营销策略的企业，既不面向整体市场，也不把营销分散在若干个细分市场，追求在较大的市场上占有较小的市场份额。这类企业把力量集中在一个或少数几个细分市场上进行有针对性的专业化生产和销售。

采用集中性市场营销策略的意义在于：与其在大市场上占有很小的份额，不如集中企业的营销优势以便在少数细分市场上占有较大的，甚至是居支配地位的份额，以向纵深发展。例如服装厂专为中老年妇女生产服装，汽车制造厂专门生产大客车等，都属于集中性策略。集中性市场营销策略的优点有：①有利于企业准确地把握顾客的需求，有针对性地开展营销活动；②有利于降低生产成本和营销费用，提高投资收益率。这种策略特别适合小企业，因为小企业的资源力量有限，所以如果能够集中力量在大企业不感兴趣的少数细分市场上建立优势，就有可能取得成功。集中性市场营销策略的缺点是经营风险较大，会导致企业对一个较为狭窄的目标市场过于依赖，一旦这个目标市场上的情况突然发生变化，比如消费者的需求偏好突然发生变化，或者有比自己更强大的竞争对手进入这个市场，企业就有可能陷入困境。因此，采用集中性市场营销策略的企业必须密切注意目标市场的动向，随时做好应变的准备。

第三节 目标市场内顾客的价值观

"价值"一词最早是由西方经济学家提出来的，用来界定物品的价值，并且由此衍生出两套价值观理论：主观价值经济理论和内在价值理论。前者认为产品和服务本身没有价值，是因为人的需求才使得它们有价值；后者则认为每件事物的本身都有其内在价值，无关市场需求。

从行为学的角度分析，消费行为也是一种直接反映需求和欲望，追求精神利益增加的具体行为，因而消费行为也必不可少地会受到价值观的影响。早期的消费研究中，探讨消费者价值时更多地关注产品所带来的工具性利益，消费者根据其产生的最大化效用来界定产品的价值，即理性的消费者价值观。理性的消费者价值观更关注产品的有形品质和效用，忽略了消费过程中的主观感受和情感需求。由于消费过程中通常会掺杂很多诸如感觉、乐趣、经验甚至是幻想等非理性感觉，综合来看，消费者在进行消费时，既要考虑产品所提供的客观效用价值，也会将其所传达的个性、趣味、情感、社会地位等主观因素列为重点考虑对象。

拓展阅读11-3

基于利益细分视角的大学生运动鞋市场细分

利益细分由美国的营销学者拉塞尔·哈雷(Rusell Haley)于1968年提出。哈雷通过研究将市场细分变量分成两种，分别是因果性变量和描述性变量。他认为消费者是因为产生了某种需求，所以才会购买某些服务或产品，因此他将市场上的产品和服务看作能够满足消费者利益的集合。哈雷认为通过利益细分可以寻找或预测消费者的购买行为，而消费者购买产品所寻求的利益才是细分市场存在的真正原因。哈雷通过研究将消费者所寻求的利益分为四类：认知的利益、知觉的利益、情感的利益、附属的利益。

研究表明，大学生购买运动鞋时，重视活力表现、功能质量、审美时尚。

基于利益细分的大学生运动鞋市场特征如下。

(1) 大学生运动鞋利益细分市场人口统计学特征。活力表现型消费群体的人口统计特征为男生较多，非独生子女较多，大二和大三学生较多，理科和工科学生较多，来自乡镇的学生较多，大部分学生的月生活费处于中等水平；功能质量型消费群体的人口统计特征为大二学生和研究生较多，来自农村的学生较多，医科和体育、艺术等专业的学生较多，大部分学生的月生活费较少；审美时尚型消费群体的人口统计特征为女生较多，独生子女较多，大四的学生较多，来自城市的学生较多，文科的学生较多，大部分学生的月生活费较高。

(2) 大学生运动鞋利益细分市场消费行为特征。活力表现型消费者通过商场和批发市场购买运动鞋较多，购买原因以家人朋友推荐和一时冲动较多，其对购买的运动鞋满意度处于适中水平；功能质量型消费者通过商场和大型超市购买运动鞋较多，购买原因以有直接需求和商品打折较多，其对购买运动鞋的满意度最高；审美时尚型消费者通过品牌专营店和名牌折扣店购买运动鞋较多，购买原因以追求流行与时尚和模仿他人较多，其对购买运动鞋的满意度较高。

(资料来源：武立涛.新时代背景下我国大学生运动鞋市场细分特征研究——基于利益细分视角[J]. 重庆工商大学学报(自然科学版)，2020，37(02)：121-128.)

一、顾客感知价值

(一) 顾客感知价值的含义

Zeithaml 通过顾客调查总结出顾客感知价值的四层含义。

(1) 价值指的是商品的所付出的价格，部分消费者把其等价的价格用金钱的数值来进行感知和衡量。

(2) 价值主要指消费者希望从中得到的东西，部分消费者所感知的所得利益值是从商品的服务和产品中得到，普遍定义上来说和经济学所说相同，即用主观满意的不同程度来进行评价。

(3) 价值也是消费者付出金钱后获得的质量，部分消费者将金钱和质量进行平衡。

(4) 价值是指消费者能获得的所有回报，部分消费者会对其付出的其他因素进行考究，希望得到同等回报。

(二) 感知价值的核心理论

Zeithaml 提出消费者由对产品属性的评价形成感知质量，并通过感知质量形成对产品的价值判断，即感知价值，核心理论的主要内容如下。

(1) 价值中的收益成分包括显著的内部特性、外部特性和其他相关的高层次的抽象概念。一般情况下，消费者会在购买产品或者服务时从其价值收益出发，先着重于产品外部所展现出的某些属性，如包装、样式、颜色等，然后再延伸到产品生产企业代表的形象、社会地位等，最后才是内部价值的展现，而这部分价值基本要依靠其外部价值所提供的抽象利益才能使消费者感受到。

(2) 感知价值是指货币或非货币成本。货币成本一般指金钱上所给予的成本，非货币成本指购买产品或者服务时所付出的时间等其他成本，一般货币成本体会度高的顾客会在选择商品时候更在乎其付出了多少金钱，不太在乎货币成本感受的顾客会更注重非货币成本的价值来增加感知价值。

(3) 外部特性是最能体现价值的功能展示表。顾客在选择产品或服务的时候，常依据其外在的东西去衡量其价值，而忽略实际付出的具体收益与成本比较值，外部特征左右了顾客的选择方向，用其常用的广告暗示展示其带来的收益，顾客在选择的时候也会受到产品品牌的影响，往往这种收益与其实际收益有差距。

(4) 感知价值依赖于顾客进行估价的参照系。例如，在不同的购买地点、购买时间、消费时间与地点，顾客对价值的感知就不一样，这意味着顾客感知价值是动态的。

二、消费者价值观

Sheth、Newman 和 Gross 在 1991 年提出了消费者价值观理论及其模型，认为价值观会影响消费者的行为，且该理论解释了消费者购买或不购买(使用或不使用)某种特定产品的原因，甚至解释了消费者为什么会选择某些产品来取代该产品。消费者价值观的具体内容如下。

(1) 功能价值观：该价值观看中产品具有的客观功能，尤其是在其属性上的功能。

(2) 社会价值观：通常意义下，社会价值主要是指顾客在使用产品的过程中衍生出来的社会属性。在这种属性的影响下，产品所赋予的附加值就从客观功能性转变为其社会价值赋予值，顾客会看重使用该产品所带来的社会影响力或地位，同时也能与其所属阶级和团队画上等号。

(3) 情感价值观：一般意义上的情感价值观是指顾客在购买产品或者服务时是否能引发其内在情感的直接需求。

(4) 认知价值观：主要指顾客在其固有思想中迸发出对产品或服务的好奇心、新鲜感和刺激感等意识。

(5) 条件价值观：主要指在既定的环境下，顾客做出的选择，即该产品或服务能在特定的条件下赋予顾客更多的价值，从而激发出外界效应。由于这些效应影响或者改变了本来的消费轨迹，因而这种价值一般存在的时间很短。

Sheth 等人认为上述 5 种消费者价值观会影响消费行为，消费者在不同的环境下会有不同的选择，这些选择的贡献值也不同，而这些选择会受到上述 5 种价值观中一到两种以上的影响。比如，功能价值观衡量消费者对产品特性的感知，包括使用寿命、耐久性、可靠性、准确性、质量和价格等，这些特征是决定消费者购买行为的主要动机。但在产品价格昂贵的情况下，消费者就有可能考虑其他的标准，例如是否喜欢，是否环保，因为有的消费者愿意为环保产品支付更多。

目标市场确定后，必须透过消费者表层、多变的行为和需要，寻找其内心根深蒂固的价值需要。定位的重心在于消费者心灵，对消费者心灵把握得越准，定位策略就越有效。"定位不在产品本身，而在消费者心底。"无论企业定位技巧多高明，其成功的关键还是要迎合消费者的心理。因此，把握目标市场的顾客心理需求活动是品牌定位最重要的环节。由于消费者的心理需求特征纷繁复杂，纯粹地分析消费者心理需求是比较困难的，对此进行量化也不是容易的事，而分析消费者价值观是一种可行的方式，这是因为无论消费者购买什么样的产品，其购买决策往往源于共同的内在驱动因素——消费者自身的价值观，这使同一类型的消费者在购买不同类别的商品时体现出很高的相似性。

价值观是人们对事物一致且稳定的看法，是人和社会精神文化系统中深层的、相对稳定并起主导作用的成分，是人心理活动的中枢系统。分析消费者价值观是为了发现目标顾客群对事物的判断标准，解读他们的主要需求，为定位提供足够的心理依据。

本章小结

市场细分的本质就是利用消费者的需求差异性，将整个市场分割为若干个需求不同的细分市场。创业者尽量避免面面俱到，从创业开始就要瞄准细分市场，这样更容易发现市场中的营销机会，更容易集中有限的资源进行有效竞争。市场细分的依据和方法很多，创业者应根据可测量性、可进入性、可盈利性、可区别性和可行动性的原则，将市场分割成若干细分市场。

选择细分市场时，最重要的是能够找到最认同本公司所提供的产品和服务的目标人群，从中获益。

目标市场确定后，必须透过消费者表层、多变的行为和需要，寻找其内心根深蒂固的价值需要。

思 考 题

一、简答题

1. 创业者进行市场细分的主要依据是什么？
2. 创业者应如何准确定位自己的目标市场？
3. 创业者应如何理解自己目标市场中的顾客价值观？

二、案例分析

个性化市场定位

个性化市场定位最显著的特点就是创意新颖或让人浮想联翩，即使这种个性与产品本身并无关联，是人为赋予上去的，但只要得到消费者认同，就是成功营销的利器，就能获得的成功。

戴比尔斯钻石的广告语——"钻石恒久远，一颗永流传"，把钻石的坚硬、耐久性、稀缺性和爱情结合在一起，赋予人们美好的期望，让顾客感知其价值，成为深入人心的广告语。

法国洋酒在中国市场上进行推广之初，为了支撑其高昂的价格，在诉求上注重形成心理暗示，"人头马一开，好事自然来"，没有任何实质性承诺，完全是心理暗示。

个性化市场定位强调专注市场细分后的特定消费者群体，创业需要冒险精神，但很多创业者在某个领域获利后，如果得陇望蜀，看到一个领域有获利的可能性就试图进驻，往往造成投入不足、资金链断裂等现象。

思考：
1. 创业者应如何进行个性化定位？
2. 试分析钻石和洋酒的顾客感知价值，谈谈创业者应如何利用顾客感知价值。

第十二章
可持续创业营销

学习要点

1. 掌握可持续创业营销的概念,提高建立有效商业模式的技能;
2. 认识创业营销失范的表现及危害;
3. 提高创业企业可持续营销的能力。

导入案例

炼化企业能变得具有可持续性吗

环境是人类生存和发展的根本,而人与自然和谐共处才是可持续发展的必然要求。随着炼化企业的不断发展,我国炼化企业受自身利益影响,曾以损害自然环境作为代价来得到利益。

1961年4月16日,华北石油勘探处在原广饶县辛店公社东营村附近打成境内第一口勘探井——华八井,首次见到工业油流,日产原油8.1吨,从而发现了胜利油田。为适应胜利油田的发展和开发建设黄河三角洲的需要,1983年10月15日,东营市正式挂牌成立。东营市周边企业主要依托石油以及相关炼化产业,炼化业务属于石化产业的下游部分,它直接受到上游石油资源的约束,大量小型炼化企业靠降低成本取得竞争优势,只有少数企业投资并建设了完善的环保设备,在市场竞争中艰难生存。随着国家相关环境保护法律的颁布实施,大量环保不合格的企业被强制关停,环保合格的炼化企业产品供不应求,迅速占领市场领先地位。

自然环境为经济活动提供了源源不断的资源,注入了不竭的动力,而经济的发展却让环境付出了沉重的代价。全球气候变暖,能源危机,空气和水污染,耕地面积、森林面积大幅度锐减,沙尘暴、雾霾等问题日益突出,这些都严重制约了人类社会可持续发展。彼得·德鲁克对企业可持续发展的定义是:企业在自身发展过程中,通过创新使其不断注入新的活力,始终保持竞争的优势,实现长盛不衰的战略目标。在不断扩大市场和利润份额的同时,企业应坚持与环境变化相适应,在内部资源有效配置的基础上,持续地增加盈利和扩大企业规模。

在人类发展进程面临的重大难题中，最具瓶颈性质的是环境问题。人类发展面临两个矛盾：一是人类需求的无限性与地球资源的有限性之间的矛盾，二是废弃物排放的无限性与自然界恢复力的有限性之间的矛盾。这两个矛盾的激化使人类赖以生存的地球正在遭受着前所未有的严重破坏，资源枯竭，人类生存环境日益恶化。日趋严重的资源问题和环境问题促使人们对传统发展观进行反思，寻求人类长期生存和发展的道路，即人与环境可持续发展的道路。世界各国都在制定本国的可持续发展规划。我国正处于工业化、城镇化、信息化和农业现代化快速发展的时期，快速的经济发展和大量的能源需求使我国成为全球二氧化碳排放大国，我国急需探索低碳的、环境友好型的经济增长模式。

在发展理念方面，追求单纯经济增长的传统发展观遭遇到了前所未有的挑战，可持续发展观应运而生。20 世纪 70 年代以来，在营销领域，传统的主流市场营销理论也遭受了不少批评，促进了可持续营销的产生和发展。概括地讲，可持续营销主要包含两方面的含义：首先，必须用更具可持续性的方法从事营销；其次，运用营销过程及其影响促进可持续发展观念与文化的普及。两千多年前，我国古代哲学家就提出了"天人合一""道法自然"等思想，倡导人与自然和谐相处，这些思想中蕴含着可持续发展精神。我国要成为富强、民主、文明、和谐的社会主义现代化国家，其根本途径是建立社会主义市场经济体制，而以公有制为主体的现代企业制度是社会主义市场经济体制的基础，企业是社会主义市场经济的微观基础，是重要的微观经济活动主体。将营销与这些论述结合起来，就会明确在我国推行可持续营销的重要性，可持续营销将有助于从根本上解决近年来的食品安全等产品问题，有助于发挥企业在实现我国战略目标中的作用，有助于调动各方力量实现社会的可持续发展。

不可持续的经济增长方式这个问题涉及环境、社会与经济等方面，它们之间是互相交织、互相关联的。人类的福祉依赖于经济活动，而经济活动又依赖于自然系统。营销活动和对消费者需求的刺激经常被认为是造成经济不可持续增长的主要原因。通过营销活动，可以识别消费者需求与价值取向，并将这些认识传递给组织的其他组成部分，营销影响着为消费者提供价值的每一个环节，包括设计、研发、产品与服务的分销等，在它的对外沟通活动中，营销也能够影响人们思考、感受与行为的方式。为实现可持续性，营销必须还要积极地关注对自然环境与人类美好生活的影响。综上，本书提出如下可持续营销的定义：可持续营销是以自然和人力资本都被全程保持或增进的方式，为消费者制造、表达与传递价值的过程。

第一节　创业者对商业模式的战略选择

随着全球竞争日趋激烈，创业企业要在市场上取得成功，就需要有超越对手的竞争能力，因此，持续的竞争力是企业的生存基石。持续竞争优势不仅需要企业超越竞争对手，给企业创造更多价值，而且需要企业为消费者创造更多的价值，满足消费者多样化的需求。此外，企业要在较长的时间内保持这种优势，用较低的成本为消费者持续创造更高的价值。现代的企业竞争已经由原来的价格型、数量型竞争逐步转向质量型、差异化竞争，如果企业而将环境保护纳入发展战略，则将有新的发展机遇。

一、商业模式的发展

随着"一带一路"倡议的逐步推进,越来越多的企业走国际化经营的道路,以求在国际市场上获得竞争优势。不少传统企业高污染、高能耗的粗放模式面临着竞争劣势和环保政策的约束。企业逐渐意识到应同时维持经济、社会、环境三重底线,使企业能获得并保持竞争优势。一切营销战略的最终目标是在市场中增强商业竞争能力。企业在确定营销战略时应考虑环境与社会可持续性问题,以获得长期竞争优势,它们将一同促使企业的发展具有可持续性。

(1) 实现可持续发展的企业要处于不可避免的环境规制。对于那些已经开始朝着可持续发展目标前进的厂商,它们将在这些新法规到来时占据有利的竞争位置,并率先达到新标准。

(2) 保持成本优势,以更低的成本运营的企业会有更大的盈利空间。各类企业很快意识到可持续发展能够节省开支,从短期来看,保护能源并减少废弃物能够极大地降低成本;从长期来看,可持续发展将产生更大的价格优势。未来,化工燃料和其他有限的资源只能变得越来越稀少且越来越昂贵。有些情况下,有些资源可能完全不再可用,或是由于已经耗尽,或是由于政府管制。发展更具可持续性的企业,即对正在消失的资源具有较低程度依赖性的企业将更有可能存活下去并且繁荣壮大。

(3) 竞争优势的源泉是创新,即能使一项商业活动领先其竞争者的新型产品、服务和流程的开发。持续的创新是竞争优势的基础。

(4) 公司的员工也能成为竞争优势的源泉,向可持续发展方向积极努力的企业,更有能力吸引并留住有才能的员工。这些企业不仅能够激发员工的创造性与创新性,而且能够营造更加健康、更具挑战性、更富效率的工作环境。

(5) 有意义的差异化战略能够使企业获得更佳的市场定位,也能成为竞争优势的一种源泉。可持续发展正成为成功的商业市场定位的重要组成部分。

如果一项商业活动能够因为其质量、对人与自然的关照而赢得持续的信誉,那么消费者就将用他们的忠诚来回报它。企业也能够由于因忠诚消费者的增长而带来的收入,以及在新消费者领域中扩张的市场份额而产生收益。

因此,向可持续发展方向的努力可以通过预期规制的变化、降低成本、稳定有限资源的供给、促使产品与流程的创新、吸引并留住有才能的劳动力、塑造有力且可靠的市场定位等方式,为企业提供竞争优势,并不断推动企业的可持续发展。

可持续性商业模式创新是企业以可持续发展为导向,寻求价值主张、价值创造和要素获取、价值网络的全面创新。它充分融合了企业对可持续发展的贡献、对利益相关方和社会负责任的要求,最终创造出涵盖经济、社会与环境的综合价值和共享价值。高水平的创业往往伴随着商业模式创新,可持续性创业的实现过程通常也是可持续性商业模式创新的过程。可持续性创业及其引发的可持续性商业模式创新主要包括以下三种类型。

(1) 环境价值导向的绿色创业或生态创业。由于循环经济是基于产品全生命周期导向的可持续性商业模式适用的重要场景,着眼于环境保护和生态优化的绿色创业或生态创业是催生可持续性商业模式创新的重要方式。绿色创业或生态创业通常要求可持续性商业模式创新聚焦于对环保技术创新的利用,或者发现环境领域公共产品的市场失灵,进而获取绿色创业机会。

(2) 社会价值导向下的公益创业或社会创业。"金字塔底部"场景往往意味着大量潜在的社会需求，为创业提供了机会，着眼于满足社会需求、将社会问题转化为商业机会的公益创业或社会创业成为催生可持续性商业模式创新的重要途径。公益创业或社会创业要求可持续性商业模式创新聚焦于突出的社会问题，以新的商业模式破解传统商业模式无法解决的社会难题。

(3) 合法性导向的制度创业。制度创业意味着创业者在既有的制度体系中发现创新机会，通过创立新的制度而创造新的创业机会。制度创业的企业家可以让客户和战略合作伙伴参与制定与创新价值主张的过程，增加创新可持续性商业模式的收益，模仿可能的冲突，改变行业规范、社会信仰和文化认知，形成全新的价值主张，增强规范和文化认知的合法性。

二、创业者对商业模式的决策

尽管一些创业者在开创新企业时有一个相对清晰、明确的商业模式，但这个商业模式往往并不成熟，并不完善。在创业企业中，创业者首先有一些直观的认识，即公司必须赚钱，然后，脑海中形成部分要素或者模糊的想法，接着是一个尝试和试错的过程，创业者往往靠自身敏锐的洞察力发现创新和竞争优势的来源，逐步形成清晰的商业模式。创业者可在三个层次上对商业模式的四个构成要素进行组合决策。

(1) 基础层次的决策，主要涉及企业买什么和卖给谁等基本问题，该层次上的决策易于复制。

(2) 专属层次上的决策，指企业在分析市场环境的基础上，对商业模式构成要素进行独一无二的决策组合，该层次上的决策具有唯一性且允许企业设置一些竞争壁垒。这就要求创业者创新决策方法，一直致力于做有别于其他企业的事情。

(3) 规则层次上的决策，指确保基础层次和专属层次因素以一种规范管理的形式来执行。成功的商业模式往往归功于一系列重要的运营规则。比如戴尔公司有这样的准则：少于4天的存货周期，下一个工作日为顾客配送替换零件等。坚持执行基本准则可以强化与竞争对手的差距，即使彼此的商业模式比较类似，也相对具有竞争力。

可持续发展要求商业模式各要素之间保持一致，即具有内部与外部的契合性。内部契合指四个要素内部的一致性及其相互强化，也就是核心战略必须和战略资源、伙伴网络、顾客界面相一致，才能站得住脚。外部契合指四个要素的选择与企业外部环境的一致性。随着环境变化，商业模式要做出相应改变或完全调整。创业者在进行商业模式要素组合决策时须评价内部与外部的契合性。

商业活动如果能同时对商业自身、社会与环境产生效益就创造出了"三赢"的局面，从而使企业变得更具可持续性。企业家约翰·埃金顿发展了这种"三赢"思想，并起名为三重底线(triple bottom line，TBL)，以表示组织对经济、环境与社会造成的净影响。三重底线框架鼓励经理们通过可持续性的三个维度——经济、环境与社会来寻找创造竞争优势的机会。这一目标在某种程度上可以通过寻求利益相关者的帮助而实现，利益相关者是指对商业及其实践有合理兴趣的个人或组织，他们不一定是股东。

三重底线框架的每一部分都包括一些特定的、能对寻求竞争优势有益的、可测量的参考点。

经济测量值包括销售额、利润、投资回报、纳税额、现金流、创造岗位数等。环境测量值包括空气与水质量、废弃物产生量等。社会测量值包括劳动量、健康与工伤水平、社区影响、人权保护情况与产品安全性等。

  资本是商业的原料，擅长创造与管理资本的商业活动往往能享有竞争优势。资本包括金融资本、制造资本、自然资本和人力资本。可持续发展性战略强调重视所有资本来源的途径，由于自然环境的恶化，自然资本正以惊人的速度消耗着，只有人力资本在增长，全球迅速增长的人口与不断提高的医疗、信息、教育水平创造了庞大的劳动力队伍，类似情况在工业革命期间并不存在。既然现在是人力资本丰富而自然资源短缺的时期，商业界必须据此调整并进行相应的创新。自然资本主义强调四条相互关联的原则：基本资源生产率、生态模仿、服务经济与再投资。基本资源生产率最大限度地利用有限且不可替代的资源，减缓对自然资源的消耗，减少污染，增加全球就业岗位。生态模仿指依照生态模型对工业流程的再设计。在自然界，没有什么会被浪费掉，一个组织产生的废弃物是另一个组织的"食物"。服务经济强调通过服务满足消费者的需求并将产品看作传递服务的手段。再投资是指用一项投资的分红、利息或利润来购买更多的富有生产效率的资本，再投资是成功商业实践的基础，这点既适用于金融资本与制造资本，也同样适用于自然资本与人力资本。在自然资本与人力资本方面的再投资往往能够用金融语言阐述，如通过对资源更高效的使用而节约成本或提高效率。自然资本不断下降、全球人口不断上升并由此带来更多需要满足的消费者的世界中，一个社会、企业或组织真正具有可持续性是指：①不造成源自地壳的物质在环境中聚集程度的系统增长；②不造成人造物质在环境中聚集程度的系统增长；③不造成生态系统退化程度的系统增长；④不设置对人类满足自身需求的系统障碍。

  一切行动与投资都应该尽量做到以下几点。

  (1) 推动企业朝着可持续发展的正确方向前进，并保证一个领域的收益不被其他领域的损失所抵消。

  (2) 具有足够的灵活性，以充分利用未来机遇。

  (3) 得到令人满意的投资回报。

拓展阅读12-1

新能源汽车的商业化

  预计未来10~15年内，我国能源缺口将达到60%，能源危机问题已经成为我国经济发展的重要制约因素。传统汽车工业在大量消耗石油能源的同时，还产生了大量的有害污染物。目前，许多城市已将 PM 2.5 纳入空气质量监测指标体系，而机动车尾气是形成 PM 2.5 的主因之一，对 PM 2.5 的贡献率非常之高。在能源危机和环境污染的双重紧迫形势下，汽车工业向新能源化转轨成为世界各国的共同战略选择。近些年，我国连续公布并实施了多项促进新能源汽车生产的相关政策及规划，各地政府也在积极筹备并相继出台新能源汽车发展规划及补贴方案，贯彻落实国家的产业政策及规划。国内汽车生产厂商正在积极开发新能源汽车，随着相关支持政策的逐步落实以及配套基础设施的逐步完善，新能源汽车的商业化进程将进一步加快。

新能源汽车产业的可持续发展会受到技术创新环境、产业发展环境和社会经济环境等诸多因素的影响。新能源汽车产业的可持续发展是指有效、合理地利用新能源汽车产业发展资源，将其发展的内在客观规律与长远发展规划结合起来，注重经济价值与社会效益的有机统一，注重技术创新和推广应用的统筹协调，注重战略规划和资金投入的统筹推进，为新能源汽车产业发展注入持久动力，在发展过程中注重产业的持续性、协调性和生态性。

(资料来源：潘苏楠，李北伟，聂洪光. 我国新能源汽车产业可持续发展综合评价及制约因素分析——基于创新生态系统视角[J]. 科技管理研究，2019(022)：41-47.)

第二节　可持续竞争优势

企业间的竞争行为是一种普遍现象，有竞争就有输赢，竞争的结果必然是有些企业成为佼佼者，凸显超越竞争对手的自身优势。这一优势是竞争行为的结果产物，是竞争对手所欠缺的，更是企业展现自身优势的一个强大手段。

处在当今充满动荡性和不确定性的社会环境中，企业的竞争优势越来越被动，例如，技术水平的提高、用户行为习惯的改变等都会影响竞争优势的获取。因此，基于动态、复杂的角度深入理解竞争优势，有利于企业获取具有长期性和持续性的竞争优势，即可持续竞争优势。企业可持续竞争优势的相关观点主要包括两个理论派别：一派持竞争优势外生论，其代表理论是波特的产业分析理论；另一派持竞争优势内生论，通常以企业的内部资源为研究依据，关注其自身的资源、能力和竞争优势间的相关性。企业与其竞争对手相比，若在既定条件下其自身的能力能够更长期地维持，就是拥有可持续竞争优势的表现。竞争优势外生论将长期、可持续作为可持续竞争优势的关键特征，企业是否拥有可持续竞争优势在于企业能否长期保持经营业绩高于同行业平均水平。竞争优势内生论对可持续竞争优势的理解为：拥有可持续竞争优势的前提是企业提出能够创造价值的战略决策，同时又能保证任何企业(除了该企业自身)和可能的竞争对手都没有创造价值的战略；除此之外，竞争对手没有复制其战略的本领也是必不可少的条件。换言之，企业的竞争对手即使能够实施相同的战略决策，也不会得到相同的收益。

一、可持续竞争优势的维度

可持续竞争优势是指企业在国际市场上向消费者提供具有特殊价值的产品或服务的过程中所表现出来的超越竞争对手，并且能够在一定时期之内创造超额利润或高于产业平均盈利水平的能力。一个企业的竞争优势由两个部分组成：来源和结果，来源依靠企业的市场地位或资源；结果就是一个企业的业绩表现，例如盈利能力的高低。可持续竞争优势的维度包括成本竞争优势、质量竞争优势、交付竞争优势、柔性竞争优势和财务竞争优势。

资源、能力、效力、资产等为企业提供绩效的要素形成了企业竞争优势，依据这些要素，学者们从成本、能力、效率、可持续性等不同角度尝试对可持续竞争优势进行了维度划分。不同学者对于可持续竞争优势的维度划分如表12-1所示。

表12-1 可持续竞争优势的维度

作者(时间)	划分维度
Porter(1980)	成本优势和差异化。成本优势是指企业有比竞争对手更有效地设计、生产和销售同类产品的能力；差异化是指企业在产品功能、质量或服务方面为客户提供卓越而独特价值的能力
Bloodgood (1997)	企业的市场份额和企业的总体绩效(主要是财务绩效)
Schulte(1999)	①效率，主要从成本角度考虑企业的行为；②功能，主要从资源的角度研究资源对竞争优势的影响；③持续性，主要从客户、供应商和企业专有知识角度研究企业竞争优势的持续问题
Ma(2000)	竞争力和企业的市场地位
Vogel(2005)	①低成本维度，即企业能够以较低的成本为客户提供产品或服务；②价值增值服务，即企业能够为客户提供多功能、高性能的产品或服务；③速度，即企业以快速、有效的方式执行操作流程；④灵活性，即企业需要灵活地适应快速变化的市场并比对手更快地做出反应；⑤创新，即企业要持续不断地为客户提供创新性产品；⑥客户服务，即企业要重视客户的需求
赵忠伟(2010)	显性优势、环境适应优势与再创造优势

二、可持续竞争优势的测量

对企业可持续竞争优势的测量方式较多，但主要根据可持续竞争优势的基本定义和各自的研究视角从财务和非财务两方面进行衡量。

(一) 基于财务视角的测量

衡量可持续竞争优势的财务指标有销售额预期增长与实际增长比率差、销售增长率、利润增长率、产品成功率、顾客维持率和市场占有率等。可持续竞争优势在经济绩效方面体现了超过行业平均利润水平的经济收益。虽然财务指标客观地反映了企业竞争优势，但并不能全面刻画企业相对于竞争对手的优势，从非财务的角度衡量持续竞争优势是对财务指标的补充，如客户满意度、客户忠诚度、产品及服务售后服务质量评价、企业声誉、企业形象及企业品牌等。可持续竞争优势的社会绩效体现在员工满意、消费者对企业声誉和品牌的认可等。企业环境战略和绿色创新行为往往会使企业建立企业绿色形象，形成绿色品牌，使消费者对企业产生良好印象，异质性的企业声誉与企业绿色形象是奠定企业可持续竞争优势的基础。

(二) 基于非财务视角的测量

衡量可持续竞争优势的非财务指标包括顾客对企业的绿色产品或服务的质量和售后服务满意度，回头客比例，企业人才吸引、保留情况，知识资源与组织学习能力，绿色创新能力，不间断投资能力，社区对企业的评价等。基于非财务视角的可持续竞争优势包括3个方面的内容：经济绩效方面，包括建立长期的经济收益战略和实施可持续的运营行为，达到经济目标和获得长期的财务收益；社会绩效方面，包括提高售后服务获得顾客忠诚，为顾客提供高质量和有价值的优质服务，与供应商建立良好的关系，建立公平的工作环境；环境绩效方面，包括与当地社区建立合作，组织有充足的环境知识支持环境管理。

从经济、社会和环境三方面对可持续竞争优势进行测量的方法如下。

(1) 经济方面，企业通过构建长期的收益战略和实施可持续的经营行为，获取较长时期的财务收益。

(2) 社会方面，包括顾客忠诚度、与供应商关系的良好度、工作环境的公平度。

(3) 环境方面，包括与当地社区进行合作，企业利用环境知识支持环境管理。

第三节　创业营销道德

创业营销道德是调整创业企业与所有利益相关者之间的关系的行为规范的总和，是客观经济规律及法制以外制约创业行为的另一要素。

企业的道德行为包括以下3类。

1. 创造价值

价值强调为企业与社会创造长期效益。理想的价值愿景是，企业实现盈利目标，同时对生态系统恢复与贫困人口减少有所裨益。按照三重底线理论，这将使经济、社会与环境这三个领域都取得收益。按照自然资本主义的理论，这将同时增加金融资本、自然资本与人力资本。但是，每一种关于对社会尽责商业活动的观点，都认为以在其他领域的损失(如对公众健康造成风险)为代价，在一个领域创造收益(如股票市值)的做法是不可取的。

2. 寻找平衡

平衡指企业对利益相关者间相互冲突的利益或道德标准的调和能力。若要真正平衡经济、社会与环境责任，需要超越对个体利益相关人的关注，识别出不同责任相互重叠以及互相增进之处。完美的平衡不会让企业的任一个利益相关方，包括股东、供应商、雇员、消费者与一般来说的社会，有任何抱怨。有些时候，尽管不是不可能，但协调不同利益相关方的价值是非常困难的。认识到不同利益相关方的要求都有合理性，企业自身就不得不对这些不同团体的重要性进行排序。一家企业可能会做出如下判断，投资方的利益与消费者的利益同样重要，两者都比员工、社区与环境支持者的利益重要。平衡的问题还会引出利益相关方范围与定义等其他重要课题，比如，全球经济一体化与人类共享地球空气的事实就意味着，每个国家的每个人都是任一企业对环境与社会所做行为具有合理性的利益相关人。类似地，即使是可持续性，最基本的定义也意味着未来的世代也应该在每项商业决策中占有利益相关方的位置。

3. 承担责任

责任意味着对行为及后果负责，并以透明的方式行动。在这里，透明指对外部观察者开放且可见。完全负责的企业应该以开放、诚实、不虚伪的方式运转。依据有关责任的原则，如果一项商业活动试图掩盖或淡化它对环境或人类已造成的损害，那么它就是背信弃义、居心不良，必须要求它推行改变或停止生产，视情况做出相应的赔偿。依据"价值+平衡+责任"的逻辑，一项商业活动若能在向公众监督开放的情况下，平衡它所有利益相关方的利益，并取得了三重底线框架中的利润，那么在这个意义上，其行为就是道德且尽责的了。

一、评价创业营销道德的理论

判断某一营销行为是否合乎道德，在很多情况下并不像人们想象的那么容易。有些违背营销道德的行为，诸如虚假广告、合谋定价、贩卖假酒、假药等，普遍为社会所痛恨，其不道德性一目了然。然而对某些营销行为，如儿童广告、以顾客身份从竞争对手处获得营销情报、对购货大户实行价格优惠等是否合乎道德，并不容易弄清，人们的判断往往也不一致。伦理学家们提出功利论与道义论两大理论。功利论主要以行为后果来判断行为的道德合理性，如果某一行为能给大多数人带来幸福，则该行为就是道德的，否则就是不道德的。道义论则从直觉和经验中归纳出人们应当共同遵守的道德责任或义务，以这些义务的履行与否作为判断行为是否合理的标准。在市场营销实践中，企业有时根据功利论，有时则根据道义论对自身行为做出道德判断。

(1) 显要义务理论。显要义务是指在一定时间、一定环境中人们自认为合适的行为。在大多数场合，神志正常的人往往不需要思考便明白自己应当做什么，并以此为道德义务。一般认为，人有六条基本的显要义务，即诚实、感恩、公正、行善、自我完善、不作恶。

(2) 相称理论。相称理论认为，判断一项行为或一项决定是否道德，应从目的、手段和后果三个方面加以综合考察，应遵循这样几条原则：①假定所用的手段和意欲达到的目的均无可挑剔，但如果预见行为将引起副作用，则行为人应当有足够或相称的理由来避免这类副作用的发生，否则，行为是不道德的。②无论是作为手段还是作为目的，旨在对他人造成"大恶"是不道德的。③允许或放任一种"大恶"，或给他人造成重大损害，且提不出相称理由，这是不道德的。④希望、允许或放任一种对他人的"小恶"或小害发生，且提不出与之相称的理由也是不道德的。

(3) 社会公正理论。该理论试图从一种被称为"起始位置"的状态出发，来构建一个理想的社会公正系统。起始位置是指社会中的每个人并不知道自己将来在社会上居于哪一个层次，处于什么样的地位，只有这样才会对权利和义务做出合理的安排。社会公正理论认为，企业在进行营销时，应遵循自由原则和差异原则。自由原则是指在保持社会和谐、稳定的条件下，最大限度地使人们行使同样平等的权利，尽可能让每一位成员享受更多的自由。差异原则是对自由原则的一种修正和补充，要求任何社会的制度安排不仅普遍适合社会的每一个成员，而且要使社会底层的人们获得最大的利益，不应出现强者剥夺弱者而使弱者更弱的状况。

二、创业营销活动中的失范问题

创业者在创业营销的过程中，为了生存和发展，可能存在以下行为失范的道德问题。

1. 营销调研中的道德问题

创业者在进行市场调研时,要为客户保守业务秘密;要保证调研工作质量,如问卷设计要认真,访问次数不能偷工减料,调研人员要经过严格培训,收集的资料要真实可靠;要尊重受访者的尊严和隐私权,并对其身份进行保密,未经许可,不能随意公布受访者提供的资料。对委托调研一方来说,要依约支付调研费,要公正、全面地发表调研成果,不能断章取义等。如果违背以上原则,就属于道德问题,必然会引起人们的谴责。

2. 产品策略中的道德问题

在制定产品营销策略时应注意以下几点道德问题。

(1) 不存心欺骗消费者,不将假冒伪劣商品充当优质商品出售给消费者。

(2) 不操纵消费者的需要,不过分刺激消费者的欲望,并刺激社会成本的增加。

(3) 产品的包装及标签必须提供真实的商品信息。

(4) 产品在生产过程中不能给员工带来身心的伤害,具体表现为不能给社会造成环境污染,不能危及居民的正常生活。

(5) 产品在使用过程中不能给消费者带来人身和财产安全方面的危害,以及产品废弃物不能对环境造成污染。

违反以上任何一项都属于道德问题。

3. 价格策略中的道德问题

首先是存在欺诈性定价,如故意抬高标价,然后声称酬宾大减价或对无货的商品故意定低价,以造成廉价的错觉,行高价之实;或低价引进,然后漫天要价。其次是制定掠夺性价格,即把产品的销售价格定得远远高于生产成本,如服装、药品和保健品、化妆品等常常是销售价格高于生产成本好几倍。最后是实行垄断性价格。有些同类产品的生产商或销售商为了阻止产品价格的下降而实行价格共谋,要求此类产品必须按协议价格销售。以上这些都严重地损害了消费者的利益,扰乱了正常的市场经济秩序。

4. 分销策略中的道德问题

生产商与经销商不履行双方签订的合同,或生产商不按时供货、不如数供货给经销商,或经销商不按期付款给生产商,或生产商与经销商相互推诿产品售后服务的责任等,都属于分销策略中的道德问题。另外,还存在零售商为了自身利益不顾合约的规定,销售其他企业的产品,或生产者利用自己的垄断地位,损害中间商的利益等不道德问题。

5. 促销策略中的道德问题

第一,包装上的产品宣传言过其实或言不符实,或过度包装,加大成本,造成资源浪费。第二,在广告宣传方面播放欺骗性广告推销产品,使消费者做出错误的购买决策;或为了搞垮竞争对手以提高自己的产品或企业的身份,而播放攻击竞争者的广告;或为了诱惑消费者购买自己产品而制作夸大其词或隐瞒缺陷的广告;或是采用含糊其辞、模棱两可的广告或欺诈性承诺。第三,人员促销时,诱惑消费者购买不需要的产品或不想买的产品,或推销伪劣产品和滞销产品,或在交易中贿赂送礼等。第四,在销售促进中,有的商家有意安排"托儿",制造产品紧俏的假象，诱使不明真相的消费者上当或搞有奖销售，如"买一赠一"活动的赠品非同一商品；或炒作概念，利用人们对新科技产品的依赖和追求心理，故意将开发的新产品冠上科技新概念的头衔，以蒙骗消费者，促进产品销售。例如无法证实其功效的节能型、抗菌型、绿色环保型的冰箱、空调，以及延寿型的营养品、化妆品和药品，纳米水、纳米衣等。

6. 市场竞争中的道德问题

市场竞争中的不道德行为包括：第一，以不道德的方式获得竞争对手的知识产权和商业秘密。如近年来出现了多起商标抢注案例，有的抢注并非为了生产、销售产品，而是为了投机、获利。有的企业以合作、洽谈、考察为幌子，乘机获取对手的商业秘密；有的企业在对手企业安插"侦察员"；有的企业贿赂、收买对方工作人员；有的企业使用"商业间谍"；有的企业利用高新技术窃取对手商业秘密等。第二，开展恶性竞争，如开展价格大战或有奖销售战；相互攻击、诽谤、制造谣言，诋毁竞争对手的企业形象和产品形象。第三，利用权力进行营销，不仅污染社会风气，为各种腐败现象提供了温床，而且给正当经营造成了冲击。

本 章 小 结

可持续营销是以自然和人力资本都被全程保持或增进的方式，为消费者制造、表达与传递价值的过程。

企业向可持续发展方向的努力可以通过预期规制的变化、降低成本、稳定有限资源的供给、促使产品与流程的创新、吸引并留住有才能的劳动力、塑造有力且可靠的市场定位等方式，为企业提供竞争优势的源泉，并不断推动企业的可持续发展。

可持续的竞争力是企业的生存基石。可持续竞争优势不仅需要企业超越竞争对手，给企业创造更多价值，而且需要企业为消费者创造更多的价值，满足消费者多样化的需求。此外，企业要在较长的时间内保持这种优势，用较低的成本为消费者持续创造更高的价值。现代的企业竞争已经由原来的价格型、数量型竞争逐步转向质量型、差异化竞争，如果企业将环境保护纳入发展战略，则将有新的发展机遇。

资源、能力、效力、资产等为企业提供绩效的要素形成了企业竞争优势。

创业营销道德是调整创业企业与所有利益相关者之间的关系的行为规范的总和，是客观经济规律及法制以外制约创业行为的另一要素。

企业的道德行为包括创造价值、寻找平衡与承担责任。

思 考 题

一、简答题

1. 创业者应如何理解可持续创业营销？
2. 什么是商业失范？创业者应如何看待创业营销道德？
3. 创业者应如何选择可持续发展商业模式？

二、案例分析

珠海的跨境电商可持续发展

"一带一路"是我国进行新一轮改革发展、实现合作共赢的新倡议。"一带一路"与"互联网+"进行结合,为我国跨境电商提供了得天独厚的机遇与舞台,跨境电商依托"一带一路"加快了自身的发展,带动了我国对外贸易。互联网经济是信息化、全球化在全世界引起产业变革与升级的产物,现在人们已经习惯于网上购物,这是电子商务与互联网对零售行业的一个大规模的改造。国家先后设立了15个跨境电商试点城市,这些城市又根据自己的城市特点以及商业特点建立了独特的跨境电商产业园,在跨境电商的发展方面进行了探索和创新;同时,保税区完善了相关制度,有效地化解了跨境电商供货品质选择与目标客户群需求之间的矛盾等。从海上丝绸之路到陆上丝绸之路的沿线城市,都在快速组建各种形式的跨境电商平台。

我国跨境电商发展中的问题包括:第一,法律法规及体系的不完善。虽然国家政策在不断地对跨境电商提供支持以及发现跨境电商漏洞并及时改善,当前我国跨境电商主要以中小额交易为主,跨境零散化、碎片化尤为明显。跨境电商是商业的改革,也是传统产业进行升级的典型产物,所以对我国法律法规提出了新的要求。第二,跨境支付所面对的复杂化与不确定性。传统贸易主要是以美元为中介进行结算,而跨境电商由于政策及报关途径等方面的原因,很难通过正常渠道结算,所以第三方支付平台出现,但并不是所有的第三方平台都可以通过政策审核或有能力处理跨境复杂业务。第三,跨境物流滞后。我国2018年社会物流总费用与GDP的比率是14.5%,与发达国家的10%及以下相比,我国的物流链是断裂的。我国需要真正实现跨境交易高速发展,保证产品自由流通的速度,提高物流水平与海关效率是解决问题的根本。

珠海依托"一带一路",在粤港澳大湾区的强大背景下,由以传统行业为主的城市向绿色、休闲、科技化的智能城市发展。珠海处于珠三角腹地珠江西岸,与澳门相邻,在地理上有着绝对的优势,港珠澳大桥开通后与香港的联系大幅度增加。珠海市设立的国家一类口岸多达8个,七大港区的货物吞吐量大于2亿吨。珠海通过跨境电子商务的行业升级与产业创新,促进外贸转型,形成外贸发展新动力,其中包括将推动品牌企业与"互联网+"战略结合,吸引跨境商业巨头企业集聚在珠海,同时通过学习以及模仿培育一批本土跨境电子商务企业,实现外贸出口和产值同步增长。

(资料来源:陈健,车希婷."一带一路"背景下珠海跨境电商可持续发展研究——以"跨境说"电商企业为例[C]. 2019 中国环境科学学会科学技术年会论文集(第三卷),2019:3243-3249.)

思考:
1. 如何理解企业的可持续特征?
2. 如何提高企业的可持续发展?
3. 可持续发展对创业企业有何重要性?

参考文献

[1] Hills G E. Variations in University entrepreneurship education: An empirical study of an evolving field[J]. Journal of Business Venturing,1988,3(2): 109-122.

[2] Duus H J . Economic foundations for an entrepreneurial marketing concept[J]. Scandinavian Journal of Management,1997,13(3): 0-305.

[3] Morris M H,Schindehutte M,Laforge R W. ENTREPRENEURIAL MARKETING: A CONSTRUCT FOR INTEGRATING EMERGING ENTREPRENEURSHIP AND MARKETING PERSPECTIVES[J]. Journal of Marketing Theory & Practice,2002,10(4): 1-19.

[4] Shaw E. Marketing in the social enterprise context: is it entrepreneurial?[J]. Qualitative Market Research,2004,7(3): 194-205.

[5] Hills G E,Hultman C M,Miles M P. The Evolution and Development of Entrepreneurial Marketing[J]. Journal of Small Business Management,2010,46(1): 99-112.

[6] Nilson,Torsten H. Chaos marketing : how to win in a turbulent world[M]. McGraw-Hill Bopok Company,1995.

[7] Stokes D. Entrepreneurial marketing: a conceptualisation from qualitative research[J]. Qualitative Market Research,2000,3(1): 47-54(8).

[8] Morris M H,Schindehutte M,Laforge R W. ENTREPRENEURIAL MARKETING: A CONSTRUCT FOR INTEGRATING EMERGING ENTREPRENEURSHIP AND MARKETING PERSPECTIVES[J]. Journal of Marketing Theory & Practice,2002,10(4): 1-19.

[9] Sahay A,Kohli A K,Jaworski B J. Market driven vs. driving the market: conceptual foundations[J]. 2000.

[10] Morris N. Simplicity marketing — End brand complexity,clutter and confusion[J]. Interactive Marketing,2001,3(2): 183-185.

[11] 尼克·约翰逊,约翰逊,刘凤瑜. 新营销 新模式: 15 家全球顶级企业如何应对营销新变革[M]. 北京: 中信出版集团,2016.

[12] 李保均. 最后一公里营销：商业流通革命[M]. 沈阳：东北大学出版社，2014.

[13] 刘俊. 老板要懂的营销技巧[M]. 北京：化学工业出版社，2016.

[14] 周洁如. 基于社交网植入式广告游戏对品牌传播的影响研究[J]. 上海管理科学，2014，36(6)：38-41.

[15] 王成慧. 企业微营销经典案例集[M]. 北京：经济管理出版社，2016.

[16] 赵蓉英. 竞争情报学[M]. 北京：科学出版社，2018.

[17] 米内特•辛德胡特，迈克尔•莫瑞斯 H，莱兰•皮特 F. 创业营销：创造未来的顾客[M]. 北京：机械工业出版社，2009.

[18] 缑婷，鲍洪杰，刘泽文. 市场分析与创业机会识别[M]. 北京：经济管理出版社，2017.

[19] 戈登•福克赛尔，罗纳德•戈德史密斯，斯蒂芬•布朗. 市场营销中的消费者心理学[M]. 北京：机械工业出版社，2001.

[20] 卫海英，杨德锋. 营销管理教学案例集[M]. 广州：暨南大学出版社，2017.

[21] 屈云波，张少辉. 市场细分，市场取舍的方法与案例[M]. 北京：企业管理出版社，2010.

[22] 陈黎琴. 中国本土创业案例集[M]. 北京：清华大学出版社，2014.

[23] 黛安娜•马丁，约翰•斯考滕. 可持续营销[M]. 上海：格致出版社，2014.

[24] 王林建，王志勇. 营销指标：公司高管和营销经理必须掌握的 120 个管理工具[M]. 北京：企业管理出版社，2009.

[25] 保罗•法里斯 W，何志毅. 营销量化指标[M]. 北京：中国人民大学出版社，2012.

[26] 杰格迪什•谢斯 N. 消费者行为学管理视角[M]. 北京：机械工业出版社，2004.

[27] 王芳，周盈. 基于 SIVA 视角的西西弗书店营销策略探究[J]. 出版广角，2020(3)：88-90.

[28] 备受媒体推崇的网红迷你仓[EB/OL]. http://cbdmnc.com/index/.

[29] 张丽. 博西家电：坚持以消费者需求为导向创新，深度布局"健康除菌"母婴家电[J]. 家用电器，2020(07)：22-23.

[30] 沈伟. 无锡老字号餐饮企业 OTO 模式优化策略[J]. 合作经济与科技，2020(07)：68-69.

[31] 吴琼，陈思，朱庆华. 产业链视角下我国老年智能可穿戴设备产业竞争情报分析[J]. 情报理论与实践，2020，05(006)：38-44.

[32] 祝乃娟. 网约车 2.0 时代的竞争应围绕用户体验展开[N]. 21 世纪经济报道，2018-04-20.

[33] 李博旭. B 汽车集团低成本战略研究[D]. 北京林业大学，2019.

[34] 李栒蓉. 基于 STP 战略和 4Ps 策略的企业市场营销战略分析——以华为公司为例[J]. 企业改革与管理，2018，335(18)：49+66.

[35] 张少杰，张雷. 中国信息技术与信息服务业国际竞争力多维分析[J]. 情报科学，2018(06)：118-125.

[36] 陈峰，杨宇田. 面向中小微企业开展产业竞争情报服务的实践[J]. 中国科技资源导刊，2019，51(01)：62-65+113.

[37] 周亚森. 中国企业投资开发尼泊尔电力市场的调研分析[J]. 中国能源，2020(4)：34-36.

[38] 肖波，钱珊. 旅游演艺业的技术崇拜与文化失语——以武汉《汉秀》为例[J]. 同济大学学报(社会科学版)，2018(01)：45-54.

[39] 陈健，车希婷．"一带一路"背景下珠海跨境电商可持续发展研究——以"跨境说"电商企业为例[C]. 2019 中国环境科学学会科学技术年会论文集(第三卷)，2019：3243-3249.

[40] 潘苏楠，李北伟，聂洪光. 我国新能源汽车产业可持续发展综合评价及制约因素分析——基于创新生态系统视角[J]. 科技管理研究，2019(022)：41-47.

[41] 高琪，李文辉，赵辉，等. 炼化企业环保工作的重要性与可持续发展[J]. 化工管理，2018(015)：24.

[42] 黎小林，徐苏，王海忠. 在线平台用户画像对品牌依恋的影响[J]. 广东财经大学学报，2019(5)：38-49.

[43] 吕雅玲. 吉利汽车 MPV 市场定位研究[D]. 河北地质大学，2018.

[44] 武立涛. 新时代背景下我国大学生运动鞋市场细分特征研究——基于利益细分视角[J]. 重庆工商大学学报(自然科学版)，2020，37(02)：121-128.

[45] 叶林. 基于生活方式感知的影视主题公园游客市场细分研究[J]. 产业与科技论坛，2020，19(12)：97-99.

[46] 俞敏洪. 我曾走在崩溃的边缘：俞敏洪亲述新东方创业发展之路[M]. 北京：中信出版社，2019：60-68.

[47] Zeithaml V A. Consumer perceptions of price，quality，and value: a meansend model and synthesis of evidence J. Mark. 1988(52)：2-22.

[48] Sheth J，Newman B，Gross B. Why we buy what we buy: a theory of consumption values Journal of Business Research. 1991(22)：159-170.

[49] 杨米. 哈佛商学院最受欢迎的营销课[M]. 北京：中信出版社，2018：71-84.

[50] 孟涛. 市场营销——互联网时代的营销创新[M]. 北京：中国人民大学出版社，2018：242-261.

[51] 郑秀梅，赵霞. 市场营销[M]. 武汉：武汉理工大学出版社，2019：60-68.

[52] 余云珠. 麦肯锡：企业创新的四大基本类型[J]. 企业管理，2018，8：57-59.

[53] 袁斯来. 收废纸的大生意[J]. 第一财经周刊，2017，11：42-64.

[54] 朱凯麟. 看了这些命名故事，你会发现他们其实很随性. http://www.qdaily.com/articlcs/13086 html.

[55] 许诗雨. 流量时代，品牌的绝对价值在哪里？[J]. 第一财经，2019(10). 66-69.

[56] 建博物馆、造共享空间，MINI 又不务正业了[J]. 第一财经，2019(07). 52-57.

[57] "上马"开跑，你愿意为跑马花多少钱？[J]. 第一财经，2019(12)，92-94.

[58] 邓舒夏，王一越，刘娉婷. 美团卖菜[J]. 第一财经，2020(4)：92-98.

[59] 赖黎捷，陈晨. 移动视频时代购物节目的消费场景建构[J]. 中国广播电视学刊，2019(005)：31-33.

[60] 王思雨,宁俊. 北京职业女性的时尚消费特征[J]. 纺织学报,2019,40(04):171-175.

[61] 辛肖红. 绿色创业导向对国际创业企业可持续竞争优势的影响研究[D]. 吉林大学,2020.

[62] Kuncoro W,Suriani W O. Achieving sustainable competitive advantage through product innovation and market driving(Article)[J]. Asia Pacific Management Review,2018,23(3): 186-192.

[63] 李正锋,叶金福,蔡建峰. 组织学习能力与可持续竞争优势关系研究[J]. 软科学,2009,23(11):20-24.

[64] 潘楚林. 前瞻型环境战略对企业可持续竞争优势的影响研究[D]. 吉林大学,2017.